이러닝 콘텐츠 제작과 저작권

최은희 · 박정호 공저

남두도서

남두(南斗) : 남두육성(南斗六星)

은하의 중심인 사수자리에 있는 국자모양의 여섯 개의 별로서, 인간의 탄생을 결정하는 별로 알려져 있다.

머리말

2000년대에 들어서면서 우리나라 교육환경에서 이러닝(e-Learning)은 그 활용 범위가 크게 확대되고 있는 추세이다. 전국적으로 18개가 넘는 사이버대학이 설립되어 이러닝으로 강의를 제공하는가 하면, 제주대를 비롯한 10개 대학이 대학이러닝 지원센터를 설립하여 각 지역별로 대학의 이러닝 콘텐츠 개발과 운영을 지원하고 있다. 한국교육학술정보원과 전국 16개 시 · 도교육청 산하 교육정보원이나 교육과학정보원에서도 초 · 중등학생을 위한 이러닝 콘텐츠를 제작하여 서비스하고 있다. 이러닝은 사교육비를 절감할 수 있을 뿐만 아니라 학습자 중심의 맞춤학습 제공, 사회 통합 및 정보격차 해소, 평생학습 국가 실현 등 다양한 효과를 기대할 수 있다. 또한 이러닝은 급변하는 시대 속에서 개인의 역량을 재개발할 수 있는 수단이 되는 것은 물론 개인이나 단체가 가지고 있는 지식과 노하우를 효과적으로 기록하고 전달할 수 있는 매체로서의 역할도 하고 있다.

그러나 우리나라의 경우, 높은 이러닝 활용률에도 불구하고 이러닝 콘텐츠 제작에 원저작자의 이용허락 없이 타인이 저작한 글이나 그림 등을 사용하여 저작권 침해사고를 일으키거나 저작권 계약을 잘못 체결하여 저작권 분쟁을 일으키는 경우가 종종 발생하고 있다. 특히 최근엔 국내에서 저작권법 위반으로 고소된 건수가 급증하고 있으며, 이와 함께 온라인으로 콘텐츠를 제공하고 있는 이러닝 교육 분야에서도 저작권에 대한 관심이 늘어나고 있다.

이 책은 이러닝 콘텐츠 제작에 참여하는 교수자나 제작자는 물론 이러닝 콘텐츠 제작에 관심을 가지는 학생들이 올바른 저작권 관련 지식을 함양하여 타인의 저작권을 침해하지 않도록 하는 데 도움을 주기 위하여 저술되었다.

이 책의 제Ⅰ부에서는 초·중등 교사는 물론 대학의 교수자가 이러닝 콘텐츠를 제작하기에 앞서 저작권법에 대해서 기본적으로 알아야 할 사항들에 대해서 소개하였고, 제Ⅱ부에서는 이러닝 콘텐츠 제작 및 서비스와 관련하여 실무적 입장에서 직면할 수 있는 저작권 관련 사항들을 설명하였다.

끝으로 이 책의 집필을 위해 도움말을 주시고 학교 방문 등을 협조해 주신 자문진과 저작권 및 교육관련 단체의 여러분께 머리 숙여 감사를 드린다.

저자 씀

차 례

제 I 부 저작권법 개설 / 9

제 Ⅱ 부 이러닝 콘텐츠 제작과 서비스를 위해 알아야 할 저작권 / 251

제 I 부

저작권법 개설

chapter

1 지적재산권법

01 저작권법사

(1) 저작권법의 탄생과 발전

[그림 1-1]
Johanne Gutenberg
1397~1468
출처 : http://gardenofpraise.com

독일의 한 인쇄업자인 요한 구텐베르크는 15세기 중엽 활판인쇄술을 발명하였다. 그는 인쇄공장을 설치하고 주석과 납의 합금으로 활자를 주조하여 천문력 · 면죄부 · 성서 등을 인쇄하였다. 당시 책들은 필사본으로 수량이 적어 가격이 매우 비싸고 구하기 힘들었지만, 활판 인쇄술의 등장으로 책의 대량생산이 가능해져 많은 사람들이 이전보다 쉽게 책과 접할 수 있게 되었다. 그리스와 로마의 고전작품이 대량생산됨으로써 르네상스의 밑거름이 되었고, 성직자와 지식인들만 읽을 수 있었던 성서도 대량 인쇄됨으로써 대중화될 수 있었다. 활자로 인쇄된 최초의 성서로는 《36행 성서》와 《42행 성서》로, 이것이 바로 《구텐베르크 성서》이다.

중세 유럽에서 신에 대하여 죄를 범한 사람들의 벌을 면제한다는 명목으로 로마 교황청이 신자들로부터 돈을 받고 발행하는 부표(符表)제도가 있었다. 이렇게 하여 마련된 신자의 헌금은 로마교회의 중요한 재원(財源)이 되었다. 1476년 교황 식스토 4세는 이미 죽은 사람들의 면죄부까지 만들 정도로 세입의 부족을 면죄부의 판매로써 보충하려는 악습은 더욱 심화되었고, 1515년 레오 10세는 로마의 성 베드로성당 건설을 위한 재정 보충을 위하여 대규모적인 판매를 개시하였다.

독일에서는 마인츠의 대주교 알브레히트가 도미니크회의 수도사 J. 테첼을 시켜서 면죄부를 팔게 하였는데, 이 면죄부는 "상자 속으로 던져 넣은 돈이 짤랑하고 소리를 내는 순간 구원을 받는다"고 선전되어 마구 팔려나갔다. 마틴 루터(Martin Luther)는 사람들이 면죄부를 삼으로써 모든 벌과 죄책으로부터 해방되며 확실히 구제된다고 믿는 사실에 종교적 위기를 느꼈다. 1517년 루터는 로마 가톨릭의 면죄부 판매를 비판하기 위해 95개조 반박문을 써서 비텐베르크 성(城) 교회의 문에 붙였다. 이 글은 활판 인쇄술에 의해 대량으로 인쇄되어 2주 만에 독일 전역에, 두 달 만에 유럽 전역에 퍼지게 되었다.

영국 런던에서는 1556년 런던의 선두 서적출판업자로 구성된 서적출판업조합(Stationer's Company)이 황실의 칙령에 의해 결성되었다. 인쇄출판은 영국 황실 법원(Star Chamber)[1)]의 명령에 의해서만 가능했기 때문에 모든 출판업을 서적출판업조합의 손에 집중시킴으로써 출판에 대한 검열이 효과적으로 이루어짐과 동시에 종교개혁의 확산도 막을 수 있었다. 모든 출판물은 칙령에 따라 서적출판업조합의 등록부에 기재되어야 했다. 이 제도 아래에서는 특별히 허가를 받은 출판업자만이 출판물을 독점적으로 출판할 수 있었다. 저작물의 출판이 특정단체의 독점권 행사에 의하여 통제되었으므로 저작자는 그로부터 직접적인 경제적 수익을 얻을 수는 없었고 다만 출판업자와의 사이에 출판허락계약을 체결함으로써 출판업자가 출판물의 판매에서 일정 규모 이상의 수익을 올리는 경우에 한하여 대가를 나누어 받을 수 있었다.

1694년 무허가 인쇄금지법이 철폐되면서 독립 인쇄업자들이 우후죽순 생겨나기 시작했고 서적출판업 조합의 성역을 침범하기 시작하였다. 이에 서적출판업조합은 의회에 자신들의 독점권 보호를 요청하였으나 의회는 이를 거부하였다. 의회는, 출판업자가 아니라, 저작자에게 일정 기간 동안 독점적 출판권을 행사할 수 있도록 하는 법을 통과시켰다. 이것이 1710년에 제정된 앤여왕법(The Statute of Anne)[2)]이다. 앤여왕법에서는 권리 보호의 초점이 종래 출판업자에서 저작자에게로 이동하였다.

---

1) 황실 법원(Star Chamber)란 영국 웨스트민스터궁전의 성실(星室)에서 열린 형사특별법원을 말한다. 복잡한 법적 수속을 요하는 각종의 보통법(common law) 법원이 대처할 수 없는 사건을 처리하기 위하여 15세기 말부터 국왕평의회의 재판권에 따라 열리게 되었다. 치안을 어지럽히는 행위, 배심원이 뇌물을 주고받는 행위 등을 관할 사항으로 하여 튜더왕조(Tudor)에 들어 많이 열렸으나 스튜어트왕조(Stuart)에서는 국왕전제(國王專制)의 정책을 수행하기 위한 도구로서 남용되고 특히 정적이나 청교도에 대한 고문과 가혹한 형벌로 인해, 청교도혁명기인 1641년 폐지되었다(출처 : 야후 백과사전).

2) 공식적인 법명은 'An Act for the Encouragement of Learning, by Vesting the Copies of Printed Books in the Authors or Purchasers of such Copies, during the Times therein mentioned'이다.

▶ 앤여왕법 주요 조항

1. 신작의 저작자는 14년간 독점적인 인쇄권을 갖는다.
2. 저자가 생존한다면 독점권은 14년간 갱신된다.
3. 등록 조건 :
   a. 런던의 서적출판업조합사무소에 타이틀 등록
   b. 공식적인 도서관에 9부 예치
4. 침해자는 그의 관할 하에 있는 침해도서를 몰수당하고 매 장당 1페니의 벌금을 물어야 한다. 이의 절반은 왕에게 귀속되고 다른 절반은 원고나 소송을 제기한 자에게 귀속된다.
5. 도서에 관한 권리가 출판조합 등록부에 기재되지 않았다면 소송을 제기할 수 없다.
6. 회사의 서기는 등록확인증(6펜스)을 발급하여야 하고 등록부는 무료로 열람할 수 있다.

Anno Octavo
Annæ Reginæ.
An Act for the Encouragement of Learning, by Vesting the Copies of Printed Books in the Authors or Purchasers of such Copies, during the Times therein mentioned.

[그림 1-2] 앤여왕법
출처 : www.copyrighthistory.com

법제정 당시 저작권법의 보호대상은 책으로 한정되어 있었다. 이후 영국에서는 1734년 판화저작권법(Engraving Copyright Act)[3], 1777년 인쇄물저작권법(Prints Copyright Act), 1814년 조각저작권법(Sculpture Copyright Act)이 각각 제정되는 등 저작권의 보호 대상이 점차 확대되었다.

대서양 바다 건너 미국에서도 영국 지배의 영향을 받아, 앤여왕법과 유사한 저작권 관련법들이 주(State)별로 제정되었다. 독립선언[4] 후 1787년에 제정된 미국연방헌법은 처음부터 저작자의 권리보호를 선언하였다.

> **과학과 예술의 발전을 증진시키기 위해 일정기간 동안 저작자 및 발명가에게 그들 각각의 작품 및 발견에 대해 독점권을 부여한다(미국 연방헌법 제1절 제8항 제8절)[5].**

---

3) 판화저작권법은 William Hogarth를 따서 'Hogarth's Act'로 불리기도 한다.
4) 1776.7.4. 대륙회의에서 북아메리카 13개 식민지가 영국으로부터 독립한다는 것을 공표한 선언
5) "to promote the progress of science and useful arts, by securing for limited times to authors and inventors the exclusive right to their respective writings and discoveries..."(Art. I., Sec.8, Cl.8)

3년 후인 1790년에는 미국 최초의 연방 저작권법이 제정되었다. 당시 제정된 저작권법은 책 · 지도 · 해도를 14년간(저작자 생존 시 14년 갱신 가능) 저작물로서 보호하였으나, 그 후 인쇄(1802), 음악(1831), 연극(1856), 사진(1865), 미술(1870), 공연(1897) 등이 저작물로서 추가되었다. 미국의 저작권법은 1909년과 1976년에 대폭적인 개정을 거쳤으며 1976년 개정 이후에도 베른협약에 맞추어 그리고 디지털 네트워크 시대의 도래에 맞추어 수차례 개정되었다.

(2) 우리나라 저작권법의 전개

1) 일본 저작권법의 의용

우리나라에서 저작물에 대한 법적 보호가 시작된 것은 1908.8.12.에 체결된 한국에서의 발명 · 의장 · 상표 및 저작권의 보호에 관한 일미조약부터다.

> 일본국 정부는 발명 · 의장 · 상표 및 저작권에 관하여 현재 일본국에서 행하는 것과 같은 법령이 본 조약의 실시와 동시에 한국에서 시행되는 것으로 한다. 위 법령은 한국에서의 미국 국민에 대하여도 일본국 국민 및 한국 국민에 대하는 것과 동일하게 적용되는 것으로 한다(일미조약 제1조).

이 조약에 따라 1908.8.12. 한국저작권령(칙령 제200호)[6]이 공포되었고 다음날 한국 정부가 내각 고시 제4호로 반포함으로써 동월 16일부터 시행되었다. 이 고시 제1조와 제2조에서 한국의 저작권에 관하여는 1899년에 제정된 일본 저작권법을 적용한다고 규정함으로써 당시의 일본 저작권법이 우리나라에 그대로 의용(依用)되었다. 이렇듯 우리나라의 저작권법은 저작자와 저작물을 보호함으로써 문화를 향상시키고자 하는 자주적 목적에 의해 제정된 것이 아니라 열강에 의한 시장지배의 일환으로 제정되었다. 이후 일본 저작권법은 대한민국 정부 수립 후에도 1957년까지 그대로 시행되었다.

2) 1957년 제정 저작권법[7]

우리나라 최초의 저작권법은 1957.1.28. 법률 제432호로 공포되었다. 전 5장(제1

---

6) 본문(제1조, 제2조), 부칙(제3조 내지 제7조)등 전문 7개조로 되어 있다.

7) 법제처 국가법령정보센터(www.moleg.go.kr)에서 검색어 저작권법을 치고 법령연혁 메뉴 버튼을 누르면 구 저작권법 조문을 확인할 수 있다.

장 총칙, 제2장 저작권, 제3장 출판권과 공연권, 제4장 저작권 침해, 제5장 벌칙), 본문 75개조 및 부칙으로 구성되어 있다. 저작권법의 목적을 학문적 또는 예술적 저작물의 저작자를 보호하여 민족문화의 향상발전을 도모하는 것으로 선언하고, 저작권법의 적용을 받는 저작물, 저작자 및 저작권의 범위를 정하였다.

그 주요한 내용은 다음과 같다. 우선 무방식주의를 채택하였다. 저작권의 존속기간을 원칙적으로 저작자의 생존기간 및 사후 30년으로 하고 있다. 외국인의 저작물은 조약에 특별한 규정이 있는 경우에만 보호하며 조약이 없는 경우에는 국내에 있어서 처음으로 그 저작물을 발행한 자에 한하여 보호하고 있다. 문서, 연술, 회화, 조각, 공예, 건축, 지도, 도형, 모형, 사진, 악곡, 악보, 연주, 가창, 무보, 각본, 연출, 음반, 녹음필림, 영화와 기타학문 또는 예술의 범위에 속하는 일체의 물건 등 상당히 넓은 범위를 저작물의 범주에 포함시켜 보호하고 있다.

3) 1986년 개정 저작권법

1957년 저작권법은 일본의 구저작권법을 모방한 것으로 우리나라의 저작권자 및 저작물 이용자의 이익을 보호하는 데 미흡한 점이 많았다. 이에 저작권 관련 국제조약인 세계저작권협약과 음반의 무단 복제로부터 음반제작자를 보호하기 위한 협약의 가입을 전제로 저작권자의 권익을 보호·신장하기 위하여 1986.12.31. 저작권법의 전면 개정[8]이 이루어졌다(1987.7.1.시행).

개정된 주요 내용은 다음과 같다. 우선 저작물에 컴퓨터프로그램을 포함함으로써 저작물 개념이 확대되었다. 저작권 보호기간이 저작자 사후 50년으로 연장되는 등 저작자의 권리가 강화되었다. 저작권과 저작인접권이 구분되었고, 외국인 저작물 이용자의 이해 조정을 위한 많은 규정이 신설되었으며, 저작권위탁관리업제도와 저작권심의조정위원회의 설치, 컴퓨터프로그램 보호의 특칙을 정하기 위한 별도의 법제정 규정 등 많은 면에서 변화를 보였다.

4) 1994년 개정 저작권법

우리 저작권법은 한미지적재산권협상, 우루과이라운드협상 진전 등 국내외 여건 변화에 따라 다시 개정되었다. 본 개정법에서는 음반의 대여권 제도를 도입하였고, 저작인접권 보호기간을 20년에서 50년으로 연장했으며, 저작권 침해 등에 대한 벌

8) 전면 개정된 1986년 저작권법은 전9장 전문 111개조로 구성되어 있다.

칙을 최고 3년 이하의 징역 또는 3천만원 이하의 벌금으로 상향조정하였다.

5) 1995년 개정 저작권법

1995.1.1. 세계무역기구(WTO) 체제가 출범함에 따라 회원국으로서의 의무이행을 위하여 WTO협정의 내용을 반영하고, 저작권분야의 국제규범인 베른협정가입에 대비하기 위하여 저작권등의 보호를 국제적 수준으로 하는 등 급변하는 국내외의 저작권 환경에 효율적으로 대처하기 위하여 법 개정이 이루어졌다(1995.12.6.개정, 1996.7.1.시행).

종전에는 외국인의 저작물등에 대하여 대한민국이 가입한 조약에 따라 보호하되 당해 조약발효일 이전에 발행된 것을 보호하지 아니하도록 하였으나 앞으로는 조약발효일 이전에 공표된 것에 대하여서도 보호하도록 하였다. 종전에는 실연자에게 자신의 실연을 녹음·녹화, 촬영할 권리만을 인정하던 것을 앞으로는 이에 추가하여 녹음· 녹화, 촬영된 자신의 실연을 복제할 권리를 인정하였다. 조약발효일 이전에 공표된 외국인의 저작물에 대하여도 소급하여 보호하는 등 외국인의 저작물등의 보호기간을 조정하였다.

6) 2000년 개정 저작권법

멀티미디어 디지털 기술의 발달과 새로운 복사기의 보급 확대로 인하여 저작자의 권리침해가 날로 증가함에 따라 저작자의 권리보호를 강화하고 저작물의 이용관계를 개선하는 한편, 저작권의 불법침해에 대한 벌칙을 강화하고 저작권 보호의 실효성을 높이는 등 국내외의 저작권 환경 변화에 효율적으로 대처하기 위하여 2000.1.12. 저작권법이 개정되었다(2000.7.1.시행).

저작자의 저작재산권에 전송권을 추가함으로써 컴퓨터통신등에 의한 전송으로부터 저작자의 권리를 보호하도록 하였다. 공중용 복사기에 의한 복제에 대해 저작자의 이용허락을 받은 후 복제하도록 하였으며, 저작재산권침해에 대한 벌칙을 현행 3년 이하의 징역 또는 3천만원 이하의 벌금에서 5년 이하의 징역 또는 5천만원 이하의 벌금으로 상향조정하였다.

7) 2003년 개정 저작권법

2003.5.27.에 개정되고 동년 7.1.에 시행된 저작권법은 지식정보사회의 진전으로

데이터베이스·디지털콘텐츠 등에 대한 수요가 급증함에 따라 데이터베이스의 제작 등에 드는 투자노력을 보호하고, 저작권자 등이 불법복제로부터 자신의 권리를 보호하기 위하여 행하는 기술적 보호조치 및 저작물에 관한 권리관리정보를 다른 사람이 침해하지 못하도록 보호하는 등 디지털 네트워크 환경에서의 저작권보호를 강화하며, 인터넷을 통한 제3자의 저작권침해 시 온라인서비스제공자가 일정한 요건을 갖춘 경우에는 면책 받을 수 있도록 하는 등 그 책임범위를 명확히 하여 온라인서비스제공자가 안정적인 영업활동을 도모할 수 있는 제도적 기반을 마련하고, 그 밖에 현행 제도의 운영과정에서 나타난 일부 미비점을 개선·보완하기 위해 개정되었다.

주요 내용은 다음과 같다. 종전에는 창작성 있는 데이터베이스에 한하여 권리로서 보호를 하였으나, 앞으로는 창작성의 유무를 구분하지 아니하고 데이터베이스를 제작하거나 그 갱신·검증 또는 보충을 위하여 상당한 투자를 한 자에 대하여는 일정기간[9] 당해 데이터베이스의 복제·배포·방송 및 전송권을 부여하도록 하였다. 도서관등이 도서등을 도서관간에 열람목적으로 전송하거나 디지털 도서등을 복제하는 경우에 문화관광부장관[10]이 정하여 고시하는 보상금을 지급하거나 이를 공탁하도록 하고, 당해 도서관 관내에서의 열람을 위한 복제·전송의 경우에는 보관하고 있는 도서등의 부수 범위 내에서 저작권자 등의 허락을 받지 아니하여도 가능하도록 하였다.

8) 2006년 개정 저작권법

우리 저작권법은 2006.12.28. 전면 개정되었다(2007.6.29.시행).

저작물 등의 안전한 유통을 보장하여 건전한 저작권 질서를 유지하기 위하여 저작권 인증 제도를 도입하였다. 고등학교 이하의 학교 수업을 위하여 저작물의 전송이 이루어지는 경우에는 보상금을 지급하지 않도록 하되, 복제방지장치 등의 조치를 취하도록 하였다. WIPO 실연·음반조약(WIPO Performances and Phonograms Treaty, WPPT) 가입을 위해 저작인접권 권리를 강화하였다. 다른 사람들 상호 간에 컴퓨터 등을 이용하여 저작물 등을 전송하도록 하는 것을 주된 목적으로 하는 온라인서비스제공자는 권리자의 요청이 있는 경우 당해 저작물 등의 불법적인 전송을 차단하는 기술적인 조치 등 대통령령이 정하는 필요한 조치를 취하도록 하였

9) 데이터베이스제작자의 권리보호기간은 데이터베이스를 제작하거나 갱신 등을 한 때부터 5년으로 한다.
10) 현 문화체육관광부장관

다. 문화관광부장관은 저작권위탁관리업자가 저작재산권자 등으로부터 받는 수수료와 이용자로부터 받는 사용료의 요율 또는 금액을 승인할 때 저작권위원회[11]의 심의를 거치도록 하고, 필요한 경우 기간을 정하거나 신청내용을 변경하여 승인할 수 있도록 하며, 저작재산권자의 권익보호나 저작물 등의 이용편의를 위하여 승인내용을 변경할 수 있도록 하였다. 영리를 위하여 상습적으로 저작재산권 등을 침해한 행위 등을 친고죄에서 제외하여 권리자의 고소가 없어도 형사처벌이 가능하도록 하였다.

9) 2009년 개정 저작권법

저작권 보호정책의 일관성 유지와 효율적인 집행을 도모하기 위하여 일반 저작물 보호 등에 관한 저작권법과 컴퓨터프로그램저작물 보호 등에 관한 컴퓨터프로그램 보호법을 통합하는 한편, 온라인상의 불법복제를 효과적으로 근절하기 위하여 온라인서비스제공자 및 불법 복제·전송자에 대한 규제를 강화하기 위하여 2009.4.22. 법 개정이 이루어졌다(2009.7.23 시행).

주요 내용은 다음과 같다. 성격이 유사한 일반저작물과 컴퓨터프로그램저작물을 저작권법과 컴퓨터프로그램 보호법에서 각각 규정하고 있어 정책 수립과 집행에 효율성이 떨어지므로 두 개의 법을 통합하였다. 그러나 컴퓨터프로그램저작물의 경우 일반 저작물과는 다른 특성이 있는바, 이를 감안하여 프로그램저작권의 제한, 프로그램코드역분석, 프로그램배타적발행권 설정, 프로그램의 임치 규정 등을 일반적 저작물에 대한 특례로 규정하였다. 저작권 관련법의 통합에 맞추어 저작권위원회와 컴퓨터프로그램보호위원회를 통합하여 한국저작권위원회를 설립하였다. 온라인상 불법복제를 효과적으로 근절하기 위해 온라인상에서 불법복제물을 반복적으로 전송하는 자의 개인 계정의 정지를 명하고, 전송된 불법복제물을 게시하는 게시판의 서비스 정지를 명할 수 있는 근거 등을 마련하였다.

이 외에도 우리 저작권법은 수차례 더 개정되었으며 현재에도 개정 작업이 진행중에 있다.

---

11) 현 한국저작권위원회

02 지적재산권 보호체계

지적재산권이란 인간의 지적 창조물 중에서 법으로 보호할 만한 가치가 있는 것들에 대하여 법이 부여하는 권리를 말한다. 지적재산 관련법은 인간의 지적 창조의 모든 영역을 포괄하며, 문학, 미술, 음악, 연극, 편집물, 데이터베이스, 컴퓨터프로그램, 생명공학, 전기 · 기계공학, 화학, 디자인, 생명체의 신품종, 반도체 집적회로, 상품의 상징(symbol) 등 인간의 지적인 능력이 발휘되는 모든 분야가 그 관심의 대상이 되고 있다.[12] 지적재산을 보호해 주는 근거로는 우리 헌법을 들 수 있다.

> 저작자 · 발명가 · 과학기술자와 예술가의 권리는 법률로써 보호한다(대한민국 헌법 제22조 제2항).

저작자 · 발명가 · 과학기술자와 예술가의 권리는 저작권법, 특허법, 실용신안법, 상표법, 반도체집적회로의 배치설계에 관한 법률, 종자산업법, 부정경쟁방지 및 영업비밀보호에 관한 법률, 인터넷주소자원관리법 등 다양한 법률에 의해 보호되고 있다. 지적재산을 총괄하는 단일 부처는 없다. 저작권법은 문화체육관광부, 특허법, 상표법은 특허청 등 각각의 관할부처에 의해 운용되고 있다. 과거엔 저작권은 문화의 향상발전을 목적으로 부여되는 권리인 반면 산업재산권은 산업의 향상발전을 목적으로 하여 부여되는 권리라는 점에서 차이가 있어 지적재산권을 크게 저작권과 산업재산권으로 구분하였는데 오늘날에 와서는 문화도 산업화되어 가면서 이러한 전통적인 분류의 의미가 퇴색되어가고 있다.[13]

저작권법 이외의 주요 지적재산권법은 다음과 같다.

(1) 특허법[14]

특허(patent)[15] 제도는 발명을 보호 · 장려함으로써 국가산업의 발전을 도모하기

12) 참고로 '지적재산권법'이라는 법명은 현재 없다.

13) 저작권법의 목적이 과거에는 "저작자의 권리와 이에 인접하는 권리를 보호하고 저작물의 공정한 이용을 도모함으로써 문화의 향상발전에 이바지함을 목적으로 한다"라고 구 저작권법 제1조에 명시되어 있었는데 2009.7.23. 시행된 저작권법에서는 "이 법은 저작자의 권리와 이에 인접하는 권리를 보호하고 저작물의 공정한 이용을 도모함으로써 문화 및 관련 산업의 향상발전에 이바지함을 목적으로 한다"라고 개정되었다(저작권법 제1조).

14) 이하 내용은 특허청 홈페이지 권리별 정보안내에 소개된 자료를 참조하였다.

위한 제도이다.[16] 이의 목적을 달성하기 위하여 기술공개의 대가로 특허권을 부여하고 있다. 특허권을 받기 위한 출원발명은 산업에 이용할 수 있어야 하며(산업상 이용가능성), 출원하기 전에 이미 알려진 기술이 아니어야 하고(신규성), 선행기술과 다른 것이라 하더라도 그 선행기술로부터 쉽게 생각해 낼 수 없는 것(진보성)이어야 한다.

특허권은 설정등록을 통해 효력이 발생하며 존속기간은 출원일로부터 20년이다.[17] 단, 유의해야 할 점은 발명, 출원, 등록을 통해 취득한 특허권은 권리를 획득한 국가 내에서만 효력이 발생한다는 점이다. 요즘 같은 글로벌 시대에 해외에서도 자신의 특허권을 확보하고자 한다면 해당 국가에서도 특허출원을 해야 한다. 출원인이 각 국가의 특허청에 개별적으로 출원신청을 하여도 되나, 특허협력조약(Patent Cooperation Treaty, PCT)[18]에 의거 국제출원을 하게 될 경우 자국 특허청(수리관청)에 특허를 받고자 하는 국가를 지정하여 PCT 국제출원서를 제출하면, 각 지정국에서 정규의 국내출원으로 인정해 주고 있다. 특허협력조약에 2008.10.1. 현재 139개국이 가입되어 있다.

동일한 발명이 둘 이상 출원되었을 때 어느 출원인에게 권리를 부여할 것인지에 대한 문제가 발생할 수 있다. 우리나라는 발명이 이루어진 시기에 관계없이 특허청에 먼저 출원한 발명에 권리를 부여하는 선출원주의를 채택하고 있다. 선출원주의는 기술의 공개에 대한 대가로 권리를 부여한다는 의미에서 합리적이며 신속한 발명의 공개를 유도할 수 있기 때문에 발명의 조속한 공개로 산업발전을 도모하려는 특허제도의 취지에 부합하는 면이 있다. 한편, 미국의 경우 선발명주의를 채택하고 있다. 선발명주의란 출원의 순서와 관계없이 먼저 발명한 출원인에게 권리를 부여하는 것으로 발명가를 보호하는 데에 장점이 있다. 특히 사업체를 가지고 있지 않은 개인발명가들이 선호하는 제도라 할 수 있다. 이때 발명가는 발명에 관련된 일지를 작성하고 증인을 확보해야 하며 특허청으로서는 발명의 시기를 확인하

15) 14세기 영국의 국왕이 특허권을 부여할 때, 다른 사람이 볼 수 있도록 개봉된 상태로 수여되었으므로 특허증서를 개봉된 문서, 즉 Letters Patent라 하였으며 그 후 Open이라는 뜻을 가진 Patent가 특허권이라는 뜻으로 사용되게 되었다.

16) 특허법 제1조

17) 참고로 소(小)발명을 보호하기 위한 실용신안권 제도가 있다. 발명이란 자연법칙을 이용한 기술사상의 창작으로서 고도한 것을 말하며, 고안이란 자연법칙을 이용한 기술사상의 창작을 말한다. 그러나 고도한 것이냐 아니냐 하는 것은 주관적인 판단이므로 심사실무적으로는 출원인에게 그 판단을 일임하고 있다. 즉, 출원인이 실용신안으로 출원한 것은 고안으로 특허로 출원한 것은 발명으로 간주하고 있다. 실용신안권의 존속기간은 출원일로부터 10년이다.

18) 자세한 사항은 PCT홈페이지(http://www.pct.go.kr) 참조

여야 하는 불편이 있다. 미국만이 이 제도를 운용 중에 있어 특허제도의 국제적 통일에 최대 장애요인으로 되고 있다.

(2) 상표법[19]

상표법은 상표를 보호함으로써 상표사용자의 업무상의 신용유지를 도모하여 산업발전에 이바지함과 아울러 수요자의 이익을 보호하기 위하여 제정되었다.[20] 상표법상 상표[21]란 자타상품을 식별하기 위하여 사용하는 일체의 감각적인 표현수단을 의미하지만 이러한 표장을 모두 보호하는 것은 법기술적으로 어렵기 때문에 상표법에서는 보호가 가능한 상표의 구성요소를 제한하고 있다. 종전에는 기호·문자·도형·입체적 형상 또는 이들을 결합한 것과 이들 각각에 색채를 결합한 것만으로 상표의 구성요소를 한정하였으나 2007.7.1.부터는 상표권의 보호대상을 확대하여 색채 또는 색채의 조합만으로 된 상표·홀로그램상표·동작상표 및 그 밖에 시각적으로 인식할 수 있는 모든 유형의 상표를 상표법으로 보호할 수 있도록 하였다. 그러나 상표법상 상표란 여전히 시각을 통하여 인식될 수 있는 것으로 국한되며 시각을 통하여 인식할 수 없는 소리·냄새·맛 등과 같이 청각·후각·미각으로 지각할 수 있는 표장은 현실의 거래사회에서 자타상품의 식별표지로서 사용되고 있다하더라도 상표법상의 상표로는 보호받을 수 없다.[22] 또한 자기의 상품과 타인의 상품을 식별하기 위하여 사용되지 않는 표장은 상표가 아니므로 상품에 사용된 것이라 하여도 그것이 단순히 상품의 심미감을 불러일으키게 하기 위하여 사용된 디자인이거나 자타상품식별의사와 무관한 가격표시 등은 상표법상 상표가 아니다.

광의의 상표개념으로는 상표 외에 서비스표, 단체표장, 업무표장을 포함한다. 서비스표란 서비스업(광고업, 통신업, 은행업, 운송업, 요식업 등 용역의 제공업무)을

---

19) 이하 내용은 특허청 홈페이지 권리별 정보안내에 소개된 자료를 참조하였다.

20) 상표법 제1조

21) 상표(brand)의 어원은 소나 말 등의 목축물에 화인(火印)하는 노르웨이의 고어 'brandr'로부터 유래한다. 중세시대에 길드(Guild)라는 상인단체나 동업조합원이 상품생산활동에 대한 독점과 상품의 질과 양을 통제하는 수단으로 상품에 생산표(生産標, production mark)를 사용하였다. 그러나 이 당시의 생산표는 소비자에 대해 자신의 상품을 식별하도록 하는 것이 아니어서 오늘날의 상표제도와는 차이가 있었다. 오늘날과 같은 상표제도는 산업혁명 이후 프랑스에서 1857.6.23. 상표의 기탁제도를 정한 사용주의 및 무심사주의를 내용으로 하는 '제조표 및 생산표에 관한 법률'이 세계 최초로 제정되었으며, 그 후 영국에서 1862년 상품표법 및 1875년 선사용주의를 중심으로 한 상표등록법 등이 제정되면서 상표제도의 기틀을 다지게 되었다.

22) 청각·후각 등 시각적으로 인식할 수 없는 표장도 포함하기 위한 법률 개정을 추진 중에 있다.

영위하는 자가 자기의 서비스업을 타인의 서비스업과 식별되도록 하기 위하여 사용하는 표장을 말한다. 즉 상표는 '상품'의 식별표지임에 반하여 서비스표는 '서비스업(용역)'의 식별표지라고 할 수 있다. 단체표장이란 상품을 공동으로 생산·판매 등을 하는 업자 등이 설립한 법인이 직접 사용하거나 그 감독 하에 있는 단체원으로 하여금 자기의 영업에 관한 상품 또는 서비스업에 사용하게 하기 위한 표장을 말한다. 업무표장이란 YMCA, 보이스카웃, 대한적십자사, 청년회의소, 로타리클럽, 한국소비자보호원 등과 같이 영리를 목적으로 하지 아니하는 업무를 영위하는 자가 그 업무를 나타내기 위하여 사용하는 표장을 말한다.

상표의 기능으로는 자타상품의 식별기능, 출처표시 기능, 품질보증 기능, 광고선전기능, 재산적 기능 등이 있다. 상표는 상품에 표시하여 사용하는 경우 그 상표의 표시로 인하여 자기의 상품과 타인의 상품을 식별할 수 있는 기능이 있다(자타상품의 식별기능). 동일한 상표를 표시한 상품은 동일한 출처에서 나온다는 것을 수요자에게 나타내는 기능이 있으며(출처표시 기능), 그 품질이 동일한 것으로 수요자에게 보증하게 된다(품질보증 기능). 상표의 광고선전 기능이란 상표의 상품에 대한 심리적인 연상 작용을 동적인 측면에서 파악한 것으로 상품거래사회에서 판매촉진수단으로서의 상표의 기능을 말한다. 또한 상표는 재산적 경제적 가치를 지니게 되는데, 상표의 재산적 기능은 상표권의 자유양도 및 사용권 설정 등을 통해 구현된다.

상표의 인접개념으로 상호, 지리적 표시, 도메인이름 등이 있다.

상호는 상인(법인·개인)이 영업상 자기를 표시하는 명칭으로서 영업의 동일성을 표시하는 기능이 있으며, 상표는 자타상품을 식별하기 위하여 상품에 부착하는 표장으로서 상품의 동일성을 표시하는 기능을 지닌다. 즉, 상호는 상인이 영업에 관하여 자기를 표시하는 명칭으로서 인적 표지의 일종이며, 문자로 표현되고 호칭되며 회사기업의 경우 상호의 사용은 강제적이지만, 상표는 자타상품을 식별하는 기호로서 문자뿐만이 아니라 기호, 문자, 도형 등과 이들의 결합 또는 이들과 색채의 결합으로 구성될 수 있으며, 상표의 사용에 있어서는 강제성이 없다는 점이 상이하다. 다만 기업이미지 통일화 전략(Corporate Identification Program)에 따라 상호와 상표를 일치시키고 있는 것이 국제적 추세인 점(상표의 상호화 또는 상호의 상표화 현상)과 상호가 상품표지로 사용되고 상표로서 등록요건을 갖추어 등록된 경우에는 법률상 상표로서 보호되는 상호상표가 점차 늘고 있어 양자 간의 기능이 중첩되는 경우가 많다.

지리적 표시는 출처표시 기능 및 품질 표시적 기능, 영업상의 이익과 관련되며 지식재산권의 범주 내에서 보호되는 표장이라는 점에서 상표와 유사한 점이 있다. 이러한 유사점 때문에 지리적표시를 상표 제도 내로 포괄하여 상표 및 지리적 표시 보호법으로 규정하는 나라가 있는가 하면 지리적 표시를 상표법상 단체표장 내지 증명표장으로 보호하는 나라도 있다. 그러나 상표는 상품 또는 서비스업을 제공하는 '특정 사업주체'를 식별시켜 주는 표장인 데 반하여 지리적 표시는 당해 표시가 사용되고 있는 제품을 생산하는 사업주체들이 위치하고 있는 '특정지역'을 확인시켜 주는 표장이므로 지리적 표시는 상표와 같이 하나의 업자가 다른 경업자들을 사용으로부터 배제시킨다는 의미에서의 독점적 소유자는 없는 점에서 차이가 있다고 볼 수 있다. 우리나라는 2004년 개정상표법(2004.12.31. 법률 제7290호)을 통해 2005.7.1.부터 지리적 표시를 단체표장으로 보호하고 있다. 지리적 표시는 단순한 지명이 아니라, 인제용대황태와 같이 특정 품질·명성 또는 그 밖의 특성을 가지고 있고, 그 품질 등이 해당 지역의 기후, 토양, 지형 등의 지리적 환경에 기인한 경우에 그 상품이 생산·제조 또는 가공된 지역을 나타내는 표시를 말한다. 즉, 다른 지역과 구별되는 품질이나 명성 등의 특성이 그 지역의 기후, 토양, 지형 등의 자연적 조건이나 전통적인 생산비법 등의 인적 조건을 포함하는 지리적 환경에서 본질적으로 비롯되는 경우에 그 지역에서 생산·제조 또는 가공된 상품임을 나타내는 표시를 말한다.

도메인 이름은 인터넷상 호스트컴퓨터의 주소에 해당하는 숫자로 된 주소(IP Address)에 해당하는 알파벳 및 숫자의 일련의 결합을 의미한다. 따라서 상표의 경우 상품출처 표시의 기능, 도메인 이름의 경우 인터넷상 호스트컴퓨터의 장소표시의 기능이라는 별개의 기능에서 출발되었지만, 전자상거래의 활성화로 도메인 이름 그 자체가 상품이나 서비스업의 출처표시로서의 기능도 하게 되었으며, 타인의 상표를 부정한 목적으로 등록하여 정당한 상표권자에게 비싼 값에 되팔려는 사이버스쿼팅(Cybersquatting) 행위가 증가함에 따라 상표와 도메인 이름 간의 분쟁이 증가하고 있는 추세다. 원칙적으로 국내에 상표를 등록하였다고 하여 당해 상표에 상당하는 도메인 이름을 등록할 권리가 부여되지 않으며, 도메인 이름을 등록하였다고 하여 당해 상표를 등록할 권리를 부여하지는 않고 있다.

우리나라에서 상표권을 취득하기 위해서는 상표법이 정하는 바에 의하여 자기의 상표를 등록하여야 한다. 상표의 등록요건은 출원의 형식 등 절차적 요건과 상표의 구성 자체가 자타상품의 식별력을 가진 것인지 부등록사유에 해당되지 않는지에 관한 실체적 요건으로 나누는데 상표법상 중요한 것은 실체적 요건이다. 상표의 가장 중요한 기능은 자타상품식별기능이기 때문에 상표로 등록되기 위해서는 우선적으로 식별력을 가져야 한다. 상표법상 식별력이라 함은 거래자나 일반 수요자로 하여금 상표를 표시한 상품이 누구의 상품인가를 알 수 있도록 인식시켜 주는 것을 말한다. 일반적으로 식별력 유무의 판단은 지정상품과 관련하여 판단하고 있으며 상표법 제6조 제1항 각호에서는 자타상품의 식별력이 없는 상표들로서 상표등록이 불허되는 사유를 제한적으로 열거하고 있다.[23]

상표등록출원은 지식경제부령이 정하는 상품류 구분 내에서 상표를 사용할 1 또는 2개 이상의 상품을 지정하여 상표마다 출원하여야 하는데 이를 1상표 1출원주의 원칙이라고 한다.[24] 상표권의 존속기간은 설정등록일로부터 10년이나 10년간씩 몇 번이고 계속하여 갱신할 수 있으므로 상표권은 반영구적인 권리이다. 해외에 상표등록출원을 하는 방법으로는 각 국가에 개별적으로 상표등록출원을 하는 절차와 마드리드 체제에 의한 국제출원절차로 나뉠 수 있다. 현재 우리나라에 마드리드 의정서가 발효하였으므로 마드리드 체제에 따라 국내에서 상표의 국제출원을 할 수 있다.[25]

---

23) 상표등록이 불허되는 사유로는 상품의 보통명칭(예 : 스낵제품 - Corn Chip, 과자 - 호도과자, 자동차 - Car), 관용상표(예 : 과자류 - 깡, 청주 - 정종, 직물 - Tex), 성질표시적 상표(산지표시 예 : 사과 - 대구, 모시 - 한산, 굴비 - 영광; 품질표시 예 : 上, 中, 下, 특선, Super; 원재료표시 예 : 양복 - Wool, 넥타이 - Silk; 효능표시 예 : TV - HITEK, 복사기 - Quick Copy; 용도표시 예 : 가방 - 학생, 의류 - Lady; 수량표시 예 : 2켤레, 100미터; 형상표시 예 : 소형, 대형, 캡슐, SLIM; 생산방법 · 가공방법 · 사업방법표시 예 : 농산물 - 자연농법, 구두 - 수제, 책상 - 조립; 시기표시 예 : 타이어 - 전천후, 의류 - 봄 · 여름 · 가을 · 겨울), 현저한 지리적 명칭, 그 약어 또는 지도(예 : 금강산, 백두산, 뉴욕), 흔한 성 또는 명칭(예 : 이씨, 김씨, 사장, 상사, 조합, 총장), 간단하고 흔히 있는 표장(예 : 123, ONE, TWO, β) 및 기타 식별력이 없는 표장(예 : Believe it or not, I can do, www) 등이 있다.

24) 상표등록출원을 할 때에는 보호받고자 하는 상표와 아울러 상표법시행규칙 제6조의 규정에 따른 상품류 구분 및 '상품 및 서비스업의 명칭과 류구분에 관한 고시'에 따라 그 상표를 사용할 상품을 1개류 또는 다류의 상품을 지정할 수 있다. 상표법 시행규칙 별표에서는 제1류부터 제34류까지의 34개류의 상품류구분과 제35류부터 제45류까지 11개류의 서비스업류구분이 명시되어 있다.

25) 2001년 개정상표법에 반영된 마드리드 의정서에 의할 경우 위의 의정서 가입국 67개국(2006.1.)에 대해서는 국내 특허청을 통해 하나의 국제출원서를 영어로 작성하여 출원하면 출원인이 국제출원서에 지정한 국가에 동일한 날짜에 출원한 것으로 간주되기 때문에 국내 기업의 해외상표등록절차가 매우 간소화되는 한편 비용도 매우 저렴하게 된다. 다만, 이러한 국제출원을 하기 위해서는 국내에 기초가 되는 상표등록 또는 상표등록출원이 있어야 하기 때문에 국내에 등록상표나 출원상표가 있어야 하며, 국내에 아무런 등록상표나 출원상표가 없는 경우에는 마드리드 의정서를 통한 국제출원을 할 수 없다.

(3) 디자인보호법[26)27)]

디자인권은 구 의장법에 의해 '의장권'이라는 명칭으로 보호되던 권리로서, 의장법이 2004.12.31. 디자인보호법으로 변경되면서 현재 디자인보호법에 의해 보호되고 있다.

디자인은 영어의 Design에서 비롯된 외래어로서 제품에 관한 제품디자인, 광고포스터 · 그래픽디자인 · 디지털디자인 등과 같은 시각디자인, 생활공간이나 환경에 관한 환경디자인 등을 포괄하는 광의의 개념을 포함하는 용어이다. 디자인보호법 제2조 제1호에는 "디자인이라 함은 물품(물품의 부분(제12조[28)] 제외) 및 글자체 포함)의 형상, 모양이나 색채 또는 이들을 결합한 것으로서 시각을 통하여 미감을 일으키게 하는 것을 말한다"고 규정하고 있다. 따라서 디자인보호법상의 디자인은 독립거래의 대상이 되는 유체동산인 물품(또는 동 물품의 부분)의 외관에 관한 디자인이라고 할 수 있다.

디자인보호법상 디자인으로 성립되기 위해서는 물품성, 형태성, 시각성, 심미성의 요건을 충족시켜야 한다. 디자인은 물품과 불가분의 관계이며, 물품을 떠나서는 존재할 수 없다. 즉, 창작된 도안을 보호하는 것이 아니라, 그 도안이 적용된 물품을 보호하는 것이다. 여기에서 물품이란 독립성이 있는 구체적인 유체동산을 의미한다.[29)] 2001.7.1.부터 부분디자인제도의 시행으로 양말의 뒷굽, 병의 주둥이, 커피잔의 손잡이 등과 같이 물품의 부분에 관한 디자인도 등록 받을 수 있게 되었다. 디자인은 형상(Shape)[30)], 모양(Pattern)[31)], 색채(Color)[32)] 등의 형태를 띠어야 한다. 디자인은 인간의 육안으로 식별할 수 있는 것만을 대상으로 한다. 즉, 시각 이외

---

26) 이하 내용은 특허청 홈페이지 권리별 정보안내에 소개된 자료를 참조하였다.

27) 디자인에 관한 보호제도의 기원은 1711년 10월 25일 프랑스 리용(Lyon)시의 집정관이 견직물업계의 도안을 부정사용하지 못하도록 발한 명령으로 보고 있으나 이 명령의 효력은 리용시에 한정되어 오늘날의 독점권과는 다른 모습이었다. 오늘날과 같이 독점권을 기본으로 하는 디자인보호는 1787년 7월 14일 프랑스 참사원이 내린 명령으로서 이는 창작자에 대해 독점권을 인정하면서 그 보호를 위해서는 원본 또는 견본을 기탁하도록 규정하고 있다.

28) 디자인보호법 제12조(한 벌의 물품의 디자인) ① 2 이상의 물품이 한 벌의 물품으로 동시에 사용되는 경우 당해 한 벌의 물품의 디자인이 한 벌 전체로서 통일성이 있는 때에는 1디자인으로 디자인등록을 받을 수 있다. ② 제1항의 규정에 의한 한 벌의 물품의 구분은 지식경제부령으로 정한다.

29) 디자인보호법상 부동산이나, 열, 기체, 액체, 전기 등과 같이 형체가 없는 것, 설탕 등과 같은 분상물, 미상물, 또한 물품자체의 고유형태가 아닌 것(예 : 손수건을 접어서 꽃모양으로 만든 것) 등은 물품이 될 수 없다.

30) 공간을 점하고 있는 물품의 형체, 물품을 구성하고 있는 입체적 윤곽을 의미한다.

31) 물품의 외관에 나타나는 선도, 색흐림, 색구분 즉, 무늬를 말한다.

32) 시각을 통하여 식별할 수 있도록 물품에 채색된 빛깔

의 감각에 의하여 인식 가능한 것, 육안으로는 식별할 수 없는 것, 외부에서 볼 수 없는 것은 디자인보호의 대상이 될 수 없다. 디자인은 미감을 일으키는 것이어야 한다. 그러나 미감의 의미는 주관적인 가치판단이 개입되므로 명확한 판단기준을 세우기는 어렵다. 따라서 심사 실무에 있어서는 고도의 심미성에 대한 판단보다는 아름다움을 느낄 수 있을 정도의 형태적 처리가 된 것이면 심미감이 있는 것으로 보고 있다.

디자인등록출원한 디자인을 등록받기 위해서는 디자인의 성립요건(신규성, 창작성[33], 공업상 이용가능성[34])을 충족하여야 하며 확대된 선출원주의[35]에 위배되지 말아야 한다.[36] 이와 같은 요건을 충족한 디자인 또는 이와 유사한 디자인이 둘 이상 출원된 경우에는 가장 먼저 출원한 자만이 등록받을 수 있다. 디자인권의 존속기간은 디자인의 설정등록일로부터 15년이다. 다만 유사디자인권[37]의 존속기간

33) 창작성이란 그 디자인이 속하는 분야에서 통상의 지식을 가진 자가 국내에서 널리 알려진 형상, 모양, 색채 또는 이들의 결합에 의하여 용이하게 창작할 수 없는 디자인이어야 한다는 의미이다. 용이하게 창작될 수 있는 디자인으로는 다음과 같다. 삼각형, 사각형, 원, 원기둥, 정다면체 등 주지의 도형의 형상을 그대로 이용한 것에 불과한 경우; 바둑판무늬, 물방울무늬 등 흔한 모양을 단순 배열한 것에 불과한 경우; 자연물, 유명한 저작물, 유명한 건조물, 유명한 경치 등을 기초로 한 용이창작; ET인형의 형상, 모양을 저금통에 전용한 경우와 같이 당업계에서 간행물이나 TV 등을 통하여 널리 알려져 있는 디자인을 전용한 경우; 디자인 구성요소의 일부분을 다른 디자인으로 치환한 경우, 복수의 디자인을 합하여 하나의 디자인을 구성한 경우 및 공지디자인 구성요소의 배치를 변경한 것에 지나지 않는 경우와 같이 공지디자인의 결합에 기초한 용이창작 등

34) 자연물을 그대로 디자인의 구성주체로 사용한 것으로써 대량 생산할 수 없는 것이나 순수미술의 분야에 속하는 저작물 등은 공업상 이용가능성이 없는 경우로서 디자인 등록을 받을 수 없다.

35) 선출원주의란 동일 또는 유사한 물품에 관한 동일 또는 유사한 디자인이 서로 다른 날에 2 이상의 출원이 있는 경우 먼저 출원한 자만이 등록을 받을 수 있는 것을 말한다. 확대된 선출원주의란, 디자인등록출원한 디자인이 당해 디자인등록출원을 한 날 전에 디자인등록 출원을 하여 당해 디자인등록출원을 한 후에 출원공개되거나 등록공고된 타디자인등록출원의 출원서의 기재사항 및 출원서에 첨부된 도면, 사진 또는 견본에 표현된 디자인의 일부와 동일하거나 유사한 경우에 그 디자인에 대하여는 디자인등록을 받을 수 없도록 하는 제도를 말한다. 적용되는 유형으로는 다음과 같다 : 선출원이 전체디자인이고 당해 출원이 부분디자인인 경우; 선출원이 완성품 디자인이고 당해 출원이 부품이나 부속품 디자인인 경우; 선출원이 한 벌 물품 디자인이고 당해 출원이 구성물품 디자인인 경우; 등록받을 수 없는 디자인(예 : 국기, 혐오디자인) 등

36) 다만, 디자인무심사등록출원된 디자인에 대해서는 위의 등록요건 중 ⅰ) 신규성, ⅱ) 창작성, ⅲ) 확대된 선출원주의, ⅳ) 선출원주의 등을 심사하지 않고, 방식심사와 ⅰ) 성립요건, ⅱ) 공업상이용가능성, ⅲ) 부등록사유 해당여부 등만을 심사하여 등록을 하고 있다. 무심사등록디자인권의 안정성을 제고하기 위하여 무심사등록출원된 디자인이 국내 주지디자인에 의하여 용이하게 창작된 경우에는 거절할 수 있도록 법을 개정하여, 2007.7.부터 시행되고 있다.

37) 디자인은 기본디자인이 창작된 이후에 이를 기초로 한 여러 가지 변형디자인이 계속 창작되는 특성이 있다. 또한 디자인권은 타인의 모방·도용이 용이하나, 그 유사범위는 추상적이고 불명확함에 따라 미리 유사범위내의 유사디자인을 등록받아 침해·모방을 미연에 방지할 필요성이 있다. 따라서 자기가 등록 또는 출원한 기본디자인의 변형된 디자인을 유사디자인이라는 이름으로 등록받을 수 있도록 하는 제도를 두고 있다.

은 기본디자인권의 존속기간과 같아 기본디자인권이 소멸되면 유사디자인권도 함께 소멸한다.

(4) 반도체 집적회로의 배치설계에 관한 법률

배치설계권이란 반도체집적회로(Integrated Circuit, IC)의 회로기판 상에 소자(elements)를 어떻게 배열·배선할 것인가 하는 회로의 배치설계(layout design)에 대한 독점배타적인 전용권을 의미한다. 새로운 지적재산권의 하나로 지목되고 있는 반도체칩은 1960년대부터 실용화되어 컴퓨터와 각종 사무용품, 가전제품, 자동차 등의 고성능화, 고품질화, 소형간편화, 저가화를 이룩하는 데 결정적 기여를 함으로써 현대 산업에 있어서 백미로 불리고 있다. 특허나 저작권에 의하여 보호하는 것이 부적절하다는 지적에 따라 반도체 강국인 미국에서 독자적인 법을 제정하여 등록 또는 산업상 이용일로부터 10년간 독점배타권을 부여하는 방식으로 보호하는 것으로 입법화하였다. 우리나라에서는 1992.12.8. 반도체 집적회로의 배치설계에 관한 법률을 제정하여 보호하고 있다(1993.9.1.시행). 배치설계권의 존속기간은 설정등록일로부터 10년이다.

(5) 부정경쟁방지 및 영업비밀보호에 관한 법률

영업비밀이란 사실상 모든 형태의 구체적인 정보, 예컨대 제조공식이나 데이터·프로그램·고안·제조방법·고객리스트 등을 포함한다. 다만 그 정보는 일반적으로 알려져 있지 아니하고 보통의 수단으로서는 다른 사람에 의해 쉽게 얻어질 수 없는 것으로서 보유자가 비밀로서 관리하고 있으며 그로 인하여 경제적 가치를 창출할 수 있는 것을 말한다. 영업비밀의 요건으로는 비밀성, 관리성, 경제성 등이 있다. 즉, 영업비밀 관리자는 다른 사람이 부정한 방법으로 영업비밀을 취득하거나 영업비밀을 부정 취득한 자로부터 이를 다시 취득하는 행위, 영업비밀을 비밀로서 유지하여야 할 의무가 있는 자가 부당한 방법으로 이를 공개하는 행위를 금지할 수 있다. 영업비밀에 대한 권리는 등록과 같은 형식적 요건이 요구되지 않고 그 정보가 비밀로 유지되는 한 존속한다.

영업비밀에 의한 보호가 특허 보호와 차이를 보이는 점으로는 다음과 같다. 발명이 특허출원되면 그 기술적 사상은 공개되고 따라서 공중은 정당한 절차를 통하여 그 발명을 이용할 수 있지만, 영업비밀과 같이 발명자가 발명을 공개하지 않고 영업비밀로서 간직한다면 그것이 비밀로 유지되는 한에서는 발명자가 영업비밀로서의 권리를 향유하게 된다. 그러나 일단 그 비밀상태가 해제되거나 누설되면 그 때부터 법은 발명자에 대하여 아무런 보호를 해 주지 못한다. 대표적으로 코카콜라가 그 제조법을 특허로 출원하지 않고 영업비밀로 계속 유지하고 있다.

03 국제조약[38)]

저작물의 국제적 교류가 활발해지면서 저작권의 국제적 보호 문제가 제기되었다. 저작권 보호의 일관되고 통일된 적용을 위해 19세기말 단일한 국제 저작권법 제정 시도도 있었으나 각국의 법 전통이나 문화적 발전단계의 차이 등으로 인하여 이러한 노력은 그저 시도에 그치고 말았다. 이의 대안으로 다른 국가의 저작물을 이용할 때 지켜야 할 보호의 수준과 방법 등을 정하는 국제조약을 체결하게 되었다. 이러한 국제 조약은 저작권법과 동등한 지위를 가지게 된다.[39)]

국제조약의 기본 원칙

- 내국민대우의 원칙(National Treatment) : 보호대상이 되는 외국인에게 최소한 자국민과 같은 대우를 부여한다는 원칙으로서, 동화의 원칙(Principle of Assimilation)이라고도 한다.
- 최혜국대우의 원칙(Most Favored Nation Treatment) : 어느 회원국이 다른 회원국의 국민에게 부여하는 이익 · 혜택 · 특권 · 면제는 즉시 그리고 무조건적으로 다른 모든 회원국의 국민에게 부여된다는 원칙을 말한다. 최혜국대우의 원칙은 모든 저작물이 시장에서 동등하게 경쟁할 수 있도록 보장하는 효과 및 각 국가의 보호수준을 상향시키는 효과를 가진다.
- 최소 보호 충족의 원칙(Minimum Protection) : 회원국이 외국인의 저작물에 대해 자국민과 같은 대우를 하는 것만으로는 부족하고 최소한 국제조약이 정하고 있는 수준

38) 조약(Treaty)이란 가장 격식을 따지는 정식의 문서로서 주로 당사국간의 정치외교적 기본관계나 지위에 관한 포괄적인 합의를 기록하는 데 사용된다. 이 형태의 조약으로는 평화, 동맹, 중립, 우호, 방위, 영토조약 등이 있으며 대개 국회의 비준동의를 요한다. 반면, 협약(Convention)은 국제기구의 주관 하에 개최된 국제회의에서 체결되는 조약의 경우에 흔히 사용된다. 협정(Agreement)은 주로 정치적인 요소가 포함되지 않은 전문적, 기술적인 주제를 다룸으로써 조정하기가 어렵지 아니한 사안에 대한 합의에 많이 사용된다. 기타 국제조약과 관련한 상세한 정보는 외교통상부 사이트(www.mofat.go.kr)를 참고하기 바란다.
39) 헌법 제6조 제1항 참조

이상의 보호를 하여야 한다는 원칙이다. 국제조약은 그 보호의 최소한을 규정하고 있을 뿐이므로, 회원국이 이 기준보다 높은 수준의 보호를 부여하든, 자국민에게는 위 기준에 미치지 못하는 권리를 부여하든 그것은 각 국가의 자유이다.

- 무방식주의 : 저작권 등록이나 납본 등의 방식 없이도 저작권이 저작물의 창작과 동시에 발생하는 것을 말한다.
- 소급보호의 원칙 : 협약이 발효되기 전에 창작된 저작물이라 하더라도 협약 발효 시에 저작물 본국에서 보호기간이 만료되어 공유로 된 것을 제외하고는 모든 저작물에 협약이 적용된다는 원칙이다.
- 속지주의 : 형법의 장소적 적용범위를 어떻게 정하느냐 하는 원칙에 관한 입장에 따라 붙여진 명칭으로 자국의 영토주권이 미치는 범위의 영역에서 범하여진 죄에 대하여는 범인이 어느 나라의 국민인가에 관계없이 이들에게 모두 그곳의 형법을 적용한다는 원칙이다.
- 법정지법원칙 : 저작권의 보호범위 및 구제방법에 대해서는 보호가 요구된 국가의 법령, 즉 법정지법에 의한다는 원칙이다.
- 보호국법주의 : 저작물의 본국이 어디든 상관없이 그 저작권 보호가 요구된 국가(소송이 제기된 경우에는 그 소가 제기된 국가)의 저작권법을 적용한다는 원칙이다.

(1) 문학 · 예술적 저작물의 보호를 위한 베른협약(The Berne Convention for the Protection of Literary and Artistic Works)

베른협약은 1886년에 제정되었다. 4년 전인 1882.5. 로마에서 회의를 가진 각국의 저술가 · 학자 · 작곡가 · 출판업자 · 악보상 등이 빅토르 위고(Victor Hugo)를 회장으로 한 국제문예협회[40]의 서적업자조합의 발의에 따라 문학적 · 미술적 저작물의 보호를 위한 국제조직 설립을 결의하였다. 1884년 및 1885년에 스위스 베른에서 국제회의가 소집되었고 이후 1886년 제3차 회의에서 스위스 · 영국 · 독일 · 프랑스 등 10개국에 의해 베른협약이 정식으로 체결되었다. 베른협약은 내국민대우 · 무방식주의 · 법정지법원칙 · 소급보호의 원칙 · 속지주의 · 보호국법주의 등을 기본원칙으로 채택하고 있다. 저작권 보호기간은 저작자 생존기간 및 사후 50년으로 정하고 있다.

1994년 세계무역기구 무역관련 지재권에 관한 협정(Trips)이 베른협약을 준거로 삼고 있고 세계저작권협약 가입국을 비롯한 대부분의 나라가 베른협약에 가입함으

---

40) 국제문예협회는 1878년에 창립되었다.

로써, 베른협약이 저작권 기본조약의 역할을 하게 되었다. 미국(1989), 러시아(1994), 우리나라(1996), 북한(2003) 등이 이 협약에 가입하였다.

(2) 세계저작권협약(Universal Copyright Convention, UCC)

베른협약이 무방식주의를 채택하는 등 보호수준이 높아 많은 나라들이 이 협약에 가입하는 데 한계가 있었다. 방식주의를 취하고 있는 미국이나 2차세계대전 이후 강대국으로 부상한 소련, 보호수준이 미흡한 개발도상국 등 많은 국가가 베른협약에 가입하지 않고 있었다. 이에 국제연합교육과학문화기구(UNESCO)는 모든 나라의 가맹을 가능하게 할 새로운 조약을 만들기 위한 시도를 하였고, 베른협약 가입국과 미주 국가의 협의 결과 1952.9.6. 제네바에서 세계저작권협약이 성립되었다(1955년 발효). 우리나라는 1986년에 저작권법 개정이 이루어진 후 이듬해인 1987.10.1.에 이 협약에 가입하였다.

세계저작권협약은 내국민대우 원칙, 방식주의[41]를 채택하고 있다. 또한 불소급의 원칙을 채택하고 있어 협약 가입 이전에 나온 저작물에 대해서는 보호 의무가 없다. 보호기간은 저작자 사후 25년 이상으로 정하고 있다. 단, 사진 및 응용미술저작물은 10년 이상으로 하고 있다.

(3) 실연자 · 음반제작자 및 방송사업자의 보호에 관한 국제협약(International Convention for the Protection of Performers, Producers of Phonogram and Broadcasting Organization, 로마협약)

저작인접권자인 실연자 · 레코드 제작자 및 방송사업자의 권리를 보호하고자 하는 국제적 움직임은 오래 전부터 있었으나, 1961.10.에 이르러서야 실연자 · 음반제작자 및 방송사업자의 보호에 관한 국제협약을 성립시킬 수 있었다.

로마협약은 내국민대우의 원칙 · 최소보호의 원칙 · 불소급의 원칙을 채택하고 있다. 보호기간은 실연이나 고정, 방송이 행하여진 때로부터 최소 20년간으로 하고 있다. 우리나라는 2009.3.에 가입하였다.

---

41) 사실 세계저작권협약(UCC)을 주도한 미국이 방식주의(©표시제도)를 채택하고 있었으나 1989년에 무방식주의를 채택하고 있는 베른협약에 가입함으로써 무방식주의를 채택하였다. 그 후 세계 대다수의 국가들이 무방식주의를 채택하게 됨으로써 오늘날 © 표시의 실질적 역할이 거의 사라졌다.

(4) 음반의 무단 복제로부터 음반제작자를 보호하기 위한 협약(Convention for the Protection of Producers of Phonograms against Unauthorized Duplication of their Phonograms, 제네바음반협약)

1961년에 체결된 로마협약은 그 기준이 너무 높았기 때문에 많은 국가들이 본 협약을 체결하기 어려웠다. 로마협약은 음반의 무단 수입이나 배포행위를 금지할 것을 체약국의 의무사항으로 하고 있지 않아 해적판 음반이 성행하게 되었고 그에 따른 음반제작자의 경제적 피해가 심각한 지경에 이르게 되자, 음반제작자의 권리를 보호하기 위한 응급조치로서 로마협약과는 별도로 음반협약이 성립되었다. 본 협약은 1971.10.29. 제네바에서 성립하여 1973.4.18.에 효력이 발생하였고 우리나라는 1987.7.10.에 가입하여 같은 해 10.10.부터 그 효력이 발생하였다.

본 협약은 음반을 최초로 만든 지역의 법을 보호기준으로 하는 국적주의를 채택하여 각 국가의 저작권법, 부정경쟁방지법, 형법 등 체약국 상황에 맞게 보호하도록 하고 있다. 또한 불소급의 원칙을 채택하고 있다. 보호기간으로는 음을 최초로 녹음 또는 발행한 연도 말로부터 기산하여 20년 이상 보호하도록 하고 있다.

(5) 무역관련 지적재산권 협정(Agreement on Trade-Related Aspects of Intellectual Property Rights, TRIPs 협정)

베른협약 및 로마협약 등은 개별적인 국가협약으로서 지적재산권에 대한 보호가 미약할 수밖에 없었고 가트(GATT : General Agreement on Tariffs and Trade, 관세 및 무역에 관한 일반 협정) 체제의 다자간 규범에 속하지 않아 무역마찰을 불러오곤 하였다. 지적재산권 보호 강화 목소리가 국제사회에 높아지면서 1986년부터 시작된 우루과이 라운드에서 특허권·디자인권·상표권·저작권 등의 지적재산권이 의제의 하나로 채택되었다. 이어 본 의제는 1994년 출범한 세계무역기구(WTO)[42]의 부속협정으로 채택되었다. Trips 규정은 WTO의 모든 회원국에 적용된다는 점에서 종전의 개별적인 협약보다 강한 구속력을 가진다. 즉, Trips협정은 지적재산권에 대한 최초 다자간 규범이라 할 수 있다.

본 협정은 내국민대우 원칙, 최혜국대우 원칙, 최소보호의 원칙 등을 보호원칙으로 채택하고 있다.

42) GATT보다 더 강화된 세계무역기구이다.

(6) 세계지적재산권기구 저작권조약(WIPO Copyright Treaty, WCT)

1996.12.2.부터 12.20.까지 계속된 외교회의를 통해서 세계지적재산권기구 저작권조약(WIPO Copyright Treaty, WCT) 및 실연·음반조약이 성립되었다(1996년 체결, 2002년 발효). 베른협약에 토대를 두고 있는 WCT는 작곡가·작가·문화·정보회사 등의 저작권 보호를 다루고 있다. 그러나 WCT 가입의 전제조건으로 베른협약 체약국이어야 할 것을 요구하는 것은 아니다. WCT와 베른협약은 서로 독립적인 관계에 있으며, WIPO의 회원국이라면 WCT에 가입할 수 있다. 베른협약 체약국 상호간에는 WCT에 의하여 베른협약 상 부담하는 기존의 의무를 훼손할 수 없도록 규정하고 있다. 베른협약 회원국이 아닌 WCT 체약국은 베른협약 제1조 내지 제21조 및 부속서의 규정을 준수하도록 규정하고 있다.

본 조약은 저작물로서 컴퓨터프로그램과 데이터베이스를 명시한다. 또한 저작권으로서 배포권 및 그 권리의 소진·대여권·공중전달권(전송권)에 관하여 언급하고 있다. 사진저작물의 보호기간을 다른 저작물과 마찬가지로 저작자 사후 50년까지 보호하도록 명시하였다. 또한 저작권 제한규정을 엄격히 할 것을 규정하였고, 기술조치 보호의무 및 권리관리정보 의무를 규정하였다. 우리나라는 이 조약에 2004년에 가입하였다.

(7) 세계지적재산권기구 실연·음반조약(WIPO Performances and Phonograms Treaty, WPPT)

1961년에 체결된 실연자·음반제작자 및 방송사업자의 보호를 위한 협약(로마협약)을 보완한 WPPT는 가수·연주자·음반회사 등 음악저작인접권자를 인터넷상에서 보호하기 위한 조약이다. 본 조약에서는 실연자의 인격권·방송권·복제권·배포권·대여권·공중전달권·2차사용료 청구권 등을 확장 또는 신설하였다.

일반원칙으로는 내국민대우·무방식주의·소급효 원칙·50년간 존속기간·권리제한의 허용 등을 규정하고 있다. 우리나라는 2009.3.에 가입하였다.

chapter

2 저작물

01 창 작

"저작물"은 인간의 사상 또는 감정을 표현한 창작물을 말한다(저작권법 제2조 제1호).

저작권법에서 '창작'이 함축하는 의미는 무엇일까? 우리 저작권법에 창작물에 대한 정의 규정은 없다. 창작의 요건에 특허와 같은 신규성(novelty) 또는 심미성(aesthetic merit)과 같은 기준을 요구하고 있지는 않다. 미국 저작권법에는 저자의 오리지널 작품에 대해 저작권 보호가 이루어진다고 명시하고 있다. 오리지널(original)이란 타인의 작품을 보고 베낀 것이 아니라 작가에 의해 독자적으로 창작된 것을 의미한다. 그렇다면 타인의 저작물을 베끼지 않고 자신이 작성하기만 한다면 창작성이 없어도 저작권법에 의해 독점권을 부여받을 수 있을까? 이에 대해 저작자의 정신적 노력에 대한 대가로 저작권을 부여해야 한다고 보는 견해도 있지만, 최근 저작권법 판례는 문화발전을 유인할 만한 일정 수준 이상의 창작성(creativity)이 있는 작품에 저작권을 부여해야 한다는 입장을 취하고 있다.[43] 미국 연방대법원은 저작권법의 보호를 받기 위해서는 작품이 작가에 의해 독립적으로 창작되어야 하며 적어도 최소한의 창작성을 지니고 있어야 하는데 알파벳순 인명편 전화번호부는 저작권을 부여할 만한 최소한의 창작성이 없어 저작권법의 보호 대상이 아니라고 판시하였다.[44]

---

43) 전자를 노동이론이라 일컬으며 후자를 유인이론이라 부르기도 한다.

44) "The *sine qua non* of copyright is originality. To qualify for copyright protection, a work must be original to the author…Original, as the term is used in copyright, means only that the work was independently created by the author (as opposed to copied from other works), and that it possesses

즉, 창작물은 독창성(originality)과 최소한의 창의성(some minimal degree of creativity)을 지녀야 한다.

[판례 2-1] 대법원 1997.11.25. 선고 97도2227 판결

쟁점 : 대입 본고사 문제지가 창작물인지 여부

판시내용 :

저작권법에 의하여 보호되는 저작물은 문학 · 학술 또는 예술의 범위에 속하는 창작물이어야 하는바, 여기에서 창작물이라 함은 저자 자신의 작품으로서 남의 것을 베낀 것이 아니라는 것과 최소한도의 창작성이 있다는 것을 의미하고, 따라서 작품의 수준이 높아야 할 필요는 없지만 저작권법에 의한 보호를 받을 가치가 있는 정도의 최소한의 창작성은 요구되므로, 단편적인 어구나 계약서의 양식 등과 같이 누가 하더라도 같거나 비슷할 수밖에 없는 성질의 것은 최소한도의 창작성을 인정받기가 쉽지 않다. 또한 작품 안에 들어 있는 추상적인 아이디어의 내용이나 과학적인 원리, 역사적인 사실들은 이를 저자가 창작한 것이라 할 수 없으므로, 저작권은 추상적인 아이디어의 내용 그 자체에는 미치지 아니하고 그 내용을 나타내는 상세하고 구체적인 표현에만 미친다.

대입 본고사 입시문제가 역사적인 사실이나 자연과학적인 원리에 대한 인식의 정도나 외국어의 해독능력 등을 묻는 것이고, 또 교과서, 참고서 기타 교재의 일정한 부분을 발췌하거나 변형하여 구성된 측면이 있다고 하더라도, 출제위원들이 우수한 인재를 선발하기 위하여 정신적인 노력과 고심 끝에 남의 것을 베끼지 아니하고 문제를 출제하였고 그 출제한 문제의 질문의 표현이나 제시된 여러 개의 답안의 표현에 최소한도의 창작성이 인정된다면, 이를 저작권법에 의하여 보호되는 저작물로 보는 데 아무런 지장이 없다.

---

at least some minimal degree of creativity... To be sure, the requisite level of creativity is extremely low; even a slight amount will suffice..." Feist Publications, Inc. v. Rural Telephone Service, 499 U.S. 340 (1991).

[그림 2-1]
101 달마시안[45)]
출처 : www.waltdisney.com

[판례 2-2] 대법원 2003.10.23. 선고 2002도446 판결

쟁점 : 달마시안 캐릭터의 창작성 여부

판시내용:

제1심 법원인 광주지방법원은 "미국 디즈니 엔터프라이즈사가 제작한 '101달마시안'은 사람의 정신적 노력에 의해 얻어진 사상 또는 감정의 창작적 표현물인 영상저작물로서 저작재산권의 대상이 되지만, 그 만화영화에 나오는 달마시안종 개의 모습 그 자체는 비록 실제보다 더 단순화되어 표현되었거나 개의 몸에 있는 점의 수나 크기가 달리 표현되어 있는 점은 있으나, 이는 만화로서 표현되는 특성상의 차이점에 불과할 뿐 원래의 자연에 존재하는 달마시안 종 개의 모습과 본질적으로 차이를 보여서 사람의 사상이나 감정에 의하여 새로이 창작된 모습이라고 볼 수는 없고 자연에 존재하는 달마시안종 개를 거의 그대로 묘사하였다고 할 것이므로 '101달마시안'에 나오는 달마시안종 개의 모습은 저작권의 대상이 되는 사람의 정신적 노력에 의하여 얻어진 사상 또는 감정의 창작적 표현물인 저작물이라고 할 수 없다"라고 판시하였다(광주지방법원 2002. 1. 10. 선고 99노2415 판결).

그러나 대법원은 "달마시안 종의 개가 원래 자연계에 존재한다고는 하지만 디즈니 엔터프라이즈사는 달마시안 종의 개에게 만화주인공으로서만이 가질 수 있는 독특한 사랑스러움과 친숙함 등을 느낄 수 있도록 도안함으로써 저작권법에서 요구하는 창작성의 요건을 갖추었으므로, 이는 창작성이 있는 저작물이다"라고 판시하였다.

45) 미국 디즈니 엔터프라이즈사가 1961년에 제작한 장편 만화영화 '101 달마시안'은 1996년 달마시안 개를 실사 촬영하는 방법으로 리메이크되었다. 만화영화의 간략한 내용은 다음과 같다. 영리한 달마시안개 퐁고는 예쁜 페르디타와 결혼한다. 그리고 자기 주인인 로저도 페르디타의 주인인 아니타와 결혼한다. 페르디타는 곧 15마리의 강아지를 낳는데, 악당인 크루엘라가 납치한다. 구출 작전에 돌입한 퐁고와 페르디타는 이미 잡혀와 있던 84마리도 함께 구하여 탈주한다. 잔인한 마담 빌레가 그들의 가죽으로 코트를 만들기 위해 달마시안 강아지를 납치하는데……

[판례 2-3] 대법원 1990.10.23. 선고 90다카8845 판결

사실관계 :

일본 시사주간지 《플래쉬》가 한국인 누드 사진을 게재하였다. 한국 월간지 《직장인》은 "한국여대생 · 연예인 누드사진이 포르노로 둔갑"이라는 제목 아래 위 플래쉬에 게재된 원고의 사진들을, 월간지 《뷰티라이프》는 "사진예술작품들 일본으로 건너가 포르노성 기획으로 전락"이라는 제목 아래 위 원고의 사진들을 각 원고의 동의를 받지 아니하고 게재하였다. 위 잡지들이 게재한 사진들을 보면 모두 칼라로 된 양질의 사진이고 어떤 것은 잡지지면의 전면크기이고, 어떤 것은 몇 장의 사진으로 지면의 전부 또는 반 정도를 점하기도 하여 전체적으로 3면의 기사(표제지면 제외) 중 비평기사 보다는 사진이 절대적 비중을 차지하는 화보형식으로 구성되어 있다.

쟁점 : 저작물의 내용 중에 부도덕하거나 위법한 부분이 포함되어 있는 경우라도 저작권법상 저작물로서 보호되는지 여부

판시내용:

저작권법의 보호대상인 저작물이라 함은 사상 또는 감정을 창작적으로 표현한 것으로서 문학, 학술 또는 예술의 범위에 속하는 것이면 되고 윤리성 여하는 문제되지 아니하므로 설사 그 내용 중에 부도덕하거나 위법한 부분이 포함되어 있다 하더라도 저작권법상 저작물로 보호된다 할 것이다.

▶ **[쉴 休]**

검찰 "저작권 수사 않겠다" 최종 입장 밝혀

9.18. 소병철 대검찰청 형사부장은 "포르노물의 저작권 보호를 위해 국가 수사권을 발동한다는 것은 소가 웃을 일"이라고 저작권법 위반 혐의에 대해서는 수사중단 입장을 밝혔다. 그는 '포르노물이 저작권 보호 대상이 아닌 것으로 결론 낸 것인지'를 묻는 기자들의 질문에 "저작권법 위반이 된다 안 된다를 판단한 게 아니다. 저작권에 대해서는 판단하지 않았다. 다만 그런 심한 포르노물에 대해선 수사권을 발동하지 않겠다는 뜻"이라고 말했다. 음란물 유포 행위는 처벌해야 하지만 저작권 보호는 별개 문제라는 것이다.

위클리 경향 2009.9.29.

02 표 현

저작물은 인간의 사상 또는 감정을 외부로 표현한 것이어야 한다. 표현(expression)의 방법에는 제한이 없고 글, 그림, 소리, 동작 등 인간의 오감을 통해 인지할 수 있으면 된다. 저작권법에서 표현되지 아니한 사상 또는 감정 그 자체는 보호대상이 아니다. 창작적인 표현이라 하더라도 부득불 법의 보호가 제한되는 경우가 있다.

(1) 아이디어/표현 이분법(Idea/Expression Dichotomy)

저작권 보호가 미치지 아니하는 관념, 절차, 공정, 체제, 조작방법, 개념, 원칙 또는 발견 등을 통칭 아이디어(idea)라 일컫는다. 미국 저작권법은 "어떠한 경우에도 저작권의 보호는 당해 저작물에 기술, 설명, 예시 또는 수록되는 형태를 불문하고 아이디어(idea), 절차(procedure), 공정(process), 체제(system), 조작방법(method of operation), 개념(concept), 원칙(principle) 또는 발견(discovery)에는 미치지 아니한다"라고 명시하고 있다.[46] 즉, 머리 속에만 있는 아이디어는 공유 영역에 속하며 보호하려고 해도 보호 실체가 없기 때문에 표현되지 않은 아이디어에 대하여는 독점권을 인정할 수 없다.

우리 저작권법도 인간의 사상이나 감정을 표현한 창작물을 보호대상으로 하기 때문에 표현되지 아니한 아이디어에 대해서는 저작권이라는 독점권을 부여하지 않고 있다.

[판례 2-4] 서울중앙지방법원 2007.1.17. 선고 2005가합65093 판결

추상적인 게임의 장르, 기본적인 게임의 배경, 게임의 전개방식, 규칙, 게임의 단계변화 등은 게임의 개념 · 방식 · 해법 · 창작도구로서 아이디어에 불과하므로 그러한 아이디어 자체는 저작권법에 의한 보호를 받을 수 없고, 나아가 어떠한 아이디어를 표현하는 데 실질적으로 한 가지 방법만 있거나 하나 이상의 방법이 가능하다고 하더라도 기술적인 또는 개념적인 제약 때문에 표현방법에 한계가 있는 경우에는 그러한 표현은 저작권법의 보호대상이 되지 아니하거나 그 제한된 표현을 그대로 모방한

46) 미국저작권법 제102(b)조

경우에만 실질적으로 유사하다고 할 것이어서 위와 같은 아이디어를 게임화하는 데 있어 필수불가결하거나 공통적 또는 전형적으로 수반되는 표현 등은 저작권법에 의한 보호대상이 될 수 없다.

게임의 전개방식, 규칙 등이 게임 저작물의 내재적 표현으로 인정되어 저작권의 보호대상이 되기 위하여는 그러한 게임의 전개방식, 규칙 그 자체 또는 그러한 것들의 선택과 배열 그 자체가 무한히 많은 표현 형태 중에서 저작자의 개성을 드러내는 것이어서 표현으로 볼 수 있는 경우여야 할 것이고, 컴퓨터를 통해 조작하고 컴퓨터 모니터에 표현되어야 하는 한계, 승패를 가려야 하고 사용자의 흥미와 몰입도, 게임 용량, 호환성 등을 고려하여야 한다는 점과 같이 컴퓨터 게임이 갖는 제약에 의해 표현이 제한되는 경우에는 특정한 게임방식이나 규칙이 게임에 내재되어 있다고 하여 아이디어의 차원을 넘어 작성자의 개성 있는 표현에 이르렀다고 볼 수 없고, 오히려 그러한 게임방식이나 규칙은 특정인에게 독점권이 있는 것이 아니라 누구나 자유롭게 사용하여 다양한 표현으로 다양한 게임을 만들 수 있도록 하여야 한다.

[판례 2-5] Lotus Development Corp. v. Borland Intern., Inc., 49 F.3d 807 (1st Cir. 1995)

사실관계 :

Lotus 1-2-3은 사용자가 컴퓨터에서 계산 기능을 수행할 수 있게 해주는 스프레드시트(spreadsheet) 프로그램에서 50개 이상의 메뉴와 서브메뉴로 배열된 490개의 명령어를 가지고 있다. 사용자가 매크로라 부르는 것을 쓸 수 있는 기능도 가지고 있다.

Borland는 1987년에 Quattro프로그램을 처음 배포하였다. Borland의 목적은 Lotus 1-2-3을 포함하여 기존의 프로그램보다 기능이 뛰어난 스프레드시트 프로그램을 개발하는 것이었다. Borland는 Lotus의 컴퓨터 코드를 베끼지는 않고 Lotus 메뉴명령체계의 말과 구조만을 베꼈다. Borland는 자신의 프로그램을 Lotus 1-2-3과 같이 사용할 수 있도록 하여 이미 Lotus 1-2-3에 익숙해져 있는 사용자들이 새로운 명령어를 배우거나 Lotus 매크로를 다시 만들지 않고 Borland 프로그램을 사용할 수 있도록 하기 위하여 그와 같이 하였다. Borland는 'Lotus Emulation Interface'를 제공함으로써 Borland 사용자들이 화면에서 Lotus의 메뉴명령어를 볼 수 있고 비록 화면의 모습이 조금 다르고 Lotus 1-2-3에는 없는 많은 Borland의 선택(Options)들이 있지만 마치 Lotus를 사용하는 것처럼 Quattro와 Quattro Pro에서 작업할 수 있게 하였다.

쟁점 : 프로그램의 메뉴명령체계가 조작방법인지 여부

판시내용 :

Lotus 개발자들이 명령어들의 선택과 배열에 있어서 표현적인 선택을 하였다 할지라도 그것은 조작방법의 일부분이기 때문에 그 표현이 저작권으로 보호될 수 없다. 특정한 말이 어떤 것을 조작하는 데 있어서 필수적인 것이라면 그것은 조작방법의 일부분이므로 저작권으로 보호될 수 없다. 우리의 기초적인 의문은 메뉴명령체계가 어떤 표현을 담고 있느냐 여부가 아니라 조작방법인지 여부이다. Lotus 개발자들이 Lotus 메뉴명령체계를 달리 디자인할 수 있었을 것이라는 사실은 조작방법인지 여부에 관한 의문과 관련해서 비본질적인 것이다. 명령어의 이름을 정하고 배열하는 데 있어서 표현적인 선택이 있었다 하더라도 그것이 저작권으로 보호받을 수 없는 메뉴명령체계를 저작권의 보호대상으로 바꾸지는 못한다. 그러므로 Lotus의 메뉴명령체계는 저작권으로 보호받을 수 없는 대상이다.

우리 저작권법은 프로그램을 작성하기 위한 프로그램 언어(프로그램을 표현하는 수단으로서 문자 · 기호 및 그 체계), 규약(특정한 프로그램에서 프로그램 언어의 용법에 관한 특별한 약속) 및 해법(프로그램에서 지시 · 명령의 조합의 방법)은 보호대상에서 제외하고 있다.[47]

(2) 아이디어와 표현의 합체(Merger Doctrine)

비록 창작적인 표현이라고 하더라도 해당 저작물의 사상이나 감정이 오직 그 표현방법 외에는 달리 효과적으로 표현할 방법이 없는 경우, 그 표현에 대해서는 저작권의 보호가 제한될 수 있다. 아이디어와 표현이 밀접하게 연관되어 서로 분리할 수 없게 된 것을 아이디어와 표현이 합체되었다고 한다. 아이디어와 합체된 표현에 대해 저작권의 보호가 주어져서는 안 된다고 보고 있는데, 이는 아이디어와 합체된 표현에 대해 저작권 보호를 해주게 되면 필연적으로 그와 합체되어 있는 아이디어에까지 보호를 주는 결과가 되기 때문이다.

문학작품의 소설이나 희곡 등 작품에 내재되어 있는 아이디어(예컨대 소설의 주제나 기본적인 플롯)가 전형적으로 예정하고 있는 사건들이라든가 등장인물의 성격타입 등과 같은 요소들은 일정 주제를 다루기 위한 필수장면(scènes à faire)으로서, 설사 그러한 요소들이 표현에 해당하는 것이라 하더라도 저작권의 보호가 제한될 수 있다. 아이디어에 필연적으로 수반되는 표현에 저작권의 보호를 준다면 장래에 다른 창작자의 창작 기회를 박탈하게 되기 때문이다.

---

47) 저작권법 제101조의2

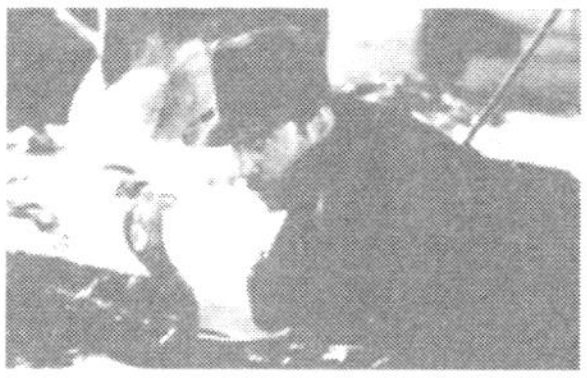

[그림 2-2]
Raiders of the Lost Ark[48)]
출처 : www.movies.yahoo.com

[판례 2-6] Zambito v Paramount Pictures Corp., 613 F.Supp. 1107 (2d Cir. 1985)

영화 인디애나존스에서 뱀이 우글거리는 동굴 안에 보물상자가 숨겨져 있고 그 뱀을 쫓기 위해 주인공이 횃불을 휘두르는 장면, 정글을 뚫고 지나가는 사람이 갑자기 새떼가 날아오르자 깜짝 놀라는 장면 등은 고고탐사물에서 필수장면에 해당된다.

[판례 2-7] 대법원 2000.10.24. 선고 99다10813 판결

사실관계 :

1993년에 출간된 소설 텐산산맥(백한이 저)은 일제치하에 연해주로 이주한 한인들의 삶이라는 공통된 배경과 사실을 소재로 주인공들의 일제 식민지로부터 탈출, 연해주 정착, 1937년 스탈린에 의한 한인들의 중앙아시아로 강제이주라는 전개방식을 통해 제정 러시아의 붕괴, 볼셰비키 혁명(1917년), 적백내전, 소련공산정권의 수립, 스탈린의 공포정치 등 러시아의 변혁 과정에서 연해주와 중앙아시아에 사는 한인들이 어떠한 대우를 받았고 어떻게 적응하며 살아왔는지 그 실상을 파헤치고 있다. 1994.12.에 첫 회가 방송된 MBC드라마 까레이스키도 텐산산맥과 공통된 배경과 사실을 소재를 다루고 있다.

판시내용 :

두 작품의 유사성은 두 작품 모두 1937년 강제이주의 상황묘사, 연해주 망명과 유격대 독립운동사 등 공통의 역사적 사실을 소재로 하고 있는 데서 오는 결과일 뿐이다. 소설 등에 있어서 추상적인 인물의 유형 혹은 어떤 주제를 다루는 데 있어 전형적으로 수반되는 역사적 사건이나 배경 등은 아이디어의 영역에 속하는 것들로서 저작권법에 의한 보호를 받을 수 없다.

기능적 저작물에서는 종종 저작자가 창작을 할 당시에는 그 작품에 내재된 아이디어를 표현하는 방법이 많이 있었는데 나중에 가서 그 방법이 여러 가지 현실적인 여건상 제한되는 경우가 발생한다. 특정 표현방식이 사실상의 표준(de facto standards)이 되어버린 경우가 그렇다. 우리가 타자기에서 이용하는 QWERTY 방식의 영문 글자판 배열은 처음 제작 당시에는 여러 가지 배열방식이 가능하였지만

48) Paramount Pictures 제작(1981)

많은 시간이 흐른 요즘에 와서는 위 배열방식이 사실상의 표준이 되어버려 다른 배열방식은 이용자가 불편해하므로, 타자기 또는 컴퓨터 자판 제조업자가 QWERTY 방식이 아닌 다른 방식으로 표현하는 것이 사실상 불가능하게 되었다. 이와 같이 창작 당시에는 합체가 일어나지 않았으나 표준화에 의해 후발적인 합체현상이 나타나는 경우 부득불 저작권 보호가 제한될 수 있다.

chapter 3

저작물의 분류

우리 저작권법은 표현형식에 따라 저작물을 어문저작물, 음악저작물, 연극저작물, 미술저작물, 건축저작물, 사진저작물, 영상저작물, 도형저작물, 컴퓨터프로그램저작물 등 9가지 종류로 분류하고 있다.[49] 이는 저작물을 제한적으로 열거한 것이 아니라 개괄적으로 예시한 것으로서, 위 9가지 종류에 해당되지 않는다 하더라도 '인간의 사상 또는 감정을 표현한 창작물'은 저작권의 보호 대상이 될 수 있다. 이외에도 저작명의에 따라 실명저작물, 이명저작물, 무명저작물로, 저작물 성립순서에 따라 원저작물, 2차적저작물로, 공표유무에 따라 공표저작물, 미공표저작물로, 저작자수에 따라 단독저작물, 공동저작물로, 저작물의 결합방법에 따라 단독저작물, 결합저작물로 분류할 수 있으며 기타 문예적 저작물과 기능적 저작물 등으로도 분류할 수 있다.

01 어문저작물

(1) 어문저작물 일반

어문저작물은 말과 글에 의해 표현되는 저작물을 말한다. 소설, 시, 논문, 각본과 같이 유형의 문서에 의한 저작물은 물론, 암호, 점자, 속기기호의 표현방식에 의해 표현된 것도 해당된다. 강연, 축사 등과 같이 구술에 의한 저작물도 어문저작물에 해당된다.

49) 저작권법 제4조 제1항

[판례 3-1] 서울지방법원 1995.6.23. 선고 94카합9230 판결

사실관계 :
이휘소의 평전인 《핵물리학자 이휘소》및 《소설 이휘소》에 이휘소가 어머니께 보낸 편지가 무단으로 게재되었다.

쟁점 : 편지가 저작물에 해당되는지 여부

판시내용 :
저적권법에 의하여 보호를 받는 저작물이라 함은 문학, 학술 또는 예술의 범위에 속하는 창작물을 말하는바, 단순한 문안 인사나 사실의 통지에 불과한 편지는 저작권의 보호대상이 아니지만, 학자 · 예술가가 학문상의 의견이나 예술적 견해를 쓴 편지뿐만 아니라 자신의 생활을 서술하면서 자신의 사상이나 감정을 표현한 편지는 저작권의 보호대상이 되고, 그 경우 편지 자체의 소유권은 수신인에게 있지만 편지의 저작권은 통상 편지를 쓴 발신인에게 남아 있게 된다.

사건의 소설에는 위 이휘소의 행적을 묘사하면서 중간 중간에 위 이휘소가 미국 유학을 떠난 후인 1955.2.5.부터 1972.8.30.까지 사이에 어머니에게 보낸 40여 통의 편지를 게재하고 있는데, 그 편지의 내용은 위 이휘소가 미국에서의 유학 및 가정생활과 연구활동 등에 관한 것으로, 위 편지에는 위 이휘소가 생활 속에서 느끼는 감정, 어머니와 형제 등에 대한 그리움, 물리학에 관한 평소의 생각 등이 나타나 있는 사실이 인정되므로, 위 편지는 위 이휘소의 감정과 사상이 표출되어 있는 것으로 저작물에 해당된다.

[판례 3-2] 서울고등법원 2006.11.14. 선고 2006라503 결정

사실관계 :
1996년에 창작된 희곡 키스의 저작자가 2005년에 개봉된 영화 왕의 남자의 제작자 등을 상대로 사건 영화 대사 '나 여기 있고 너 거기 있어'가 키스의 대사 '나 여기 있고 너 거기 있어'를 무단으로 이용하였다고 주장하였다.

쟁점 : 연극 속 대사 '나 여기 있고 너 거기 있어'의 저작물성

판시내용 :
이 사건 대사는 일상생활에서 흔히 쓰이는 표현으로서 저작권법에 의하여 보호받을 수 있는 창작성 있는 표현이라고 볼 수 없다.

(2) 제 호

1) 저작권법에 의한 보호

어문저작물인 서적 중 저작자의 사상 또는 감정을 창작적으로 표현한 부분이라고 볼 수 없는 단순한 서적의 제호나 저작자 또는 출판사의 상호 등은 저작물로서 보호받을 수 없다. 제호의 경우 충분한 창작성이 있으면 저작물성이 인정될 수도 있지만 실제로는 좀처럼 저작물성이 인정되지 않고 있다. 따라서 만화 제명 '또복이'[50], 소설 제목 '애마부인'[51], 연극 제목 '품바'[52] 등은 저작물이라 볼 수 없다.[53] 미국 저작권청도 "이름, 제호, 슬로건 등은 저작권 보호대상이 아니다"라고 규정하고 있다.

> [판례 3-3] 서울지방법원 1990.9.20. 선고 89가합62247 판결
>
> 사상이나 감정의 표현이라고 볼 수 없어서 저작권의 보호대상이 될 수 없는 이 건 무용극의 '행복은 성적순이 아니잖아요'라는 제명이 이건 영화 및 소설의 제명과 동일하다 해서 막바로 저작권침해가 될 수는 없다.

> [판례 3-4] 서울남부지방법원 2005.3.18. 선고 2004가단31955 판결
>
> 사실관계 :
>
> 원고는 1958년에 등단한 소설가 손씨가 1977년 소설 《불타는 빙벽》을 출간하였다. 피고는 1985년에 등단한 소설가 고씨로 2003년에 소설 《불타는 빙벽》을 출간하였다. 원고는 소설 '불타는 빙벽'이라는 제호가 2개의 단어만으로 이루어져 있지만 이들은 결합 불가능하고 모순관계에 있는 조합으로 누구도 쉽게 생각하지 못하는 독창성과 문학적 개성이 집약된 것이며, 작품내용 전체를 집약적으로 나타내는 독창성 있는 창작물로서 '저작물'에 해당된다고 주장한다.

---

50) 대법원 1977.7.12. 선고 77다90 판결

51) 서울고등법원 1991.9.5. 선고 91라79 결정

52) 서울고등법원 1989.4.11. 선고 89라28 결정

53) 우리 저작권법에 "저작자는 그의 저작물의 내용·형식 및 제호의 동일성을 유지할 권리를 가진다"(저작권법 제13조 제1항)라고 규정하고 있다. 따라서 제호 자체는 저작물에 해당되지 않는다 하더라도 저작자의 동의 없이 저작물의 제호를 변경할 경우 저작인격권 중의 하나인 동일성유지권 침해로 간주될 수 있다.

판시내용 :

서적의 제호 자체는 저작물의 표지에 불과하고 독립된 사상, 감정의 창작적 표현이라고 보기 어려워 저작물로서 보호받을 수 없으므로 이 사건 제호 역시 저작물로 보호받을 수 없다. 또한 설사 현대 사회에서 제호가 갖는 사회적 · 경제적 중요성 등을 고려하여 제호의 저작물성을 일률적으로 부인하지 않고 제호 중 창작적 사상 또는 감정을 충분히 표현하는 것을 선별하여 독립된 저작물로 보호하는 입장에 선다고 하더라도, 완성된 문장의 형태가 아닌 불과 두 개의 단어로만 구성되어 있는 이 사건 제호가 독자적으로 특정의 사상이나 감정 혹은 기타의 정보를 충분히 표현한 것으로 보기 어렵다.

2) 상표법에 의한 보호

서적의 제호는 그것이 보통 일반적으로 사용되는 것이 아니고 그 저작물의 내용을 직접 표시하는 것이 아닌 한 서적이나 필름 등의 상표로서 사용되는 경우에는 다른 상품과 식별하는 능력이 있고 출처표시로서의 기능도 있다. 그러나 이들 문자도 서적류의 제호로서 사용되는 경우에는 그것은 당연히 해당 저작물의 창작물로서의 명칭 내지 그 내용을 나타내는 것이며, 그러한 창작물을 출판하고 제조 판매하고자 하는 자는 저작권법에 저촉되지 않는 한 누구든지 사용할 수 있는 것으로서 품질을 나타내는 보통명칭 또는 관용상표와 같은 성격을 가지는 것이므로 제호로서의 사용에 대하여는 상표법 제51조[54]의 규정에 의거 상표권의 효력이 미치지 않는다.[55] 즉, 저작물의 제호가 직접 서적의 내용을 나타내는 경우, 예를 들어 저작권법 개론서를 '저작권법'이라는 상표로 출원하고자 할 경우, 이는 품질표시에 해당하여 상표등록을 받을 수 없다. '주간만화', '생활정보', '왕비열전' 등에 해당하는 서적의 상표도 등록이 거절되거나 상표권 효력이 미치지 않는다.

하지만 서적의 제호를 상표로 인정할 것이냐의 여부는 이론상으로는 의견의 일치를 보지 못하고 있다. 이렇게 품질표시에 해당하는 서적(단행본)의 제호는 원래 서적의 내용을 표시하는 것이지 상품(서적)의 식별표지는 아니므로 상표로서 등록될 수 없음이 원칙이나 출원단계에서 출원인의 인쇄물에 대한 문자상표 출원에 대

54) 상표권의 효력이 미치지 아니하는 범위 : 등록상표의 지정상품과 동일 또는 유사한 상품의 보통명칭 · 산지 · 품질 · 원재료 · 효능 · 용도 · 수량 · 형상(포장의 형상 포함) · 가격 또는 생산방법 · 가공방법 · 사용방법 및 시기를 보통으로 사용하는 방법으로 표시하는 상표 (상표법 제51조 제1항 제2호)

55) 대법원 1995.9.26. 선고 95다3381 판결

하여 그것이 제호인지 상표인지 특정할 수 없으므로 제호도 다수 상표등록이 되고 있는 것이 현실이다.

[판례 3-5] 대법원 2005.8.25. 선고 2005다22770 판결

사실관계 :

신청인은 1999.5.26. 피신청인과 사이에 신청인이 저술한 영어학습법에 관하여 기간을 3년으로 하여 위 저작물의 독점적인 출판권을 설정하기로 하는 계약을 체결하였고, 이 출판계약에 따라 같은 해 7.19. '영어공부 절대로 하지 마라'(이하 '영절하') 라는 제호의 서적이 출판되었다. 신청인이 저술한 '영절하'는 제호가 반어적인 것으로 특이할 뿐만 아니라 그 내용면에서도 영어학습 방법을 기존의 문자학습에서 이와는 전혀 다른 소리학습으로 전환한다는 독창적인 발상을 제시하고 있어, 출판되자마자 독자들의 큰 인기를 끌어 현재까지 100만 부 이상이 판매되었으며, 그에 따라 '영절하'의 내용과 그 저자인 신청인이 신문과 방송 등을 통하여 널리 알려지게 되었다. 신청인은 2001.10.6. '영어공부 절대로 하지 마라!'에 관하여 상표를 사용할 상품 및 구분을 '제16류 정기간행물 등 10건'으로 하여 상표등록을 출원하였다.

피신청인은 신청인과의 협의나 신청인의 양해 없이 자사 출판 서적물을 '영절하! 중학입문', '영절하! 중학입문 Listening Script & Test Answers', '영절하! 중학실력', '영절하! 중학실력 Listening Script & Test Answers', '영절하! 중학기본', '영절하! 중학기본 Listening Script & Test Answers, '영절하! 중학종합', '영절하! 중학종합 Listening Script & Test Answers' 등의 제호로 제작 · 판매하여 '영절하'를 제호의 일부로 하는 시리즈물의 형식으로 서적을 제작 · 판매하고 있다.

쟁점 : 서적의 제호 '영어공부 절대로 하지 마라'에 상표권의 효력이 미치는 경우

판시내용 :

서적류의 제호는 특별한 사정이 없는 한 해당 저작물의 창작물로서의 명칭 내지는 그 내용을 함축적으로 나타내는 것이며 그러한 창작물을 출판하고 제조 · 판매하고자 하는 자는 저작권법에 저촉되지 않는 한은 누구든지 사용할 수 있는 것으로서 품질을 나타내는 보통명칭 또는 관용상표와 같은 성격을 가지는 것이므로 제호로서의 사용에 대하여는 상표법 제51조의 규정에 의하여 상표권의 효력이 미치지 않는 것이 원칙이기는 하나, 타인의 등록상표를 정기간행물이나 시리즈물의 제호로 사용하는 등 특별한 경우에는 사용 태양, 사용자의 의도, 사용 경위 등 구체적인 사정에 따라 실제 거래계에서 제호의 사용이 서적의 출처를 표시하는 식별표지로서 인식될 수도 있으므로, 그러한 경우에까지 상표권의 효력이 미치지 않는 것으로 볼 수는 없다.

그럼에도 불구하고, 원심은 등록상표를 서적류의 제호로 사용하더라도 상표적 사용에 해당하는 경우가 있을 수 있음을 간과한 나머지, 피신청인이 신청인의 등록상표를

시리즈물인 서적의 제호의 일부로 사용함으로써 서적의 출처를 표시하고 있는지 여부에 대하여 아무런 심리 · 판단을 하지 아니한 채 상표권의 효력이 서적의 제호로서의 사용에는 당연히 미치지 아니하는 것으로 보았으니, 원심판결에는 서적 제호의 상표적 사용에 관한 법리를 오해하고, 필요한 심리를 다하지 아니함으로써 판결 결과에 영향을 미친 위법이 있다.

명칭	한글 : 영어공부 절대로 하지 마라! 영문 :
• 상품분류	16류(7판)
구분	국내상표 한글상표 일반
출원번호(일자)	4020010043909(2001.10.06)
등록번호(일자)	4006648180000(2003.11.07)
공고번호(일자)	4020030042676(2003.08.14)
원출원번호(일자)	
관련출원번호	
우선권주장번호(일자)	
소급구분(일자)	
최종처분(일자)	등록결정(일반)(2003.10.02)
심판사항	
등록상태	등록상표

3) 부정경쟁방지법에 의한 보호 여부

부정경쟁방지 및 영업비밀 보호에 관한 법률은 국내에 널리 알려진 타인의 상표 · 상호 등을 부정하게 사용하는 등의 부정경쟁행위와 타인의 영업비밀을 침해하는 행위를 방지하여 건전한 거래질서를 유지하기 위하여 제정되었다. 이 법은 '국내에 널리 인식된 타인의 성명, 상호, 상표, 상품의 용기 · 포장, 그 밖에 타인의 상품임을 표시한 표지와 동일하거나 유사한 것을 사용하거나 이러한 것을 사용한 상품을 판매 · 반포 또는 수입 · 수출하여 타인의 상품과 혼동하게 하는 행위'를 부정경쟁행위로 명시하고 있다.[56] 이에, 국내에 널리 알려진 제호와 동일 또는 유사한 것을 사용함으로써 타인을 혼동케 하는 경우에는 부정경쟁방지 및 영업비밀 보호에 관한 법률에 의해서도 보호가 가능하다.

56) 부정경쟁방지 및 영업비밀 보호에 관한 법률 제2조 제1호 가목

[판례 3-6] 서울서부지방법원 2007.1.4. 선고 2006카합2151 결정

사실관계 :

드라마 '궁'이 2006.1.경부터 같은 해 3월경까지 MBC를 통해 인기리에 방송된 이후 다른 제작사가 '궁S'라는 제호로 MBC에서 방송하려고 하자 '궁' 제작자가 '궁S'의 드라마 제호사용 금지 가처분 신청을 하였다.

판시내용 :

드라마 제호로서의 '궁'과 '궁S'가 일반 시청자의 입장에서 전체적으로 볼 때 유사하다고 할 것이어서, 일반 시청자들로서는 '궁S'라는 제호의 드라마가 위 드라마 '궁'의 후속편이거나 그와 밀접하게 관련되어 있을 것이라고 오인·혼동할 가능성이 크고, 위 드라마 '궁'이 종영된 다음날부터 '궁2'라는 제호의 그 속편 또는 그 시즌2에 대한 시청자들의 기대가 있었고, 위 기대에 부응하여 2007년 초에 MBC와 신청인이 위 드라마 '궁'의 시즌2를 방영할 계획을 발표하기도 하였으며, 그 후 신청인과 피신청인이 드라마 '궁2'의 제작과 관련하여 수차례 협상을 벌였다가 그 협상이 결렬되었다. 이러한 제반 사정 및 위 소명사실을 종합하면, 위의 행위는 부정경쟁방지법 제2조 제1항이 정하는 부정경쟁행위에 해당하고, 신청인은 위 부정경쟁행위로 인하여 자신의 영업상의 이익이 침해되거나 침해될 우려가 있는 자에 해당한다고 봄이 상당하므로 신청인은 부정경쟁방지법 제4조 제1항에 의하여 피신청인을 상대로 위 부정경쟁행위의 금지 또는 예방을 청구할 수 있다. 이에 피신청인은 '궁S'라는 제호를 사용하거나 이를 이용한 광고 또는 홍보행위를 하여서는 아니 된다.

02 음악저작물

음악저작물은 일반적으로 가락(melody), 리듬(rhythm), 화성(chord)의 3가지 요소로 구성되고, 이 세 가지 요소들이 일정한 질서에 따라 선택·배열됨으로써 음악적 구조를 이루게 된다. 음악저작물은 인간의 청각을 통하여 감정에 직접 호소하는 표현물로 논리적인 인식작용이 개입될 여지가 적다는 점에서 기능적 저작물과 구분되고, 시각작용과 함께 별도의 지각 작용을 요구하는 어문저작물과도 차이가 있으며, 또한 음악저작물이 인간의 감정에 호소할 수 있게 하기 위해서는 사람들이 선호하는 감정과 느낌을 불러일으킬 수 있는 음의 배합을 이루어야 하는데, 음의 배열 가능성은 이론상으로 무한대이나 그 중 듣기 좋은 느낌을 주는 경우는 한정되고 나아가 대중의 취향에 부합하는 경우는 더욱 한정되며, 사람의 목소리가

포함되는 가창곡의 경우 더욱 제한된다.[57]

가사와 곡이 결합되어 있는 경우 곡과 가사 모두 음악저작물에 해당된다. 즉, 김소월 시인의 시 진달래꽃은 어문저작물이며, 가수 마야씨가 부른 가요 진달래꽃의 곡과 가사는 모두 음악저작물에 해당된다. 우리 저작권법상 고정(fixation)은 저작물의 구성 요건이 아니므로 악보에 고정되지 않은 즉흥곡도 음악저작물에 해당된다. 악보는 음악저작물의 고정수단이며 출판물에 불과하므로 악곡을 떠나서 그 자체가 독립한 저작물이 되지는 못한다.

> [판례 3-7] 서울지방법원 1995.1.18. 자 94카합9052 결정
>
> 쟁점 : 코러스가 창작성이 있는지 여부
>
> 판시내용 :
>
> 가요 '칵테일 사랑'에서 코러스가 상당한 비중을 차지하고 있고, '칵테일 사랑'의 코러스 부분은 주멜로디를 토대로 단순히 화음을 넣은 수준을 뛰어넘어 신청인의 노력과 음악적 재능이 투입되어 만들어진 것으로 독창성이 있다고 할 것이므로, 저작권법상 2차적 저작권으로서 보호받을 만한 창작성이 있다.

03 연극저작물

연극저작물이란 연극이나 무용 또는 무언극 등과 같이 동작으로 표현되는 저작물을 말한다.[58] 무보 등의 형식으로 고정될 필요는 없으므로 즉흥연기나 즉흥무용도 저작물로 성립된다.

뮤지컬을 예로 들자면, 희곡(대본)은 어문저작물, 안무(choreography)는 연극저작물, 곡은 음악저작물에 해당된다. 뮤지컬이 악곡, 각본 등 구성요소의 저작물 성립 내지 저작권 귀속과 별도로 독자적인 저작물로서 성립하고 그 저작권이 제작자, 연출자에게 귀속한다는 주장은 받아들여지지 않고 있다.[59]

참고로 배우들의 연기 자체는 실연으로서 저작인접권으로 보호된다.

---

57) 수원지방법원 2006.10.20. 선고 2006가합8583 판결
58) 저작권법 제4조 제3호
59) 서울고등법원 2007.5.22. 선고 2006나47785 판결

▶ [쉴 休]

[그림 3-1] 김연아 007본드걸
출처 : www.yonhapnews.co.kr

김연아의 007본드걸 안무 저작권으로 보호받을 수 있을까?

안무는 사상이나 감정을 독특한 형태로 구체화 시킨 것으로 저작권법의 보호를 받는다. 단, 연속된 움직임 전체에 대해는 저작권이 인정되지만 그것을 구성하는 개별 요소인 기본 스텝이나 기술 등에 대해서는 저작권이 인정되기 어려울 것이다. 결국 피겨스케이팅의 안무의 보호범위를 명확히 한다는 것은 쉽지 않을 것이다.

04 미술저작물

(1) 미술저작물 일반

미술저작물은 색채, 형상에 의해 표현되는 저작물을 말한다. 회화 · 서예 · 조각 · 판화 · 공예 · 응용미술저작물 등이 미술저작물에 해당된다. 응용미술저작물은 물품에 동일한 형상으로 복제될 수 있는 미술저작물로서 그 이용된 물품과 구분되어 독자성을 인정할 수 있는 것을 말하며, 디자인 등을 포함한다. 건축저작물과 사진저작물은 미술저작물과 별도로 분류된다.

(2) 캐릭터

캐릭터란 만화 · TV · 영화 · 신문 · 잡지 · 소설 · 연극 등 대중이 접하는 매체를 통하여 등장하는 인물 · 동물 · 물건의 특징 · 성격 · 생김새 · 명칭 · 도안 · 특이한 동작 그리고 더 나아가서 작가나 배우가 특수한 성격을 부여하여 묘사한 인물을 포함하는 것으로서, 그것이 상품서비스 · 영업에 수반하여 고객흡인력 또는 광고효과라는 경제적 가치를 가지는 것을 말한다. 캐릭터를 '미키마우스', '헬로키티' 등 만화의 주인공과 같은 시각적 캐릭터와 '로키', '명탐정 콜롬보' 등 소설의 주인공과 같은 어문적 캐릭터로 나누기도 하고 실제로 존재하는지 여부에 따라 실재캐릭터와 창작캐릭터로 나누기도 한다.

1) 저작권법에 의한 보호

어문적캐릭터의 저작물성과 관련하여서는 대체로 충분히 개발된 캐릭터에 대해서만 보호가 이루어져야 한다고 보고 있다.

- "캐릭터의 개발 정도가 적으면 적을수록 저작권의 보호도 적게 되며, 캐릭터가 세밀하게 묘사되면 묘사될수록 캐릭터는 더 큰 보호를 받을 수 있다."[60]
- "소설의 주인공과 같은 어문적 캐릭터가 소설과 별개의 저작물이 되기 위하여는 캐릭터 자체가 곧 소설을 구성한다고 할 정도의 것이 되어야 한다."[61]
- "Rocky라는 캐릭터는 저작권법의 보호를 받을 수 있을 정도로 충분히 개발된 캐릭터이다."[62]
- "각각의 어문적 캐릭터는 저작권법의 보호를 받기 어려우나, 사건의 전개는 등장인물들 각자의 캐릭터 상호간의 갈등의 표출과 그 해소과정이라고 볼 수 있다는 점에서 그러한 캐릭터들의 조합은 저작권의 보호대상이 된다."[63]

반면, 만화의 주인공과 같은 시각적 캐릭터는 시각적 이미지가 덧붙여짐으로써 저작물의 성립요건인 창작적 표현이 훨씬 강하게 부각되므로 어문적 캐릭터보다 쉽게 저작권의 보호를 받을 수 있다.[64] 따라서 자신이 제작한 만화 또는 만화영화에 대한 저작권과 더불어 그 주인공인 캐릭터 자체에 대한 저작권도 보호받을 수 있다. 단, 캐릭터의 이름(명칭)은 저작물로 보호받을 수 없다.

[그림 3-2]
엽기토끼 마시마로
출처 : www.mashimaro.com

[판례 3-8] 서울남부지방법원 2003.3.27. 선고 2002가합84 판결

사실관계 :

마시마로 캐릭터는 머리를 몸통보다 크게 강조하고 눈, 코, 입이 아래쪽으로 몰려 있으며, 귀는 가늘고 작은 유선형으로, 눈은 양 옆으로 처진 직선의 형태로 표현되어

60) Nichols v. Universal Pictures Corp., 45 F.2d 119 (2d Cir. 1930)
61) Warner Bros., Inc. v. Columbia Broadcasting System, 348 U.S. 971 (1955)
62) Anderson v. Stallone, 11 U.S.P.Q. 2d 1161 (C.D. Cal. 1989)
63) 서울남부지방법원 2004.3.18. 선고 2002가합4017 판결
64) Walt Disney Production v. Air Pirates, 581 F.2d 751 (9th Cir. 1978)

전체적으로 나약하고 귀여운 기존의 토끼 이미지와는 달리 반항적인 모습으로 표현되어 있다. 마시마로는 플래쉬 애니메이션을 통해 일명 '엽기토끼'라는 별칭으로 인기를 얻게 되었고, 봉제인형뿐만 아니라 모바일 게임이나 영어교재의 등장인물로 등장하였다.

쟁점 : 마시마로 캐릭터의 저작물성 여부

판시내용 :

대중매체를 통하여 등장하는 가공적인 또는 실재하는 인물, 동물 등의 형상과 명칭을 뜻하는 캐릭터도 문학 · 학술 또는 예술의 범위에 속하는 창작물이라고 볼 수 있는 한 원칙적으로 저작권법상의 저작물(주로 미술저작물이나 영상저작물)로서 보호되어야 할 것이고, 이를 저작권법으로 보호하는 이유는 캐릭터가 그 외모, 행동, 성격이나 대중매체에서 전개되는 이야기 내용 등에 의하여 독창적인 개성이나 이미지를 가지고 있어서 이러한 독창적인 개성이나 이미지가 상품이나 서비스 영업에 수반하여 고객흡인력 또는 광고효과라는 경제적 가치를 지니기 때문이다. 그런데 마시마로는 7회까지 연재된 플래쉬 애니메이션에서 전개되는 독창적이고 엽기적인 내용과 마시마로라는 등장인물의 반항적인 성격이 몸통보다 큰 머리, 가늘고 작은 귀, 일직선으로 닫힌 눈 등의 특징적인 표현으로 나타난 것으로서 기존의 토끼인형을 모방한 것에 그치거나 작가의 독자적인 사상과 감정이 구체적으로 표현되지 아니한 것이라고 보기 어렵다.

2) 상표법에 의한 보호

캐릭터를 문구류, 의류, 신발, 우산, 장식품 등의 모양 또는 도안으로 사용하거나, 과자, 식품 그 밖의 포장용품의 모양이나 도안으로 사용할 때 그 캐릭터를 상품화(merchandising)한다고 하고, 이렇게 상품의 판매나 서비스의 제공 등에 이용되는 캐릭터를 소유하는 권리 내지는 그 캐릭터를 상품이나 서비스에 이용하려는 자에게 이용을 허락할 수 있는 권리를 상품화권(merchandising right)이라고 한다. 상품화권은 상표권, 저작권 등과 같이 독자적인 권리는 아니다. 현행법상 상품화권의 대상으로 중요한 역할을 하는 캐릭터의 형상이나 명칭 등을 상표 등록하여 보호받을 수는 있다. 그러나 상표등록을 위해서는 지정상품을 특정하여야 하며 포괄적인 상품 지정은 허용되지 않는데, 상품화 사업자가 앞으로 그 캐릭터가 사용될 모든 상품군을 예상하여 지정상품을 특정하는 것은 거의 불가능하며, 모든 상품을 지정상품으로 하여 상표등록을 해 둔다 하여도 상표법은 상표권자 등이 정당한 이유 없이 국내에서 등록상표를 그 지정상품에 대하여 계속하여 3년 이상 사용하지 아니하였을 경우 불사용 취소심판에 의하여 등록이 취소될 수도 있다.[65] 창작된 저작물을 제3자가 상표 등록하는 등 상표법과 저작권법이 저촉되는 경우에 상표법은 그 저작권자의 동의를 얻지 아니하고는 그 등록상표를 사용할 수 없다고 규정하고 있으며[66], 이는 정당한 상행위라 볼 수 없고 경쟁질서의 공정을 꾀하려는 상표제도의 본래 목적에 반하므로 상표부등록사유인 '공서양속에 위반되는 상표'[67] 또는 '수요자를 기만할 우려가 있는 상표'[68]의 개념을 확장하여 등록을 거절할 수도 있다.

3) 디자인보호법에 의한 보호

캐릭터를 상품화할 경우 캐릭터를 디자인등록 한다면 디자인보호법에 의한 보호를 받을 수 있다. 그러나 디자인권의 경우 신규성이라는 디자인등록의 요건을 만족시켜야 하며[69] 그 권리의 존속기간도 설정등록이 있은 날로부터 15년[70]으로 저작권에 비하여 단기간이다. 디자인은 원칙적으로 1고안 1출원에 의하여 물품별로 성립하므로 그 물품별로 등록을 하여야 하고 물품별로만 각각 양도 가능하므로 불편하다.

4) 부정경쟁방지법에 의한 보호

상표법, 디자인보호법 이외에도 부정경쟁방지 및 영업비밀보호에 관한 법률에 의한 보호도 생각해 볼 수 있다. 부정경쟁방지법은 국내에 널리 인식된 타인의 성명, 상호, 상표, 상품의 용기, 포장 기타 타인의 상품 또는 영업임을 표시한 표지와 동일 또는 유사한 것을 사용하여 타인의 상품 또는 영업과 혼동을 일으키는 행위를 부정경쟁행위로 규정, 이러한 행위에 대한 금지청구 및 손해배상청구 등을 인정하고 있다. 캐릭터가 부정경쟁방지법의 보호를 받기 위하여는 그것이 상품표지 또는 영업표지로서 주지성(周知性)을 가지고 있어야 한다. 또한 캐릭터 자체가 주지성을 가지고 있는 것만으로는 부족하고 그에 대한 지속적인 상품화 사업이 이루어지고 이에 대한 지속적인 선전, 광고 및 품질관리 등으로 그 캐릭터가 이를 상품화할 수 있는 권리를 가진 자의 상품표지이거나 위 상품화권자와 그로부터 상

---

65) 상표법 제73조 제1항 제3호
66) 상표법 제53조
67) 상표법 제7조 제1항 제4호
68) 상표법 제7조 제1항 제11호
69) 디자인보호법 제5조
70) 디자인보호법 제40조 제1항

품화 계약에 따라 캐릭터 사용허락을 받은 사용권자 및 재사용권자 등 그 캐릭터에 관한 상품화 사업을 영위하는 집단의 상품표지로서 수요자들에게 널리 인식되어 있을 것을 요한다.

[그림 3-3]
탑블레이드팽이
출처 : http://imagebingo.naver.com

[판례 3-9] 대법원 2005.4.29. 선고 2005도70 판결

사실관계 :

피고인 모 완구 수입업체 대표가 2002.12.30.경 주식회사 손오공이 저작권을 갖고 있는 저작물인 '탑 블레이드(Top Blade)' 만화영화에 등장하는 캐릭터가 부착된 팽이를 국내에 배포할 목적으로 중국으로부터 수입하였다. 원심에서 피고의 저작권 침해는 유죄로 성립되었다.

쟁점 : 캐릭터가 상품화되어 부정경쟁방지 및 영업비밀 보호에 관한 법률 상 '국내에 널리 인식된 타인의 상품임을 표시한 표지'가 되기 위한 요건

판시내용 :

만화, 텔레비전, 영화, 신문, 잡지 등 대중이 접하는 매체를 통하여 등장하는 가공적인 또는 실재하는 인물, 동물 등의 형상과 명칭을 뜻하는 이른바 캐릭터는 그것이 가지고 있는 고객흡인력 때문에 이를 상품에 이용하는 상품화(이른바 '캐릭터 머천다이징')가 이루어지게 되는 것이고 상표처럼 상품의 출처를 표시하는 것을 그 본질적인 기능으로 하는 것은 아니어서 캐릭터 자체가 널리 알려져 있다고 하더라도 그것이 상품화된 경우에 곧바로 타인의 상품임을 표시한 표지로 되거나 그러한 표지로서도 널리 알려진 상태에 이르게 되는 것은 아니라고 할 것이므로, 캐릭터가 상품화되어 부정경쟁방지 및 영업비밀 보호에 관한 법률 제2조 제1호 가목에 규정된 '국내에 널리 인식된 타인의 상품임을 표시한 표지'가 되기 위하여는 캐릭터 자체가 국내에 널리 알려져 있는 것만으로는 부족하고, 그 캐릭터에 대한 상품화 사업이 이루어지고 이에 대한 지속적인 선전, 광고 및 품질관리 등으로 그 캐릭터가 이를 상품화할 수 있는 권리를 가진 자의 상품표지이거나 위 상품화권자와 그로부터 상품화 계약에 따라 캐릭터 사용허락을 받은 사용권자 및 재사용권자 등 그 캐릭터에 관한 상품화 사업을 영위하는 집단(group)의 상품표지로서 수요자들에게 널리 인식되어 있을 것을 요한다.

▶ [쉴 休]

주식회사 손오공, 비즈니스 모델 혁신한 '2.5차 기업'

회사 이름이 '손오공'이라고 말했을 때 대부분 피식피식 웃거나 심지어 '사오정이냐'고 희화화하는 사람도 있었다지만, 손오공을 얕보았다가는 큰코다친다. 손오공은 한마디로 그저 그런 장난감 회사가 아니다. 이 회사에는 비즈니스 모델의 혁신성이라는 거창한 라벨이 붙어 있다. 삼성경제연구소는 지난해 '국내 산업의 재도약 방안-0.5차 더하기'라는 보고서에서 손오공을 대표적인 '2.5차 기업'으로 내세웠다. 완구 제조라는 기존 산업(2차)에 애니메이션과 게임 같은 뉴미디어를 융·복합화하는 0.5차 더하기로 고부가가치화를 이루었다는 것이다.

서울시 구로구 궁동 손오공 사옥에서 만난 최신규 사장은 이 새로운 사업 모델을 '원 소스 멀티 유즈(One-source Multi-use)'라고 불렀다. 장난감에 애니메이션·게임·캐릭터 같은 문화 콘텐츠를 연계해 상승효과를 꾀한다는 이 원 소스 멀티 유즈는 손오공의 핵심 전략이기도 하다. 원 소스 멀티 유즈의 성공 사례이자 손오공을 일약 유명하게 만든 것은 2001년에 내놓은 '탑 블레이드'다. 팽이(top)에 칼날(blade)을 단 장난감일 뿐인 이 상품이 손오공의 최대 히트작이 된 비결은 물론 원 소스 멀티 유즈 전략을 구사했기 때문이다.

1999.11. 고향에 내려간 최사장은 아이들이 팽이 치는 모습을 보면서 완구로 만들면 어떨까 생각했다. 완구개발팀에서 시제품 제작이 2000.4.에 끝났지만, 최사장은 상품을 바로 시장에 내놓지 않았다. 일본 완구 업체인 다라이쓰 사에 합작을 타진했고, 시제품 캐릭터를 활용해 이 회사와 공동으로 애니메이션을 만들기 시작했다. 투자비 60억원 가운데 손오공이 댄 것은 20억원. 마침내 2001.2. 먼저 일본 TV 도쿄에서 '베이 블레이드'라는 이름으로 애니메이션이 방영되었고, 국내에서도 그 해 10월 SBS 전파를 탔다. 'Go Go 탑블레이드'를 외치는 주인공 캐릭터가 어린이들 사이에 알려지자 최사장은 탑블레이드 완구를 시장에 확 풀었다. 방영 1개월 후였다. 장 반응은 한마디로 뜨거웠다. 애니메이션에서 본 팽이를 사달라는 아이들의 성화에 부모들이 지갑을 열자 탑블레이드 완구는 날개 돋친 듯 팔렸다. 2001년부터 지난해까지 탑블레이드는 1천5백만개가 팔리는 공전의 히트를 쳤다. 완구 업계에서 단일 품목으로는 유례가 없는 기록이었다. 완구에서 문구·과자·신발 같은 어린이 상품들에도 탑블레이드 캐릭터가 쓰여 탑블레이드는 이른바 후방 산업 효과도 가져왔다. 이런 후방 산업 효과까지 감안하면 탑블레이드가 1천억원대 부가가치를 창출했다는 것이 손오공 유연상 홍보팀장의 설명이다.

출처 : 시사저널 2005.4.21.

(3) 응용미술

구 저작권법에서는 원칙적으로 일품제작의 미술공예품에 한해서 보호하다가 1986년 개정 저작권법부터 저작물의 예시 중에 응용미술저작물을 명시함으로써 이러한 제한 없이 응용미술작품을 전면적으로 보호하고자 하였다.

그런데 우리 대법원은, 미국 법인 코빙톤 패브릭사(Covington Fabrics Corporation)가 (주)대한방직을 상대로 제기한 직물도안 저작권 침해 사건에서, 응용미술작품에 대하여는 원칙적으로 의장법[71]에 의한 보호로써 충분하고 예외적으로 저작권법에 의한 보호가 중첩적으로 주어진다고 보는 것이 의장법 및 저작권법의 입법취지이므로 산업상의 대량생산에의 이용을 목적으로 하여 창작되는 모든 응용미술작품이 곧바로 저작권법상의 저작물로 보호될 수는 없고 그 중에서도 그 자체가 하나의 독립적인 예술적 특성이나 가치를 가지고 있는 창작물만 저작물로서 보호되기 때문에, 직물의 염직에 사용하기 위한 염직도안이 응용미술품의 일종이긴 하나 저작권법상의 저작물이 아니라고 판시하였다.[72]

그러나 이 판결은 받아들여지기 어려운 점이 있다. 저작물의 구성요건은 창작성임에도 불구하고 판례가 창작성과는 별도로 '독자적인 예술적 특징과 가치'를 요구하고 있기 때문이다.

응용미술작품 보호범위에 대한 논란을 불식시키기 위해 2000년 개정 저작권법에서는 응용미술저작물에 대한 정의규정을 두어 디자인을 포함한 응용미술저작물 일반을 저작권법의 보호대상으로 한다는 점을 명확히 하였다.

응용미술저작물은 물품에 동일한 형상으로 복제될 수 있는 미술저작물로서 그 이용된 물품과 구분되어 독자성을 인정할 수 있는 것을 말하며, 디자인 등을 포함한다(저작권법 제2조 제15호).

여기서 '물품과 구분되는 독자성'이란, 분리가능성 이론에 따라, 응용미술작품이 물품의 실용적인 면으로부터 분리하여 인식할 수 있고 나아가 독립적으로 존재할 수 있는 형상을 포함해야 한다는 것을 의미한다.

한편, 응용미술이라 하더라도 공업제품에 이용되는 경우에는 디자인보호법에 의해 보호받을 수 있다. 디자인보호법은 보호요건으로서 신규성과 진보성을 요구하

71) 현 디자인보호법
72) 대법원 1996.2.23. 선고 94도3266 판결

고 있고 보호기간도 설정등록일로부터 15년으로 제한되어 있다. 응용미술이 디자인특허로 보호된다 할지라도 이와 별도로 저작권법에 의한 보호가 가능하다.

응용미술에 대한 보호가 해외에서는 어떻게 이루어지고 있을까?

미국 저작권법은 미술 관련 저작권의 보호대상으로 '회화, 도면 및 조각저작물'을 예시하고 있다.[73] 또한 "회화, 그래픽 및 조각저작물이란 2차원, 3차원의 순수예술, 그래픽, 응용미술, 사진, 인쇄 및 미술복제물, 지도, 지구본, 도면, 도표, 모형 및 건축설계도를 포함한 기술적인 제도를 포함한다. 그러한 저작물은 기능적 또는 실용적인 면이 아니라 그 형태(form)와 관련하여 실용적인 공예품을 포함하여야 한다. 실용품의 디자인은 그것에 수반된 회화, 그래픽 또는 조각의 특성이 그 물품의 실용적인 면으로 독자적으로 분리되어 인식될 수 있을 때에만, 또한 그와 독립하여 존재할 수 있는 범위에 한해서만 회화, 그래픽 및 조각저작물로 간주된다"[74]고 명시하고 있다.[75]

일본 저작권법은 미술저작물을 저작물의 하나로 예시하면서 거기에 '미술공예품'이 포함된다고 규정하고 있다.[76] 도자기 등과 같이 일품제작의 수공적인 것만을 저작권법상의 미술저작물에 포함시키고, 산업용으로 대량생산되는 공예품이나 그 밖의 실용품은 미술저작물의 개념에 포함되지 않는 것으로 보는 것이 통설이다. 입법적으로 보호대상을 한정함으로써 의장법과 저작권법에 의한 중복보호를 가급적 피하고, 종래 의장법을 기조로 하여 유지되어 온 기존의 산업 질서에 혼란을 주지 않으려는 의도로 보인다.

프랑스에서는 순수미술과 응용미술 구분 없이 모두 저작권법에 의해 보호하고 있다.

독일에서도 고도의 창작성을 요건으로 하고 있지만 응용미술을 저작권법에 의해 보호하고 있다.

베른협약에서도 응용미술을 보호받을 저작물의 하나로 예시하고 있고 응용미술을 어떠한 형태로든 보호하여야 할 것을 가맹국의 의무로 규정하고 있지만, 그 구체적인 보호방법 및 그 보호조건 등은 각 가맹국의 국내법에 위임하고 있다.[77]

---

73) 미국 저작권법 제102(a)(5)조

74) 미국 저작권법 제101조

75) 1976년 저작권법 개정 당시 의회 보고서는 자동차, 비행기, 숙녀복, 음식조리기, TV세트 또는 다른 산업제품이 실용적인 면으로부터 "물리적 또는 관념적으로(physically or conceptually)" 분리되어 확인될 수 있지 않는 한 그 디자인은 저작권으로 보호될 수 없다고 명시하였다(H.R. Rep. No. 1476, 94th Cong., 2d Sess 55 (1976)).

76) 일본 저작권법 제2조 제2항

77) 베른협약 제2조

무역관련지적재산권협정에서는 응용미술 중 특히 생명주기가 짧고 유행에 민감한 직물디자인(textile design)에 관하여 "체약국은 비용, 심사, 공고 상의 요건들을 지나치게 엄격하게 함으로써 직물디자인의 보호가 부당하게 저해되도록 하여서는 아니 된다"고 규정하고 있다.[78)]

[판례 3-10] Mazer v. Stein, 347 U.S. 201 (1954)

쟁점 : 램프의 받침대로 사용된 춤추는 사람의 조각품에 대해 저작물성을 인정해야 하는지 여부

판시내용 :

위 조각상이 특허로 보호될 수 있다는 가능성이 미술저작물로서 저작권의 보호를 배제하는 것은 아니다. 특허와 달리 저작권은 공개된 예술에 대한 배타적인 권리를 부여하지 않으며 아이디어가 아닌 아이디어의 표현만을 보호한다. 저작권은 새로움 또는 발명보다는 독창성을 보호한다. 저작권으로 보호될 수 있는 물품을 산업상으로 이용하려고 한다 해서 저작권 등록을 금지하거나 무효로 할 수는 없다.

[판례 3-11] Kieselstein-Cord v. Accessories by Pearl, Inc., 632 F.2d 989 (2d Cir. 1980)

사실관계 :

Kieselstein-Cord는 오로지 수공예로만 패션악세사리를 제조 판매하였다. 사건의 Winchester와 Vaquero 버클은 허리띠에 달려 판매되기도 하고 작은 버클들은 목주위나 신체의 다른 곳에 차기도 하였다.

쟁점 : 벨트 버클이 저작물성이 있는지 여부

판시내용 :

버클을 허리가 아닌 다른 신체부위에 장식품으로 이용하는 사람들처럼 원고의 벨트 버클에서 관념적으로 분리될 수 있는 조각적인 요소를 발견할 수 있다. 즉, Winchester와 Vaquero 버클의 본래 장식적인 면은 실용적인 기능과 관념적으로 분리될 수 있으므로 저작권법의 보호대상이다.

78) Trips협정 제25조 제2항

[판례 3-12] Norris Industries, Inc. v. Int'l Tel. & Tel. Corp., 696 F.2d 918 (11th Cir. 1983)

쟁점 : 바퀴덮개(wheel covers)가 물리적으로 또는 관념적으로 분리가능한지 여부

판시내용 :

바퀴덮개는 저작권법상 실용품이다. 실용품도 실용적인 면과 분리될 수 있고 독립적으로 존재할 수 있는 한, 실용품의 한 특징도 미술저작물로서 보호될 수 있다. 그러나 이 사건에서 바퀴살 모양은 바퀴덮개의 분리될 수 없는 요소이다. 바퀴살은 바퀴테두리와 축에 붙어 있는데 바퀴살이 제거되면 그 모양은 없어진다.

이 사건의 바퀴덮개는 불필요한 장식적인 디자인이 아닌 실용품의 기능적인 구성요소이다. 따라서 위 바퀴덮개는 물리적으로 또는 관념적으로 분리가능한 미술적인 면을 가지고 있지 않은 실용품으로서 저작권의 보호를 받을 수 없다.

[판례 3-13] Carol Barnhart, Inc. v. Economy Cover Corp., 773 F.2d 411 (2d Cir. 1985)

쟁점 : 목, 팔, 등이 없는 실물크기의 옷 전시용 상반신 토르소의 저작물성

판시내용 :

입법연혁에 따르면 저작권의 범위는 실용적인 면을 가지고 있는 물품을 포함시키기 위해 점차적으로 확장되어 왔다. 반면에 의회는 실용품으로부터 분리되어 특정될 수 없는 미술적인(artistic) 또는 미적인(aesthetic) 특징을 가지고 있는 응용미술이나 산업디자인은 미적으로 만족스럽고 가치 있다 하더라도 명백히 저작권의 보호를 거부해왔다. 토르소의 미술적인 또는 미적인 특징으로 주장되는 특징 – 실물크기의 가슴과 넓은 어깨 – 등은 실용적인 특징, 즉 옷의 전시와 불가피하게 얽혀 있다. 벨트버클은 독특하게 보이게 하는 어떤 형태의 장식이 없어도 만족스럽게 그 기능을 수행할 수 있지만, 토르소가 실용적인 기능을 수행하기 위해서는 반드시 가슴의 윤곽과 넓은 어깨를 가지고 있어야 한다. 따라서 토르소의 미적, 미술적인 특징은 실용품으로서의 토르소 사용으로부터 분리할 수 없으므로 저작권의 보호를 받을 수 없다. 미적으로 만족스러운 특징들을 가지고 있고 그 특징들을 전체적으로 고려하더라도 관념적으로 실용적인 기능과 독립적으로 존재하는 것으로 여겨질 수 없다.

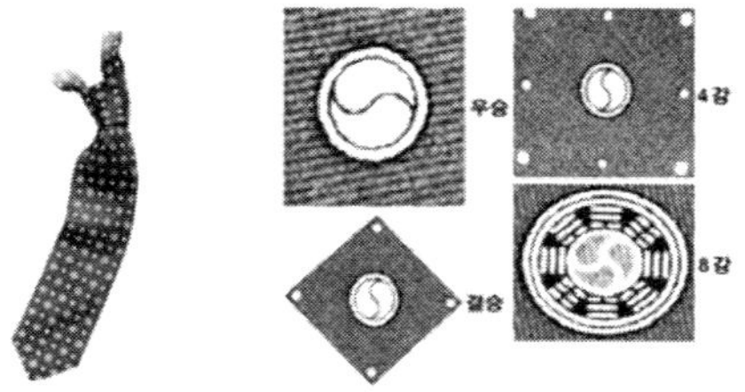

[그림 3-4]
히딩크넥타이
출처 : www.joins.com

[판례 3-14] 대법원 2004.7.22. 선고 2003도7572 판결

사실관계 :

넥타이 도안은 우리 민족 전래의 태극문양 및 팔괘문양이 상하 좌우 연속 반복되어 있는 문양으로서 중앙의 삼태극을 중심으로 팔방으로 배치된 팔괘와 그 외곽을 두 겹의 동심원으로 둘러싸고 있는 주된 문양, 선형 태극으로 이루어진 부차적인 문양, 주된 문양과 부차적인 문양을 둘러싸고 가상의 마름모꼴과 사각꼴의 꼭지점에 각 배치되어 있는 서로 다른 크기와 색상의 점 등으로 조화롭게 구성되어 있다.

쟁점 : 넥타이 도안이 응용미술에 해당되는지 여부

판시내용 :

서울지방법원은 "응용미술작품이 상업적인 대량생산에의 이용 또는 실용적인 기능을 주된 목적으로 하여 창작된 경우 그 모두가 바로 저작권법상의 저작물로 보호될 수는 없고, 그 중에서도 그 자체가 하나의 독립적인 예술적 특성이나 가치를 가지고 있어 예술의 범위에 속하는 창작물에 해당하는 것만이 저작물로서 보호된다는 전제로, '히딩크 넥타이' 도안은 응용미술작품의 일종에 해당된다고 할 것이나, 그 제작 경위와 목적, 색채, 문양, 표현기법 등에 비추어 볼 때 저작권법의 보호대상이 되는 저작물에 해당하지 않는다."고 판시하였다.[79]

이에 대법원은 다음과 같이 판시하였다.

위 도안은 응용미술작품의 일종이며, 그 이용된 물품(이 사건의 경우에는 넥타이)과 구분되어 독자성을 인정할 수 있는 것이라면 저작권법에서 정하는 응용미술저작물에 해당한다고 할 것이다. '히딩크 넥타이' 도안이 그 이용된 물품과 구분되어 독자성을 인정할 수 있는 것이라면 저작권법의 보호대상인 저작물에 해당하고, 그렇지 아니하다면 저작물에 해당하지 아니한다고 할 것인데도, 원심은 위 도안이 그 이용된 물품과 구분되어 독자성을 인정할 수 있는 것인지에 관하여 심리를 하여 보지 아니한 채 위에서 본 이유만으로 위 도안이 저작권법의 보호대상인 저작물에 해당하지 아니한다고 판단하였으니, 원심판결에는 응용미술저작물에 관한 법리를 오해하였거나 필요한 심리를 다하지 아니하여 판결에 영향을 미친 위법이 있다.

이 사건 파기환송심에서는 '히딩크 넥타이' 도안은 넥타이의 기능과 관념적으로 구분되어 그 독자성을 인정할 수 있다고 할 것이므로 저작권법의 보호대상인 저작물에 해당한다고 보았다.[80]

▶ [쉴 休]

가짜 '히딩크 넥타이' 대량유통

가짜 '히딩크 넥타이'를 대량으로 만들어 판매한 업체 대표와 불법복제물 납품을 주문한 공기업 직원 등이 적발됐다. 서울경찰청 수사과는 2일 저작권법 위반 등 혐의로 S실크, F인터내셔널 등 2개 유통업체 대표 정모, 홍모씨 등 2명과 판매상 임모 한국관광공사 장모과장 등 모두 8명을 불구속 입건했다. 경찰에 따르면 정씨는 지난 7.18. 한국관광공사로부터 해외지사 등의 귀빈 선물용 '히딩크 넥타이' 제작의뢰를 받고 디자이너 이경순씨가 디자인해 의장출원한 히딩크 넥타이 700여개 시가 7천900만원 상당을 불법 복제, 판매한 혐의다. 장 과장은 히딩크 넥타이를 제작할 권한도 없는 정씨에게 제작을 주문, 해외지사 등에 제공한 혐의를 받고 있다. 홍씨는 지난 6월 말부터 가짜 히딩크 넥타이를 만들어 판매상 등을 통해 동대문, 남대문 시장 등에 불법으로 유통시켜 1천300만원 상당의 부당이득을 챙긴 혐의다.

디자이너 이씨는 월드컵 당시 한국팀 거스 히딩크 감독에게 승리를 기원하기 위해 선물한 '히딩크 넥타이'가 월드컵 이후 불법 복제품이 시중에 대량으로 유통되자 불법복제업체 등을 상대로 저작권 등 침해금지 가처분신청을 법원에 냈다. 이씨는 "공기업까지 타인의 창작물을 복제, 유통시키는 등 불법행위에 동참한 것은 국내 지적재산권 보호의 현주소"라고 말했다.

출처 : 연합뉴스 2002.9.2.

(4) 글 씨

서예나 손글씨와 같이 문자의 실용적 기능으로부터 독립한 미적 특성을 인정할 수 있는 특수한 디자인서체의 경우에는 저작권법이 응용미술을 저작물의 하나로 예시하고 있는 만큼 저작권법에 의한 보호가 가능하다.

79) 서울지방법원 2003.11.19. 선고 2003노7459 판결

80) 서울지방법원 2005.2.4. 선고 2004노2851 판결

[그림 3-5] 영화 축제
출처 : www.maxmovie.com

[판례 3-15] 서울지방법원 1997.2.21. 선고 96가합 42432 판결

사실관계 :

피고 영화사측은 포스터와 영화 타이틀 디자인을 디자인제작사에 의뢰하였고 디자인제작사는 1994.5. 서울 예술의 전당에서 열린 한국 청년 작가 초대전에 출품된 원고 서예가의 창작 글꼴을 도록에서 보고 글꼴을 컴퓨터로 짜깁기하였다.

판시내용 :

원고가 쓴 이 사건 글자는 원고의 사상, 감정 등을 창작적으로 표현한 것으로서 원고의 정신적 노력의 특성이 부여되어 있는 저작물이라고 보여지므로 원고는 위 글자에 대하여 저작재산권과 저작인격권을 취득하였다. 피고 영화사는 2,000만원을 원고에게 손해배상하라.

▶ [쉴 休]

서예에 디자인을 입히니… 글씨 값이 수백만원?

캘리그래피(calligraphy)는 우리말로 손 글씨라는 뜻이다. 강 대표는 각종 상품의 포장지나 영화 타이틀, 책 표지에 글씨를 쓴다. 캘리그래피는 글자 자체의 예술성보다 한 제품이나 사진 등에 들어갔을 때의 디자인 요소를 더 강조하는 점에서 서예와는 다르다.

캘리그래피 전문회사 '심화'의 이상현 대표는 "1999~2000년 시기에 처음 시장 진출을 노린 분야는 출판이었다"면서 "책 표지는 손 글씨가 가진 장점을 잘 살릴 수 있다고 생각했다"고 말했다. 그러나 글씨를 맡겨달라고 출판사를 돌아다녔지만 받아주는 출판사는 없었다. 굳이 서예 글씨가 왜 필요하며 대서소 가면 몇 만 원이면 글씨를 받을 수 있는데 왜 '캘리그래퍼'에게서 비싼 돈을 주고 사냐는 반응만 돌아왔다고 한다.

2000년 들어 시작된 한국 영화 붐과 함께 캘리그래퍼들에게도 기회가 왔다. 자금과 관객이 몰리자 영화업계에서 영화 포스터의 새로운 얼굴로 캘리그래피를 속속 도입한 것이다. '죽거나 혹은 나쁘거나(2000년)', '복수는 나의 것(2002년)' 등 영화 제목 글자를 보는 순간 영화가 전달하고자 하는 메시지가 떠오르는 독특한 영화 제목은 영화의 성공과 함께 보편화되기 시작했다. 2002년 한·일월드컵 당시 'be the reds'라는 캘리그래피가 들어간 붉은색 티셔츠가 불티나게 팔려나간 것도 '손으로 쓴 글씨'가 디자인의 중요한 요소로 부각한 계기가 됐다.

장대식 '글씨디자인 어필' 대표는 "지금 산업적으로 사용되는 컴퓨터 폰트는 2000종류가 넘을 정도로 다양하지만 폰트라는 특성상 기계적이고 딱딱하다는 느낌이 날 수밖에 없다"며 "한 회사 제품만이 가질 수 있는 독특한 느낌을 소비자들에게 감성적으로 전달하기 위한 새로운 수단으로 캘리그래피가 채택되기 시작한 것"이라고 말했다.

글자당 가격은 얼마?

캘리그래퍼들이 한 번에 쓰는 글자 수는 대부분 10자 미만이다. 책 표지, '참이슬'과 같은 상품 로고, 영화 제목, 드라마 제목 등 분야에 따라 가격대가 있을까? 캘리그래퍼들은 대부분 "영업 비밀"이라며 구체적인 액수를 밝히지 않았다.

'필묵' 김종건 대표는 "책 표지 디자인의 경우 적게는 50만원부터 시작하는 경우가 있다"면서 "상품 로고를 쓰는 것은 300만～500만원, 영화 포스터의 경우는 200만～300만원 정도이지만 다루는 종류가 '글씨'여서 실제 계약할 때마다 가격은 천차만별"이라고 말했다. 필묵에서 2002년 SK텔레콤 의뢰로 만든 광고 '우리는 대한민국입니다' 글씨의 경우 1000만원 이상을 받은 것으로 알려졌다.

출처 : 조선일보 2008.5.30.

05 건축저작물

건축저작물, 건축을 위한 모형 및 설계도서 등은 건축저작물로 보호된다.[81] 건축물을 저작권법에서 보호하는 취지는 건축물에 의해 표현된 '미적 형상'을 모방건축으로부터 보호하기 위해서다. 건축물에 있어서 표준적인 개개의 구성요소들, 즉 창문, 문, 또는 그 밖의 건물의 구성요소들은 건축저작물로서 보호를 받는 부분이 아니며 공간과 각종 구성요소의 배치와 조합을 포함한 전체적인 디자인이 저작권법 보호 대상이다.

한편, 건축을 위한 모형 또는 설계도서에 따라 이를 시공할 경우 건축물의 복제에 해당된다[82]

81) 저작권법 제4조 제1항 제5호

82) 저작권법 제2조 제15호. 이 규정은 설계도만 존재하고 아직 그에 따른 건축이 이루어지지 않은 상태에서 제3자가 그 설계도에 따라 먼저 건축을 하는 경우를 침해로 인정하기 위한 규정이다.

[판례 3-16] 대법원 2009.1.30. 선고 2008도29 판결

쟁점 : 아파트 평면설계가 저작물에 해당되는지 여부

판시내용 :

설계도서와 같은 건축저작물이나 도형저작물은 예술성의 표현보다는 기능이나 실용적인 사상의 표현을 주된 목적으로 하는 이른바 기능적 저작물로서, 기능적 저작물은 그 표현하고자 하는 기능 또는 실용적인 사상이 속하는 분야에서의 일반적인 표현방법, 규격 또는 그 용도나 기능 자체, 저작물 이용자의 이해의 편의성 등에 의하여 그 표현이 제한되는 경우가 많으므로 작성자의 창조적 개성이 드러나지 않을 가능성이 크다.[83]

어떤 아파트의 평면도나 아파트 단지의 배치도와 같은 기능적 저작물에 있어서 저작권법은 기능적 저작물의 창작성 있는 표현을 보호하는 것이므로, 설령 동일한 아파트나 아파트 단지의 평면도나 배치도가 작성자에 따라 정확하게 동일하지 아니하고 다소간의 차이가 있을 수 있다고 하더라도, 그러한 사정만으로 그러한 기능적 저작물의 창작성을 인정할 수는 없고 작성자의 창조적 개성이 드러나 있는지 여부를 별도로 판단하여야 한다.[84]

아파트의 경우 해당 건축관계 법령에 따라 건축조건이 이미 결정되어 있는 부분이 많고 각 세대전용면적은 법령상 인정되는 세제상 혜택이나 그 당시 유행하는 선호 평형이 있어 건축이 가능한 각 세대별 전용면적의 선택에서는 제약이 따를 수밖에 없고, 그 결과 아파트의 경우 공간적 제약, 필요한 방 숫자의 제약, 건축관계 법령의 제약 등으로 평면도, 배치도 등의 작성에 있어서 서로 유사점이 많은 점, 이 사건 평면도 및 배치도는 기본적으로 건설회사에서 작성한 설계도면을 단순화하여 일반인들이 보기 쉽게 만든 것으로서, 발코니 바닥무늬, 식탁과 주방가구 및 숫자 등 일부 표현방식이 독특하게 되어 있기는 하지만 이는 이미 존재하는 아파트 평면도 및 배치도 형식을 다소 변용한 것에 불과한 것으로 보이는 점 등에 비추어 보면, 이 사건 각 평면도 및 배치도에 저작물로서의 창작성이 있다고 보기 어렵다.

83) 대법원 2005.1.27. 선고 2002도965 판결
84) 대법원 2007.8.24. 선고 2007도4848 판결

[판례 3-17] 서울지방법원 1995.8.18. 선고 95가합52463 판결

사실관계 :

건축가인 원고는 피고회사로부터 일본 미에현에 신축하려 하는 약 30,000평 규모의 A호텔의 기본설계(계획설계) 및 자문을 받아 달라는 제의를 받고, 그에 응하기로 하였다. 원고는 그 후 30일간 철야 노력으로 신축할 위 호텔의 모형도 10여개 안과 그에 따른 투시도 14개 안을 슬라이드(환등영사용) 필름으로 저작하였다. 원고는 피고회사의 요청에 따라 그 여러 모형도 및 투시도들 중 2개 안의 모형도 및 투시도를 피고회사에 맡겼다. 그 후 원고는 피고회사의 요청에 따라 일본 도쿄의 신주꾸 지역에 체재하면서 피고회사의 기본설계도 저작 도급 계약서 작성을 위해 대기하였으나, 결국 피고회사가 그 계약서를 작성하려 하지 않아서 피고회사와 원고 간의 계약서 작성은 이루어지지 않았고, 따라서 원고는 그 기본 설계도 중 평면도 및 입면도를 완성하지 않았다. 그런데 피고회사는 1991.6. 중순에 원고가 저작한 제1안 모형도 및 투시도를 모방해서 그와 동일할 정도로 유사하게 모조한 건축물의 모형도, 투시도, 평면도 및 입면도를 일본인 건축사에게 교부하면서 그 기본설계도 대로 A호텔 설계도를 제작해서 일본의 건축허가 당국에 허가 신청해 달라고 도급을 주었다. 위 A호텔의 기본설계도를 저작하는 순서와 노력방향은 i) 호텔건물에 대한 연구와 국제일류호텔의 답사 검토, ii) 여러가지 건물모형의 구상, iii) 그 구상들에 따른 여러 안의 모형도 또는 투시도 저작, iv) 그 모형도 및 투시도들의 비교 검토에 의한 택일, v) 선택된 투시도 및 모형도에 따르는 배치도 1장, 층별 평면도 각 1장, 정면도, 배면도 및 측면도 각 1장 등 합계 청사진 10여 장의 작성인데, 원고는 위 i) 내지 vi)단계를 거쳐 그 호텔의 최종안 모형도 및 투시도를 완성하였으므로, 원고가 저작하였던 그 모형도 및 투시도는 기본설계도 저작 중 60% 이상의 비중을 차지한다.

쟁점 : 건축 모형도 및 투시도를 모방하여 건축설계도를 작성하는 행위가 건축저작물의 복제에 해당하는지 여부

판시내용 :

원고는 A호텔의 모형도 10여개안과 그에 따른 투시도 14개안을 슬라이드(환등영사용)필름으로 저작함으로써 그 건축물 모형도 및 투시도 등 건축저작물에 대한 저작재산권을 가지게 되었고, 그 건축저작물(모형도 및 투시도)들을 변형, 모방해서 모형도 및 투시도를 포함하는 기본 설계도 등 2차적저작물을 작성해서 이용할 2차적 저작재산권을 가지게 되었다고 할 것이며, 피고회사가 고의 또는 과실로 일본인 건축사에게 원고의 건축저작물을 모방, 변형하도록 도급시키고 그대로 건축허가를 받아 낸 행위는 원고의 2차적 저작재산권에 대한 침해행위가 된다 할 것이다.

06 사진저작물

(1) 사진저작물 일반

사진 및 이와 유사한 방법으로 제작된 저작물을 사진저작물이라 한다.[85] 사진저작물은 피사체의 선정, 구도의 설정, 빛의 방향이나 양의 조절, 카메라 각도의 설정, 셔터의 속도, 셔터 찬스의 포착, 기타 촬영방법, 현상 및 인화 등의 과정에서 촬영자의 개성과 창조성이 인정되어야 저작권법에 의하여 보호되는 저작물에 해당된다.

예를 들어, 햄제품 광고용 카탈로그의 제작을 위해 피사체인 햄 제품 자체만을 충실하게 표현하여 광고라는 실용적인 목적을 달성하기 위해 제작된 사진의 경우 아무리 광고사진작가가 촬영하였다 하더라도 저작권법에 의하여 보호할 만한 사진사의 어떤 창작적 노력 내지 개성을 인정하기 어렵기 때문에 저작권법에 의해 보호하기 어렵다. 반면, 햄제품 광고용 사진이라 하더라도 햄제품에 다른 장식물이나 과일, 술병 등과 조화롭게 배치하여 촬영함으로써 제품의 이미지를 부각시켜 광고의 효과를 극대화하기 위한 사진의 경우에는 저작권법에서 보호해 줄 만한 최소한의 창작성이 있다고 볼 수 있다.[86] 인물사진도 창작성이 있으면 사진저작물에 해당될 수 있다. 단, 단순한 여권사진의 경우는 창작성이 결여돼 사진저작물에 해당되기 어렵다.

[그림 3-6] Oscar Wilde
출처 : www.myspace.com

[판례 3-18] Burrow-Giles Lithographic Co. v Sarony, 111 U.S. 53 (1884)

사실관계 :

석판화 제작사인 Burrow-Giles Lithographic이 사진사 Sarony가 촬영한 오스카 와일드 인물 사진을 허락 없이 배포하였다.

85) 저작권법 제4조 제1항 제6호
86) 대법원 2001.5.8. 선고 98다43366 판결

쟁점 : 인물사진의 창작성 여부

판시내용 :
사진사 Sarony가 피사체를 단순히 기계적 방법으로 촬영한 것이 아니라 피사체의 포즈와 의상, 배경이 되는 휘장이나 기타 여러 가지 장식물들, 조명의 방향과 세기 등을 스스로 연출하였으므로 최소한의 창작성이 인정된다.

(2) 초상권

저작물성이 인정되는 인물사진의 경우 저작권자는 사진사이나 저작권자 역시 초상권자의 허락을 받지 않고는 초상 사진을 복제 이용할 수 없다.[87] 초상권은 얼굴 기타 사회통념상 특정인이라고 식별할 수 있는 신체적 특징에 관하여 이것이 함부로 촬영되어 공표되거나 또는 광고 등에 무단히 사용되는 것을 방지함으로써 초상의 인격가치를 보호하는 것을 내용으로 하는 인격권의 일부이다.[88] 초상의 묘사방법이 사진촬영이든 또는 일러스트레이션과 같은 회화적 방법 등에 의한 것인지 등을 묻지 아니하고 그 보호를 받을 것이지만, 초상권은 인간의 외면적인 모습을 그 보호대상으로 하는 것이므로 묘사되어진 초상이 사회일반인이 보아 누구인가를 곧 알 수 있을 정도로 묘사된 경우에 한하여 초상권 침해를 인정할 수 있다.[89]

우리 법에는 초상권이 별개로 명시되어 있지 않다. 다만 헌법에서 "모든 국민은 인간으로서의 존엄과 가치를 가지며, 행복을 추구할 권리를 가진다. 국가는 개인이 가지는 불가침의 기본적 인권을 확인하고 이를 보장할 의무를 진다"라고 명시하고 있을 뿐이다.[90] 이렇게 초상권은 헌법에 구체적으로 명시되어 있지는 않지만 경시되어서는 아니 될 인간의 존엄과 가치를 신장시키기 위한 수단으로서 인정되고 있다. 한편 초상권 침해 시 민법에 의거 손해배상을 청구할 수 있다.[91]

초상권자는 ① 얼굴 기타 사회통념상 특정인임을 알 수 있는 신체적 특징이 함부로 촬영 또는 작성되지 아니할 권리(촬영작성거절권), ② 촬영된 사진 또는 작성된

87) 저작권법 제35조 제4항 참조
88) 서울고등법원 1998.10.13. 선고 97나43323 판결
89) 서울고등법원 1998.10.13. 선고 97나43323 판결
90) 헌법 제10조
91) 타인의 신체, 자유 또는 명예를 해하거나 기타 정신상 고통을 가한 자는 재산 이외의 손해에 대하여도 배상할 책임이 있다(민법 제750조 제1항).

초상이 함부로 공표 복제되지 아니할 권리(공표거절권)[92], ③ 초상이 함부로 영리 목적에 이용되지 아니할 권리(초상영리권)를 지닌다. 초상영리권은 재산권에 가까운데 비해 촬영작성거절권 및 공표거절권은 인격권적 권리라고 할 수 있을 것이다.[93]

세인의 관심을 끄는 공인(公人)의 경우에는 일정 범위 내에서는 자신의 초상이 상업적으로 사용되지 않는 한, 그 스스로 자신의 초상이 언론에 의해 공표되는 것을 감수하여야 하지만, 공인이라도 당사자의 명예를 훼손하는 방법으로 초상이 공표되는 것까지 감수하여야 하는 것은 아닐 것이다.[94]

[판례 3-19] 서울지방법원 1995.6.23. 선고 94카합9230 판결

사실관계 :

피신청인 공석하가 이휘소와 신청인인 이휘소 가족들의 사진을 이휘소 어머니로부터 입수하여《소설 이휘소》상권 135면에 위 이휘소와 신청인들의 가족사진 1매를 게재하고, 위 소설의 다른 면에 위 이휘소의 사진 등을 게재하였다.

쟁점 : 소설에 실린 실제 인물의 사진, 그 가족사진과 초상권

판시내용 :

신청인들의 가족사진에 관하여 보건대, 피신청인 공석하가 신청인들의 동의 없이 신청인들이 나오는 사진을 무단으로 게재한 행위는 신청인들의 초상권을 침해한 것이므로, 피신청인 공석하는 신청인들에게《소설 이휘소》상권 135면에 있는 위 이휘소와 신청인들의 가족사진 1매를 삭제하지 않고서는 위 소설의 발행, 출판, 인쇄, 복제, 판매, 배포, 광고를 하여서는 아니 될 의무가 있다.

위 이휘소는 우리 사회의 공인이 되었다고 할 것이고, 또한 위 이휘소가 사망한 지 이미 18년이 경과하였으므로, 위 이휘소를 모델로 하여 위 이휘소라는 실명을 사용하여 창작된 소설에서 위 이휘소의 사진을 사용하는 것은 위 소설이 위 이휘소에 대한 명예를 훼손시키는 내용이 아닌 한 허용되어야 할 것이므로, 초상권을 침해한 것으로 볼 수 없다.

92) 승낙에 의하여 촬영된 사진이라도 이를 함부로 공표하는 행위와 일단 공표된 사진이라도 다른 목적에 사용하는 행위가 모두 초상권의 침해에 해당될 수 있다.

93) 서울동부지방법원 2006.12.21. 선고 2006가합6780 판결

94) 서울고등법원 1996.6.18 선고 96나282 판결

(3) 퍼블리시티권(Right of Publicity)

퍼블리시티권이란 자신이 가진 성명, 초상이나 기타의 동일성(identity)을 상업적으로 이용하고 통제할 수 있는 배타적 권리를 말한다.[95] 만화·영화·소설·스포츠에 등장하는 가공적 또는 실재하는 인물의 형상·명칭 등은 매스컴의 발달로 대중에게 극히 친숙한 존재이므로 이를 상품, 특히 의류·문방구·장난감 등 일반 대중을 구매자 층으로 삼는 상품에 사용하는 경우에는 현저한 고객흡인력을 발휘하게 되었다. 본래 실재하는 인물의 용모나 캐릭터에 관한 권리는 비경제적인 초상권의 보호 대상이었는데, 실재 인물의 캐릭터가 가지는 경제적 가치, 즉 상품 선전력 내지는 고객흡인력에 착안하게 되면서 특정한 인물이 자신의 캐릭터에 대한 상업적 가치를 통제할 수 있는 권리로서 퍼블리시티권의 개념이 등장하게 되었다.

이러한 퍼블리시티권은 미국에서 본격적으로 발전하기 시작하였다. 1960년 William L. Prosser는 프라이버시권 침해를 사적 영역에 대한 침범, 타인의 난처한 사생활을 폭로하는 것, 타인을 대중에게 왜곡되게 표현하는 것, 타인의 이름, 초상을 허락 없이 상업적 목적에 사용하는 행위로 구분하였다. 이 중 타인의 이름, 초상을 허락 없이 상업적 목적에 사용하는 행위가 인격권과 분리되기 시작하였다. 타인의 이름, 초상을 허락 없이 상업적 목적에 사용하는 행위가 초기엔 불법행위법(Torts)에 의해 보호되기 시작하였다.[96] 1977년 미국 연방대법원은 15초간의 인간포탄 공연전체를 뉴스시간에 허락 없이 녹화 방영한 사건에 대해 광고에 이용된 것은 아니지만 퍼블리시티권의 대상이 되는 속성을 이용당함으로써 장래의 경제적 가치가 손상될 수 있다는 점에서 침해를 인정하였다.[97] 이는 퍼블리시티권이 재산권으로 발전하는 데 큰 계기가 된 최초 연방대법원 판례로 기록되고 있다. 1995년 이후엔 부정경쟁방지법에 의해 보호되기 시작했으며 현재 미국의 약 36개주에서 판례법, 주 성문법, 연방상표법(Lanham Act) 등 다양한 방법에 의해 퍼블리시티권을 보호하고 있다. 보호 범위는 사람의 이름, 닉네임, 초상, 비슷한 모델, 비슷한 전자인형, 외관, 목소리, 목소리 흉내, 서명, 경구, 현저한 특징과 동작 등 주 마다 다양하다. 퍼블리시티권의 상속성 여부도 보호해 주지 않는 주에서부터 최대 100년까지 보호해 주는 주까지 각 주별로 다양하다.

---

95) 서울동부지방법원 2006.12.21. 선고 2006가합6780 판결

96) 1977년 Prosser교수의 프라이버시 유형 구분법이 Restatement of Torts에 실리게 되었다.

97) Zacchini v. Scripps-Howard Broadcasting Co., 433 U.S. 562 (1977)

[그림 3-7] John Carson
출처 : www.ruggedelegance.com

[판례 3-20] Carson v. Here's Johnny Portable Toilets, Inc., 698 F.2d 831 (6th Cir. 1983)

사실관계 :

Tonight Show 진행자 John Carson은 그가 사회자로 진행하는 NBC Tonight Show의 방송 첫머리에서 항상 'Here's Johnny!'라는 멘트와 함께 청중 앞에 소개되었고 이러한 형식은 원고가 처음으로 위 프로그램의 사회를 맡은 1962년도부터 변함없이 계속되어 왔다. 위 멘트는 그 후 Tonight Show의 성공과 함께 너무나 유명해졌고 1967년에 Carson은 어느 식당업자가 자신의 식당체인점 광고에 위 멘트를 이용한 'Here's Johnny Restaurants'라는 문구를 사용하는 데 대하여 라이선스를 주기도 하였다. 이동식 화장실 제작업자 Here's Johnny Portable Toilets, Inc.는 'Here's Johnny!'라는 이름의 이동식 화장실을 제작하여 상품화하였고 이에 Carson이 소송을 제기하였다.

쟁점 : 닉네임이 퍼블리시티권으로 보호되는지 여부

판시내용 :

원고와 같은 유명인사의 경우 이름(John)과 유사한 명칭(Johnny)의 사용으로 그 인물의 동일성이 인식될 정도에 이르렀다면 반드시 정확한 이름이나 사진이 사용된 경우가 아니라 하더라도 퍼블리시티권의 침해가 있다고 볼 것이며 특히 원고의 경우에는 자신의 본명보다도 Johnny라는 예명으로 더욱 알려져 있으므로 Johnny라는 예명이 오히려 원고의 동일성을 인식하게 하는 데 효과적이다.

[그림 3-8] Wheel of Fortune Vanna White
출처 : www.wheeloffortune.com

[그림 3-9] Vanna White 닮은 로봇
출처 : www.markroesler.com

[판례 3-21] Vanna White v. Samsung Electronics Am., Inc., 971 F.2d 1395 (9th Cir. 1992)

사실관계 :

미국 인기 퀴즈 프로그램인 'Wheel of Fortune'의 보조진행자 Vanna White(원고)는 출연자들이 문제로 출제된 단어의 철자를 맞출 때마다 게임판의 정답을 하나하나 뒤집어 주거나 상품을 소개하는 역할을 하였다. 삼성전자 미국 현지법인(피고)은 자사 제품인 VCR를 선전하는 광고를 제작하면서 위 퀴즈 프로그램을 소재로 하였는데, 그 광고 내용은 원고처럼 금발머리를 한 로봇이 게임판 앞에 원고가 위 퀴즈 프로그램에서 늘 취하는 포즈대로 서 있으면서 피고의 VCR을 소개하는 것으로, 그 광고 중에 '서기 2012년, 가장 오래된 퀴즈 프로그램'이라는 자막을 내보냄으로써 보는 사람으로 하여금 2012년이 되어도 피고의 전자제품은 여전히 사용되고 있을 것이라는 메시지를 주기 위한 의도로 제작되었다.

쟁점 : 특정인물과 외양이 비슷한 전자인형이 퍼블리시티권으로 보호되는지 여부

판시내용 :

피고 광고에 등장한 로봇이 원고의 외모를 그대로 묘사 또는 모방한 것이 아니라는 점에 동의하면서도 퍼블리시티권은 반드시 특정인물의 이름이나 외모 등을 사용함으로써만 침해되는 것이 아니라 동일성을 인정할 수 있을 정도로 그 인물의 특정한 배역이나 역할을 묘사, 모방함으로써도 침해될 수 있다.

우리나라에서는 별도로 퍼블리시티권법이 제정되어 있지 않지만 퍼블리시티권의 존재를 전제로 한 법원 판결들이 다수 나오고 있다. 그러나 구체적으로 어떠한 내용의 손해를 배상하며 그 보호의 범위, 구제수단이나 한계는 어디까지인가에 대해 충분한 논의가 축적되어 있지 않다.

[판례 3-22] 서울고등법원 2002.4.16. 선고 2000나42061 판결

사실관계 :

'제임스딘'이라는 표장을 사용한 국내 의류업체 '㈜ 좋은사람들'이 자사 웹사이트에 제임스딘의 영문표기와 제임스딘과 유사한 인물사진이 나타나 보이는 매장모습이 담긴 사진을 게재하였다.

쟁점 : 유명인의 성명이나 초상 등이 갖는 재산적 가치를 독점적, 배타적으로 지배하는 독자적 재산권으로서의 이른바 퍼블리시티권이 우리법상으로도 인정될 수 있는지 여부

판시내용 :

우리나라에서도 근래에 이르러 연예, 스포츠 산업 및 광고 산업의 급격한 발달로 유명인의 성명이나 초상 등을 광고에 이용하게 됨으로써 그에 따른 분쟁이 적지 않게 일어나고 있으므로 이를 규율하기 위하여 이른바 퍼블리시티권(Right of Publicity)이라는 새로운 권리 개념을 인정할 필요성은 수긍할 수 있으나, 성문법주의를 취하고 있는 우리나라에서 법률, 조약 등 실정법이나 확립된 관습법 등의 근거 없이 필요성이 있다는 사정만으로 물권과 유사한 독점 · 배타적 재산권인 퍼블리시티권을 인정하기는 어렵다고 할 것이며, 퍼블리시티권의 성립요건, 양도 · 상속성, 보호대상과 존속기간, 침해가 있는 경우의 구제수단 등을 구체적으로 규정하는 법률적인 근거가 마련되어야만 비로소 퍼블리시티권을 인정할 수 있을 것이다.

[판례 3-23] 서울동부지방법원 2006.12.21. 선고 2006가합6780 판결

사실관계 :

피고 회사는 이효석[98]의 초상 및 서명 "단편소설 '메밀꽃 필 무렵'"이라는 문구 및 '이효석 한국의 소설가, 호 가산(可山)'이라는 간단한 설명을 전면에 기재한 스타상품권(일종의 문화상품권)을 발행하였다.

---

98) 이효석(李孝石, 1907.2.23.~1942.5.25.)은 호가 가산(可山)이며, 강원 평창 출생으로 한국의 대표적인 단편소설 작가이다. 경성 제1고보(현 경기고등학교)를 거쳐 경성제국대학(현 서울대학교) 법문학부 영문과를 졸업하고, 1928년 조선지광(朝鮮之光)에 단편 도시와 유령이 발표됨으로써 동반자작가로 데뷔하였다. 계속해서 행진곡, 기우(奇遇) 등을 발표하면서 동반작가를 청산하고 구인회(九人會)에 참여, 돈(豚), 수탉 등 향토색이 짙은 작품을 발표하였다. 1934년 평양 숭실전문학교 교수가 된 후 산, 들 등 자연과의 교감을 수필적인 필체로 유려하게 묘사한 작품들을 발표했다. 1936년에는 1930년대 조선 시골 사회를 아름답게 묘사한 메밀꽃 필 무렵을 발표하였다. 하지만, 정작 이효석의 삶은 시골과는 거리가 멀었다. 서양 영화를 즐겨 보았고, 서양에서 온 가수나 무용단의 공연을 보며 넋을 잃기도 했던 도시인의 삶이 그의 삶이었다. 그 후 서구적인 분위기를 풍기는 장미 병들다, 동성애를 다룬 작품으로 평가받는 화분(花粉) 등을 계속 발표하여 성 본능과 개방을 추구한 새로운

쟁점 : 퍼블리시티권의 인정 여부

판시내용 :

소위 퍼블리시티권이라 함은 사람이 그가 가진 성명, 초상이나 기타의 동일성(identity)을 상업적으로 이용하고 통제할 수 있는 배타적 권리를 말한다. 이러한 권리에 관하여 우리 법에 명문의 규정은 없으나, 대부분의 국가가 법령 또는 판례에 의하여 이를 인정하고 있는 점, 이러한 동일성을 침해하는 것은 민법상의 불법행위에 해당하는 점, 사회의 발달에 따라 이러한 권리를 보호할 필요성이 점차 증대하고 있는 점, 유명인이 스스로의 노력에 의하여 획득한 명성, 사회적인 평가, 지명도 등으로부터 생기는 독립한 경제적 이익 또는 가치는 그 자체로 보호할 가치가 충분한 점 등에 비추어 해석상 이를 독립적인 권리로 인정할 수 있다. 또한 이러한 퍼블리시티권은 유명인뿐 아니라 일정한 경우 일반인에게도 인정될 수 있으며, 그 대상은 성명, 사진, 초상, 기타 개인의 이미지를 형상화하는 경우, 특정인을 연상시키는 물건 등에 널리 인정될 수 있다. 결국 퍼블리시티권의 대상이 초상일 경우 초상권 중 재산권으로서의 초상과 동일한 권리가 된다.

퍼블리시티권이 상속될 수 있는지에 관하여 보건대, 퍼블리시티권은 인격권보다는 재산권에 가까운 점, 퍼블리시티권에 관하여는 그 성질상 민법상의 명예훼손이나 프라이버시에 대한 권리를 유추적용하는 것보다는 상표법이나 저작권법의 규정을 유추적용함이 상당한데 이러한 상표권이나 저작권은 상속 가능한 점, 상속성을 부정하는 경우 사망이라는 우연적 요소에 의하여 그 재산적 가치가 크게 좌우되므로 부당한 결과를 가져올 우려가 큰 점 등에 비추어 상속성을 인정함이 상당하다. 또한 이러한 퍼블리시티권이 명문의 규정이 없는 권리이기는 하나 무한정 존속한다고 해석할 경우 역사적 인물을 대상으로 하는 상업적 행위가 대부분 후손들의 동의를 필요로 하게 되어 불합리한 결과를 가져올 뿐 아니라 현실적으로 상속인을 찾아 그러한 동의를 얻기도 사실상 불가능한 점, 본인의 사망 후 시간의 흐름에 따라 사자의 성명이나 초상을 자유로이 이용할 수 있도록 하여야 할 공공의 이익도 상당한 점 등에 비추어 그 존속기간을 해석으로나마 제한할 수박에 없다고 할 것이다. 그 방법으로는 퍼블리시티권과 가장 성격이 유사한 권리의 존속기간을 참조할 수박에 없다고 할 것인바, 퍼블리시티권은 현행법상의 제 권리 중 저작권과 가장 유사하다고 할 수 있고, 저작권법 제36조 제1항 본문은 저작재산권의 보호기간을 저자의 사망 후 50년으로 규정하고 있으므로 이를 유추적용하여 퍼블리시티권의 존속기한도 해당자의 사후 50년으로 해석함이 상당하다고 할 것이다.

작품 경향으로 주목을 끌기도 하였다. 당시 이태준·박태원 등과 더불어 대표적인 단편작가로 평가되었다. 1940년 부인 이경원과 차녀를 잃은 후 실의에 빠져 건강을 해치고 작품 활동을 활발하게 못하다가, 1942년 뇌척수막염으로 숨을 거두었다. 강원도 평창군 진부면에 모친의 유골과 합장했으나, 1972년 영동고속도로 건설공사로 인해 용평면의 고속도로 변으로 이장하였다. 그러나 1998년 영동고속도로 확장 공사로 인해 경기도 파주시 탄현면 동화경모공원으로 이장하였다(위키백과).

소설가 이효석은 1942.5. 사망하였으므로 이효석의 초상이나 서명 등에 관한 퍼블리시티권의 존속기한이 도과하였다.

NOTE :

판례법 국가가 아닌 성문법 국가인 우리나라가 해외에서 퍼블리시티권을 인정하고 있으면 우리 법에 명문 규정이 없어도 이를 인정해야 하는지 의문이다. 또한 명문 규정 없이 퍼블리시티권의 상속성을 저작권법에 유추적용하여 사후 50년으로 해석해도 되는지 의문이다.

▶ [쉴 休]

검찰, '짝퉁'박상민 기소…
모방 연예인에 부정경쟁방지법 첫 적용

유명인의 인물과 관련하여, 2007년 가수 '박상민'행세를 한 짝퉁가수 '박성민' 사건이 있었다. 짝퉁가수 임씨는 턱수염을 기르고 선글라스를 쓰는 등 가수 박상민과 비슷하게 꾸미고 '박성민'이라는 예명을 이용하면서 2005.12.부터 약 1년간 서울과 수도권 소재 나이트클럽 3곳에서 90여 차례 출연해 '해바라기' 등 박상민의 노래를 틀어놓고 립싱크를 하였다. 임씨는 무대에 설 때 '해바라기의 주인공, 인기 유명가수'라는 수식어를 붙여 자신을 소개하기도 하고 나이트클럽 전광판에 '특별출연, 인기가수 박상민'이라는 표현을 사용해 손님들로 하여금 자신을 진짜 박상민으로 혼동케 하였다. 이렇게 연예인을 사칭한 임씨를 신중한 법률검토 끝에 부정경쟁방지법을 적용하여 형사처벌하였다.

[그림 3-10]
누가 진짜 박상민?
출처 : www.chosun.com

출처 : 조선일보 2007.9.3.

07 영상저작물

영상저작물은 연속적인 영상(음의 수반 여부는 가리지 아니한다)이 수록된 창작물로서 그 영상을 기계 또는 전자장치에 의하여 재생하여 볼 수 있거나 보고 들을 수 있는 것을 말한다.[99] 창작성 없이 단순한 상의 녹화물은 영상저작물이 아니다.

영화의 한 장면과 같이 정지된 화상을 별도로 이용하는 경우 사진저작물로 취급한다. 뮤지컬과 같은 종합예술은 영상저작물이 아니다. 또한 실연되는 연극을 단순히 비디오로 녹화했다면 단지 연극의 녹화이며 각본의 복제일 뿐이다. 그러나 전문적인 영상기법으로 촬영한 녹화물은 영상저작물로 보호될 수 있다.

영상저작물은 소설이나 시나리오 등과 같은 원저작물을 토대로 2차적저작물로 만들어지는 경우가 많다. 마야의 진달래꽃 뮤직비디오의 경우 음악저작물을 토대로 영상저작물이 만들어 진 것이다. 영상저작물의 저작권 속에는 원저작자의 저작권이 병존하고 있으며 각종 음악이나 미술에 대한 저작자의 권리도 병존하고 있다. 이와 같이 영상저작물 속에는 그에 관련된 많은 사람들의 권리가 복합적으로 작용하고 있기 때문에 이를 그대로 방치할 경우 관련자들의 다양한 이해관계의 대립으로 인하여 영상저작물의 이용이 원활하게 이루어지기 어렵고 그로 인하여 막대한 자본을 들인 영상제작자는 이를 회수할 길이 막히게 된다. 이러한 불합리를 해소하기 위하여 저작권법은 영상저작물에 관한 특례조항을 두어 영상저작물의 원활한 이용을 도모하고 있다.[100]

[판례 3-24] 서울고등법원 2007.5.22. 선고 2006나47785 판결

법은 영상저작물이 종합예술로서 그 창작에 여러 사람의 노력이 필요하고 영상제작자가 영상저작물의 제작에 큰 비용을 투자하므로, 관련자들의 다양한 이해관계를 조정하고 영상제작자의 투하자본의 회수를 원활하게 함으로써 영상저작물의 창작 및 이용을 장려하기 위하여 영상저작물을 그 소재인 각본, 음악 등과 별개의 독자적인 저작물로 보호하면서 제5장에서 영상저작물의 권리관계에 관한 특례를 두고 있다(다만, 법도 영상저작물의 저작자가 누구인지, 그 저작권이 누구에게 속하는지에 관하여는 특별히 규정하고 있지 않다). 그러나 영상저작물은 연속적인 영상이 수록된 창작물로서 그 영상을 기계 또는 전자장치에 의하여 재생하여 볼 수 있거나 보고 들을 수 있는 것을 말하므로 뮤지컬이 여기에 해당하지 않음은 명백하고, 뮤지컬제작자가 상당한 제작비용을 투자하거나 그 제작 · 공연에 여러 사람이 관여한다는 등 뮤지컬의 제작과정에 영상저작물의 제작과정과 유사한 측면이 있다는 사정만으로 영상저작물의 독자적인 저작물 성립에 관한 법 규정을 연극저작물의 한 유형인 뮤지컬에 유추적용할 수도 없다.

---

99) 저작권법 제2조 제13호

100) 저작권법 제5장 영상저작물에 관한 특례 제99조～제101조 참조

08 도형저작물

지도·도표·설계도·약도·모형 등은 도형저작물로서 보호된다.[101)]

도형저작물은 예술성의 표현보다는 기능이나 실용적인 사상의 표현을 주된 목적으로 하는 이른바 기능적 저작물로서, 기능적 저작물은 그 표현하고자 하는 기능 또는 실용적인 사상이 속하는 분야에서의 일반적인 표현방법, 규격 또는 그 용도나 기능 자체, 저작물 이용자의 이해의 편의성 등에 의하여 그 표현이 제한되는 경우가 많으므로 작성자의 창조적 개성이 드러나지 않을 가능성이 크다. 동일한 기능을 하는 기계장치나 시스템의 연결 관계를 표현하는 기능적 저작물에 있어서 그 장치 등을 구성하는 장비 등이 달라지는 경우 그 표현이 달라지는 것은 당연한 것이고, 저작권법은 기능적 저작물이 담고 있는 사상을 보호하는 것이 아니라, 그 저작물의 창작성 있는 표현을 보호하는 것이므로, 기술 구성의 차이에 따라 달라진 표현에 대하여 동일한 기능을 달리 표현하였다는 사정만으로 그 창작성을 인정할 수는 없고 창조적 개성이 드러나 있는지 여부를 별도로 판단하여야 한다.[102)]

[판례 3-25] 대법원 2003.10.9. 선고 2001다50586 판결

쟁점 : 지도의 창작성 여부

판시내용 :

일반적으로 지도는 지표상의 산맥·하천 등의 자연적 현상과 도로·도시·건물 등의 인문적 현상을 일정한 축적으로 미리 약속한 특정한 기호를 사용하여 객관적으로 표현한 것으로서 지도상에 표현되는 자연적 현상과 인문적 현상은 사실 그 자체로서 저작권의 보호대상이 아니라고 할 것이어서 지도의 창작성 유무의 판단에 있어서는 지도의 내용이 되는 자연적 현상과 인문적 현상을 종래와 다른 새로운 방식으로 표현하였는지 여부와 그 표현된 내용의 취사선택에 창작성이 있는지 여부가 기준이 된다고 할 것이고, 한편 지도의 표현방식에 있어서도 미리 약속된 특정의 기호를 사용하여야 하는 등 상당한 제한이 있어 동일한 지역을 대상으로 하는 것인 한 그 내용 자체는 어느 정도 유사성을 가질 수밖에 없다.

원고가 자신이 발행한 지도책들의 창작성에 대한 근거사실로 내세우는 사실 중 ① 전국을 권역으로 나누어 각 권역마다 다른 색상을 부여하고 위 권역을 다시 구획으

101) 저작권법 제4조 제1항 제8호

102) 대법원 2005.1.27. 선고 2002도965 판결

로 나누어 각 구획마다 다른 번호를 부여한 후 구획번호 순으로 각 구획에 대한 세부지도를 편제하고, 속표지 상반부에 천연색 고속도로 사진을 배경으로 제호와 출판사를 표시하고, 하반부에 지도에 사용된 기호를 설명하는 범례를 표시한 점, 권말에 찾아보기 면을 만들어 지명 · 관공서 · 대학 · 언론기관 · 금융기관 · 종합병원 등 주요 기관의 지도상의 위치와 전화번호를 수록하면서 찾아보기 다음에 전국의 호텔 목록과 전국 유명 음식점 안내를 수록한 점, ② 각 구획면의 좌우 상단 모서리에는 그 구획이 속하는 권역의 색상을 바탕색으로 사각형을 만들어 사각형 안에 구획번호를 역상으로 표시하고, 그 옆에 지명을 흑색으로 표시하면서, 각 구획면의 상하좌우 여백 중앙에 굵은 화살표를 하고 화살표의 중앙에 연속되는 지역의 구획번호를 표시하고, 하단 여백 우측 끝 부분에 그 구획의 위치를 도해식으로 표시한 점, 각 구획면의 가로 · 세로를 각각 나누어 좌표로 설정한 다음 구획면 가장자리에 테두리를 둘러 그 위에 각 좌표를 표시한 점, 도로의 구간거리를 표시한 점, ③ 지표상의 자연적 · 인문적 현상을 표시하는 기호에 있어, 도로의 경우 도로 종류에 따라 각각 다른 색상을 사용하고, 주유소 · 국보 · 보물 · 사적 · 절 · 계곡 등 주요장소 및 관광지 등은 색상이 있는 약기호로 표현한 점, ④ 서울에서 각 시 · 군까지의 거리를 시군거리표로 표현한 점, ⑤ 건물의 표시를 실형으로 표시하고, 건물의 용도별로 색상을 구분한 점, ⑥ 아파트의 동별로 동번호와 아파트 평수를 표기한 점 등의 표현방식과 그 표현된 내용의 취사선택은 원고들 주장의 지도책들 발행 이전에 국내 및 일본에서 발행되었던 지도책들이 채택하였던 표현방식과 그 표현된 내용의 취사선택에 있어 동일 · 유사하고, 이를 제외한 원고 주장의 나머지 표현방식 및 그 표현내용의 취사선택도 국내외에서 보편적으로 통용되는 기호의 형태를 약간 변형시킨 것에 불과하므로 원고 발행의 지도책들의 창작성을 인정할 수 없다.

09 컴퓨터프로그램저작물

(1) 컴퓨터프로그램저작물 일반

컴퓨터프로그램저작물이란 특정한 결과를 얻기 위하여 컴퓨터 등 정보처리능력을 가진 장치 내에서 직접 또는 간접으로 사용되는 일련의 지시 · 명령으로 표현된 창작물을 말한다.[103] Trips 협정이나 세계지적재산권기구 저작권조약(WCT) 등은

103) 저작권법 제2조 제16호. 참고로 "소프트웨어"라 함은 컴퓨터 · 통신 · 자동화 등의 장비와 그 주변장치에 대하여 명령 · 제어 · 입력 · 처리 · 저장 · 출력 · 상호작용이 가능하도록 하게 하는 지시 · 명령(음성이나 영상정보 등을 포함)의 집합과 이를 작성하기 위하여 사용된 기술서 기타 관련 자료를 말한다(소프트웨어산업진흥법 제2조 제1호).

컴퓨터프로그램을 어문저작물로 보호하고 있으나 우리 저작권법은 컴퓨터프로그램을 별도의 저작물로 보호하고 있다. 단, 프로그램을 작성하기 위하여 사용하고 있는 프로그램 언어·규약 및 해법에는 저작권법을 적용하지 않고 있다.[104]

> [판례 3-26] 대법원 2002.6.28. 선고 2001도2900 판결
>
> 쟁점 : 컴퓨터프로그램 시리얼번호의 저작물성
>
> 판시내용 :
>
> 컴퓨터프로그램 시리얼번호는 컴퓨터프로그램을 설치 또는 사용할 권한이 있는가를 확인하는 수단인 기술적 보호조치로서, 컴퓨터프로그램에 특정한 포맷으로 된 시리얼번호가 입력되면 인스톨을 진행하도록 하는 등의 지시, 명령이 표현된 프로그램에서 받아 처리하는 데이터에 불과하다.
>
> 시리얼번호의 복제 또는 배포행위 자체는 컴퓨터프로그램의 공표·복제·개작·번역·배포·발행 또는 전송에 해당하지 아니할 뿐 아니라 위와 같은 행위만으로는 컴퓨터프로그램저작권이 침해되었다고 단정할 수 없다.

(2) 서체파일

1) 저작권법에 의한 보호

흔히 서체도안이라 함은 일반적으로 한 벌의 문자 서체 등에 대하여 독특한 형태의 디자인을 한 것으로서 글자꼴, 글꼴, 타이프페이스, 활자체, 서체자형 등으로도 불린다. 현재 서체의 수요가 출판, 영상물 제작 분야 등에서 증가하고 있으며, 서체를 개발하기 위하여 막대한 시간과 노력, 비용이 들어가는 것은 물론 글자체 디자이너의 창작성, 독창성이 크게 발휘되는데, 이렇게 개발된 서체를 아무런 대가를 지불하지 않고 다른 사람이 무단으로 사용한다면 서체의 개발자, 창작자에게 손해를 초래함은 물론 그 개발의욕이 크게 손상될 것이다. 지적 창작자에 대한 일정한 보상을 통하여 창작의욕을 진작시키고자 하는 지적재산권제도의 취지에 비추어 서체 창작자에게도 법적으로 일정한 권리를 부여함으로써 보상이 이루어질 필요성이 있다. 그러나 서체파일에 대해서는 저작물성을 긍정하는 입장과 부정하는 입장이 공존하고 있다. 저작권법상 미술저작물인 디자인으로는 보호가 잘 이루어지지 않고 있으며, 저작권법상 컴퓨터프로그램저작물로 간접적인 보호가 이루어지고 있다.

---

104) 저작권법 제101조의 2

[판례 3-27] 대법원 1996.8.23. 선고 94누5632 판결

사실관계 :

저작권 등록관청이 '산돌체모음', '안상수체모음', '윤체B', '공한체, 한체모음' 등의 서체도안에 대한 저작권 등록 신청을 반려하였다.

쟁점 : 인쇄용 서체도안이 미술저작물에 해당되는지 여부

판시내용 :

원고들이 우리 저작권법상의 응용미술 작품으로서의 미술저작물에 해당한다고 주장하면서 저작물등록을 신청한 이 사건 서체도안들은 우리 민족의 문화유산으로서 누구나 자유롭게 사용하여야 할 문자인 한글 자모의 모양을 기본으로 삼아 인쇄기술에 의해 사상이나 정보 등을 전달한다는 실용적인 기능을 주된 목적으로 하여 만들어진 것임이 분명한바, 위와 같은 인쇄용 서체도안에 대하여는 일부 외국의 입법례에서 특별입법을 통하거나 저작권법에 명문의 규정을 둠으로써 법률상의 보호 대상임을 명시하는 한편 보호의 내용에 관하여도 일반 저작물보다는 제한된 권리를 부여하고 있는 경우가 있기는 하나, 우리 저작권법은 서체도안의 저작물성이나 보호의 내용에 관하여 명시적인 규정을 두고 있지 아니하며, 이 사건 서체도안과 같이 실용적인 기능을 주된 목적으로 하여 창작된 응용미술 작품은 거기에 미적인 요소가 가미되어 있다고 하더라도 그 자체가 실용적인 기능과 별도로 하나의 독립적인 예술적 특성이나 가치를 가지고 있어서 예술의 범위에 속하는 창작물에 해당하는 경우에만 저작물로서 보호된다고 해석되는 점 등에 비추어 볼 때, 우리 저작권법의 해석상으로는 이 사건 서체도안은 신청서 및 제출된 물품 자체에 의한 심사만으로도 저작권법에 의한 보호 대상인 저작물에는 해당하지 아니함이 명백하다고 할 것이다.

[판례 3-28] 대법원 2001.5.15. 선고 98도732 판결

사실관계 :

피해자들은 이 사건 서체파일 57종을 제작하기 위하여, 한글 서체 1벌을 제작하는데 필요한 2,350개의 완성형 글자에 대한 원도를 작성하고 그 개별 글자 각각에 대하여 아도브포토샵(Adobe Photo Shop) 등 이미지 처리 프로그램을 이용하여 스캐너로 읽어들임으로써 컴퓨터가 인식할 수 있는 디지털 데이터로 변환된 이미지 파일을 만들었으며, 그 이미지 파일에 있는 각 글자들의 서체 이미지를 폰토그라퍼(fontographer)와 같은 기존의 서체파일 제작용 프로그램{피해자에 따라서는 폰트매니아(FontMania), GTX라는 서체파일 제작용 프로그램을 사용하기도 하였는데, 서체파일의 제작방법에 실질적인 차이는 없다}의 서체 제작용 창(한 화면에 256개의 창

이 뜨는데, 하나의 창에서 하나의 글자에 대한 도안을 제작할 수 있고, 하나의 창은 가로, 세로 크기가 각각 1,000×1,000 단위로 세분화되어 있는 좌표를 가진다)으로 불러온 후, 폰토그라퍼의 윤곽선 추출기능을 실행하면 자동으로 글자의 윤곽선이 화면상에 추출되는데, 윤곽선은 윤곽선 모양을 결정짓는 제어점들(이 제어점들은 가로 세로의 각 좌표 값을 갖게 된다)과 그 제어점들을 연결하는 직선 또는 곡선의 형태로 나타나지만, 자동으로 추출된 윤곽선은 본래의 서체도안과는 일치하지 않는 불완전한 모습으로 나타나기 때문에 다시 마우스를 사용하여 윤곽선을 수정함으로써 본래의 서체도안과 일치하는 윤곽선 설정작업을 완성하고(피해자에 따라서는 종이 등의 평면 위에 그려져 있는 서체의 원도를 스캐닝하고 폰토그라퍼의 윤곽선 자동 추출기능을 이용하는 과정을 거치지 아니하고 서체도안을 눈으로 보면서 서체 제작용 프로그램상의 화면에서 마우스를 이용하여 직접 서체의 윤곽선을 설정하여 서체도안을 제작하기도 하였다), 이와 같이 2,350개의 글자에 대한 윤곽선이 완성된 서체도안을 전자출판 에디터(editor)나 워드프로세서 등의 문서편집기에서 사용될 수 있도록 하기 위하여, 폰토그라퍼 내의 서체파일 자동 생성(generate)기능을 이용하여 포스트스크립트(PostScript)라는 컴퓨터 프로그램 언어 형태의 파일을 생성시킴으로써 이 사건 서체파일을 완성하였다. 위와 같이 생성된 서체파일은 크게 서체 전체에 대한 정보를 정의하는 부분과 각 글자의 모양을 정의하는 부분으로 나뉘는데, 글자 모양을 정의하는 부분은 각 글자의 윤곽선을 결정짓는 제어점들의 좌표 값과 그 제어점들을 연결하기 위한 명령{예컨대, 각 점을 직선으로 연결하라는 뜻의 라인투(lineto), 곡선으로 연결하라는 뜻의 커브투(curveto), 다른 점으로 이동하라는 뜻의 무브투(moveto) 등}으로 구성된다.

또한 피해자들의 이 사건 서체파일은 윤곽선 방식(outline font; 외곽선 방식이라고도 한다)으로서, 비트맵 방식(bitmap font)의 서체파일이 일정한 사각면을 여러 구역(pixel)으로 나누고 각 구역의 색깔을 지정하는 이미지 파일의 형태를 취하는 것과는 달리, 일정한 좌표 값을 가지는 점들을 지정한 후 그 점들을 직선이나 수학적으로 계산되어지는 곡선으로 상호 연결시켜 글자나 도형의 윤곽선을 확정하여 그 내부를 칠하는 방식을 취하고, 글자 모양을 확대하거나 변경하더라도 원래의 글자 모양을 결정짓는 주요 제어점들의 좌표 값을 일정한 비율 또는 수학적 공식에 의하여 조정하기만 하면 전체적인 글자 형태가 일그러짐 없이 매끄럽게 표현될 수 있으며, 포스트스크립트 언어로 기술함으로써 윤곽선 정보를 벡터(vector)화된 수치 내지 함수로 전환하여 기억하였다가 출력기종의 조건에 맞게 변환하여 출력하는 방식을 취한다. 이 사건 서체파일은 그 자체로서는 실행될 수 없는 형태의 파일이어서 단독으로는 글자를 출력시킬 수 없고, 전자출판 에디터나 워드프로세서 등 문서편집기상에서 사용자가 출력을 위하여 선택한 서체의 글자와 그 크기 등의 정보를 래스터라이저(rasterizer)로 전송하면, 래스터라이저는 문자의 크기에 맞추어 윤곽선을 표현하는 제어점들의 좌표 값과 이들을 연결하게 되는 직선 및 곡선을 계산하여 윤곽선을 그리고 그 내부를 원하는 색으로 칠하여 비트맵 이미지를 생성한 다음, 이를 프린터와 같은 출력기를 통하여 출력시키게 된다.

피고인은 피해자들의 이 사건 서체파일 57종을 구입하여, 아래 기재와 같은 방법으로 서체파일의 포맷(format)을 전환하고 그 과정에서 발생하는 오류를 보정한 뒤 피고인 자신의 서체파일로 제작하여 넥스트페이지(Nextpage)라는 전자출판 에디터 프로그램에 탑재시켰다. 피해자가 대표로 있는 주식회사 휴먼컴퓨터의 서체파일에 대하여는, 피고인이 그 포맷을 알고 있었기 때문에 피고인이 개발한 HFT2TFT.EXE라는 프로그램을 이용하여 피고인의 넥스트페이지 프로그램에서 사용할 수 있는 포맷인 확장자가 '.TFT'인 파일로 전환한 다음, 폰토그라퍼에서 읽어들일 수 있도록 피고인이 개발한 TFT2FOG.EXE라는 프로그램을 이용하여 확장자가 '.FOG'인 파일로 다시 포맷을 전환하고, 전환과정에서 생긴 윤곽선의 오류를 폰토그라퍼 내에서 마우스를 이용하여 수정하였으며, 다시 FOG2TFT.EXE라는 프로그램으로 피고인의 넥스트페이지용 TFT 포맷의 서체파일로 최종 전환하여 피고인의 서체파일을 제작하였다. 피고인이 포맷을 알지 못하는 나머지 피해자들의 서체파일에 대해서는, 피해자들의 서체를 출력할 수 있는 전자출판프로그램에서 2,350개의 완성형 글자를 일일이 입력시켜 문서파일을 작성하고, 이를 문서편집기로 읽어들인 다음, 입력된 글자의 서체를 피해자들의 서체파일이 구현하는 특정 서체로 전환시킨 후, 각 글자의 윤곽선 정보가 저장된 EPS 포맷의 파일로 전환하고, 피고인이 개발한 HANGUL.EXE라는 프로그램으로 각 글자를 떼어낸 후 다시 넥스트페이지 고유 포맷인 TFT 파일로 전환한 다음, FOG 파일과 TFT 파일로 전환하는 과정을 다시 거쳐 피고인의 서체파일로 제작하였다. 피고인의 넥스트페이지에 탑재된 서체파일의 핵심적 구성요소인 각 글자에 대한 제어점의 개수나 각각의 좌표 값, 제어점들을 연결하는 직선이나 곡선의 형태 및 곡률은 전환되기 전의 피해자들의 이 사건 서체파일의 그것과 동일하거나 거의 유사하고, 같은 크기의 동일한 글자를 출력기를 통하여 출력할 경우 양자의 서체가 육안으로 구별되지 않는다.

쟁점 : 윤곽선 서체파일이 컴퓨터프로그램저작물에 해당되는지 여부

판시내용 :

서체파일 프로그램의 창작성이 인정되는 것은 서체파일을 제작하는 과정에 있어서 글자의 윤곽선을 수정하거나 제작하기 위한 제어점들의 좌표 값과 그 지시 · 명령어를 선택하는 것에 서체파일 제작자의 정신적 노력의 산물인 창의적 개성이 표현되어 있기 때문이라고 보아야 한다(폰토그라퍼와 같은 서체파일 제작용 프로그램에서 하나의 글자를 제작하기 위한 서체 제작용 창의 좌표는 가로축 1,000, 세로축 1,000의 좌표로 세분되어 있어, 동일한 모양의 글자라 하더라도 윤곽선의 각 제어점들의 구체적 좌표 값이 일치할 가능성은 거의 없다).

2) 디자인보호법에 의한 보호

글자체가 저작권법 상 디자인으로서 보호가 제대로 이루어지지 않자 2004년 의장법을 개정하여 2005.7.1.부터 디자인보호법을 통해 보호하기로 하였다. 구 의장법에서 글자체는 어떤 물품의 외관에 미감을 일으키는 것을 목적으로 하는 것이 아니라 글자체 그 자체로서 독립된 심미적 존재이유를 가지므로 의장법의 대상이 될 수 없다고 보았다. 그러나 2004.12.31.에 개정된 디자인보호법에서는 디자인을 "물품(물품의 부분 및 글자체를 포함한다)의 형상·모양·색채 또는 이들을 결합한 것으로서, 시각을 통하여 미감을 일으키게 하는 것을 말한다"고 규정하여[105] 글자체가 디자인보호법의 보호대상임을 명백히 하였다. 또한 "글자체라 함은 기록이나 표시 또는 인쇄 등에 사용하기 위하여 공통적인 특징을 가진 형태로 만들어진 한 벌의 글자꼴(숫자, 문장부호 및 기호 등의 형태를 포함한다)을 말한다"는 정의규정도 두었다.[106] 따라서 글자체는 디자인등록을 출원하여 디자인권으로 설정등록을 받게 되면 그에 따른 보호를 받을 수 있다. 다만, 타자·또는 인쇄 등의 통상적인 과정에서 글자체를 사용하는 경우 및 이에 따른 글자체의 사용으로 생산된 결과물인 경우에는 글자체 디자인권의 효력이 미치지 아니한다.[107] 글자체 디자인권의 보호는 글자체의 개발·생산·유통행위에만 한정되므로 일반국민 등 수요자의 사용에는 디자인권의 효력이 미치지 아니하여 글자체 디자인권의 보호로 인한 일반국민들의 불이익 내지 불편은 없을 것으로 보고 있다.[108]

10 보호받지 못하는 저작물

저작물로서의 요건을 충족시키고 있다 하더라도 정책적으로 특정한 저작물에 대해서는 저작권법의 보호를 배제하고 있다. 보호받지 못하는 저작물로는 헌법·법률·조약·명령·조례 및 규칙[109], 국가 또는 지방자치단체의 고시·공고·훈령 그 밖에 이와 유사한 것[110], 법원의 판결·결정·명령 및 심판이나 행정심판절차 그 밖에 이와 유사한 절차에 의한 의결·결정 등[111], 국가 또는 지방자치단체가 작성

105) 디자인보호법 제2조 제1호
106) 디자인보호법 제2조 제1의2호
107) 디자인보호법 제44조 제2항
108) 의장법 중 개정 법률안 심사보고서, 국회 산업자원위원회, 2004.12.
109) 저작권법 제7조 제1호
110) 저작권법 제7조 제2호

한 것으로서 제1호 내지 제3호에 규정된 것의 편집물 또는 번역물[112], 사실의 전달에 불과한 시사보도[113]가 있다.

여기서 유의할 점은 정치계나 경제계의 동향, 연예·스포츠 소식을 비롯하여 각종 사건이나 사고, 수사나 재판 상황, 판결 내용, 기상 정보 등 여러 가지 사실이나 정보들을 언론매체의 정형적이고 간결한 문체와 표현 형식을 통하여 있는 그대로 전달하는 정도에 그치는 기사만이 저작물로서 보호 받지 못한다는 것이다. 시사보도를 포함한 일반적인 뉴스 기사는 저작물에 해당되어 저작권법의 보호를 받게 된다.

[판례 3-29] 대법원 2006.9.14. 선고 2004도5350 판결

사실관계 :

모신문사 편집국장이던 피고인이 일간신문을 제작하는 과정에서 연합뉴스사의 기사 및 사진 중 단순한 사실의 전달에 불과한 시사보도의 수준을 넘어선 기사 및 사진을 일부 복제하였다.

쟁점 : '사실의 전달에 불과한 시사보도'를 저작권법의 보호대상에서 제외한 취지

판시내용 :

저작권법 제7조는 "다음 각 호의 1에 해당하는 것은 이 법에 의한 보호를 받지 못한다"고 규정하여 일정한 창작물을 저작권법에 의한 보호대상에서 제외하면서 제5호에 '사실의 전달에 불과한 시사보도'를 열거하고 있는바, 이는 원래 저작권법의 보호대상이 되는 것은 외부로 표현된 창작적인 표현 형식일 뿐 그 표현의 내용이 된 사상이나 사실 자체가 아니고, 시사보도는 여러 가지 정보를 정확하고 신속하게 전달하기 위하여 간결하고 정형적인 표현을 사용하는 것이 보통이어서 창작적인 요소가 개입될 여지가 적다는 점 등을 고려하여, 독창적이고 개성 있는 표현 수준에 이르지 않고 단순히 '사실의 전달에 불과한 시사보도'의 정도에 그친 것은 저작권법에 의한 보호대상에서 제외한 것이라고 할 것이다.

---

111) 저작권법 제7조 제3호
112) 저작권법 제7조 제4호
113) 저작권법 제7조 제5호

chapter

4 2차적저작물과 편집저작물

01 2차적저작물

2차적저작물이란 원저작물을 번역, 편곡, 변형, 각색, 영상제작, 그 밖의 방법으로 작성한 창작물을 말한다.[114] 미국 저작권법은 2차적저작물을 "번역(translation), 편곡(musical arrangement), 극화물(dramatization), 소설화물(fictionalization), 영화화물(motion picture version), 녹음물(sound recording), 미술복제물(art reproduction), 축약물(abridgment), 요약물(condensation) 또는 기타 어느 저작물을 개작, 변형, 각색한 형태와 같이 기존의 하나 이상의 저작물을 기초로 하여 작성된 저작물을 의미하며 전체로서 원저작물(preexisting works)을 나타내는 편집적 수정물(editorial revisions), 주석물(annotations), 퇴고물(elaborations), 기타 수정물(modifications)로 구성된 저작물을 말한다"라고 규정하고 있다.[115] 즉, 2차적저작물로 성립하기 위해서는 원저작물에 의거하여 창작되어야 하며 실질적 개변(substantial variation)이 이루어져야 한다. 2차적저작물이 되기 위해서는 보통의 저작물에서 요구하는 창작성보다 더 실질적이고 높은 정도의 창작성이 요구된다. 기존 저작물에 약간의 변형만을 주는 것은 2차적저작물로 성립할 수 없다.

원저작자의 동의 없이 원저작물을 토대로 새로운 저작물을 창작하였을 때에도 2차적저작물로 성립한다. 단, 원저작물의 표현 부분을 무단으로 이용했을 경우 원저작자의 2차적저작물작성권 침해에 해당하므로 2차저저작물의 작성자가 이에 대한 책임을 져야 한다. 그러나 원저작물에서 저작권 비보호대상인 사상 또는 감정 등 아이디어만 차용할 경우에는 2차적저작물이 아니라 별개의 저작물에 해당한다.

114) 저작권법 제5조 제1항
115) 미국 저작권법 제101조

[판례 4-1] 대법원 2006.2.10. 선고 2003다41555 판결

아날로그 방식으로 녹음된 음반을 디지털 샘플링의 기법을 이용하여 디지털화한 것이 2차적저작물로 인정되기 위해서는 단지 아날로그 방식의 음반을 부호화하면서 잡음을 제거하는 등으로 실제 연주에 가깝게 하였다는 정도로는 부족하고 이를 재구성하거나 새로운 내용을 첨삭하는 등의 방법으로 독자적인 표현을 부가하여야만 한다.

[판례 4-2] 서울고등법원 1995.12.5. 선고 94나9186 판결

쟁점 : 민요의 편곡의 경우 2차적저작물이 되기 위한 창작성의 정도

전래되어 오는 전통음악이나 민요 등을 독창적 방식에 의하여 연주할 수 있도록 작성한 것은 그에 내재된 음악저작물이 이미 저작권이 소멸하여 공중의 영역(public domain)에 들어간 것이고, 또한 그 채보방식에 독창성이 있다 하더라도 이는 저작권의 보호가 미치지 않는 아이디어의 영역에 있는 부분일 가능성이 크기 때문에 설사 이를 복제하였다고 하더라도 저작권의 침해는 성립하기 어렵다. 그러나 물론 전통음악과 같이 저작권이 이미 소멸한 음악저작물이라도 이를 현대적 감각에 맞게 또는 연주하기에 적합하도록 편곡을 하여 요구되는 창작성을 가미하였다면 2차적저작물로서 새로운 보호를 받을 수 있다.

문제는 이때 요구되는 창작성의 정도인데, 그 창작성의 정도는 반드시 고도의 것임을 요하지 않고, 음악의 제 요소인 멜로디, 박자, 화음, 형식 등을 두루 고려하여 종합적으로 판단할 수밖에 없다.

[판례 4-3] 서울고등법원 2004.3.16. 선고 2002나61547 판결[116)]

사실관계 :

가요 여자야(이하 "이 사건 가요")의 기초가 된 구전가요 2곡은 모두, 원저작자 불명인 상태로 악보도 없이 1960년대에 군인이나 대학생, 군대를 다녀온 일반인 사이에서 널리 애창되기 시작한 노래들로서, 실제 노래를 부르는 사람들이 각자의 입장에 따라 풍자적으로 개사하여 부름에 따라 가사에 욕설과 비속어 등이 포함되는 경우가 많았고, 한국전통대중가요, 일명 트로트에 속하는 4분의 4박자의 다소 느린 템포에 라단조(D minor)를 기본 화성으로 채택함과 아울러 부분적으로 유사한 선율을 공유하는 등의 공통점이 있었는데, 그 중 속칭 영자송은 오빠가 멀리 있는 여동생의 안위를 걱정하고 자신의 신세를 한탄하는 내용을 담고 있었고, 별다른 곡명조차 없이 위 영자송의 아류로까지 여겨지던 다른 1곡(이하 "구전 여자야")은 믿었던 여인이 자신을 배신하고 떠난 데 대한 원망과 자책 등을 그 내용으로 하고 있다.

이 사건 가요는 그 전체가 121소절(1소절은 1마디를 말하고, 음표의 지시에 의하여 반복될 경우 1마디를 2소절로 계산한다)로 이루어져 있고 총 연주시간 3분 39초가 소요되며, 세분하면 ① 전주 부분 19소절과 ② 전반부 30소절 ③ 중반부 32소절 ④ 후반부 28.5소절 ⑤ 그리고 간주 부분 11.5소절로 나누어 볼 수 있는데 그 중 위 ②, ③, ④의 가사 부분만을 따로 떼어놓고 보면, 그 중반부(③부분)는 위 영자송의 전체와 그 전 · 후반부(②, ④부분)는 각각 '구전 여자야'의 전체 및 그 후렴 부분과 그 리듬, 가락, 화성의 대부분이 일치하고, 다만 음표와 곡조에서 일부 수정, 증감한 흔적이 발견될 뿐이나, 다른 한편 노래의 주요부인 가사 부분의 전 · 후반부에 '구전 여자야'에서 따온 부분이 배치되고 그 가운데에 위 영자송에서 따온 부분이 들어가 자연스럽게 하나의 노래를 이루면서 디스코의 빠른 템포(♩=130)가 적용됨과 아울러, 구전가요에 없던 전주 및 간주 부분이 새로 추가됨으로 말미암아 전체적으로는 경쾌하고 세련된 느낌을 주는 등 청중들에게 위 구전가요들과는 색다른 청감을 제공하고 있다.

쟁점 : 구전가요의 편곡이 2차적 저작물이 되기 위한 창작성의 정도

판시내용 :

원고들은 구전가요인 위 영자송과 '구전 여자야'를 기초로 이들을 하나의 노래로 합쳐서 적절히 편곡하는 방법으로 이 사건 가요를 작성한 것이고, 또 그 상호간의 실질적 유사성으로 말미암아 이들 구전가요를 알고 있는 청중이라면 누구나 쉽사리 이 사건 가요를 들으면서 그 연상작용으로 위 영자송과 '구전 여자야'의 존재를 떠올릴 수 있을 것이어서 이 사건 가요는 위 구전가요들에 대하여 상당한 정도의 종속성을 지닌다고 봄이 상당하므로, 이 사건 가요를 위 구전가요들과 별개의 저작물이라 할 수는 없다 하겠으나, 다른 한편 원고들은 이 사건 가요를 만들면서 단순히 위 영자송과 '구전 여자야'의 음표와 음계만을 일부 가감하여 나열함으로써 이들 노래의 리듬, 가락, 화성에 사소한 변형을 가하는 데 그치지 않고, 두 노래를 자연스럽게 연결될 수 있도록 적절히 배치하고 여기에다가 한국전통대중가요로 분류되는 이들 노래에 디스코풍의 경쾌한 템포를 적용함과 아울러 하나의 노래로서 완성도를 높이기 위하여 전주 및 간주 부분을 새로 부가하는 등 원고들의 노력과 음악적 재능을 투입함으로써 위 구전가요들에 친숙한 청중에게도 기존의 노래와 다른 새로운 느낌을 받을 수 있을 정도에 이르게 한 것이어서, 사회통념상 위 구전가요들과는 구분되는 새로운 저작물이 될 수 있을만한 창작성이 인정된다 하겠고, 원저작자의 동의 유무는 2차적 저작권의 발생에는 영향이 없는 것이므로, 결국 원고들이 작성한 이 사건 가요는 2차적저작물로서 저작권법의 보호대상이라 할 것이다.

116) 대법원 2004.7.8. 선고 2004다18736 판결에서 확정되었다.

[판례 4-4] 서울지방법원 1990.9.20. 선고 89가합62247 판결

사실관계 :

1986.1.14.경 서울 모 여자중학교 3학년 학생인 이모양이 입시위주의 교육환경과 부모의 지나친 기대를 견디지 못하고 '행복은 성적순이 아니다'는 취지의 유서를 남기고 자살하면서 우리나라 청소년교육이 문제점에 관한 사회적 관심 및 논의가 활발해지기 시작하였다. 1987.12.경 무용극의 창작, 안무가이자 모대학 무용과 교수가 우리나라 청소년교육 및 입시제도의 문제점과 그 해결방안을 주제로 한 무용극 '행복은 성적순이 아니잖아요'(이하 "무용극")를 창작하여 그때부터 전국 20여개 도시를 돌며 80여회 순회공연을 가짐으로써 무용극은 교육계와 무용계에 널리 알려지게 되었다.

한편 영화제작자도 1989.1.경부터 "무용극"과 같은 제목의 영화(이하 "영화")를 제작하여 같은 해 7월 서울시내 소재 극장에서 개봉 상영함으로써 수십만명의 관객을 동원하는 등 흥행에 성공하였다.

쟁점 : 사건의 "영화"가 사건 "무용극"의 2차적저작물인지 여부

판시내용 :

어떤 저작물이 원저작물에 대한 2차적저작물이 되기 위하여는 단순이 사상(idea), 주제(theme) 또는 소재가 동일하거나 비슷한 것만으로는 부족하고 두 저작물 사이에 실질적 유사성(substantial similarity) 즉 사건의 구성(plot) 및 전개과정과 등장인물의 교차 등에 있어 공통점이 있어야 할 것인바, '행복은 성적순이 아니잖아요'라는 동일한 제명의 이 사건 무용극과 영화가 우리나라 청소년교육의 문제점과 경쟁위주의 사회현실을 고발하고 그 해결책을 모색한다는 내용의 주제에 있어 공통점이 있고 소재에 있어서도 유사한 점이 있으나 위 무용극은 3장에 걸쳐 각 장별로 공부하다 벌서고 시험치기를 되풀이 하는 학생들의 일상생활과 경쟁사회 속에서 시험공부에 시달려온 한 여학생이 "난 1등 같은 거 싫은데… 난 남을 사랑하며 친구와 살고 싶은데… 행복은 성적순이 아니잖아"라는 독백 끝에 쓰러지는 모습 및 기진맥진하여 쓰러졌던 청소년들이 고향의 봄을 부르며 소생하듯 일어나 우리나라 어린이들이 즐기던 놀이를 벌이는 모습 등을 무용과 배경음악, 효과 등을 통하여 상징적으로 표현하고 있는 반면 위 영화는 특정된 고교 2년생들의 삶이 구체적인 스토리별로 전개되어 가면서 그들의 욕구, 갈등, 희열, 좌절 등이 학교성적과 맞물리며 투영되는 등 그 등장인물과 사건전개 등 실질적 구성면에서 현저한 차이가 있어 무용극과 영화 사이에 내재하는 예술의 존재양식 및 표현기법의 차이를 감안한다 하더라도 양자 사이에 원저작물과 2차적저작물의 관계를 인정할 만한 실질적 유사성이 있다고 볼 수 없다.

02 편집저작물

편집물이란 저작물이나 부호 · 문자 · 음 · 영상 그 밖의 형태의 자료(이하 "소재")의 집합물을 말하며, 데이터베이스를 포함한다.[117] 편집저작물은 편집물로서 그 소재의 선택 · 배열 또는 구성에 창작성이 있는 것을 말하며,[118] 독자적인 저작물로서 보호된다.[119]

이때 편집저작물을 구성하는 개별 소재는 저작물이거나 아니거나 상관없다. 독자적인 저작물로서 편집저작물의 보호가 미치는 부분은 창작성 있는 선택이나 배열 또는 구성에만 해당되기 때문이다. 개별 소재가 저작물일 경우 저작권자의 동의를 받아 이용하는 것이 합법적이지만 저작권자의 동의 없이도 편집저작물로 성립되긴 한다. 단, 원저작자권자의 복제권을 침해한 것으로서 이에 대한 책임을 져야 한다.

참고로 데이터베이스란 소재를 체계적으로 배열 또는 구성한 편집물로서 개별적으로 그 소재에 접근하거나 그 소재를 검색할 수 있도록 한 것을 말한다.[120] 데이터베이스는 편집물에는 해당되나 그 소재의 선택 · 배열 또는 구성에 창작성이 없을 경우엔 편집저작물에 해당되지 않는다. 데이터베이스는 자료의 배열보다는 정보의 양과 검색의 용이성에 있기 때문에 소재의 선택, 배열 및 구성에 있어서 창작성이 부족하다. 편집저작물은 그 보호기준이 엄격하고 보호 범위가 협소하여 데이터베이스가 편집저작물에 해당되기는 어려운 실정이다. 문제는 데이터베이스가 극히 적은 노력으로 추출, 복제 및 재이용이 가능하다는 것이다. 이에 데이터베이스의 보호 필요성이 제기되어 우리 저작권법에서는 데이터베이스제작자의 권리를 편집저작물과 별도로 일정 부분 보호해 주고 있다.[121]

---

117) 저작권법 제2조 제17호. 미국 저작권법은 다음과 같이 정의하고 있다. A "compilation" is a work formed by the collection and assembling of preexisting materials or of data that are selected, coordinated, or arranged in such a way that the resulting work as a whole constitutes an original work of authorship. The term 'compilation' includes collective works(미국 저작권법 제101조).

118) 저작권법 제2조 제18호

119) 저작권법 제6조 제1항

120) 저작권법 제2조 제19호

121) 데이터베이스제작자의 보호에 관하여는 저작권법 제4장 제91조~제98조 참조

[판례 4-5] Feist Publications, Inc. v. Rural Telephone Service Co., 499 U.S. 340 (1991)

쟁점 : 알파벳 순의 인명편 전화번호부의 창작성 여부

판시내용 :

이 사건은 두 가지의 잘 확립된 명제와 관련되어 있다. 사실(fact)은 저작권의 보호대상이 아니라는 것과 사실의 편집물은 일반적으로 저작권의 보호대상이라는 것이다. 두 명제 사이에는 부인할 수 없는 긴장이 있다. 상당수 편집물은 단지 원자료(raw data)와 창작적인 표현이 수반되지 않는 오로지 사실정보로 구성되어 있다. 저작권의 필수요건은 독창성이다. 독창성은 저작물이 저작자에 의해서 독립적으로 창작되었다는 것과 최소한의 창작성을 가지고 있어야 한다는 것을 의미한다. 아무도 사실에 대해서 독창성을 주장할 수 없다. 특별한 사실을 발견하여 보고한 사람은 그 사실을 창작한 것은 아니다. 그는 단지 사실의 존재를 발견했을 뿐이다. 과학적, 역사적, 전기적인 모든 사실과 하루하루의 뉴스는 저작권의 보호대상이 아니며 누구나 사용 가능한 공유영역에 속한다.

반면에 사실의 편집물은 필요한 독창성을 가지고 있을 수 있다. 사실의 선택과 배열이 편집자에 의해서 독립적으로 이루어지고 필요한 최소한의 창작성을 가지고 있는 한 편집물도 독창성의 요건을 충족시킬 수 있다. 그러나 편집저작자가 독창적으로 부가한 저작물의 구성요소만 저작권으로 보호되고 기초사실은 보호되지 않는다.

법원들은 사실의 편집물에 대한 보호를 정당화하기 위하여 새로운 이론을 발전시켜왔다. 눈썹의 땀(sweat of the brow) 혹은 근면한 수집(industrious collection)으로 알려진 이 이론의 바탕이 되는 개념은 저작권이 사실을 편집하는 데 들인 노고에 대한 보상이라는 것이다. 눈썹의 땀 이론(노동이론이라고도 함)은 많은 결함을 가지고 있으며 가장 명백한 것은 편집물에 있어서 편집자의 독창적인 기여인 선택과 배열을 넘어 사실 그 자체에까지 저작권의 보호를 확장한 것이다. 이 이론은 사실과 아이디어를 저작권으로 보호할 수 없다는 저작권법의 가장 근본 원칙을 무시하고 있다.

사실에 바탕을 둔 작품이 독창적인 저작물인지 여부를 결정함에 있어서 법원은 사실들이 선택, 정리, 배열된 방식에 초점을 맞추어야 한다. 그러나 독창성 요건은 특별히 엄한 것은 아니다. 작품이 저작권으로 보호되는 편집물의 자격이 있다 할지라도 제한된 보호만을 받는다. 즉 저작권은 전달되는 사실이나 정보가 아닌 저작자의 독창적인 기여만을 보호한다.

"편집물에서의 저작권은 … 저작물에 이용된 원저작물과 구분되는 저작자가 기여한 부분에 대해서만 미치고 원저작물에 대해서는 어떠한 배타적인 권리를 포함하는 것은 아니다"(미국 저작권법 제103(b)조). 저작권은 편집자에게 독창적인 요소, 즉 사실의 선택, 정리, 배열만을 보호하기 때문에 기존 작품에 들어 있는 사실들은 자유롭게 이용될 수 있다.

본 사건에서 Rural의 인명편의 선택과 정리, 배열은 저작권보호를 위한 최소한의 기준을 충족시키지 못하고 있다. Rural의 인명편은 아주 전형적이며 단지 가입자들이 전화를 신청할 때 제공한 자료를 모아 가입자들의 성을 알파벳 순서대로 정리하였을 뿐이다. 이러한 단순한 선택은 저작권의 보호를 받는 표현으로 전환하는 데 필요한 최소한의 창작성이 결여돼 있다.

[판례 4-6] 대법원 2003.11.28. 선고 2001다9359 판결

사실관계 :

사건의 법조수첩은 권두에 법관, 법제처, 헌법재판소, 검사, 법원 및 검찰 5급 이상 공무원, 교도소, 소년원, 보호관찰소의 기구 및 구성원 배치표 수록, 책자에 전국 법원 및 등기소, 법무부 · 검찰청의 부서별 전화번호, 대한변호사협회 및 지방변호사회, 지방법원 · 지원별 관내 변호사 명단 및 주소와 전화번호, 법무사 · 변리사 명단 · 전화번호 수록, 각급 법원 및 등기소 관할구역, 민사접수서류에 첩부할 인지액 일람표, 등기신청 및 등초본발급수수료 등을 수록하고 있다.

쟁점 : 다이어리 형태의 법조수첩이 편집저작물에 해당되는지 여부

판시내용 :

편집물이 저작물로서 보호를 받으려면 일정한 방침 혹은 목적을 가지고 소재를 수집 · 분류 · 선택하고 배열하여 편집물을 작성하는 행위에 창작성이 있어야 하는바, 그 창작성은 작품이 저자 자신의 작품으로서 남의 것을 복제한 것이 아니라는 것과 최소한도의 창작성이 있는 것을 의미하므로 반드시 작품의 수준이 높아야 하는 것은 아니지만 저작권법에 의한 보호를 받을 가치가 있는 정도의 최소한의 창작성은 있어야 하고, 누가 하더라도 같거나 비슷할 수밖에 없는 성질의 것이라면 거기에 창작성이 있다고 할 수 없다.

일지형태의 법조수첩은 그 수첩을 이용하는 자가 법조 유관기관 및 단체에 관한 사항과 소송 등 업무처리에 필요한 사항 등을 손쉽게 찾아볼 수 있다고 보이기는 하지만, 유용한 기능 그 자체는 창작적인 표현형식이 아니므로, 위 수첩에 이러한 기능이 있다고 하여 곧바로 편집저작물에 요구되는 최소한의 창작성이 있다고 할 수는 없는 것이고, 위 수첩에 수록된 자료들은 법조 유관기관이나 단체가 배포하는 자료 또는 종래 법전 등이나 일지 형식의 수첩형 책자에 수록되어 있는 것이어서 누구나 손쉽게 그 자료를 구할 수 있을 뿐 아니라, 법률사무에 종사하는 자를 대상으로 한 일지 형태의 수첩을 제작하는 자라면 누구나 위 수첩에 실린 자료와 동일 또는 유사한 자료를 선택하여 수첩을 편집할 것으로 보이고, 위 수첩에 나타난 조직과 기능별 자료배치 및 법률사무에 필요한 참고자료의 나열 정도는 그와 같은 종류의 자료의 편집에서 통상적으로 행하여지는 편집방법이며, 그러한 자료의 배열에 편집자의 개성이 나타나 있지도 아니하므로 위 일지형태의 법조수첩은 그 소재의 선택 또는 배열에 창작성이 있는 편집물이라고 할 수 없다.

[판례 4-7] 대법원 1993.1.21. 자 92마1081 결정

사실관계 :

《20세기 미술의 모험》 1, 2권에는 1900년부터 1989년까지의 미술분야에서의 중요사건 및 사실을 연대순으로 선택 · 배열하여 10년 단위로 위 책에 각 분산하여 수록하면서 미술분야가 아닌 문학 · 음악 및 공연예술 · 영화 · 과학 · 기술 · 정치 및 기타의 항목도 함께 대비하여 각 분야의 중요한 역사적 사실을 간략하게 수록한 연표가 들어 있다.

쟁점 : 미술사 연표를 작성함에 있어서 미술분야 외의 인접분야의 역사적 사건 및 사실을 함께 수록하는 책이 편집저작물에 해당되는지 여부

판시내용 :

연표라고 하는 것은 역사적으로 중요한 과거의 사실 또는 사건 등을 수집하고 이를 간결하게 정리하여 연대순으로 배열하는 것으로서, 그 연표 속의 개개의 항목은 단순한 사실을 소재로 삼아 이를 객관적으로 압축하여 표현하는 것이므로, 이는 누가 작성하더라도 동일 또는 유사하게 표현될 수밖에 없어, 위 개개의 항목에 관하여는 저작물이 갖추어야 할 창작성이 있다고 할 수 없겠으나, 그 내용인 소재의 선택이나 배열에 있어서 창작성이 있는 경우에는 이른바 편집저작물로서 독자적인 저작물로 보호를 받을 수 있다.

하지만, 신청인이 번역 · 출판한 《20세기 미술의 모험》 1, 2권에 실려 있는 연표는 그 원저작물의 저작자가 자신의 축적된 학식과 경험을 바탕으로 하여 그 목적에 적합하도록 자신의 판단에 따라 취사선택한 사항을 수록한 것으로서 그 소재의 선택이나 배열이 독자적인 창작성이 있는 것이라고 볼 여지가 있다.

[판례 4-8] 대법원 1996.12.6. 선고 96도2440 판결

사실관계 :

《한국입찰경매정보》지는 법원게시판에 공고되거나 일간신문에 게재된 내용을 토대로 경매사건번호, 소재지, 종별, 면적, 최저경매가로 구분하여 수록하고 이에 덧붙여 피해자 직원들이 직접 열람한 경매기록이나 등기부등본을 통하여 알게 된 목적물의 주요현황, 준공일자, 입주자, 임차금, 입주일 등의 임대차관계, 감정평가액 및 경매결과, 등기부상의 권리관계 등을 구독자가 알아보기 쉽게 필요한 부분만을 발췌 · 요약하여 수록하였다.

쟁점 : 입찰경매정보지가 편집저작물에 해당되는지 여부

판결내용 :

한국입찰경매정보지는 그 소재의 선택이나 배열에 창작성이 있는 것이어서 독자적인 저작물로서 보호되는 편집저작물에 해당한다.

[판례 4-9] 대법원 1996.6.14. 선고 96다6264 판결

사실관계 :

두리두리출판은 《두리두리》라는 한글교육교재를, 한솔출판 주식회사는 《신기한 한글나라》라는 한글교육교재를 각각 제작, 판매하고 있다.

쟁점 : 한글교육교재인 글자교육카드가 편집저작물에 해당되는지 여부

판시내용 :

두리두리라는 한글교육교재는 그 소재인 글자교육카드의 선택 또는 배열이 창작성이 있다고 할 수 없어 이를 편집저작물로 볼 수 없고, 위 한글교육교재가 채택하고 있는 순차적 교육방식이라는 것은 아이디어에 불과하여 저작물로서 보호받을 수 없다.

chapter

5 저 작 자

01 저작자

저작자는 저작물을 창작한 자를 말한다.[122] 구체적인 경우 개별 저작물을 누가 실제로 창작하였는지 다른 사람은 알기 어려운 경우가 많다. 이로 인해 실제 저작자가 누구인지를 둘러싸고 분쟁이 일어나는 경우, 설사 저작자 자신이라도 그가 진정한 저작자임을 입증하는 것이 어렵다. 이러한 입증상의 곤란을 구제하기 위해 저작자 추정규정을 두고 있다. 즉, 저작물의 원본이나 그 복제물에 저작자로서의 실명 또는 이명(예명·아호·약칭 등)으로서 널리 알려진 것이 일반적인 방법으로 표시된 자[123]나, 저작물을 공연 또는 공중송신하는 경우에 저작자로서의 실명 또는 저작자의 널리 알려진 이명으로서 표시된 자[124]는 저작자로 추정한다. 저작자의 표시가 없는 저작물의 경우에는 발행자 또는 공연자로 표시된 자가 저작권을 가지는 것으로 추정한다.[125] 그러나 이는 추정 규정으로서, 저작자로 표시되지는 않았다 하더라도 자신이 진정한 창작자라면 자신이 창작하였음을 적극적으로 입증함으로써 이 추정의 효과를 번복시킬 수 있다.

남을 대신하여 글을 쓰는 사람을 대필작가, 일명 ghost writer라고 한다. 저작물을 창작한 저작자가 원시적으로 저작권을 취득한다는 일반 원칙에 따라 대작자도 자기가 저작자임을 입증함으로써 저작물의 저작 시에 소급하여 저작자의 지위를 갖는다. 단, 저작자 아닌 자를 저작자로 하여 실명·이명을 표시하여 저작물을 공표한 자, 실연자 아닌 자를 실연자로 하여 실명·이명을 표시하여 실연을 공연 또

122) 저작권법 제2조 제2호
123) 저작권법 제8조 제1항 제1호
124) 저작권법 제8조 제1항 제2호
125) 저작권법 제8조 제2항

는 공중송신하거나 복제물을 배포한 자는 부정발행 등의 죄에 해당되어 1년 이하의 징역 또는 1천만원 이하의 벌금에 처해질 수 있다.[126)]

[판례 5-1] 서울서부지방법원 2006.3.17. 선고 2004가합4676 판결

사실관계 :

김성술은 가수지망생으로 1970년경 피고 황씨로부터 노래를 배웠다. 김성술은 1967년경 고향인 충무를 떠나 서울로 상경할 때 고향에 대한 향수와 충무항 여객터미널선착장에서 부모님과 울면서 헤어졌던 가슴 아픈 경험을 바탕으로 1969년경 '돌아와요 충무항에'라는 노래를 작사하였다. 그 가사는 다음과 같다.

1절 : 꽃피는 미륵산에 봄이 왔건만/ 님 떠난 충무항에 갈매기만 슬피우네/ 세병관 둥근기둥 기대여서서/ 목메여 불러봐도 소식없는 그 사람/ 돌아와요 충무항에 야속한 내 님아

2절 : 무학새 슬피우는 한산도 달밤에/ 통통배 줄을 지어 웃음꽃에 잘도 가네/ 무정한 부산배는 님 실어가고/ 소리쳐 불러봐도 간곳없는 그 사람/ 돌아와요 충무항에 야속한 내 님아

그 뒤 피고가 위 가사에 따라 작곡을 하였다. 김성술은 피고가 만들어준 곡에 '돌아와요 충무항에'라는 노래를 직접 불러 1970.12.16 음반을 취입하였다. 이 사건 음반엔 이 곡의 작사자로 김성술의 성명이, 작곡자로 피고의 성명이 표시되어 있다. 김성술은 이 사건음반을 발표한 이후 별다른 활동 없이 군에 입대하였고 1971.12.24. 휴가차 나왔다가 서울 대연각호텔 대형화재사고로 사망하였다.

가수 조용필은 1972.2.25. '돌아와요 부산항에'라는 노래가 녹음된 '여학생을 위한 조용필 스테레오 힛트앨범'을 발표하였는데, 위 음반에는 돌아와요 부산항에의 작사가로 피고가 표시되어 있다. 이때 발표된 돌아와요 부산항에의 가사는 다음과 같다.

1절 : 꽃피는 동백섬에 봄이 왔건만/ 님 떠난 부산항은 갈매기만 슬피우네/ 오륙도 돌아가는 연락선마다/ 목메어 불러봐도 말없는 그 사람/ 돌아와요 부산항에 그리운 내 님아

2절 : 해저문 해운대에 달을 떴는데/ 백사장 해변가에 파도만 밀려오네/ 쌍고동 울어주는 연락선마다/ 소리쳐 불러봐도 대답없는 그 사람/ 돌아와요 부산항에 보고픈 내 님아

1975년경 재일동포 고향방문단이 대한민국을 방문하게 되자 조용필은 이에 맞춰 1972년에 발표된 돌아와요 부산항에를 부분적으로 개사하여 다시 발표하였다. 1975년에 발표된 가사는 다음과 같다.

126) 저작권법 제137조

1절 : 꽃피는 동백섬에 봄이 왔건만/ 형제 떠난 부산항에 갈매기만 슬피우네/ 오륙도 돌아가는 연락선마다/ 목메어 불러봐도 대답없는 내 형제여/ 돌아와요 부산항에 그리운 내 형제여

2절 : 가고파 목이 메어 부르던 이 거리는/ 그리워서 헤매이던 긴긴날의 꿈이었지/ 언제나 말이 없는 저 물결들도/ 부딪쳐 슬퍼하며 가는 길을 막았었지/ 돌아와요 부산항에 보고픈 내 형제여

피고는 이 사건 음반이 알려짐으로써 돌아와요 부산항에라는 노래 가사에 관한 저작권 논쟁이 제기되자 저작자를 본인으로 하여 2003.11.14.에 저작권등록을 하였다.

쟁점 : '돌아와요 충무항에'의 저작자 추정

판시내용 :

피고는 부산 영도구에서 출생하여 생활하다가 고등학교 3학년 때 서울로 이주하면서 여자 친구와 헤어졌던 경험을 바탕으로 1967.10.경 '돌아와요 부산항에'라는 곡을 작사 · 작곡하여 가수지망생이던 김성술에게 이를 연습시켰는데, 충무 출신인 김성술이 부산항을 충무항으로 개사하여 레코드를 제작하면 충무시로부터 지원을 받게 되므로 개사하여 위 노래를 취입할 것을 제안하였으나 이에 동의하지 않았고, 그 후 김성술이 피고의 허락 없이 임의로 개사하여 '돌아와요 충무항에'라는 노래를 취입한 것이라고 주장한다. 살피건대, 이를 인정할 증거가 없으므로 피고의 위 주장은 이유 없다.

저작권법 제8조의 제1항에 의하면, 저작물의 원작품이나 그 복제물에 저작자로서의 성명 또는 그의 예명 · 아호 · 약칭 등으로서 널리 알려진 것이 일반적인 방법으로 표시된 자(제1호), 저작물을 공연 · 방송 또는 전송함에 있어서 저작자로서의 실명 또는 저작자의 널리 알려진 이명으로서 표시된 자(제2호)는 저작자로 추정된다. 이 사건 음반에서 김성술이 부른 나머지 3곡의 작사자 · 작곡자는 모두 피고의 성명 또는 이명으로 표시되어 있는 반면, 이 사건 음반에 '돌아와요 충무항에'의 작사자로 김성술의 성명이 표시되어 있으므로, 김성술은 '돌아와요 충무항에'의 작사자로 추정된다.

[판례 5-2] 대법원 1996.7.30. 선고 94도2708 판결

쟁점 : 논문대작의 판별기준

판시내용 :

일반적으로 석사학위논문 정도의 학술적 저작물을 작성함에 있어서는 논문작성 과정에서 타인으로부터 외국서적의 번역이나 자료의 통계처리 등 단순하고 기술적인 조력을 받는 것은 허용된다고 보아야 할 것이나, 그 작성자로서는 학위논문의 작성을 통하여 논문의 체제나 분류방법 등 논문 작성방법을 배우고, 지도교수가 중점적으로

지도하여 정립한 논문의 틀에 따라 필요한 문헌이나 자료를 수집하여 분석, 정리한 다음 이를 논문의 내용으로 완성하는 것이 가장 중요한 일이라 할 것이므로, 비록 논문작성자가 지도교수의 지도에 따라 논문의 제목, 주제, 목차 등을 직접 작성하였다고 하더라도 자료를 분석, 정리하여 논문의 내용을 완성하는 일의 대부분을 타인에게 의존하였다면 그 논문은 논문작성자가 주체적으로 작성한 논문이 아니라 타인에 의하여 대작된 것이라고 보아야 할 것이다.

▶ [쉴 休]

[그림 5-1]
마시멜로이야기
출처 : www.hankyungbp.com

방송인 정지영씨가 번역한 베스트셀러 《마시멜로 이야기》(한경BP)가 정씨가 아닌 다른 번역자에 의해 대리번역됐다는 의혹이 출판계에 제기됐다. 2005.11. 출간된 마시멜로 이야기는 9개월 만에 서점 출고 기준 누적판매부수 100만부를 돌파했으며 2006.9.초까지 38주째 한국출판인회의가 집계한 종합 베스트셀러 1위를 차지한 책이다. 특히 유명 방송인인 정씨를 번역자로 내세운 것이 판매에 큰 영향을 미쳤다는 평가를 받았다. 하지만 최근 전문 번역가 A씨가 출판사 측과 이 책의 번역자로 제3자를 내세울 수 있으며 이를 비밀로 하기로 했다는 내용의 계약을 했다고 주장한 것으로 알려지면서 대리번역 의혹이 제기되었다. 한편 정씨측은 일부 언론에 "출판사로부터 원문을 받았으며 정씨가 번역을 한 것이 맞다"고 말했다. 출판계 일부에서는 그동안 유명인을 번역자로 내세우는 대리번역 문제가 꾸준히 제기돼왔다.

출처 : 한국경제 2006.10.12.

법무법인 H의 L변호사는 2006.10. '정지영 대리번역 대책'이라는 인터넷 카페를 만들어 책을 산 독자 131명을 모아 1인당 80만여원을 청구금액으로 정씨와 출판사를 상대로 1억원대의 손해배상 청구소송을 냈다. 또 출판사를 사기와 업무방해 혐의로 서울중앙지검에도 고소했다. 검찰 관계자는 "정씨가 번역한 것과 대리 번역인이 번역했다는 원고가 표현뿐 아니라 내용에도 큰 차이가 있었다"며 "출판된 것은 정씨가 번역한 것으로 판단돼 대리 번역으로 보기 어려웠다"고 설명했다. 또 "독자들이 책을 산 이유가 정씨의 인지도 때문만이 아니라 내용과 출판사의 광고·마케팅 등이 복합적으로 작용한 것으로 보여 혐의점을 찾기 힘들었다"고 덧붙였다.

출처 : 중앙일보 2007.3.3.

〈마시멜로 이야기〉 대리번역 기사에 대한 출판사의 입장표명

먼저, 〈마시멜로 이야기〉에 대한 출판과정에 대한 설명을 드리고자 합니다. 2005.6.(99쪽)이라는 영미서의 갤리판(책이 출간되기 전 나오는 복사본)을 에이전시로부터 받은 바 있습니다. 이 책의 원저자인 호아킴 데 포사다는 전세계적으로 유명한 컨설턴트였음에도 불구하고 그가 펴낸 책은 국내에 한 번도 소개되지 않은 저자였기 때문에 무명의 저자와도 같았습니다. 하지만 원서의 내용은 한국 출판계에서 인기를 끌고 있는 우화였기 때문에 수많은 출판사들의 경쟁 아래 검토에 들어갔습니다. 최종 오퍼경쟁 결과 2005.7. 한경BP에서 12만 달러에 이 책의 판권을 확보하게 되었습니다. 이후 저희 한경BP는 태스크포스팀을 긴급히 구성하고, 책 출간에 대한 다각적인 검토에 들어갔습니다. 편집팀은 물론 전사적인 차원에서 이 책을 띄워야 한다는 중압감이 있었습니다.

마케팅회의 결과 20～30대층을 주요 타겟 대상으로 한다는 것과 독자들에게 강하게 어필할 수 있는 인물을 역자로 내세우는 스타마케팅으로 방향을 잡았습니다. 곧바로 역자 선정에 들어갔으며 어렵게 정지영씨측과 연락을 할 수 있었습니다. 정지영씨의 캐릭터와 지적이면서도 깨끗한 이미지가 이 책의 마케팅 방향과 잘 맞는다는 판단하에 섭외를 진행하게 되었습니다. 그리고 각각의 의혹에 대한 답변입니다.

① '아나운서 정지영은 명예역자였다'라는 부분에 대해

섭외 초기 정지영씨측은 정지영씨가 한 번도 해본 적이 없는 번역에 대해 상당한 부담을 느낀다며 정중히 거절한 바 있습니다. 이에 저희 출판사 내부에서도 다시 논의를 거듭했습니다. 하지만 책을 성공시키기 위한 조건으로 스타 마케팅이 최선의 선택이라는 결론을 내리고, 정지영씨 측을 지속적으로 설득했습니다. 내부 인력을 총동원해서라도 최고의 책으로 만들겠다고 말씀드렸습니다. 출판사측의 완곡한 부탁에 결국 정지영씨는 그럼 원서를 한번 살펴보겠다고 답했습니다. 원서를 검토한 결과, 정지영씨도 재미있게 읽었다고 답하며, 최선을 다해보겠다는 답변을 주셨습니다. 이때가 7월이었습니다. 정지영씨가 번역에 들어간 사이 한경BP 내부적으로 또 한 번 논의가 진행되었습니다. 일단, 정지영씨가 번역을 진행하기는 하나, 전문 번역자가 아니기 때문에 이후 오역과 퀄리티 문제가 발생할 수 있고, 이를 다시 정지영씨측에게 재의뢰하는 과정을 거치면 책의 출간 과정이 예상보다 길어질 우려가 있기 때문에 제3의 전문 번역자에게 일단 원고를 의뢰하자는 이야기였습니다. 그래서 한경 BP는 정지영씨의 번역 진행과는 별도로 전문번역가 김모씨와 8월 초 계약을 맺고 번역을 진행했습니다. 하지만 이를 정지영씨 측에게는 알리지 않았습니다. 이 사실을 알게 되면 정지영씨 측이 계약의사를 철회할 수 있겠다(그동안 정지영씨의 입장을 미루어 볼 때)는 판단이 들었기 때문입니다. 따라서 본 사건을 정확하게 표현하자면 '대리번역'이 아니라 '이중번역'이었다는 것이 정확한 표현입니다.

이에 김씨와는 번역 작업을 비밀에 부치는 데 합의하고 8.10.경 계약, 8.25.경 원고가 입고되었습니다. 이 원고를 바탕으로 윤문의 방향, 세일즈 포인트, 일러스트, 표지 발주, 마케팅 전략 수립 등의 일들이 진행되었습니다. 그리고 정지영씨는 9.말, 원고 번역을 마치고 출판사측에 전해주었습니다. 정지영씨 측의 원고까지 받고 출판사는 정지영씨의 번역 원고, 김씨의 번역 원고, 또 원서를 대조해가며 본격적인 윤문 작업을 진행했습니다. 이 과정을 통해 번역의 의도를 살리기 보다는 책의 메시지 전달을 어떻게 효과적으로 할 것인가를 고민했기 때문에 번역 원고에서 편집자가 많은 윤문 과정을 거쳤습니다. 그리고 이후에도 정지영씨 측에게는 내부 편집자가 번역 원고를 많이 고치게 되어 본래 정지영씨의 번역과는 다소 차이가 있음을 알렸습니다. 그리고 제 3의 번역자가 있었음을 끝까지 알리지 않았습니다. 번역 추가 발주에 대한 사실을 정지영씨 측에 알리지 않음으로써 도덕적인 차원에서 상처를 받게 된 정지영씨에게 다시 한 번 진심으로 사과의 말씀을 드립니다.

② 제 3의 번역자를 부인했던 한경BP 측의 입장

일단, 사실 그대로를 밝히지 못했던 점에 사과드립니다. 앞에서 말씀드렸다시피 전문번역가(제3의 번역자로 지칭한) 김씨도 〈마시멜로 이야기〉를 번역한 것은 사실입니다. 한경BP측에서 9일과 11일 오마이뉴스와 KBS측에 김씨의 번역 사실을 부인한 것 또한 사실입니다. 본 사건이 기자의 취재로 가시화될 조짐을 보이자 번역가 김씨는 "이번 사건에 내가 거론되어 명예가 훼손된다면 나도 대응 방안을 찾겠다"라는 입장을 밝힌 바 있습니다. 이에 번역을 발주한 주체로서 번역자를 보호할 수밖에 없었습니다. 인터뷰 내용의 번복으로 인해 취재 및 사실 보도에 착오를 일으킨 점에 대해 사과드립니다. 무엇보다 〈마시멜로 이야기〉를 사랑해주신 독자 여러분이 입었을 상처를 생각하면 송구스러움을 감출 수가 없습니다. 그리고 여러 어려운 상황 속에서도 사명감을 갖고 최선을 다해왔을 출판업 종사자 여러분들, 마지막으로 출판사의 간곡한 부탁에 못 이겨 어려운 청을 수락하고 큰 난처함에 처해 있을 정지영씨에게 거듭 사과의 말씀을 드립니다. 무엇보다 독자 여러분들께 다시 한 번 사과의 말씀을 드립니다. 앞으로, 저희 한경BP 임직원 일동은 이번 일을 거울삼아, 앞으로 출판에 있어 윤리적 책임을 그 어떤 부분보다 최고의 순위에 둘 것을 약속드립니다. 물의를 일으켜 심려를 끼쳐드린 점, 다시 한 번 고개 숙여 사죄합니다.

2006.10.12. (주)한경BP 임직원 일동

02 업무상저작물의 저작자

업무상저작물이란 법인·단체 그 밖의 사용자("법인등")의 기획 하에 법인 등의 업무에 종사하는 자가 업무상 작성하는 저작물을 말하며,[127] 업무상저작물 중 법인 등의 명의로 공표되는 업무상저작물의 저작자는 계약 또는 근무규칙 등에 다른 정함이 없는 때에는 그 법인 등이 된다. 다만, 컴퓨터프로그램저작물의 경우 공표될 것을 요하지 아니한다.[128] 원칙적으로 저작물은 개개인이 창작을 하기 때문에 개인이 저작자가 되지만, 오늘날 많은 저작물들이 법인 등 단체의 내부에서 창작되는등 여러 사람의 협동 작업에 의하여 이루어지는 경우가 많다. 이러한 경우 여러 사람의 기여의 양태나 정도가 각양각색이어서 구체적으로 창작자를 자연인 중에서 찾는 것이 어려운 경우가 많다. 이러한 현실을 감안하여 저작권법은 법인이나 단체 등에게 곧바로 저작자의 권리를 부여하게 되었다. 업무상저작물의 저작자는 예외조항이기 때문에 제한적으로 해석해야 한다.

▶ 업무상저작물의 저작자가 법인이 되기 위한 요건

① 법인이나 단체 그 밖의 사용자가 저작물의 작성을 기획하였을 것
② 법인 등의 업무에 종사하는 사람에 의하여 작성되었을 것
③ 업무상 작성하였을 것
④ 법인등의 이름으로 공표될 것
⑤ 계약 또는 근무규칙 등에 다른 정함이 없을 것

창작물의 전체를 기획하고 이를 창작자에게 의뢰한 자는 스스로 저작물의 작성을 기획하고 저작자에게 필요한 자료를 제공할 뿐만 아니라 그 창작에 있어서 저작자에게 자세한 주문이나 구체적인 지시를 하고 자기의 의도대로 저작물을 작성케 하는 경우에 그 지시의 정도에 따라 달라지겠지만 일반적으로 그와 같은 의뢰자가 아닌 실제 저작물을 작성한 자가 그 저작물의 저작자로 인정된다. 따라서 위임이나 도급계약 등에 있어서 수임인은 위임인에 대하여 독립된 지위에 서고 자신의 재량에 의하여 활동을 하는 것이 원칙이므로 통상의 위임인은 제2조 제31호에

127) 저작권법 제2조 제31호
128) 저작권법 제9조

서 말하는 사용자에 포함된다고 보기 어렵다. 이처럼 위탁저작물의 저작권은 일반적으로 실제 창작한 자에게 속하기 때문에 위탁을 한 자는 그 저작물을 이용할 수 있는 범위라든가 저작권이 위탁을 한 자에게 이전되는지 여부를 계약으로 명백하게 정해 둘 필요가 있다.

▶ [쉴 休]

특허법상의 직무발명

특허법상의 직무발명은 종업원의 발명이라는 점에서 유사하나 그 권리의 귀속 부분에 있어 다소 차이를 보인다. 특허법에서 특허를 받을 수 있는 권리는 발명의 완성과 함께 실제로 그 발명을 완성한 자, 즉 발명자에게 인정된다. 발명은 사실행위인바 대리인이나 법인 자체에 의한 발명이란 있을 수 없다고 본다. 그러나 현재와 같이 기술이 급속히 발전하는 시대에 개인 혼자 혹은 몇몇의 공동으로 발명하기 보다는 기업이나 단체 내에서 발명이 이루어지는 경우가 많다. 이에 구특허법은 직무발명 규정을 두어 종업원과 사용자간의 관계를 밝히고 그 안에서 종업원 개개인의 발명의욕 자극을 도모하고 있었다. 그러나 이 규정들은 2006.3.3. 특허법 개정(2006.9.4. 시행) 시 삭제되고 발명진흥법으로 이관되었다.[129)]

사용자 등이 받을 수 있는 권리는 무상의 법정통상실시권[130)]과 발명완성전의 예약승계에 의한 특허권 및 전용실시권[131)]이 있다. 전자의 통상실시권은 등록하지 않아도 그 특허권 또는 전용실시권을 후에 취득한 자에 대하여도 효력이 발생한다.[132)] 그러나 이러한 통상실시권은 특허권자의 승낙 없이 그 실시권을 이전할 수 없다.[133)] 후자의 경우, 종업원 등이 한 직무발명에 대하여 미리 특허 등을 받을 권리를 사용자 등에게 승계시키는 예약승계의 경우나, 전용실시권 설정계약 또는 근무규정이 있는 경우에는 특허권 또는 전용실시권을 사용자가 취득할 수 있다. 이러한 경우 사용자는 발명자에게 정당한 보상을 하여야 한다. 그렇다면 종업원 등이 받을 수 있는 정당한 보상은 무엇일까? 직무발명에 대한 보상에 대하여 계약이나 근무규정에서 정하고 있는 경우 그에 따른 보상이 여러 상황 등을 고려하여 합리적인 것으로 인정되면 정당한 보상으로 본다.[134)]

---

129) 발명진흥법 제2조(정의) 2. "직무발명"이란 종업원, 법인의 임원 또는 공무원(이하 "종업원등")이 그 직무에 관하여 발명한 것이 성질상 사용자·법인 또는 국가나 지방자치단체(이하 "사용자등")의 업무 범위에 속하고 그 발명을 하게 된 행위가 종업원등의 현재 또는 과거의 직무에 속하는 발명을 말한다.

제10조(직무발명) ① 직무발명에 대하여 종업원등이 특허, 실용신안등록, 디자인등록(이하 "특허등")을 받았거나 특허등을 받을 수 있는 권리를 승계한 자가 특허등을 받으면 사용자등은 그 특허권, 실용신안권, 디자인권(이하 "특허권등")에 대하여 통상실시권을 가진다. ② 제1항에도 불구하고 공무원의 직무발명에 대한 권리는 국가나 지방자치단체가 승계하며, 국가나 지방자치단체가 승계한

[그림 5-2] Third World America (James Earl Reid, 1985)
출처 : www.traditionliveson.com

[판례 5-3] Community for Creative Non-Violence V. Reid, 490 U.S. 730 (1989)

사실관계 :

Community for Creative Non-Violence(이하 "CCNV")는 1985. 가을, 집 없는 사람들의 곤경을 묘사한 전시물을 만들어 워싱턴 D.C.에서 매년 열리는 크리스마스 평화의 가장행렬에 참여하기로 결정하였다. CCNV의 회원들(Snyder 外)이 전시물의 모습에 대한 아이디어를 떠올렸고 제목을 "Third World America"로 결정하였다. Snyder는 조각품을 만들기 위해 Reid를 소개받았고 두 사람은 가격과 재질에 관한 논의 끝에 최종적으로 위 조각품을 15,000불에 제작하기로 합의하였다. 당사자들은

공무원의 직무발명에 대한 특허권등은 국유나 공유로 한다. 다만,「고등교육법」 제3조에 따른 국·공립학교(이하 "국·공립학교") 교직원의 직무발명에 대한 권리는「기술의 이전 및 사업화 촉진에 관한 법률」 제11조 제1항 후단에 따른 전담조직(이하 "전담조직")이 승계하며, 전담조직이 승계한 국·공립학교 교직원의 직무발명에 대한 특허권등은 그 전담조직의 소유로 한다. ③ 직무발명 외의 종업원등의 발명에 대하여 미리 사용자등에게 특허등을 받을 수 있는 권리나 특허권등을 승계시키거나 사용자등을 위하여 전용실시권을 설정하도록 하는 계약이나 근무규정의 조항은 무효로 한다.

130) 발명진흥법 제10조 제1항

131) 발명진흥법 제15조 제1항

132) 특허법 제118조 제2항

133) 특허법 제102조 제5항

134) 발명진흥법 제15조(직무발명에 대한 보상) ① 종업원등은 직무발명에 대하여 특허등을 받을 수 있는 권리나 특허권등을 계약이나 근무규정에 따라 사용자등에게 승계하게 하거나 전용실시권을 설정한 경우에는 정당한 보상을 받을 권리를 가진다.② 제1항에 따른 보상에 대하여 계약이나 근무규정에서 정하고 있는 경우 그에 따른 보상이 다음 각 호의 상황 등을 고려하여 합리적인 것으로 인정되면 정당한 보상으로 본다. 1. 보상형태와 보상액을 결정하기 위한 기준을 정할 때 사용자등과 종업원등 사이에 행하여진 협의의 상황 2. 책정된 보상기준의 공표·게시 등 종업원등에 대한 보상기준의 제시 상황 3. 보상형태와 보상액을 결정할 때 종업원등으로부터의 의견 청취 상황 ③ 직무발명에 대한 보상에 대하여 계약이나 근무규정에서 정하고 있지 아니하거나 그것이 정당한 보상으로 볼 수 없는 경우 그 보상액을 결정할 때에는 그 발명에 의하여 사용자등이 얻을 이익과 그 발명의 완성에 사용자등과 종업원등이 공헌한 정도를 고려하여야 한다.

제16조(출원 유보시의 보상) 사용자등이 직무발명에 대한 권리를 승계한 후 출원하지 아니하거나 출원을 포기 또는 취하하는 경우에도 정당한 보상을 하여야 한다. 이 경우 그 발명에 대한 보상액을 결정할 때에는 그 발명이 산업재산권으로 보호되었더라면 종업원등이 받을 수 있었던 경제적 이익을 고려하여야 한다.

서류에 서명하지 않았고 저작권에 대하여도 언급하지 않았다. 제작과정에서 Snyder는 Reid를 데리고 다니면서 CCNV의 워싱턴보호소에 살고 있는 가족들과 거리에서 살고 있는 집 없는 사람들을 보여주었다. Snyder의 지적에 따라 집 없는 사람들이 그들의 몸을 따뜻하게 하기 위하여 앉거나 서 있기보다는 증기가 나오는 쇠살대에 몸을 기대고 있는 모습으로 조각되었다. CCNV는 Reid가 완성한 조각상에 쇠살대와 주춧대를 붙여 전시하였다. 조각상은 한달간의 전시를 마치고 보수를 위해 Reid 작업실로 옮겨졌다. Snyder는 집 없는 사람들을 위해 순회 모금을 기획하였는데 Reid는 조각상이 순회여행을 할 만큼 튼튼하지 못하다는 이유로 이를 거절하면서 추가 비용을 들여 튼튼하게 제작되어야 한다고 주장하였다. 그러나 Snyder는 Reid의 제안을 거절하면서 조각상의 반환을 요구하였다. Reid는 반환요구를 거절하고 조각상에 대해 자신의 이름으로 저작권을 등록하였다.

쟁점 : 위탁에 의한 조각상이 업무상저작물인지 여부

판시내용 :

저작물이 저작권법상 업무상저작물인지 여부를 결정하기 위해서는 저작물이 근로자 또는 독립적인 계약자에 의해서 만들어졌는지를 확인해야 한다. 고용된 당사자가 피고용인이었는지를 결정함에 있어서는 작품이 만들어지는 수단과 방법을 통제할 수 있는 고용주의 권한을 고려하여야 한다. 다음과 같은 요소들이 이에 관련되어 있다.

필요한 기술, 수단과 도구의 공급원, 일하는 장소, 당사자들 관계의 지속기간, 고용주가 피고용인에게 추가업무를 부여할 권리를 가졌는지 여부, 언제 그리고 얼마나 오래 일할 것인지에 관한 피고용인의 재량범위, 보수지급방법, 보조자를 고용 · 보수 지급하는 데 있어서 피고용인의 역할, 작업이 고용인의 정규업무의 일부분인지 여부, 고용인이 영업 중인지 여부, 피고용인 보험규정, 피고용인의 세금처리 등.

이러한 요소 중 어느 것도 결정적인 것은 아니고 종합적으로 고려되어야 한다. 저작물의 제작에 요구되는 기술의 숙련도가 높으면 위탁일 경우가 많고 낮은 숙련도가 요구되는 제작은 고용관계 가능성 높다. 도구 및 재료 공급자가 제작의 의뢰자인 경우에는 고용관계, 작업장소가 의뢰자의 영업장 내이거나 의뢰자가 지시한 장소라면 고용관계일 가능성이 높다. 제작이 완료된 후 의뢰자가 추가 작업 또는 변경 · 수정작업을 요구할 수 있는 권리가 당연히 유보되어 있다면 고용관계, 제작에 있어 작업자 재량이 발휘될 여지가 적으면 고용관계, 작업시간(출퇴근시간)을 의뢰자가 통제하면 고용관계일 가능성이 높다. 보수의 지급방식이 월급 등 정기급여 형식을 취하고 있으면 고용관계, 작업완성 후 일괄지급방식이면 위탁관계일 가능성이 높다. 작업보조자의 고용주가 의뢰자이면 고용관계, 제작자이면 위탁관계일 가능성이 높다. 의뢰된 작업이 의뢰자의 일상적인 업무 또는 영업 범위에 속하면 고용관계일 가능성이 높다.

CCNV 회원들이 그들의 특정목적에 맞는 조각품을 만들도록 하기 위해 Reid의 작업을 충분히 지도한 것은 사실이나 Reid는 숙련된 직업조각가로서 자신이 소유한 도구를 이용하여 Baltimore에 있는 자신의 작업실에서 작업을 하였으므로 Washington에 있는 CCNV가 Reid의 작업을 매일 감독하는 것은 불가능하다. 작업기간은 2개월도 안 되는 짧은 기간으로서 그 기간 동안 및 그 이후 추가업무를 맡길 권리가 CCNV에게 없다. 완성일을 제외하고 언제, 얼마 동안 일할 것인가는 전적으로 Reid가 결정하는 것이다. CCNV가 작업 완성대가로 지급한 15,000불은 독립적인 계약자가 종종 보수를 지급받는 방법이다. Reid는 보조자를 고용하고 보수를 지급하는 데 있어 완전 재량권을 지닌다. 또한 조각품을 만드는 것은 CCNV의 정규업무가 아니다. CCNV가 Reid의 근로자연금, 실업보험, 근로자보상기금을 지급한 바 없다. 따라서 Reid는 독립계약자이며 조각품은 업무상저작물이 아니다.

03 공동저작물의 저작자

공동저작물은 2인 이상이 공동으로 창작한 저작물로서 각자의 이바지한 부분을 분리하여 이용할 수 없는 것을 말한다.[135] 즉, 공동저작물이 되기 위해서는 2인 이상이 저작물의 창작성 있는 표현 자체에 기여하여야 하며, 창작에 있어서 공동관계가 존재하여야 한다. 2인이 저작에 기여를 한 경우 1인은 창작자이지만 다른 1인은 기획자 또는 실연자인 경우 공동저작물이 아니라 단독저작물에 해당한다. 반면, 여러 명의 저작자에 의하여 외관상 하나의 저작물이 작성된 저작물로서 작품 전체의 창작에 관여한 저작자 사이에 공동관계가 인정되지 않고 각자의 기여분이 분리되어 이용될 수 있는 것으로 결과적으로는 단독저작물의 결합이라고 보아야 할 저작물은 결합저작물에 해당된다. 예를 들어, 국어 선생님 5인이 각자 시, 소설, 희곡, 수필, 고전 부분을 나눠서 집필한 후 이 원고를 모아 한 권의 국어 참고서를 출판하였다면, 이 국어참고서는 결합저작물에 해당된다. 시, 소설, 희곡 등의 각 파트에 대한 각자의 기여분이 분리되어 개별적으로 이용 가능하기 때문이다. 만약 국어 선생님 5인이 연구팀을 구성하여 시, 소설, 희곡, 수필, 고전 부분에 대해 공동으로 연구하고 공동으로 집필하여 각자의 기여분을 분리하기가 어려운 경우 이 참고서는 공동저작물에 해당되고 각각의 선생님은 이 저작물의 공동저작자에 해당된다.

공동저작자는 공동저작물에 대하여 각자의 지분을 가진다. 지분율은 공동저작자 사이의 협의나 기여도에 따라 정해지게 된다. 별도의 협의가 없고 각자의 기여분

135) 저작권법 제2조 제21호

도 명확하지 않은 경우 지분율은 균등한 것으로 추정한다.[136] 공동저작물의 저작재산권은 그 저작재산권자 전원의 합의에 의하지 아니하고는 이를 행사할 수 없으며, 다른 저작재산권자의 동의가 없으면 그 지분을 양도하거나 질권의 목적으로 할 수 없다. 이 경우 각 저작재산권자는 신의에 반하여 합의의 성립을 방해하거나 동의를 거부할 수 없다.[137] 공동저작물의 이용에 따른 이익은 공동저작자 간에 특약이 없는 때에는 그 저작물의 창작에 이바지한 정도에 따라 각자에게 배분된다. 이 경우 각자의 이바지한 정도가 명확하지 아니한 때에는 균등한 것으로 추정한다.[138] 공동저작물의 저작인격권도 저작자 전원의 합의에 의하지 아니하고는 이를 행사할 수 없다. 이 경우 각 저작자는 신의에 반하여 합의의 성립을 방해할 수 없다.[139]

[판례 5-4] 서울북부지방법원 2008.12.30. 선고 2007가합5940 판결

사실관계 :

원고1은 1981년경부터, 원고2는 1987년경부터 만화스토리를 창작하여 만화가 혹은 만화 그림작가에게 제공하는 만화스토리작가로 활동하여 왔으며, 피고는 1976년경부터 만화가로 활동하여 오고 있다. 원고 1은 피고의 의뢰를 받아 만화 《지옥의 세레나데》, 《스와트》, 《파운데이션 25시》, 《동경자이언트》, 《영》, 《새는 어디로 갔나》, 《새벽을 기다리며》, 《몽중도》, 《러브》, 《골드트리플》, 《동경무숙자》, 《두형제》, 《런닝맨》, 《성채》, 《호텔킹》, 《투맨》, 《천국동호랑이》, 《주먹시대》, 《도시천사》, 《밤의 도시천사》, 《화류계 건달》, 《양아치 도박지존》(이하 "이 사건 제1 만화")의 스토리를 작성하고, 원고2는 피고의 의뢰를 받아 만화 《신보디가드》, 《이탈자》(이하 "이 사건 제2만화")의 스토리를 작성하여 이를 피고에게 각 제공하였다. 원고들은 피고와 독립된 사무실에서 만화의 제목, 주제, 줄거리, 시간적 · 장소적 배경 등을 기획, 구상하고, 등장인물의 외모, 성격 등 캐릭터를 설정한 후, 그 구체적인 내용에 관하여, ① 각 장면을 설정하고, 그 장면에 해당하는 등장인물과 배경, 등장인물의 표정 · 동작 및 대사 등을 구체적이고 세부적으로 묘사하여 서술하는 시나리오 형식의 문서를 작성하거나, ② 출간되는 만화책의 형식과 같이 각 장면을 구분(컷, 만화 한 페이지를 다양한 모양의 여러 칸으로 나누어서 한 칸에 들어가는 장면)하여 각 해당 장면에 적합한 화면의 인물의 위치, 배경, 지문을 나타내는 말풍선의 위치 등을 배치하고 대사나 효과음을 정하거나 간단한 데생을 통하여 연출 및 구도 등을 지정하는 콘티 형식

136) 민법 제262조 ② 공유자의 지분은 균등한 것으로 추정한다.
137) 저작권법 제48조 제1항
138) 저작권법 제48조 제2항
139) 저작권법 제15조 제1항

의 문서를 작성하는 등의 방법으로 만화스토리를 작성하여 피고에게 제공하였다. 원고들은 만화스토리의 구상, 기획, 작성 단계에서부터 자신들의 책임 하에 보조자들의 도움을 받아 작업하거나 독자적으로 작업을 하였고, 피고로부터 구체적인 만화스토리의 내용, 전개방향 등에 관한 지시를 받지 않았을 뿐 아니라 작업장소와 작업도구, 재료 등을 제공받거나 업무시간의 통제 등에 관한 감독도 받지 않았으며, 스토리 작성과정에서 수정요구를 받거나 만화스토리 제공 이후 변경요구 등도 없었다.

피고는 원고들로부터 제공받은 위와 같은 만화스토리에 대하여 일정한 대가를 지급하였고, 시나리오 형식 또는 콘티 형식의 만화스토리에 기초하여 다양한 모양과 형식으로 장면을 구분하여 이를 적절하게 배치한 후, 피고가 고용한 보조자들의 도움을 받아 그 각 장면에 적합한 등장인물의 표정, 행동, 주변 배경 등을 세부적으로 묘사하는 그림을 그리고, 말풍선의 지문, 대화 등을 통하여 전개과정이나 주제, 내용 등이 표현될 수 있도록 함으로써 만화를 완성하였으며, 위 완성된 만화에 대하여 출판사와 사이에 출판권설정계약을 체결하여 원고들의 성명 등을 표시하지 않은 채 피고의 명의로 만화를 출간하였다. 한편, 피고는 원고 1, 2의 동의 없이 2004년경부터 출판사와 사이에 위 원고들의 만화들을 재출판할 수 있는 권리를 설정하여 재판본을 출간하였고, 그 과정에서 원고 1의 이 사건 제1 만화 중 《스와트》의 제호를 '이것이 법이다'로, 《파운데이션 25시》의 제호를 '어게인'으로, 《영》의 제호를 '바람이라 불리는 사나이'로, 《새벽을 기다리며》의 제호를 '모두 꿇어'로 변경하여 출간하였다. 또한, 피고는 만화 유통을 대행하는 삼양출판사, 컨텐츠 플러그 등을 통하여 주식회사 다음커뮤니케이션, NHN 주식회사(네이버), 케이티하이텔 주식회사, 네이트, 파란, 넷마블, 싸이월드, 인터넷만화방, 유니텔, 미스터 블루, 야후 만화방, 일간스포츠 만화사이트 등의 인터넷 서비스 제공업체에게 이 사건 제1, 2 만화(이하 "이 사건 만화들") 중 《지옥의 세레나데》, 《동경자이언트》, 《새는 어디로 갔나》, 《몽중도》, 《러브》, 《동경무숙자》, 《두형제》, 《런닝맨》, 《성채》, 《호텔킹》, 《투맨》, 《천국동호랑이》, 《주먹시대》, 《도시천사》, 《밤의 도시천사》, 《화류계 건달》, 《스와트》, 《파운데이션 25시》, 《영》, 《새벽을 기다리며》, 《골드트리플》, 《신 보디가드》, 《이탈자》 등의 만화 콘텐츠를 제공하도록 하고, 불특정 다수의 공중이 유·무선 인터넷으로 위 인터넷 서비스 제공업체에 접속하여 위 만화들을 유료 또는 무료로 볼 수 있도록 하였으며, 이로 인하여 발생되는 수익을 위 만화 유통업체를 통하여 정산받아 왔다.

원고 1, 2는, 이 사건 만화들은 위 원고들이 창작하여 작성한 스토리를 토대로 만들어진 것으로서 2차적저작물에 해당하거나 위 스토리가 구성부분이 된 공동저작물로서, 원고1은 이 사건 제1만화의, 원고2는 이 사건 제2만화의 원저작권자 내지 공동저작권자라고 주장한다. 피고는, 원고 1, 2는 피고가 제작하는 만화에 관하여 피고의 지휘·감독에 따라 만화의 줄거리를 작성한 피고의 업무보조자에 불과하여 위 원고들이 제공한 만화스토리는 독립된 저작물이라고 볼 수 없을 뿐 아니라, 피고와 사이에 위 만화스토리에 관하여 책 판매량 등과 상관없이 미리 한 번에 스토리 작성에 대한 대가를 지급받는 소위 매절계약에 의하여 만화스토리의 저작권을 양도하였다는 취지로 주장한다.

쟁점 : 만화스토리작가가 창작하여 제공한 스토리 등과 이에 기초한 만화가의 그림 등이 결합하여 완성된 만화가 만화스토리작가와 만화가의 공동저작물에 해당되는지 여부

판시내용 :

공동저작물은 2인 이상이 공동으로 창작한 저작물로서 각자의 이바지한 부분을 분리하여 이용할 수 없는 것을 말하고(저작권법 제2조 제21호), 여기에서 '공동의 창작행위'는 공동창작의 의사를 가지고 공동저작자 모두 창작에 참여하는 것을 의미하지만, 시간과 장소를 같이 해야만 하는 것은 아니고 상이한 시간과 상이한 장소에서도 공동저작자들이 공동창작의 의사를 가지고 각각 맡은 부분의 창작을 하여 각 기여부분을 분리하여 이용할 수 없는 저작물이 되면 족하며, 각 기여부분을 분리하여 이용할 수 없는 것은 그 분리가 불가능한 경우뿐만 아니라 분리할 수는 있지만 현실적으로 그 분리이용이 불가능한 경우도 포함한다. 또한, 저작물의 원본, 복제물 등에 저작자로서의 실명 또는 이명으로서 널리 알려진 것이 일반적인 방법으로 표시된 자는 그 저작물의 저작자로 추정(제8조 제1항 제1호)되지만, 공동으로 저작물의 창작에 기여한 이상 그 저작물에 관하여 공동저작자 중 1인 또는 그 일부만이 저작자라고 표시된 경우에도 다른 공동저작자들은 저작권법상 공동저작자로서의 권리를 주장할 수 있다.

만화스토리작가가 스토리를 창작하여 시나리오 또는 콘티 형식으로 만화가에게 제공하고 만화가는 이에 기초하여 다양한 모양과 형식으로 장면을 구분하여 배치하는 등 그림 작업을 하여 만화를 완성한 사안에서, 그 만화는 만화스토리작가와 만화가가 이를 만들기 위해 공동창작의 의사를 가지고 각각 맡은 부분의 창작을 함으로써 주제, 스토리와 그 연출방법, 그림 등의 유기적인 결합으로 완성되어 각 기여부분을 분리하여 이용할 수 없는 공동저작물에 해당된다.

[판례 5-5] 서울고등법원 2007.5.22. 선고 2006나47785 판결

사실관계 :

제작자(원고1), 기획자(원고2), 연출자(원고3) (원고1, 2, 3은 "원고들")는 1995년경 S뮤지컬컴퍼니를 창단하면서 그 창단공연 작품을 기획하던 중, 형제 피아노연주자의 형제애를 바탕으로 이들과 합류한 여가수의 사랑 및 형제간의 갈등을 소재로 한 미국 영화인 사랑의 행로(The Fabulous Baker Boys)를 뮤지컬로 제작하기로 하였다. 초연뮤지컬은 외국의 작품을 그대로 또는 번역하여 공연하는 것이 아니라 국내에서 처음으로 기획 · 제작하는 창작뮤지컬이었기 때문에 악곡, 각본, 가사 등을 창작해야만 했다. 이에 원고들은 작곡가(피고2)에게 초연뮤지컬의 작곡을, 작가(피고4)에게 초연 뮤지컬의 각본 작성을 의뢰하였다.

원고2는 미국 영화인 사랑의 행로에서 아이디어를 얻어 초연뮤지컬을 기획하였다. 피고2는 초연 뮤지컬의 작곡을 담당하기 수년 전인 1986년에 극단 현대예술 극장이 공연한 뮤지컬 '스크루지'의 음악감독 및 편곡을 담당하였고, 1988년부터 '세월이 가면', '사랑은 유리 같은 것' 등 다수의 인기가요를 작곡하였으며, 원고들로부터 초연 뮤지컬의 작곡을 의뢰받을 무렵인 1995년 미국 보스턴에 있는 버클리음대 편곡과를 졸업한 경력이 있고, 피고4는 1991년 경향신문 신춘문예 희곡 부분에 '아바돈을 위한 조국'이 당선되었고, 1993년 국립극장이 공모한 장막극 분야에 '귀로'라는 작품이 당선되었으며, 1994년 '번데기'란 작품으로 제18회 서울연극제 작품상을 수상하였고, 원고들로부터 초연뮤지컬의 각본 제작을 의뢰받을 무렵인 1995년 제1회 서울뮤지컬대상에서 극본상을 수상하였고, 다수의 연극 또는 뮤지컬 각본을 창작한 경력이 있다. 원고1은 피고4에게 1995.4.18.경 초연뮤지컬의 각본 제작을 의뢰하면서 각본 제작료로 300만원을 지급하였다. 원고2는 1995.7.8.경 원고들을 대표하여 피고2에게 초연 뮤지컬의 작곡을 의뢰하면서 아래와 같은 내용으로 계약을 체결하였다.

> 계약금액 : 9,000,000원
> 계약기간 : 계약일로부터 서울 공연 계약일(1995.10.29)까지
> 1. 을(=피고 최**, 음악 담당)은 갑(=원고 설**, **컴퍼니 기획 대행)이 제작하는 공연물(뮤지컬 "사랑은 비를 타고")에 음악 담당으로 참여하기로 한다.
> 2. 을은 음악 부분 총괄로서 작곡, 편곡, 작사, 컴퓨터 프로그래밍, 연주자 섭외 및 공연책임까지로 한다.
> 3. 을은 공연 제작 일정에 따른 작업완료로 공연에 있어 차질이 없도록 책임을 다한다.
> 4. 갑은 계약금 9,000,000원을 1995.7.8.까지 완불한다. (중략)
> 5. 갑은 을의 작업에 최대한 협조한다.
> 6. 갑과 을은 위 계약사항에 책임을 지며 계약 위약금은 2배에 해당하는 18,000,000원 및 공연 손해금을 계상하여 배상해야 한다.
>
> ※ 서울 공연 후 결산시 이익금이 발생시 보너스 지급한다. 지방 공연시 지역당 개런티 지급한다.

원고들은 피고2, 4에게 초연뮤지컬에 관하여 구상한 아이디어를 제공하였고, 피고2, 4는 초연뮤지컬의 악곡과 각본을 만들어 원고들에게 전달하였는데, 원고3과 소외1 등이 그에 관하여 의견을 제시하였고, 피고2, 4는 그 의견을 반영하여 초연뮤지컬의 악곡과 각본을 완성하였다. 초연뮤지컬의 제목의 경우, 피고4가 처음 만들어 온 각본 초안의 제목은 '어느 40세의 생일날의 고독'이었고, 이후 6차례의 각본 수정작업을

거치는 과정에서 '어느 생일날의 고독', '형의 생일날의 고독', '피아노 소나타', '피아노 2중주' 등이 붙여졌다가 결국 원고2의 의견에 따라 '사랑은 비를 타고'로 결정되었다. 원고들은 초연뮤지컬을 공연하면서 팸플릿 등에 뮤지컬의 기획·제작자를 원고1, 2로 연출자를 원고3으로, 음악담당자를 피고2로 극본담당자를 피고4로 표시하였다.

소외 뮤지컬 배우들은 1995.7.경부터 원고3의 연출 아래 피고2, 4가 완성한 악곡과 각본 등을 토대로 본격적인 연습을 하여, 1995.9.20.부터 같은 해 10.29.까지 현대토아트홀에서 초연 뮤지컬을 공연하였다. 원고들은 초연 뮤지컬의 공연이 관객들의 호응을 얻어 흥행에 성공하자, 1995.11.3.부터 같은 달 5.까지 부산 시민회관 소극장에서 초연 뮤지컬의 지방순회공연을 하는 등, 1995년부터 1999년까지 서울과 지방에서 500회 이상 초연 뮤지컬을 공연하였다. 한편, 흥행에 성공한 초연 뮤지컬은 1996. 제2회 한국뮤지컬대상에서 남자배우가 남우주연상을 여자배우가 여우조연상을 피고2가 음악상을 수상하는 등 그 작품성을 인정받기도 하였다. 원고들은 1999.5.16. 경 서울에 있는 연강홀에서 초연뮤지컬을 마지막으로 공연하고는 더 이상 초연뮤지컬을 공연하지 않았다.

초연뮤지컬의 제작에 참여했던 소외5 뮤지컬컴퍼니는 2001.2.26.경 피고2와 사이에 뮤지컬 '사랑은 비를 타고'를 2001.4.6.부터 같은 해 7.1.까지 서울에 있는 정보소극장에서 공연하되 피고2가 공연의 음악작업(작·편곡의 수정 및 녹음)을 담당하고 소외5가 피고2에게 2,000만원을 지급하기로 계약하였고 그 무렵 피고4에게도 위 뮤지컬의 공연에 관하여 500만원을 지급하였다. 소외5 뮤지컬컴퍼니는 2002.6.26.부터 같은 해 7.14.까지 서울에 있는 동숭아트센터 동숭홀에서 자신을 제작자, 원고3을 연출자, 피고2를 작곡자(음악담당자), 피고4를 극작가(극본담당자)로 하는 뮤지컬 '사랑은 비를 타고'를 공연하는 등, 2001.4.경부터 2003.2.경까지 위 뮤지컬을 공연하였다.

피고1회사와 피고3회사는 공연물 기획사업 또는 공연 연출업 등을 영위하는 회사인데 2003.12.5. 이 사건 뮤지컬을 공동제작하기로 약정함과 아울러 피고2, 4로부터 2003.12.5.부터 2005.12.5.까지 공연 제작에 관한 동의를 받았다. 피고1회사와 피고3회사는 피고4를 극본, 피고2를 작곡 및 연출담당자로 하고, 새로운 안무, 조명, 무대장치 담당 스태프와 배우들을 구성하여 연습을 마친 다음, 2004.2.28.부터 2004.4.30.까지 서울에 있는 유시어터에서 이 사건 뮤지컬을 공연하였다. 피고1회사는 계속하여 피고2,4를 작곡 및 연출 담당자와 극본담당자로 하고 2004.6.13.경부터 재공연을 시작하여 현재까지 서울에 있는 인켈아트홀 등에서 이 사건 뮤지컬을 공연하고 있다. 소외5와 피고1회사, 피고3회사 등은 이 사건 뮤지컬을 공연하면서 그 공연 작품이 원고들에 의하여 초연된 작품을 승계하는 것임을 홍보하였고, 피고1회사는 현재 공연하고 있는 작품이 그 초연 시부터 10년을 넘는 기간 동안 1,000회를 넘게 장기간 공연되고 있다고 광고하고 있다.

쟁점1 : 뮤지컬이 공동저작물인지 여부

판시내용 :

저작권법(이하 "법")이 보호하는 저작물은 문학 · 학술 또는 예술의 범위에 속하는 창작물로서, 법 제4조 제1항에 규정된 저작물은 그 보호대상을 예시한 것이므로, 문학 · 학술 또는 예술에 관한 사상 또는 감정을 표현한 창작물이라면 제4조 제1항 규정된 형식이 아니더라도 법에 의하여 보호되는 저작물로 인정될 수는 있다. 나아가 뮤지컬은 악곡, 각본, 가사, 안무, 무대장치, 조명, 의상, 연기 등이 극의 구성 · 전개에 긴밀하게 짜 맞추어진 종합예술의 하나로서, 일반적으로 제작자의 기획과 연출자의 전체적인 조율 및 지휘 · 감독 아래 단일한 제목의 작품으로 공연되어 외관상 하나의 작품으로 인식되기도 한다.

그러나 뮤지컬이 그 구성요소와 별도로 법의 보호를 받은 저작물로 성립하기 위하여는 그 제작 · 공연에 참여한 사람들의 창작에 이바지한 부분을 분리하여 이용할 수 없어야 하는데(구법 제2조 제13호 참조) 뮤지컬의 구성요소인 악곡, 각본, 가사, 안무, 무대장치, 조명, 의상, 연기 등은 그 각각이 인간의 예술에 관한 사상 또는 감정을 표현한 창작물로서 저작권의 보호대상이 될 뿐만 아니라, 예컨대 악곡이 독립하여 또는 가사와 함께 음악저작물로 공연 · 방송되거나 각본이 독립하여 어문저작물로 출판되거나 무대장치, 의상 등이 독립하여 미술저작물로 전시되는 것처럼 뮤지컬의 제작 · 공연에 공동으로 참여한 저작자들 각자의 이바지한 부분을 분리하여 이용할 수 있으므로, 뮤지컬은 이른바 결합저작물이라고 보아야 한다. 따라서 뮤지컬이 악곡, 각본 등 구성요소의 저작물 성립 내지 저작권 귀속과 별도로 독자적인 저작물로서 성립하고 그 저작권이 제작자, 연출자에게 귀속한다는 원고들의 주장은 받아들일 수 없다.

쟁점2 : 악곡 및 각본이 업무상저작물인지 여부

판시내용 :

원고들은 원고들이 초연 뮤지컬의 제작 · 기획 또는 연출자로서 피고2, 4에게 초연 뮤지컬의 악곡과 각본 작업을 의뢰하였을 뿐만 아니라, 그 작업에 주도적으로 참여함으로써 위 악곡과 각본을 완성하였으므로, 원고들만이 또는 적어도 원고들이 피고2, 4와 함께 그 악곡과 각본을 창작한 공동저작권자라고 주장한다.

법상 저작자는 저작물을 창작한 사람으로서(법 제2조 제2호), 문학 · 학술 또는 예술의 범위에 속하는 사상 또는 감정을 창작성 있는 표현으로 구체화한 사람을 의미하는 바, 법이 보호하는 것은 문학 · 학술 또는 예술에 관한 사상 · 감정을 말 · 문자 · 음 · 색 등에 의하여 구체적으로 외부에 표현하는 창작적인 표현형식이고, 그 표현되어 있는 내용, 즉 아이디어 등의 사상 또는 감정 그 자체는 창작성이 있다 하더라도 저작권의 보호대상이 되지 아니하므로 창작성 있는 표현의 대상인 사상 등을 고안한 사람도 그 사상 등을 창작성 있는 표현으로 구체화하는 데 기여하지 않았다면 저작물의 저작자라고 할 수 없다. 한편, 저작물을 공연 또는 방송함에 있어서 저작자로서의 실명 또는 저작자의 널리 알려진 이명으로서 표시된 자는 그 저작물의 저작자로 추정한다(법 제8조 제1항 제2호). 위에서 인정한 사실에 따른 피고2,4의 경력, 원고들과 피고2의 계약 내용, 원고들과 소외1등이 초연뮤지컬의 악곡과 각본 완성에 관여한 정도, 초연뮤지컬의 팸플릿의 음악, 극본담당자 표시 등을 종합하면, 초연뮤지컬의 악곡에 관한 저작자 내지 저작권자는 피고2이고, 각본에 관한 저작자 내지 저작권자는 피고4라고 보아야 하는 반면, 원고들은 초연뮤지컬의 제작 · 공연을 기획하고 전체적으로 조율하며 감독하였고, 소외1등과 함께 피고2, 4에게 초연뮤지컬의 악곡과 각본 작성에 관하여 동기와 아이디어를 주었다고 할 수 있을지언정 피고2, 4와 함께 초연뮤지컬의 악곡과 각본을 창작하였다고 할 수 없다.

이에 대하여 원고들은 원고들이 피고2, 4를 고용하여 초연뮤지컬의 악곡과 각본을 작성한 점 등에 비추어 볼 때 그 악곡과 각본은 법 제9조에 정한 업무상저작물에 해당하므로, 그 저작자는 피고2, 4의 사용자인 원고들이 된다고 주장한다.

법 제9조의 업무상저작물이 성립하기 위해서는 어떤 저작물이 기획자의 기획 하에 작성된 것만으로는 부족하고, 저작물의 작성자가 기획자의 피용자로서 자신의 업무상 작성한 것이어야 할 뿐만 아니라, 그 기획자의 명의로 공표된 것이어야 한다. 또한, 업무상저작물에 관한 규정은 예외규정인 만큼 이를 제한적으로 해석하여야 하고 확대 내지 유추해석하여 저작물의 제작에 관한 도급계약에까지 적용할 수는 없다. 그런데 위에서 인정한 사실에 따른 피고의 경력, 원고들과 피고의 계약 내용, 원고들과 소외1 등이 초연 뮤지컬의 악곡과 각본 완성에 관여한 정도, 초연 뮤지컬의 팸플릿의 음악 · 각본 담당자 표시 등을 종합하면, 피고와 원고들 사이에 초연 뮤지컬의 악곡 또는 각본의 작성에 관하여 실질적인 지휘 · 감독관계 등 사용관계가 있었다고 볼 수 없을 뿐만 아니라, 위 악곡과 각본이 원고들 내지 원고 회사 명의로 공표되었다고도 볼 수 없다. 따라서 초연 뮤지컬의 악곡과 각본은 업무상저작물이라고 할 수 없다.

결론적으로 초연뮤지컬의 기획자가 외국 영화 '사랑의 행로'로부터 초연 뮤지컬의 기본 설정을 착안해 내어 이를 대본작가나 작곡가에게 제공하였고, 연출자가 일부 대본의 수정이나 가사 작성에 관여함과 아울러 초연 뮤지컬의 제작 과정 및 공연에 이르기까지 전체적인 조율과 지휘 감독을 한 바 있기는 하지만 대본 및 악곡에 관한 저작권은 작가와 작곡가에게 있다.

NOTE :

법원은 "선급된 작곡료에 대해서는, 작곡을 의뢰할 당시 이미 예정되거나 또는 앞으로 공연을 예견할 수 있는 범위 내에서 향후 상당기간 내에 이루어지는 재공연에 대한 저작권료를 지급한 것으로 보는 것이 상당하다"고 판시하였다.[140]

140) 대법원 1994.12.9. 선고 93다50321 판결

04 외국인 저작자

외국인의 저작물은 우리나라가 가입 또는 체결한 조약에 따라 보호된다.[141] 우리나라에 상시 거주하는 외국인(무국적자 및 우리나라에 주된 사무소가 있는 외국법인 포함)[142]의 저작물과 맨 처음 우리나라에서 공표된 외국인의 저작물(외국에서 공표된 날로부터 30일 이내에 우리나라에서 공표된 저작물 포함)은 내국인 저작물과 동일하게 보호된다.[143] 다만, 체약국 국민의 저작물이나 우리나라에서 맨 처음 공표된 외국인 저작물이라 하더라도 그 외국에서 대한민국 국민의 저작물을 보호하지 아니하는 경우에는 그에 상응하게 조약 및 이 법에 따른 보호를 제한할 수 있다.[144]

참고로 2007.4.에 타결된 한미 자유무역협정(FTA)이 이행될 경우 미국인의 저작물에 대한 보호가 강화될 것으로 보인다. 대표적으로 저작권 보호기간이 현행 사후 50년에서 20년 더 연장될 수 있다.[145]

한미 FTA 제18.4조

④ 각 당사국은 저작물(사진저작물 포함) · 실연 또는 음반의 보호기간을 산정하는 때에는 다음과 같이 산정한다고 규정하여야 한다.

가. 자연인의 수명에 기초하는 경우, 그 기간은 저작자의 생존기간과 저작자의 사후 70년보다 짧아서는 아니 된다. 그리고

나. 자연인의 수명 이외의 것에 기초하는 경우에는 그 보호기간은

1) 저작물 · 실연 또는 음반이 최초로 승인되어 발행된 역년의 말로부터 70년보다 짧아서는 아니 된다. 또한

2) 저작물 · 실연 또는 음반의 창작으로부터 25년 이내에 승인된 발행을 하지 못한 경우, 저작물 · 실연 또는 음반이 창작된 역년의 말로부터 70년보다 짧아서는 아니 된다.

---

141) 저작권법 제3조 제1항

142) 헌법 제3조에 의하면 대한민국의 영토는 한반도와 부속도서로 한다고 규정하고 있어 대한민국의 주권은 헌법상 북한지역에까지 미치는 것이므로 월북작가나 재북작가의 저작물도 대한민국에서 보호되고 있다.

143) 저작권법 제3조 제2항

144) 저작권법 제3조 제3항

145) 보호기간이 갑작스럽게 연장됨으로 인하여 FTA가 없었더라면 보호기간이 종료되어 공유영역에 들어갈 저작물 등을 기반으로 영리, 비영리 목적의 정보 제공 사업을 하려고 계획했던 사람들이 뜻하지 않은 피해를 입을 것을 우려하고, 출판계에 미치는 영향을 최소화하기 위하여 저작권 보호기간 연장 의무에 대하여는 2년의 유예기간을 설정하였다.

chapter

6 저 작 권

저작자는 원시적으로 저작인격권과 저작재산권 통칭 저작권을 취득하게 된다. 저작인격권으로는 공표권, 성명표시권, 동일성유지권이 있으며, 저작재산권으로는 복제권, 공연권, 공중송신권, 전시권, 배포권, 대여권, 2차적저작물작성권이 있다.

01 저작인격권

저작인격권이란 저작자가 자신의 저작물에 대해 가지는 인격적 권리를 말한다. 저작인격권은 저작물을 저작자의 인격적 발현 또는 분리체로 봄으로써 이 저작물을 다룸에 있어서 저작자의 인격이 훼손되지 않도록 한다는 취지에서 부여되었다. 이 점에서 저작물을 이용하여 경제적인 이득을 추구하는 것을 기본으로 하는 저작재산권과 구별된다.

저작인격권은 1928년 베른협약 제6조의2에 명문화되었다.[146] 또한 세계지적재산권기구 실연·음반조약(WPPT)도 제5조에 실연자에 대하여 저작자가 가지는 것과 유사한 인격권을 부여하고 있다.[147] 영미법계 국가에서는 종래 저작권법에 저작재

---

146) 베른협약 제6조의2 ① 저작자의 재산권과 독립하여, 그리고 그 권리의 양도 후에도 저작자는 저작물의 저작자라고 주장할 권리 및 그 저작물에 관련하여 그의 명예나 명성을 해치는 왜곡·삭제·기타 변경 또는 훼손행위에 대하여 이의를 제기할 권리를 가진다. ② 제1항에 따라 실연자에게 부여되는 권리는 그의 사망 후, 적어도 재산권이 종료할 때까지 존속하고 보호가 주장되는 체약 당사자의 입법에 의하여 권한 있는 사람이나 단체에 의하여 행사될 수 있다. 다만, 체약 당사자가 이 조약을 비준하거나 이 조약에 가입할 당시에 전 항에서 규정한 모든 권리를 실연자의 사망 후에는 보호하지 아니하는 경우, 그 체약 당사자는 이러한 권리 중 일부가 그의 사망 후에는 존속하지 아니한다고 규정할 수 있다. ③ 이 조에서 부여한 권리를 보장하기 위한 구제방법은 보호가 주장되는 체약 당사자의 입법의 지배를 받는다.

147) 세계지적재산권기구 실연·음반조약(WPPT) 제5조 ① 실연자는 자신의 재산권과 독립하여 그리고 그 권리의 이전 후에도, 실연의 이용 방법상 생략이 요구되는 경우를 제외하고는, 자신의 청각적 생실연 또는 음반에 고정된 실연에 관하여 그 실연의 실연자라고 주장하고, 자신의 명성을 해칠 수 있는 실연의 왜곡, 훼손, 기타 변경에 대하여 이의를 제기할 권리를 가진다.

산권의 보호에 관한 규정만 두고 저작자의 인격적 이익은 부정경쟁방지법, 명예훼손, 프라이버시 침해, 계약위반 등에 관한 법률에 의하여 따로 보호하고 있었다. 그러다가 영국은 1988.11. 저작권법을 개정, 저작인격권의 보호를 명문으로 규정하기에 이르렀다. 미국에서의 저작인격권은 구체적인 판례를 통해 명예훼손이나 계약위반 또는 저작재산권 등의 법리를 원용함으로써 보호되고 있다. 다만 1990년에 이르러 시각예술저작자의 권리에 관한 법률을 제정하여 전시의 목적으로만 제작된 시각적 저작물(조각과 사진 포함)에 대해 그 저작자의 저작인격권(성명표시권과 동일성유지권)을 보호하고 있다.[148]

우리나라에서 인정되고 있는 저작인격권으로는 공표권, 성명표시권 및 동일성유지권이 있다.[149] 저작인격권은 다른 사람에게 양도하거나 상속할 수 없으며 저작자가 사망하거나 해산하면 소멸하게 된다. 저작인격권은 저작자 일신에 전속하기 때문이다.[150] 저작자의 사망 후에 그의 저작물을 이용하는 자는 저작자가 생존하였더라면 그 저작인격권의 침해가 될 행위를 하여서는 아니 된다. 다만, 그 행위의 성질 및 정도에 비추어 사회통념상 그 저작자의 명예를 훼손하는 것이 아니라고 인정되는 경우에는 그러하지 아니하다.[151] 만약 저작자가 생존하였더라면 그 저작인격권의 침해가 될 만한 행위가 저작자 사후 발생하였을 경우, 그 유족이나 유언집행자는 당해 저작물에 대하여 사망한 저작자의 명예를 훼손할 우려가 있는 자에 대하여 침해 정지 청구나 명예회복 등의 청구를 할 수 있다.[152]

(1) 공표권

저작자는 그의 저작물을 공표[153]하거나 공표하지 아니할 것을 결정할 권리를 가진다.[154] 예를 들어 편지나 일기의 저작자의 경우 자신이 창작을 한 저작물이라도 그것이 공표되는 것을 바라지 않는 경우가 있을 수 있다. 이러한 경우 저작자의 기대에 반하여 저작물이 공표되는 것을 금지하도록 할 수 있는 권리가 필요하다. 이런 취지로 저작인격권의 한 종류로서 공표권을 규정하게 되었다. 공표권은 미공

---

148) 미국 저작권법 제106조의A
149) 다른 일부 국가에서는 철회권이나 원작접촉권 등을 인정하고 있기도 하다.
150) 저작권법 제14조 제1항
151) 저작권법 제14조 제2항
152) 저작권법 제128조
153) "공표"는 저작물을 공연, 공중송신 또는 전시 그 밖의 방법으로 공중에게 공개하는 경우와 저작물을 발행하는 경우를 말한다(저작권법 제2조 제25호).
154) 저작권법 제11조 제1항

표저작물에 대해서만 행사할 수 있다.

저작자가 공표되지 아니한 저작물의 저작재산권을 양도, 이용허락, 출판권의 설정 또는 프로그램배타적발행권의 설정을 한 경우에는 그 상대방에게 저작물의 공표를 동의한 것으로 추정한다.[155] 저작자가 공표되지 아니한 미술저작물 · 건축저작물 또는 사진저작물(이하 "미술저작물 등")의 원본을 양도한 경우에는 그 상대방에게 저작물의 원본의 전시방식에 의한 공표를 동의한 것으로 추정한다.[156] 저작자가 미공표 저작물의 저작재산권을 타인에게 양도하였음에도 불구하고 저작자가 공표권에 기하여 그 저작물의 공표를 금지한다면 저작재산권의 양수인은 저작물을 이용할 수 없게 되어 불합리하기 때문에 저작물의 공표 동의 추정 규정을 두었다. 그러나 이는 추정규정일 뿐이므로 사실 입증을 통해 추정 번복이 가능하다. 원저작자의 동의를 얻어 작성된 2차적저작물 또는 편집저작물이 공표된 경우에는 그 원저작물도 공표된 것으로 본다.[157] 원저작자가 자신의 저작물을 기초로 하는 2차적저작물 또는 편집저작물의 작성을 허락하였다면 거기에는 2차적저작물 등의 공표에 의하여 원저작물도 공표될 것이라는 인식을 당연히 포함하고 있다고 보아야 한다. 따라서 공표동의를 '추정'하는 것이 아니라 '간주'로 보고 있다.[158]

(2) 성명표시권

저작자는 저작물의 원본이나 그 복제물에 또는 저작물의 공표 매체에 그의 실명 또는 이명을 표시할 권리를 지닌다.[159] 따라서 저작물을 이용하는 자는 그 저작자의 특별한 의사표시가 없는 때에는 저작자가 그의 실명 또는 이명을 표시한 바에 따라 이를 표시하여야 한다. 다만, 저작물의 성질이나 그 이용의 목적 및 형태 등에 비추어 부득이하다고 인정되는 경우에는 그러하지 아니하다.[160] 예를 들어 음악방송에서 배경음악을 내보내는데 일일이 작곡가, 작사가, 편곡자 등 관련 저작자 성명을 표시하기 어려울 수 있다. 이렇게 저작물의 성질이나 그 이용의 목적 및 형태 등에 비추어 부득이하다고 인정되는 경우에는 저작자 성명을 고지하지 않을 수도 있다.

---

155) 저작권법 제11조 제2항
156) 저작권법 제11조 제3항
157) 저작권법 제11조 제4항
158) 만약 미공표저작물을 원작으로 하여 허락 없이 2차적저작물을 작성 · 공표하였다면 2차적저작물 작성권을 침해한 것과는 별도로 원작에 대한 공표권의 침해가 된다.
159) 저작권법 제12조 제1항
160) 저작권법 제12조 제2항

[판례 6-1] 서울지방법원 1995.1.18 자 94카합9052판결

사실관계 :

신청인(신윤미)은 1993.10.경 피신청인 회사의 음반기획자으로부터 '칵테일 사랑'의 악보를 받아 수일간에 걸쳐 그 코러스를 편곡하였고, 그 무렵 피신청인의 스튜디오에서 신청외 최선원과 함께 위 '칵테일 사랑'이라는 노래를 불러 녹음을 하였는데, 그 중 신청인이 주멜로디 3채널을 포함하여 12채널을 부르고, 위 최선원이 2채널을 불렀으며, 나중에 신청외 김정우가 위 최선원의 목소리를 보강하기 위하여 2채널에 걸쳐 더빙을 한 다음, 위 녹음된 목소리들을 위 노래의 반주와 합성하여 위 노래의 녹음을 완성하였다. 또한 신청인은 위 스튜디오에서 단독으로 '이젠 너를', '길을 묻는 연인들'이라는 노래를 불러 녹음하였다. 신청인등이 위 '칵테일 사랑'이라는 노래를 녹음할 당시에는 코러스 부분의 악보를 작성하지 않았고 나중에 비로소 위 코러스 부분의 악보를 작성하였는데, 위 노래에서 코러스가 많은 비중을 차지하고 있으며, 또한 위 노래는 주멜로디를 그대로 유지한 채 주멜로디에 위 코러스를 부가하는 방식으로 만들어졌지만, 위 코러스 부분은 일정한 높낮이의 음을 넣는 수준의 단순한 화음이 아니라 신청인 이외의 다른 사람에 의하여서는 동일한 코러스를 만드는 것이 거의 불가능하다고 볼 수 있을 정도로 독창적이고, 위 노래의 내용과 전체적인 분위기에 결정적인 요소로 작용하고 있다.

피신청인 회사의 음반기획자가 위 노래들을 녹음할 당시 위 노래들을 수록할 음반에 노래를 부른 신청인의 이름을 기재하여 주기로 약속하였다. 피신청인은 1993.12.경 위 '칵테일 사랑', '이젠 너를', '길을 묻는 연인들'과 칵테일 사랑의 반주부분을 빼고 신청인 등의 목소리만을 녹음한 아카펠라 등을 모아 마로니에 3집(칵테일 사랑)의 홍보용 음반을 출반하고, 1994.3.경부터 위 음반을 판매하기 시작하였는데, 위 음반에 수록된 '칵테일 사랑', '이젠 너를', '길을 묻는 연인들'이라는 노래의 코러스 편곡자나 실연자로서 신청인의 성명을 표시하지 않았다. 또한 위 음반기획자는 신청외 백종우, 김정은, 김민경과 함께 마로니에 그룹을 만들어 방송 등에 출연하여, 위 음반을 틀어 놓은 채 무용을 하고 입모양을 음악에 맞추며 노래하는 시늉을 하는 립 싱크 방식으로 공연을 하였다.

이에 신청인이 1994.4.경 위 음반기획자와 피신청인의 이사인 신청외 이한우에게 자신의 성명을 표시하여 줄 것을 요구하자, 피신청인이 같은 해 5월경 '신청인이 코러스 편곡자'라고 표기된 카세트테이프의 음반표지와 '신청인이 코러스 지도를 하고 위 최선원과 함께 위 칵테일 사랑을 부른 가수'라고 표기된 CD의 음반표지를 인쇄 의뢰하여 납품받았으나, 현재에도 시중에는 신청인의 성명을 표시하지 않은 채로 위 음반이 판매되고 있다.

쟁점 : 코러스 편곡자의 성명표시권

판시내용 :
피신청인은 신청인에 대하여 위 '칵테일 사랑'의 코러스 편곡자, 위 '칵테일 사랑', '이젠 너를', '길을 묻는 연인들'의 가수가 신청인이라고 표시하여야 할 의무가 있다고 할 것이고, 이러한 표시를 하지 아니하고서는 위 음반을 제작 · 복제 · 판매하여서는 아니 된다.

[쉴 休]

사건의 배경

이화여대 작곡과에 재학 중이던 87년 자작곡 '겨울비'로 금상을 수상하며 가요계에 데뷔한 신윤미는 권인하와 함께 부른 '동숭로에서'(마로니에 1집)를 히트시키고 '이젠 됐어' 등 두 장의 앨범을 내는 등 90년대초까지 활발한 활동을 했다. 신윤미가 우리 기억속에 아스라이 남은 것은 93년 돌연한 뉴욕행 때문이었다. '마로니에 3집'의 편곡 및 녹음작업을 마치고 그녀가 미국으로 간 후 '칵테일 사랑'은 가요 차트 1위에 오르는 빅히트를 기록했다. 노래는 히트했는데 목소리의 주인공이 없는 상황에서 음반사는 가짜 보컬을 내세워 립싱크를 하도록 했다. 뒤늦게 소식을 접한 신윤미가 편곡자로 이름을 넣어달라고 요구했지만 들어주지 않자 소송을 제기했다. 칵데일 사랑은 가수가 음반사를 상대로 저작권 소송을 걸어 승리한 최초의 판례를 낳았고 2차 저작권을 인정받는 계기가 되었다. 한국의 대중음악사에 길이 남을 노래가 된 것이다.

뉴시스 2009.11.17.

(3) 동일성유지권

저작자는 그의 저작물의 내용 · 형식 및 제호의 동일성을 유지할 권리를 가진다.[161] 그러나 저작자는 학교교육 목적 상 부득이하다고 인정되는 범위 안에서의 표현의 변경[162], 건축물의 증축 · 개축 그 밖의 변형[163], 그 밖에 저작물의 성질이나 그 이용의 목적 및 형태 등에 비추어 부득이하다고 인정되는 범위 안에서의 변

161) 저작권법 제13조 제1항
162) 어려운 표현을 쉽게 하거나 학생들에게 적합하지 않은 반사회적 · 반도덕적 표현을 다른 표현으로 변경하는 등에 제한적으로 적용될 수 있다.
163) 건축물은 순수하게 예술적 목적으로 건축되기보다는 거주 등 실용적 관점에서 건축되기 때문에 건축물은 때에 따라 수리, 개축해야 할 경우가 생긴다. 이때마다 저작자의 동의를 받아야 한다면 건축물의 경제적 · 실용적인 효용을 해치게 되므로 본질적인 변경이 아닌 한은 예외적으로 이를 허용할 필요가 있다.

경의 경우 이의할 수 없다. 다만, 본질적인 내용의 변경은 그러하지 아니하다.[164] 즉 저작물의 동일성을 해치지 않는 범위 내에서 단순히 오탈자를 수정하거나 문법에 맞지 않는 부분을 교정하는 정도를 넘어서 저작물의 내용, 형식 및 제호에 대한 추가, 삭제, 절단, 개변 등의 변경을 가하는 것은 동일성유지권을 갖고 있는 저작자만이 할 수 있다. 실제 어느 정도의 변경이 있는 경우에 동일성유지권의 침해를 인정할 것인지의 문제는 구체적인 사례에 따라 판단해야 할 것이다.

[판례 6-2] 서울동부지방법원 2004.9.30. 선고 2004가합4292 판결

사실관계 :

피고(서울시 송파구청)는 '올림픽로 및 석촌호수 관광명소화사업'의 일환으로 잠실사거리, 잠실주경기장 앞, 송파구청 사거리의 3곳에 발광 광고 조형물을 제작 · 설치하기로 결정하고 디자인 공모에 최우수 작품으로 선정된 자에게 작품의 제작 · 설치권을 부여하는 것으로 정하였다. 원고의 이 사건 조형물 디자인('빛의 세계')은 2001.11.30. 잠실사거리 부문의 최우수 작품으로 선정 · 발표되었는데, 그 심사과정에서 심사위원들은 이 사건 조형물의 디자인에 대하여 그 보완 또는 수정을 요구하는 의견들을 제시하였다.

피고는 원고와 사이에 다음을 주요 내용으로 하는 이 사건 조형물에 관한 설계용역계약을 체결하였다.

(1) 용역명 : 올림픽 상징 발광 조형물 설계용역 – 잠실사거리 앞
(2) 계약금액 : 25,900,000원(=실시설계비 4,185,000원 + 작품구상비 21,715,000원)
(3) 원고는 2002년 이 사건 조형물의 제작 · 설치계약 발주에 응하여야 하며, 원고와 시공업체가 공동으로 수의계약하되 원고가 대표권을 가진다.
(4) 분야별 세부사업계획의 추진에 있어서는 피고의 협의 및 심의를 받아 결정하여야 하고, 원고가 제출한 용역성과품은 피고의 소유로 한다.

피고는 원고로부터 이 사건 조형물의 실시설계를 제출 받아 2002.1.18. 서울특별시에 이 사건 조형물에 관한 도시디자인 심의를 신청하였는데, 서울특별시는 도시디자인위원회를 개최하여 이 사건 조형물에 관하여 ① 하단부위의 사각뿔은 구도상 없애는 것이 좋다고 판단되고, ② 조명의 용량과 위치를 재검토하며, ③ 비, 눈 등의 오염물질에 대한 처리대책을 세우고, ④ 다리구조에 안전성의 문제가 있으니 재검토하라는 내용의 자문 의견을 제시하였고, 이에 피고는 원고와 협의하여 이 사건 조형물에 위 자문 의견 중 ②, ④를 수용하여 반영하기로 하였으며, 서울특별시는

164) 저작권법 제13조 제2항

2002.1.25. 도시디자인위원회를 다시 개최하여 이 사건 조형물의 디자인에 대하여 조건부 동의의 의결을 하였다.

피고는 2002.3.26. 원고 '안흥개발', '동원전산' 사이에 이 사건 조형물의 제작 · 설치공사 도급계약을 체결하였는데, 원고는 위 공모조건 및 설계용역계약에 정한 바에 따라 위 도급계약에 대표자로 참여하였으나, 안흥이 이 사건 조형물의 기초 및 조형물 공사를, 동원전산이 전기공사를 각 담당하기로 하고, 원고는 공사대금에 대하여 전혀 권리를 갖지 않는 것으로 정하였으며, 같은 날 공사에 착수하여 2002.5.20. 이 사건 조형물을 완성하였다.

피고는 이 사건 조형물에 부착된 고정식 광고판으로는 구정 홍보에 한계가 있다고 판단하여 이를 실시간 홍보가 가능한 전광판으로 교체하기로 하고, 2003.11. 이 사건 조형물에 전광판을 설치할 경우에 대한 사전 검토 및 안전 진단을 한 후, 2003.11.28. 전광판 설치방침을 확정하였으며, 이에 따라 2003.12.18. 주식회사 싸인텔레콤을 시공업체로 선정하고, 이 사건 조형물 중 공익광고물 부분을 철거한 후 그곳에 전광판 및 이를 지지하기 위한 원반형 스테인리스 구조물을 설치하는 공사를 시행하여 2004.3.9. 이를 완료하였다.

이 사건 조형물에 대한 전광판 설치공사가 진행 중이던 2004.2.24. 원고는 위 공사 사실을 알게 되어 피고에게 공사의 중단과 이미 설치한 구조물의 철거를 요구하였으나, 피고는 이에 응하지 아니하였고, 이에 원고는 피고 구청장과 공보과장 등을 저작권법 위반죄로 고소하였으나 그 사건이 서울동부지방검찰청에 송치된 후 고소를 취소하여, 피고 구청장 등은 공소권 없음 처분을 받았다.

원고의 이 사건 조형물에 대한 창작 의도는 다음과 같다. (1) 상단 부분의 원반형 발광구조물 : 하늘, 우주, 세계, 미래를 밝히는 희망의 빛을 상징한다. (2) 중단 부분의 공익광고물 : 잠실사거리를 밝고 건전하며 활기찬 미래를 꿈꿀 수 있는 새로운 공간으로 조성한다는 의도하에 제작되었다. (3) 하단 부분의 사각뿔 : 세계의 중심, 민족의 근원과 공동체, 우주의 질서, 하늘과 땅의 연결을 의미한다. (4) 네 개의 기둥 : 천지합일과 동서남북의 사방위를 상징하며, 네 기둥이 한곳으로 모였다 퍼짐으로써 모든 기를 모아 송파구의 발전상이 온 나라, 전 세계로 펼쳐나가 새로운 신세계로 펼쳐질 것임을 상징한다.

쟁점 : 조형물의 변형이 동일성유지권 침해 여부 및 제한 사유에 해당하는지 여부

판시내용

이 사건 조형물의 저작자인 원고는 저작권법에 의하여 보호되는 저작인격권으로서 저작물의 내용과 형식 등의 동일성을 유지할 수 있는 권리를 가진다 할 것이고 (저작권법 제13조 제1항), 여기서 저작물의 내용이란 저작물에 표현된 사상과 감정을 의미하며, 저작물의 형식이란 그 구성과 표현방법 등을 의미하는 것인바, 피고가 공익광고물 부분을 철거하고 전광판을 부착하면서 원반형의 스테인리스 구조물을 설치한 것은 원고에 의하여 이 사건 조형물에 반영된 사상과 감정을 훼손하고 이 사건

조형물의 구성 및 표현방법을 변경하는 것으로서 원고의 동일성유지권을 침해하는 행위에 해당한다 할 것이다.

피고는, 저작권법 제13조 제2, 3호의 규정에 의하면 건축물의 증축 · 개축 그 밖의 변형, 저작물의 성질이나 그 이용의 목적 및 형태에 비추어 부득이하다고 인정되는 범위 안에서의 변경 등에 대하여는 그것이 저작물의 본질적인 내용의 변경에 해당하지 않는 한 동일성유지권의 행사를 제한하고 있는바, 이 사건 조형물에 대한 피고의 변경행위는 건축저작물의 변형 또는 저작물의 이용 목적에 비추어 부득이하다고 인정되는 범위의 변경에 해당하고, 이 사건 조형물의 본질적인 내용을 변경한 것은 아니므로, 결국 원고는 피고의 이 사건 조형물의 변경에 대하여 동일성유지권을 행사할 수 없다고 주장한다. 그러나 이 사건 조형물은 4개의 주요 부분으로 구성되어 각 부분이 독자적인 상징과 미적 요소를 지니고 있다고 할 것인데, 피고가 이 사건 조형물 중 공익광고물 부분을 철거한 후 전광판을 부착하면서 설치한 원반형의 스테인리스 구조물은 이 사건 조형물의 다른 부분보다 월등히 클 뿐 아니라, 마치 이 사건 조형물의 구성부분을 이루는 것으로 보이는 등 이 사건 조형물에 대한 원고의 창작의도를 중대하게 훼손하였다고 인정되므로, 이는 이 사건 조형물의 본질적인 부분의 변경에 해당한다고 본다. 따라서 피고의 이 사건 조형물에 대한 변경행위가 그 본질적인 부분의 변경에 해당하므로 결국 피고의 주장은 이유 없다.

NOTE :

피고로 하여금 이 사건 조형물에 설치된 전광판과 원반형 스테인리스 구조물을 철거하도록 하는 원고의 청구에 대해서 법원은 원고의 명예훼손은 피고의 이 사건 조형물 변경행위에 의하여 이미 발생한 것이고, 이 사건 조형물의 변경부분을 철거한다고 하더라도 이미 훼손된 원고의 명예가 객관적으로 회복된다고는 보기 어려우며, 또한 이 사건 조형물 변경부분의 철거와 원고의 명예회복 사이에 직접적인 관련성을 인정할 자료도 없으므로 이 사건 조형물의 변경부분 철거 명령은 적절치 못하다고 판시하였다.

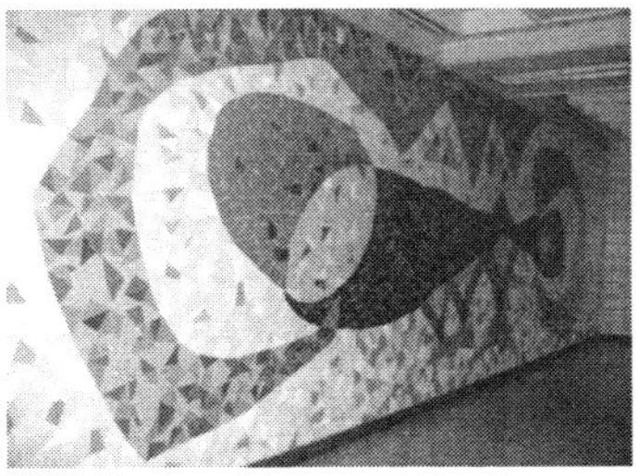

[그림 6-1]
사계절 연작 중 가을 (이서지作)
출처 : 지하철 학동역

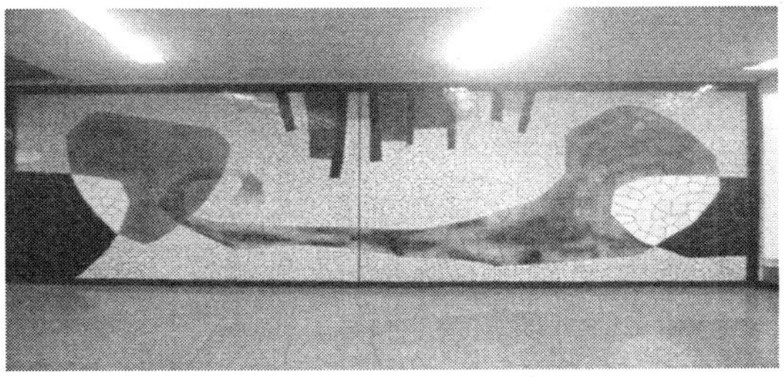

[그림 6-2]
사계절 연작 중 생동 (이서지作)
출처 : 지하철 약수역

[판례 6-3] 서울중앙지방법원 2006.5.10. 선고 2004가합67627 판결

사실관계 :

원고(예명 이서지)는 1972년경 처음으로 개인전을 연 후에 약 30년간 약 1,000점 이상의 작품을 제작하는 등 왕성한 창작활동을 통하여 풍속화가, 조형예술가로 국내외에 널리 알려진 작가로, '장생도;長壽', '생동', '한강이야기', '학', '사계절(춘하추동)'이라는 미술작품(이하 "이 사건 원화")을 제작하였다. 피고1 서울특별시는 약수역, 한강진역, 학동역 건설공사의 사업주체이고, 피고2 서울특별시 도시철도공사(이하 "도시철도공사")는 피고1 서울특별시로부터 위 각 역사를 현물출자 받아 이를 관리, 운영하고 있는 자이며 피고3 주식회사 종합건축사무소 이공(이하 "이공")은 위 각 역사를 설계하였던 자이다.

1996.3.14. 서울특별시가 지하철 약수역과 한강진역에 관하여 소외 주식회사 신화건설이 시공을, 피고 이공이 설계를 부담하도록 하는 방식으로 도급계약을 체결하였고, 서울특별시는 이공에게 지하철 학동역의 설계를 도급 주었고, 그 설계도면을 납품받아 1998.12.31. 소외 주식회사 우정건설에게 위 역사 건설공사를 도급 주었다. 이공은 위 각 역사의 설계를 하면서 지하철역의 단조로움을 피하기 위하여 위 각 역사에 장식벽을 넣기로 하고 위 장식벽에 설치될 예술가의 작품으로 원고의 이 사건 원화를 선정하여 설계도면에 베껴 그렸다. 이공은 이와 같은 과정에서 원고의 동의나 승낙을 받지 않았다. 약수역과 한강진역의 시공을 맡은 주식회사 신화건설은 이공의 설계도에 기초하여 '장생도;長壽', '생동', '한강이야기'를 시공하였고, 2001.8.31. 위 각 역사를 완공하였다. 학동역의 시공을 맡은 주식회사 우정건설은 이공의 설계도에 기초하여 '학', '사계절' 연작 중 '추(秋)'를 시공하였고, 2001.2.28. 위 역사를 완공하였다.

쟁점1 : 공표권의 침해 여부

판시내용 :

공표권은 미공표의 저작물을 공표할 것인지 여부, 공표를 할 경우 언제 어떠한 형태나 방법으로 할 것인지를 결정하는 권리를 의미하는 것으로 그 성질상 미공표된 저작물에 대하여만 인정된다. 위 피고들이 이 사건 벽화를 지하철 역사에 전시하여 일반공중에게 공개하고 있으나, 이 사건 원화는 이미 원고의 풍속화집 등에 공표된 저작물이므로 원고의 공표권 침해 주장은 이유 없다.

쟁점2 : 성명표시권의 침해 여부

판시내용 :

이 사건 벽화 중 약수역과 한강진역에 설치된 각 벽화의 작가란에는 '작가미상'이라고 표시되어 있었고 학동역에 설치된 각 벽화의 경우에는 작가표시란 자체가 존재하지 않았다. 이에 피고 도시철도공사, 피고 이공은 원고가 이 사건 원화의 복제물에 자신의 실명 또는 이명을 표시할 수 있는 성명표시권을 침해하였다.

쟁점3 : 동일성유지권 침해 여부

판시내용 :

이 사건 벽화는 원고의 연작 작품 중 일부만을 벽화화하였거나 제작방식이 원고가 의도하지 않은 방식으로 되었으며(테라코타 방식에서 타일 방식으로), 작품의 위아래를 거꾸로 설계, 시공함으로써 작가의 작품의도를 훼손하여 설치되거나 전시되었다. 이에 피고 도시철도공사, 피고 이공은 원고의 이 사건 원화에 대한 동일성유지권을 침해하였다.

▶ [쉴 休]

'올챙이 송' 작곡가, 위자료 1,000만원 승소
배기열 판사, 동요 음표 하나 틀려도 저작권 침해

노래의 길이가 짧은 동요를 비디오테이프와 CD에 수록하는 과정에서 실수로 음표 하나를 바꿔 실었다면 저작권 침해에 해당돼 저작권자에게 위자료를 지급해야 한다는 판결이 나왔다. 서울중앙지법 민사90단독 배기열 부장판사는 일명 '올챙이 송' 작곡가가 자신이 만든 동요를 비디오테이프와 CD로 내면서 창작자를 표시하지 않고, 한 곡의 음표 하나를 틀리게 만든 (주)H교육을 상대로 낸 손해배상 청구소송에서 원고 일부승소 판결한 것으로 25일 확인됐다. '손발체조', '개구리와 올챙이' 등 동요 작사·작곡가인 윤씨는 지난 93.10. (주)H교육과 자신이 창작한 동요 16곡을 카세트테이프 등 제작에 사용할 수 있는 내용의 계약을 체결했다. 그런데 H교육은 2005.1. 비디오테이프와 3D동영상에 윤씨의 '올챙이와 개구리'라는 곡을 수록하면서도 창작자가 원고임을 나타내는 어떠한 표시도 하지 않았다. 또한 H교육은 비디오테이프 등에 실려 있는 윤씨의 '손발체조'라는 곡 중 제작상의 실수로 악보의 첫째 절 마지막 4째마디 3번째 음 8분음표 '미'를 '라'로 바꿔 실어 윤씨는 1억원의 손해배상청구소송을 냈다.

먼저 성명표시권 침해와 관련, 재판부는 "피고는 원고가 작사·작곡한 '올챙이와 개구리'라는 곡을 비디오테이프에 수록해 제작·판매하거나 동영상으로 제공하고서도 창작자가 원고임을 밝히지 않았으므로, 피고는 원고에게 손해를 배상할 의무가 있다"고 밝혔다. 이어 "피고는 유아용 비디오테이프에는 원작자의 성명을 표시하지 않는 것이 업계의 관행이라고 주장하지만, 원작자의 표시 생략이 공정한 관행에 합치된다고 보기 어려워 성명표시권을 침해한 것"이라고 덧붙였다. 또 재판부는 '손발체조'는 가사가 12마디밖에 되지 않는 아주 짧은 곡일뿐만 아니라, 아이들이 음 하나하나를 명확히 따라 노래하는 동요의 특성상 단지 음 하나만이 변경되더라도 곡 전체의 분위기에 상당한 영향을 미칠 수 있는 점을 고려할 때 피고가 음 하나를 변경한 것은 원고의 저작물에 관한 동일성유지권을 침해한 것"이라고 지적했다. 재판부는 그러면서 "따라서 피고는 원고의 저작물에 관한 성명표시권과 동일성유지권을 침해한 사실이 인정되는 만큼 각 침해 부분에 대해 500만원씩 합계 1,000만원의 위자료를 지급하라"고 판시했다.

로이슈 2007.7.25.

02 저작재산권

저작자에게 원시적으로 저작인격권과 함께 저작재산권이 부여된다. 저작재산권자는 자신의 저작물에 대해 배타적 지배권을 가지며 이러한 배타적 권리를 바탕으로 타인으로 하여금 그 저작물을 이용할 수 있도록 허락하거나 이용하지 못하도록 금할 수 있다.

우리 저작권법 상 저작재산권은 복제권, 공연권, 공중송신권, 전시권, 배포권, 대여권, 2차적저작물작성권 등의 7가지 지분권으로 구성되어 있다.[165] 저작재산권은 일반적으로 저작자의 생존하는 동안과 사망 후 50년간 존속하며[166], 전부 또는 일부를 양도할 수 있다.[167] 저작재산권은 저작재산권자가 상속인 없이 사망한 경우나 저작재산권자인 법인 또는 단체가 해산되는 경우에 소멸한다.[168] 저작재산권의 양도(상속 그 밖의 일반 승계의 경우 제외) 또는 처분제한에 관한 사항 및 저작재산권을 목적으로 하는 질권[169]의 설정 · 이전 · 변경 · 소멸 또는 처분제한에 관한 사항은 한국저작권위원회[170]에 등록할 수 있으며, 등록하지 아니하면 제3자에게 대항할 수 없다.[171]

(1) 복제권

저작자는 그의 저작물을 복제할 권리를 가진다.[172] 즉, 복제권자는 타인으로 하여금 복제를 하도록 허락하거나 금지할 배타적 권리를 갖게 된다. 복제란 인쇄·

165) 추구권(Droit de Suite)이나 접근권과 같은 권리들은 위 7가지 지분권에 포함되어 있지 않다.

166) 저작권법 제39조 제1항. 공동저작물의 저작재산권은 맨 마지막으로 사망한 저작자의 사망한 다음 해부터 50년간 존속하며(동조 제2항), 업무상저작물의 저작재산권은 공표한 다음 해부터 50년간 존속(제41조)하는 등 개별적인 저작재산권 보호기간에 대해서는 저작권법 제3관(저작재산권의 보호기간) 제39조~제44조를 참조하길 바란다.

167) 저작권법 제45조 제1항. 저작재산권의 전부를 양도하는 경우에 특약이 없는 때에는 2차적저작물을 작성하여 이용할 권리는 포함되지 아니한 것으로 추정한다. 다만, 프로그램의 경우 특약이 없는 한 2차적저작물작성권도 함께 양도된 것으로 추정한다(저작권법 제45조 제2항).

168) 저작권법 제49조

169) 질권(質權 pledge)은 담보물권(擔保物權)의 하나이다. 채권자가 채권의 담보로서 채무자나 제삼자(物上保證人)로부터 받은 목적물을 채무의 변제가 있을 때까지 유치하고, 변제가 없을 때에는 그 목적물에 의하여 우선 변제를 받는 권리를 말한다. 저당권(抵當權)과 더불어 약정담보물권(約定擔保物權)의 하나이고 물적 신용의 수단이다(야후 사전).

170) www.copyright.or.kr

171) 저작권법 제54조

172) 저작권법 제16조

사진 · 촬영 · 복사 · 녹음 · 녹화 그 밖의 방법에 의하여 유형물에 고정하거나 유형물로 다시 제작하는 것을 말하며, 건축물의 경우에는 그 건축을 위한 모형 또는 설계도서에 따라 이를 시공하는 것을 포함한다.[173)]

이렇게 복제의 방법이나 수단에는 제한이 없고, 손으로 베끼는 것도 포함한다. 컴퓨터의 하드디스크나 CD-Rom 등 전자적 기록매체에 저장하는 것 역시 복제에 해당하며, 원본을 복제하는 직접복제뿐만 아니라 복제물을 복제하는 간접복제도 복제에 해당된다.

[판례 6-4] 서울지방법원 2003.9.30. 고지 2003카합2114 결정

음반을 컴퓨터압축파일로 변환하는 것은 변환 프로그램에 의하여 기계적으로 이루어지므로 창작성이 포함된다고 볼 여지가 없고, 변환된 컴퓨터압축파일이 컴퓨터의 보조기억장치에 저장되면 인위적인 삭제 등 특별한 사정이 없는 한 유형물에 고정되었다고 볼 만한 영속성을 지니게 되므로 이 사건 파일저장행위도 음반의 복제에 해당한다.

(2) 공연권

저작자는 그의 저작물을 공연할 권리를 가진다.[174)] 즉, 공연권자는 타인으로 하여금 공연을 하도록 허락하거나 금지할 배타적 권리를 갖게 된다.

공연[175)]이란 저작물 또는 실연 · 음반 · 방송을 상연 · 연주 · 가창 · 구연 · 낭독 · 상영[176)] · 재생[177)] 그 밖의 방법으로 공중에게 공개하는 것을 말하며, 동일인의 점유에 속하는 연결된 장소 안에서 이루어지는 송신(전송[178)] 제외)을 포함한다.[179)] 여

---

173) 저작권법 제2조 제22호

174) 저작권법 제17조

175) 한편, 공연법 상의 '공연'의 정의는 다음과 같다. "공연"이라 함은 음악 · 무용 · 연극 · 연예 · 국악 · 곡예 등 예술적 관람물을 실연에 의하여 공중에게 관람하도록 하는 행위를 말한다. 다만, 상품판매 또는 선전에 부수한 공연은 제외한다(공연법 제2조 제1호).

176) 영화와 같이 영상화된 저작물을 영사막이나 기타의 물체에 영사하는 것을 말한다. 컴퓨터 모니터의 스크린이나 OHP를 이용하여 건물의 벽체에 저작물 등을 현시하는 것도 상영에 해당된다.

177) 판매용 음반이나 비디오테이프를 구입하여 음악감상실, 커피점, 호프집, 백화점, 체육시설, 유흥장, 음식점 등에서 기계적 또는 전자적으로 재생하는 방법으로 고객들에게 들려주거나 보여주는 것도 공연의 유형에 해당된다.

178) "전송"은 공중송신 중 공중의 구성원이 개별적으로 선택한 시간과 장소에서 접근할 수 있도록 저작물등을 이용에 제공하는 것을 말하며, 그에 따라 이루어지는 송신을 포함한다(저작권법 제2조 제10호).

179) 저작권법 제2조 제3호. 백화점에서의 음악방송도 공연에 해당된다.

기서 '공중'이란 불특정 다수인을 말하며 특정 다수인도 포함한다.[180] '특정'이라 함은 행위자 사이의 개인적인 결합관계를 의미하나 어느 정도의 관계가 있으면 특정한 관계에 있다고 할 수 있을지, 또 어느 정도의 숫자가 모이면 다수인이라고 할 수 있는지는 명확하게 기준을 정할 수 없다.

저작물의 종류나 이용 양태 등에 따라 어떤 경우에 저작자의 권리를 미치도록 하는 것이 적절한지 여부를 합리적으로 판단해야 한다. '공개'의 개념도 장소의 성질, 그 장소에서의 사생활에 대한 합리적 기대, 이용자나 제공자의 통제 가능성 등을 종합적으로 고려하여 저작물이 공중에게 공개되었는지 여부를 판단해야 한다.

[판례 6-5] 대법원 1996.3.22. 선고 95도1288 판결

쟁점 : '공연'의 개념 중 일반공중에게 공개한다는 의미

판시내용 :

공연이라 함은 저작물을 상연 · 연주 · 가창 · 연술 · 상영 그 밖의 방법으로 일반 공중에게 공개하는 것을 말하며, 공연 · 방송 · 실연의 녹음물을 재생하여 일반 공중에게 공개하는 것을 포함하는 것인바, 여기서 일반 공중에게 공개한다 함은 불특정인 누구에게나 요금을 내는 정도 외에 다른 제한 없이 공개된 장소 또는 통상적인 가족 및 친지의 범위를 넘는 다수인이 모여 있는 장소에서 저작물을 공개하거나, 반드시 같은 시간에 같은 장소에 모여 있지 않더라도 위와 같은 불특정 또는 다수인에게 전자장치 등을 이용하여 저작물을 전파, 통신함으로써 공개하는 것을 의미한다고 할 것이다.

따라서 노래방의 각 방실이 4～5인 가량의 고객을 수용할 수 있는 소규모에 불과하다고 하더라도, 일반 고객 누구나 요금만 내면 제한 없이 이를 이용할 수 있는 공개된 장소인 위 노래방에서 고객들로 하여금 노래방 기기에 녹음 또는 녹화된 음악저작물을 재생하는 방식으로 저작물을 이용하는 것은 일반 공중에게 저작물을 공개하여 공연한 행위에 해당된다.

(3) 공중송신권

저작자는 그의 저작물을 공중송신할 권리를 가진다.[181] 즉, 공중송신권자는 타인으로 하여금 공중송신을 하도록 허락하거나 금지할 배타적 권리를 갖게 된다. 공

180) 저작권법 제2조 제32호
181) 저작권법 제18조

중송신이란, 저작물 · 실연 · 음반 · 방송 또는 데이터베이스를 공중이 수신하거나 접근하게 할 목적으로 무선 또는 유선통신의 방법에 의하여 송신하거나 이용에 제공하는 것을 말한다.[182)]

공중송신은 방송, 전송 및 디지털음성송신은 물론 앞으로 기술발전에 따라 새롭게 등장하는 공중에 대한 송신 형태도 포함하는 개념으로서 2006년 개정법에서 신설되었다.

> "방송"은 공중송신 중 공중이 동시에 수신하게 할 목적으로 음 · 영상 또는 음과 영상 등을 송신하는 것을 말한다(저작권법 제2조 제8호).
>
> "전송"은 공중송신 중 공중의 구성원이 개별적으로 선택한 시간과 장소에서 접근할 수 있도록 저작물등을 이용에 제공하는 것을 말하며, 그에 따라 이루어지는 송신을 포함한다(저작권법 제2조 제10호).[183)]
>
> "디지털음성송신"은 공중송신 중 공중으로 하여금 동시에 수신하게 할 목적으로 공중의 구성원의 요청에 의하여 개시되는 디지털 방식의 음의 송신을 말하며, 전송을 제외한다(저작권법 제2조 제11호).[184)]

> [판례 6-6] 서울북부지방법원 2008.12.30. 선고 2007가합5940 판결
>
> 만화가가 만화스토리작가의 동의 없이 공동저작물인 만화콘텐츠를 인터넷 서비스 업체를 통해 제공하는 것은 만화스토리작가의 공중송신권을 침해하는 것이다.

(4) 전시권

저작자는 미술저작물등[185)]의 원본이나 그 복제물을 전시할 권리를 가진다.[186)] 저작권자가 아니더라도 미술저작물등의 원본의 소유자나 그의 동의를 얻은 자는 그 저작물을 원본에 의하여 전시할 수 있다. 다만, 가로 · 공원 · 건축물의 외벽 그 밖

---

182) 저작권법 제2조 제7호

183) 링크, 랜 등을 통한 정보 공유가 전송의 유형에 해당된다.

184) 음반을 송신하는 웹캐스팅이 디지털음성송신에 해당된다. 참고로 영상물을 포함하는 웹캐스팅은 방송의 범주에 포함된다.

185) "미술저작물등"이라 함은 미술저작물, 건축저작물, 사진저작물을 말한다.

186) 저작권법 제19조

에 공중에게 개방된 장소에 항시 전시하는 경우에는 그러하지 아니하다.[187] 위 단서 규정에 따라 개방된 장소에 항시 전시되어 있는 미술저작물 등은 어떠한 방법으로든지 이를 복제하여 이용할 수 있다. 다만, 건축물을 건축물로 복제하는 경우, 조각 또는 회화를 조각 또는 회화로 복제하는 경우, 개방된 장소 등에 항시 전시하기 위하여 복제하는 경우, 판매의 목적으로 복제하는 경우에는 이를 복제하여 이용할 수 없다.[188]

미술저작물 등의 원본을 구입하여 그 소유자가 된 사람이 이를 자기 의사대로 전시할 수 없고, 전시를 할 때마다 항상 저작자의 허락을 받아야 한다면 미술저작물품 소유자의 이익을 크게 해치며 나아가 미술저작물 거래를 위축시키는 결과가 되어 궁극적으로 미술저작물등의 저작자의 이익에도 부합하지 않는 결과를 초래할 수 있기 때문에 이 조항을 두었다. 다만, 일반공중에게 개방된 장소에서 항시 전시하는 경우에는 저작권자의 이익을 크게 해치기 때문에 저작권자의 허락을 얻어야 한다.

[판례 6-7] 서울중앙지방법원 2007.5.17. 선고 2006가합104292 판결

사실관계 :

원고는 미술작가로서 서울 모 호텔 1층 라운지의 한 쪽 벽면에 평원을 질주하는 말의 군상을 형상화한 설치 작품(이하 "원고 작품")을 제작하였다. 호텔은 인테리어 업체를 통하여 원고로부터 원고 작품과 원고의 또 다른 작품인 여인상을 대금 2,000만원에 구입하였다.

피고 BS건설 주식회사(이하 "피고건설")는 자사의 아파트 브랜드인 'B'를 홍보하기 위하여 피고 주식회사 모 기획(이하 "피고기획")에게 위 B아파트에 관한 동영상 광고 제작을 의뢰하였다. 피고기획은 광고제작사인 모프로덕션(이하 "사건프로덕션")에 구체적인 광고제작을 위탁하였다. 사건프로덕션은 방송광고 촬영장소로 사건 호텔의 1층 라운지를 피고들에게 추천하여 피고들은 사건 호텔측에 그 임대사용료로 350만원을 지급하였다. 사건프로덕션의 모 프로듀서는 2006.2.9. 원고의 작품이 설치되어 있는 사건호텔 라운지에서 TV광고작품을 촬영하였다. 완성된 광고작품의 처음 부분 10초간 원고 작품이 광고출연자의 뒷부분 배경화면으로 나왔다. 피고건설은 위 광고작품을 2006.3.1.부터 TV를 통하여 방영하였고 모 인터넷 홈페이지의 서버에 업로드하였다.

187) 저작권법 제35조 제1항
188) 저작권법 제35조 제2항

원고로부터 저작권 침해의 주장이 제기되자 피고들은 "원고의 미술저작물은 광고를 촬영한 장소인 사건호텔 1층 라운지에 전시되어 있던 것으로 이는 일반 공중에게 개방된 장소에 항시 전시된 미술저작물로서 어떠한 방법으로든지 묻지 않고 이를 복제할 수 있으므로 피고들이 만든 광고는 저작재산권자의 허락을 받지 않아도 복제권 등의 침해에 해당하지 않는다"고 주장하였다.

쟁점 : 호텔라운지가 '일반 공중에게 공개된 장소'로 볼 수 있는지 여부

판시내용 :

가로 · 공원 · 건축물의 외벽 그 밖에 공중에게 개방된 장소에 항시 전시하는 경우에는 일정한 예외 사유에 해당하지 않는 한 어떠한 방법으로든지 이를 복제할 수 있도록 인정하고 있다. 이는 미술저작물이 원작품이 불특정 다수인이 자유롭게 볼 수 있는 개방된 장소에 항상 설치되어 있는 경우에 만약 당해 저작물의 복제에 의한 이용에 대해 저작재산권에 기초한 권리주장을 아무런 제한 없이 인정하게 되면 일반인의 행동의 자유를 지나치게 억제하게 되어 바람직하지 않게 되고, 이러한 경우에는 일반인에게 자유로운 복제를 허용하는 것이 사회적 관행에 합치하기 때문에 개방된 장소에 항상 설치되어 있는 미술저작물에 대해서는 일반인에 의한 복제를 자유롭게 한 것이다. 저작권법 제35조 제1항은 미술저작물 등의 원작품의 소유자 또는 그의 동의를 받은 자는 그 저작물은 원작품에 의하여 전시할 수 있도록 하되, 다만 가로 · 공원 · 건축물의 외벽 그 밖에 공중에게 개방된 장소에 항시 전시하는 경우에는 저작권자의 허락을 받아야 한다고 규정하고 있다. 따라서 저작권법 제35조의 입법취지와 조문의 형식과 구조 등을 고려할 때 저작권법 제35조 제2항에 정해진 '일반 공중에게 공개된 장소'라 함은 도로나 공원 기타 일반 공중이 자유롭게 출입할 수 있는 옥외의 장소와 건조물의 외벽 기타 일반 공중이 보기 쉬운 옥외의 장소를 말하는 것이고, 옥내의 장소는 비록 일반 공중이 자유롭게 출입할 수 있다고 하더라도 일반 공중이 쉽게 볼 수 있는 곳이라고 볼 수 없으므로 이에 해당하지 않는다고 봄이 상당하다. 이와 달리 옥내의 장소도 일반공중이 자유롭게 출입할 수 있으면 개방된 장소에 포함된다고 해석하게 되면 미술저작물의 소유자가 일반 공중의 출입이 자유로운 건축물 내부의 장소에서 그 미술저작물을 전시하는 경우에도 항상 저작권자의 동의가 필요하다는 불합리한 결과가 초래된다.

이 사건에서 보면, 사건호텔 1층 라운지는 일반 공중의 출입이 제한되지 아니하여 누구든지 자유롭게 출입할 수 있는 장소에 해당하지만 사건호텔의 내부 공간으로서 저작권법 제35조 제2항의 '일반 공중에게 공개된 장소'에 해당하지 않는다. 따라서 호텔의 내부에 전시된 원고의 미술저작물을 자유로이 복제할 수 있음을 전제로 하는 피고들의 행위가 원고 미술저작물의 자유이용에 해당하여 저작권침해가 아니라는 피고의 주장은 받아들이지 않는다.

(5) 배포권

배포란 저작물등의 원본 또는 그 복제물을 공중에게 대가를 받거나 받지 아니하고 양도 또는 대여하는 것을 말한다.[189] 저작자는 저작물의 원본이나 그 복제물을 배포할 권리를 가진다. 다만, 저작물의 원본이나 그 복제물이 당해 저작재산권자의 허락을 받아 판매 등의 방법으로 거래에 제공된 경우에는 그러하지 아니하다.[190] 즉, 배포권자는 타인으로 하여금 배포를 하도록 허락하거나 금지할 배타적 권리를 갖게 된다. 다만, 저작물의 배포를 허락할 수 있는 저작권자의 배타적 권리인 배포권은 저작권자가 일단 특정 복제물의 판매에 동의한 경우 그 복제물에 대하여 더 이상 미치지 않는다. 이를 최초판매원칙(first sale doctrine)이라고 한다.[191] 만약 서점에서 구입한 책을 저작권자 허락 없이 중고서점에 파는 것이 배포권의 침해라면 너무 불합리할 것이다. 이에 배포권에 단서 조항을 둠으로써 일단 유통된 저작물의 경우 저작권자의 간섭 없이 자유로이 처분될 수 있도록 함으로써 정보의 자유로운 유통을 보장하고 있다.

[판례 6-8] 서울지방법원 2003.9.30. 선고 2003카합2114 결정

사실관계 :

신청인은 음반기획제작자들의 저작권신탁관리업자로서, 피신청인의 음원을 컴퓨터 압축파일로 변환하여 이 사건 사이트 서버의 보조기억장치에 저장한 후 이 사건 사이트에 접속한 이용자들에게 이 사건 음악청취 서비스를 제공함으로써 신청인이 신탁관리하는 음반제작자의 배포권을 침해하였다고 주장한다.

쟁점 : 배포권 침해 여부에 대한 판단

판시내용 :

저작권법상 '배포'라 함은 '저작물의 원작품 또는 그 복제물을 일반 공중에게 대가를 받거나 받지 아니하고 양도 또는 대여하는 것'을 뜻하는바(제2조 제15호), 이용자들이 선택한 곡에 해당하는 컴퓨터압축파일을 스트리밍 방식에 의하여 이용자의 컴퓨터에 전송하고 실시간으로 재생되도록 하는 것이 저작물의 원작품이나 그 복제물을 일반공중에게 양도 또는 대여하는 것에 해당한다고 볼 수 없다.

---

189) 저작권법 제2조 제23호

190) 저작권법 제20조

191) 권리소진원칙(exhaustion of rights)이라고도 한다.

(6) 대여권

제20조 단서에도 불구하고 저작자는 판매용 음반이나 판매용 프로그램을 영리를 목적으로 대여할 권리를 가진다.[192] 1980년대 초 일본 대학생이 음반 대여점을 열었고 많은 사람들이 워크맨으로 듣기 위해 음반을 대여해 갔다. 이로 인해 음반 매출이 크게 줄어 권리자에게 통제권을 부여할 필요성이 발생하게 되어 음반 대여권이 등장하게 되었다. 우리나라에서는 2006년 개정법에 대여권 규정이 신설되었다. 현재 음반과 판매용 프로그램에 대해 대여권을 부여하고 있다. 오히려 대여가 성행하고 있는 만화등의 도서류, 비디오 분야는 아직 대여권이 인정되고 있지 않다.

(7) 2차적저작물작성권

저작자는 그의 저작물을 원저작물로 하는 2차적저작물을 작성하여 이용할 권리를 가진다.[193] 제3자가 2차적저작물, 즉 원저작물을 번역 · 편곡 · 변형 · 각색 · 영상제작 그 밖의 방법으로 창작물을 작성하기 위해서는 2차적저작물 작성권자의 허락을 받아야 한다. 원저작물의 저작권자 허락 없이 원저작물을 번역 · 편곡 · 변형 · 각색 · 영상제작 그 밖의 방법으로 작성을 해도 창작성이 있다면 2차적저작물에 해당은 된다. 하지만 이는 원저작물의 저작권을 침해하는 행위이다.

[판례 6-9] 대법원 2006.2.10. 선고 2003다41555 판결

아날로그 방식으로 녹음된 음반을 디지털 샘플링의 기법을 이용하여 디지털화한 것이 2차적저작물로 인정되기 위해서는 단지 아날로그 방식의 음반을 부호화하면서 잡음을 제거하는 등으로 실제 연주에 가깝게 하였다는 정도로는 부족하고 이를 재구성하거나 새로운 내용을 첨삭하는 등의 방법으로 독자적인 표현을 부가하여야만 한다. 아날로그 음원을 가지고 디지털 샘플링 작업을 하면서 실제 연주에 근사한 음질을 재현하기 위하여 여러 가지 기술을 이용하여 기존의 잡음을 제거하고 나아가 일부 손상된 부분을 회복시키되 연주의 속도, 리듬, 가락 등에는 아무런 변화를 주지 않은 것으로서, 그와 같은 작업을 가리켜 사회통념상 새로운 저작물을 생성할 수 있는 정도의 수정 · 증감이라고 볼 수 없을 것이며, 설령 위 작업의 결과로 음악의 재생시간이 다소 변화하였다고 하여도 이를 달리 볼 것이 아니어서 2차적저작물에 해당한다고 할 수 없다.

---

192) 저작권법 제21조. 배포의 정의에 '대여'의 개념이 포함되어 있기 때문에 이미 배포권 속에 대여권이 포함되어 있는 것으로 제21조 대여권은 중복규정이라는 비판이 있다.

193) 저작권법 제22조

[판례 6-10] 대법원 1992.9.22. 선고 91다39092 판결

쟁점 : 원저작물을 우리말로 번역 해설한 2차적저작물에 대한 복제 · 배포권을 계약에 의하여 취득한 경우 그 권리에 원저작물의 원문만의 또는 원문 그대로의 복제 · 배포권도 포함되는지 여부

판시내용 :

2차적저작물이란 기존의 어떤 저작물(원저작물)을 번역, 개작, 편집하거나 그 밖의 방법으로 작성한 창작물을 말하는 것으로서 창작자의 동의를 얻어 2차적저작물을 저작한 사람은 원저작자의 권리를 해하지 아니하는 범위 내에서 그 2차적저작물 자체에 대한 저작권을 가진다고 할 것인바, 서적, 카세트테이프, 카드 등이 원저작자의 캐릭터를 책표지 등에 나타내고, 원저작물의 영어예문에 우리말 번역문, 해설문장 등을 배열하거나 첨가하여 엮은 것이라면, 원저작물과 그 번역문 또는 한국말로 된 해설은 불가분적으로 결합되어 하나의 저작물을 이루었다고 볼 것이고, 따라서 이는 일체로서 2차적저작물로 파악하는 것이 옳다.

원저작물을 우리말로 번역하고 해설한 2차적저작물에 대한 복제 · 배포권을 계약에 의하여 취득한 경우 거기에는 당연히 원저작물의 원문을 포함하여 복제 · 배포할 권리가 포함되어 있다고 할 것이나, 이것이 원문만의 또는 원문 그대로의 복제 · 배포권도 포함되어 있음을 뜻하는 것은 아니다.

03 저작인접권

실연, 음반 및 방송도 저작권법에 의해 보호를 받는다. 저작권법은 실연자, 음반제작자 및 방송사업자는 저작물의 직접적인 창작자는 아니지만 저작물의 해석자 내지는 전달자로서 창작자에 준하는 활동을 통해 저작물의 가치를 증진시킨다는 점에서 저작권에 준하는 권리인 저작인접권을 부여하고 있다. 저작인접권에 관한 규정은 저작권에 영향을 미치는 것으로 해석되어서는 아니 된다.[194] 이 규정은 실연, 음반, 방송의 이용은 필연적으로 저작물의 이용을 수반하므로 이때 저작인접권자의 허락뿐만 아니라 저작권자의 허락도 필요하다는 것을 주의적으로 규정한 것일 뿐, 저작권자의 의사와 무관하게 저작인접권자의 권리를 행사할 수 없다는 취지는 아니므로 저작인접권자는 음악저작물의 저작권자, 실연자의 의사와 무관하게 자신의 권리를 행사할 수 있다.[195]

194) 저작권법 제65조

195) 서울지방법원 2003.9.30. 선고 2003카합2114 결정

저작인접권(실연자의 인격권 제외)은 실연을 한 때, 음을 맨 처음 음반에 고정한 때, 방송을 한 때부터 발생하여[196] 실연을 한 때, 음반을 발행한 때[197], 방송을 한 때의 다음 해부터 기산하여 50년간 존속한다.[198] 저작인접권의 양도 · 행사 · 소멸 · 등록 등에 대해서는 저작재산권 관련 규정에 각각 준용한다.

[판례 6-11] 대법원 2002.9.24. 선고 2001다60682 판결

사실관계 :

이 사건의 각 작곡자 및 작사자(이하 "이 사건 각 저작자")로부터 각 음악저작물(이하 "이 사건 각 저작물")에 대한 이용허락을 받아 원반을 제작한 여러 음반제작자들이 피고에게 그 원반에 관한 이용허락을 하였고 이에 따라 피고 M 음반제작사가 그 각 원반의 일부 내용을 발췌하여 수록한 이른바 '편집앨범'의 형태로 이 사건 각 음반을 제작하였다. 위 음반제작자들이 피고에게 그 원반에 관한 이용허락을 하여 주기 전에 이 사건 각 저작자들은 원고 (사)한국음악저작권협회와 사이에 자신들이 가지고 있는 저작권 및 장차 취득하게 되는 저작권을 원고 협회에게 신탁하여 관리하도록 하는 내용의 저작권신탁관리계약을 체결, 각 저작자들의 저작재산권은 원고협회에 이전되었다. 그런데 피고는 이 사건 각 저작자로부터 이용허락을 받은 음반제작자들로부터만 이용허락을 받고 이 사건 각 저작자들 및 원고 협회로부터는 저작물이용허락을 받지 아니한 채 이 사건 각 음반을 복제 · 배포하였다.

쟁점 : '편집앨범'의 제작자가 원반 등의 음반제작자의 그 저작인접물에 대한 이용허락 이외에 저작권자로부터 음악저작물에 대한 이용허락을 얻어야 하는지 여부

판시내용 :

저작권법 제78조 및 제79조에서는 음을 음반에 맨 처음 고정한 음반제작자는 그 음반을 복제 · 배포할 권리를 가지며, 또 같은 법 제65조에서는 음반제작자 등의 저작인접권에 관한 규정이 저작권에 영향을 미치는 것으로 해석되어서는 아니 된다고 규정하고 있고, 같은 법 제46조 제3항은 저작재산권자의 저작물 이용허락에 의하여 저작물을 이용할 수 있는 권리는 저작재산권자의 동의 없이 제3자에게 이를 양도할 수 없다고 규정하고 있는바, 음악저작물의 저작권자가 음반을 제작하고자 하는 음반제작자에게 음악저작물의 이용을 허락하는 것은 특별한 사정이 없는 한 음반제작자가 음반의 원반을 제작하고 이를 보통의 음반으로 복제하여 판매 · 배포함을 허락하는 범위에 한정되는 것이므로, 저작권자가 이러한 이용허락의 범위를 넘어 자신의 저

196) 저작권법 제86조 제1항

197) 다만 음을 음반에 맨 처음 고정한 때의 다음 해부터 기산하여 50년이 경과한 때까지 음반을 발행하지 아니한 경우에는 음을 음반에 맨 처음 고정한 때의 다음 해부터 기산하여 50년간 존속한다.

198) 저작권법 제86조 제2항

작재산권 중 복제·배포권의 처분권한까지를 음반제작자에게 부여하였다거나, 또는 음반제작자로 하여금 저작인접물인 음반 이외에 저작권자의 저작물에 대하여까지 이용허락을 할 수 있는 권한 또는 저작물의 이용권을 제3자에게 양도할 수 있는 권한을 부여하였다는 등의 특별한 사정이 인정되지 않는 한, 음반제작자에 의하여 제작된 원반 등 저작인접물에 수록된 내용 중 일부씩을 발췌하여 이른바 '편집앨범'을 제작하고자 하는 자는 그 음반제작자의 그 저작인접물에 대한 이용허락 이외에 저작권자로부터 음악저작물에 대한 이용허락을 아울러 얻어야 한다.

(1) 실연자의 권리

실연자는 저작물을 연기·무용·연주·가창·구연·낭독 그 밖의 예능적 방법으로 표현하거나 저작물이 아닌 것을 이와 유사한 방법으로 표현하는 실연을 하는 자를 말하며, 실연을 지휘, 연출 또는 감독하는 자를 포함한다.[199] 실연자는 인격권으로서 성명표시권 및 동일성유지권을 지닌다.[200] 실연자의 인격권은 실연자 일신에 전속한다. 실연자는 재산적 권리로서 복제권, 배포권, 대여권, 공연권, 방송권, 전송권, 방송사업자, 디지털음성송신사업자 및 판매용 음반을 사용하여 공연하는 자에 대해 보상청구권을 지닌다. 2인 이상이 공동으로 합창·합주 또는 연극 등을 실연하는 경우에 실연자의 재산적 권리는 공동으로 실연하는 자가 선출하는 대표자가 이를 행사한다.[201] 다만, 대표자의 선출이 없는 경우에는 지휘자 또는 연출자 등이 이를 행사한다. 공동실연자의 권리를 행사하는 경우 독창 또는 독주가 함께 실연된 때에는 독창자 또는 독주자의 동의를 얻어야 한다.

저작권법에 의해 보호받는 실연(저작권법 제64조 제1호)

1. 대한민국 국민(대한민국 법률에 따라 설립된 법인 및 대한민국 내에 주된 사무소가 있는 외국법인을 포함)이 행하는 실연
2. 대한민국이 가입 또는 체결한 조약에 따라 보호되는 실연
3. 저작권법상 저작인접권으로 보호되는 음반에 고정된 실연
4. 저작권법상 저작인접권으로 보호되는 방송에 의하여 송신되는 실연(송신 전에 녹음 또는 녹화되어 있는 실연 제외)

199) 저작권법 제2조 제4호
200) 실연자에게 공표권은 부여되지 않았다.
201) 공동실연자의 인격권 행사는 공동저작물의 저작인격권 규정(제15조)에 준용한다.

1) 성명표시권

실연자는 그의 실연 또는 실연의 복제물에 그의 실명 또는 이명을 표시할 권리를 가진다.[202] 따라서 실연을 이용하는 자는 그 실연자의 특별한 의사표시가 없는 때에는 실연자가 그의 실명 또는 이명을 표시한 바에 따라 이를 표시하여야 한다. 다만, 실연의 성질이나 그 이용의 목적 및 형태 등에 비추어 부득이하다고 인정되는 경우에는 그러하지 아니하다.[203]

2) 동일성유지권

실연자는 그의 실연의 내용과 형식의 동일성을 유지할 권리를 가진다. 다만, 실연의 성질이나 그 이용의 목적 및 형태 등에 비추어 부득이하다고 인정되는 경우에는 그러하지 아니한다.[204]

3) 복제권

실연자는 그의 실연을 복제할 권리를 가진다.[205] 실연자의 복제권은 오로지 자신의 실연에 한해서 행사할 수 있는 권리이다. 저작물의 모방은 복제권 또는 2차적저작물작성권 등의 권리 침해를 구성하지만 실연의 모방은 복제권 침해를 구성하지 않는다.

4) 배포권

실연자는 그의 실연의 복제물을 배포할 권리를 가진다. 다만, 실연의 복제물이 실연자의 허락을 받아 판매 등의 방법으로 거래에 제공된 경우에는 그러하지 아니하다.[206]

5) 대여권

실연자는 그의 실연이 녹음된 판매용 음반을 영리를 목적으로 대여할 권리를 가진다.[207]

---

202) 저작권법 제66조 제1항
203) 저작권법 제66조 제2항
204) 저작권법 제67조
205) 저작권법 제69조
206) 저작권법 제70조

6) 공연권

실연자는 그의 고정되지 아니한 실연을 공연할 권리를 가진다. 다만, 그 실연이 방송되는 실연인 경우에는 그러하지 아니하다.[208] 2006년 개정저작권법은 실연자의 생실연(라이브공연)에 대해 공연권을 신설하였다. 오늘날 생실연을 확성기나 멀티비전 등을 통하여 실연 장소 이외의 지역에 있는 공중에게 실시간으로 제공하는 행위[209]에 대하여 새롭게 권리를 부여하여야 할 필요가 생겼고, 이에 따라 생실연에 대한 공연권을 새로이 부여하였다.[210]

7) 방송권

실연자는 그의 실연을 방송할 권리를 가진다. 다만, 실연자의 허락을 받아 녹음된 실연에 대하여는 그러하지 아니하다.[211]

8) 전송권

실연자는 그의 실연을 전송할 권리를 가진다.[212]

9) 방송사업자의 실연자에 대한 보상

방송사업자가 실연이 녹음된 판매용 음반을 사용하여 방송하는 경우에는 상당한 보상금을 그 실연자에게 지급하여야 한다.[213]

10) 디지털음성송신사업자의 실연자에 대한 보상

디지털음성송신사업자가 실연이 녹음된 음반을 사용하여 송신하는 경우에는 상당한 보상금을 그 실연자에게 지급하여야 한다.[214]

---

207) 저작권법 제71조
208) 저작권법 제72조
209) 예를 들어 세종문화회관에서 유명가수의 라이브공연을 회관 밖에서 멀티비전을 통해 볼 수 있도록 하는 경우 등을 들 수 있다.
210) 심동섭, 개정 저작권법 해설, 계간저작권(제76호), 2006.12, 56쪽.
211) 저작권법 제73조
212) 저작권법 제74조
213) 저작권법 제75조 제1항
214) 저작권법 제76조

11) 판매용 음반을 사용하여 공연하는 자의 실연자에 대한 보상

실연이 녹음된 판매용 음반을 사용하여 공연을 하는 자는 상당한 보상금을 해당 실연자에게 지급하여야 한다.[215] 현재 위와 같은 보상금은 지정단체인 (사)한국음악실연자연합회[216]를 통해 청구할 수 있다.

(2) 음반제작자의 권리

음반제작자는 음을 음반에 고정하는 데 있어 전체적으로 기획하고 책임을 지는 자를 말한다.[217] 음반제작자는 복제권, 배포권, 대여권, 전송권, 방송사업자·디지털음성송신사업자·판매용 음반[218]을 사용하여 공연하는 자에 대해 보상청구권을 지닌다.

> **저작권법에 의해 보호받는 음반(저작권법 제64조 제2호)**
>
> 1. 대한민국 국민(대한민국 법률에 따라 설립된 법인 및 대한민국 내에 주된 사무소가 있는 외국법인을 포함)을 음반제작자로 하는 음반
> 2. 음이 맨 처음 대한민국 내에서 고정된 음반
> 3. 대한민국이 가입 또는 체결한 조약에 따라 보호되는 음반으로서 체약국 내에서 최초로 고정된 음반
> 4. 대한민국이 가입 또는 체결한 조약에 따라 보호되는 음반으로서 체약국의 국민(당해 체약국의 법률에 따라 설립된 법인 및 당해 체약국 내에 주된 사무소가 있는 법인 포함)을 음반제작자로 하는 음반

1) 복제권

음반제작자는 그의 음반을 복제할 권리를 가진다.[219]

---

215) 저작권법 제76조의2

216) www.fkmp.kr

217) 저작권법 제2조 제6호. 참고로 음반사는 음반제작자가 제작한 마스터테이프를 활용해 이를 CD 등으로 대량 복제하여 이를 유통시키는 주체로서 저작권법 보호 대상이 아니다.

218) "음반"이란 음(음성·음향 포함)이 유형물에 고정된 것(음이 영상과 함께 고정된 것은 제외)을 말한다(제2조 제5호).

219) 저작권법 제78조

2) 배포권

음반제작자는 그의 음반을 배포할 권리를 가진다. 다만, 음반의 복제물이 음반제작자의 허락을 받아 판매 등의 방법으로 거래에 제공된 경우에는 그러하지 아니하다.[220]

3) 대여권

음반제작자는 판매용 음반을 영리를 목적으로 대여할 권리를 가진다.[221]

4) 전송권

음반제작자는 그의 음반을 전송할 권리를 가진다.[222]

5) 방송사업자의 음반제작자에 대한 보상

방송사업자가 판매용 음반을 사용하여 방송하는 경우에는 상당한 보상금을 그 음반제작자에게 지급하여야 한다.[223]

6) 디지털음성송신사업자의 음반제작자에 대한 보상

디지털음성송신사업자가 음반을 사용하여 송신하는 경우에는 상당한 보상금을 그 음반제작자에게 지급하여야 한다. 다만, 음반제작자가 외국인인 경우에 그 외국에서 대한민국 국민인 음반제작자에게 이 항의 규정에 따른 보상금을 인정하지 아니하는 때에는 그러하지 아니하다.[224]

7) 판매용 음반을 사용하여 공연하는 자의 음반제작자에 대한 보상

판매용 음반을 사용하여 공연을 하는 자는 상당한 보상금을 해당 음반제작자에게 지급하여야 한다.[225] 현재 위와 같은 보상금은 (사)한국음원제작자협회[226]를 통해 청구할 수 있다.

---

220) 저작권법 제79조
221) 저작권법 제80조
222) 저작권법 제81조
223) 저작권법 제82조 제1항
224) 저작권법 제83조
225) 저작권법 제83조의2
226) http://www.kapp.or.kr

[판례 6-12] 서울고등법원 2003.6.24. 선고 2002나46562 판결[227)]

사실관계 :

원고는 '윈디사운드'라는 상호로 국내에서 음반의 제조, 판매업에 종사하던 자이고, 피고는 독일 회사인 소외 도이취 그라모폰 게젤샤프트 엠베하(Deutsche Grammophon Gesellschaft mbH, 이하 "그라모폰사")가 제작하는 음반에 대한 국내 유일의 배급업자로서, 위 회사로부터 위 회사가 제작하는 음반을 국내에서 독점적이고 배타적으로 제작, 판매할 수 있는 권리를 취득하였다. 그라모폰사는 헤르베르트 폰 카라얀(Herbert von Karajan, 이하 "카라얀")이 베를린 필하모닉(Berlin Philharmonic, 이하 "베를린 필")에서 처음 지휘를 시작한 1938년경부터 1989.7.16. 사망하기 직전까지 지휘한 베를린 필 등의 연주실황을 녹음하여 음반을 제작, 판매하여 왔다. 한편 일본 회사인 소외 유어 뮤직 컴퍼니(Your Music Co. LTD, 이하 "YMC사")는 1982.부터 1986.에 걸쳐 1978.10.1. 이전(일본은 1978.10.14. '음반의 무단복제로부터 음반제작자를 보호하기 위한 협약'에 가입)에 발표된 레코드 및 오픈릴 테이프로부터 음원을 복각하였는데, 그 중 카라얀이 지휘한 연주를 녹음한 그라모폰사의 음반에서 복각한 곡도 상당수 포함되어 있다. 소외 유강호와 서강식은 1992.6.경 YMC사로부터 위 회사가 위와 같이 복각한 음원의 국내에서의 사용권을 취득한 후, 1994.1.13. 문화체육부장관으로부터 278곡에 대하여 외국음반 복제허가를 받았으며, 1995.6.21. 원고에게 원고가 임의 선곡한 CD 35장 분량의 음원사용권을 부여하였다. 원고는 유강호 등으로부터 사용권을 취득한 음원을 이용하여 소외 주식회사 SKC에게 의뢰하여 CD 30장(음반명 WRC 001 SB에서 WRC 030 SB까지)을 제작한 후 이를 10장, 20장, 30장 단위의 세트로 만든 후 '카라얀 베스트클래식' 등의 이름으로 저렴한 가격에 비씨카드주식회사, 한솔CSN 주식회사, 엘지 홈쇼핑 등을 통하여 판매하여 왔는데, 위 CD 30장에 수록된 71곡 중 38곡이 카라얀이 지휘한 곡이다.

한편, 우리나라는 외국인의 저작인접권을 내국인의 저작인접권과 동일하게 보호하도록 하는 '무역관련 지적재산권에 관한 협정'(Agreement on Trade-related Aspects of Intellectual Property Right, 이하 "TRIPs 협정")에 가입하여 1995.1.1. 위 협정이 발효되고, 이에 따라 저작권법이 개정되고 위 개정법이 1996.7.1.부터 시행되면서 그동안 국내에서 자유이용상태에 놓였던 외국인이 제작한 음반 등이 저작권법의 보호를 받게 되었다.

그라모폰사는 1996.9.경 원고가 제작한 CD세트 중 3개의 CD를 무작위로 선정하여 조사한 결과 그 중 WRC 010 SB의 'RAVEL, BOLERO'는 그라모폰사가 제작한 카라얀 지휘의 베를린 필의 연주곡에 관한 음반을 복제한 것으로 판단하였다.

피고(당시의 상호는 '폴리그램 주식회사')는 1997.6.5. 비씨카드 주식회사, 주식회사 SKC에게 피고는 그라모폰사를 포함한 유명 레이블을 보유하고 있으며 카라얀의 실

227) 대법원 2006.2.10. 선고 2003다41555 판결에서 확정되었다.

연에 대한 음반 판매와 복제권 등의 대행을 맡고 있는바, 저작권법이 개정되어 외국인의 저작인접권도 보호되면서 피고가 보호, 관리하는 음반 등을 무단 복제, 판매하는 행위는 금지되므로, 이를 위반하는 경우 일체의 민, 형사상 절차를 취할 것이라는 취지의 통고서를 보냈고, 특히 비씨카드 주식회사에게 보낸 통고서에는 위 회사가 광고하고 있는 원고의 CD세트가 피고의 음반 등 복제, 판매권 등을 침해한 것으로 간주된다고 기재되어 있다. 피고는 같은 해 7.8. 한솔CSN 주식회사에게 위 회사의 창간호 상품 중 원고의 CD세트가 기존 통신망을 통하여 판매되는 불법음반복제물과 동일한 것으로 추정된다는 내용의 통고서를 보냈다.

원고는 피고와 원고의 CD세트의 계속판매 등에 관하여 협상을 추진하다가, 서로의 입장차이로 협상이 결렬된 후 같은 해 7.15. 그라모폰사에게 원고는 일본 YMC사 음원의 한국 판권자로 적법한 절차를 거쳐 사용권을 부여받았는바, 일본 YMC사 음원의 불법성이 확증될 때까지 영업제한을 해제해 주고, 불법성이 입증되는 경우에도 영업정리를 위하여 3개월 정도의 유예기간을 달라는 내용의 통지서를 보냈다.

그라모폰사는 같은 달 21일 원고에게 위 회사가 YMC사에게 어떠한 권리도 부여한 사실이 없으며, 원고가 발매한 CD세트 중 12장(WRC 001 SB, WRC 002 SB, WRC 004 SB, WRC 005 SB, WRC 006 SB, WRC 007 SB, WRC 009 SB, WRC 012 SB, WRC 013 SB, WRC 020 SB, WRC 021 SB, WRC 027 SB)이 그라모폰사의 음반을 복제한 것으로 믿을 만한 이유가 있다는 취지의 팩스를 보냈다. 그라모폰사는 같은 해 12.11. 원고를 상대로 수원지방법원 97카합8305호로 원고의 CD세트 중 별지 목록 기재 CD 5장에 대한 음반판매금지가처분신청을 하였고 1998.8.7. 위 법원으로부터 가처분결정을 받았다.

쟁점2 : 외국 음반에 대한 저작인접권 소급 보호

판시내용 :

(1) 우리나라 저작권법상 외국인 음반제작자의 권리 보호

(가) 1957년 저작권법

1957.1.28. 법률 제432호로 제정된 저작권법(이하 “1957년 저작권법”)은 외국인의 저작물에 대하여 조약에 규정이 없는 경우에는 국내에서 처음으로 그 저작물을 발행한 외국인에 한하여 위 법에 따라 저작물을 보호하도록 규정하고 있었으나(제46조 단서), 위 법이 시행되는 기간 중에 우리나라는 외국인의 저작물의 보호에 관한 어떠한 조약에도 가입한 적이 없었으므로, 외국인의 저작물은 국내에서 최초로 발행된 것에 한하여 보호되었다(위 법은 저작인접권이라는 별도의 개념을 사용하지 아니하였으나, 제2조에서 저작물에 ‘음반’을 포함시켜 음반제작자의 권리를 저작권의 일종으로서 보호하였다).

(나) 1987년 저작권법 및 음반협약

그 후 1986.12.31. 법률 제3916호로 전면 개정되어 1987.7.1.부터 시행된 저작권법(이하 “1987년 저작권법”)은 외국인이 제작한 음반에 관하여 ‘음이 맨 처음 대한

민국 내에서 고정된 음반'(제61조 제2호 나목)과 '대한민국이 가입 또는 체결한 조약에 따라 보호되는 음반'(제2호 다목)에 한하여 저작인접권으로서 보호하였고, 한편, 우리나라는 1987.7. '음반의 무단복제로부터 음반제작자를 보호하기 위한 협약'(이하 "음반협약")에 가입하여 같은 해 10.10. 동 조약이 비준, 공포되어 효력이 발생하게 되었는데 그 효력은 소급하지 않는 것으로 해석되므로, 외국인의 음반제작자로서의 저작인접권은 국내에서 최초로 고정된 음반 및 1987.10.10. 이후에 녹음된 음반에 한하여만 보호되었다.

(다) 현행 저작권법 및 TRIPs협정

1995.12.6. 법률 제5015호로 개정되어 1996.7.1.부터 시행된 저작권법(이하 '현행 저작권법')은 외국인이 제작한 음반에 대하여 '대한민국이 가입 또는 체결한 조약에 따라 보호되는 음반으로서 체약국 내에서 최초로 고정된 음반'(제64조 제2호 다목)을 저작인접권으로 보호하였고, 한편, 우리나라는 TRIPs협정에 가입하였는데, TRIPs협정 제14조에서는, 실연자, 음반제작자 및 방송사업자의 이른바 저작인접권을 인정하면서(제1, 2, 3항), 소급보호원칙을 규정한 '문학 · 예술저작물의 보호를 위한 베른협약'(이하 "베른협약") 제18조를 준용하도록 하고 있고(제6항), 베른협약 제18조는 이 협약의 효력발생 당시에 본국에서 보호기간의 만료에 의하여 이미 저작권이 소멸하여 공중의 자유이용 상태에 놓이지 아니한 모든 저작물에 대하여 소급적으로 보호하되(제1항) 기존의 또는 장래에 체결될 동맹국 사이의 특별협약이나 각 체약국의 국내법으로 그 소급보호원칙의 적용에 관한 방법을 제한할 수 있음(제3항)을 규정하고 있는데, 우리나라는 1996.6.21. 베른협약에도 가입하였다. 따라서 외국인의 음반제작자로서의 저작인접권은 그 외국인의 본국이 TRIPs협정의 체약국이고 본국의 저작권법에서 정한 보호기간이 만료되지 아니한 것인 때에는 1987.10.10. 이후에 녹음된 음반(음반협정의 발효에 의하여 보호되는 부분)이나, 국내에서 최초로 발표된 것(1957년 저작권법에 의하여 보호되는 부분)에 대한 것이 아닌 경우에도 소급하여 현행 저작권법에 의하여 보호를 받게 되었다고 할 것인데, 독일은 TRIPs협정의 체약국이고, 이 사건에서 문제된 독일 회사인 그라모폰사의 음반은 모두 1987.10.10. 전에 녹음되고, 독일에서 최초로 발표된 것이므로, 위 각 음반에 대한 그라모폰사의 음반제작자로서의 권리는 현행 저작권법에 의하여 비로소 보호를 받게 되었다고 할 것이다.

(2) 그라모폰사의 저작인접권의 보호기간

(가) 대한민국에서 보호되었더라면 인정되었을 보호기간

현행 저작권법 부칙 제3조는 '제3조 제1항 및 제61조의 규정에 의하여 새로이 보호되는 외국인의 저작물 및 음반으로서 이 법 시행 전에 시행된 것(이하 "회복저작물등")의 저작권과 실연자 및 음반제작자의 권리는 당해 회복저작물등이 대한민국에서 보호되었더라면 인정되었을 보호기간의 잔여기간 동안 존속한다'라고 규정하여, 회복저작물등의 소급보호에 관하여 일정한 제한을 가하고 있는바, 앞에서 살펴본 바와 같이 이 사건에서 문제되는 그라모폰사의 음반은 현행 저작권법에 의하여 새로이 보호되는 외국인의 음반으로서 위 부칙 3조에 말하는 회복저작물등에 해당한다고 할 것이므로, 그에 대한 음반제작자로서의 권리는 당해 음반이 '대한민국에서 보호되었더라면 인정되었을 보호기간의 잔여기간 동안' 존속한다고 할 것이다.

(나) 우리나라 저작권법상 음반제작자의 권리의 보호기간

1957년 저작권법은 저작권은 저작자의 생존간 및 사후 30년간 존속하되(제30조 제1항), 단체명의의 저작물의 저작권은 발행 또는 공연한 날로부터 30년간 존속하며(제33조), 한편 저작권의 기간을 계산함에는 저작자 사망의 해 또는 저작물을 발행 또는 공연한 때의 다음해부터 기산한다고 규정하고 있었다. 1987년 저작권법은 저작인접권에 관한 규정을 신설하면서, 그 보호기간은 음반에 있어서는 그 음을 맨 처음 그 음반에 고정한 때의 다음해부터 기산하여 20년간으로 정하면서(제70조), 그 부칙에서 종전의 규정에 의한 저작물로서 1957년 저작권법 제2조의 규정에 의한 연주, 가창, 연출, 음반 또는 녹음필름은 종전의 규정에 의하며(제2조 제2항 제1호), 위 법 시행 이전에 공표된 저작물로서 위 법 시행일 1987.7.1.을 기준으로 저작권이 소멸하지 않은 저작물에 대하여 종전의 규정에 의한 보호기간이 위 법에 의한 보호기간보다 긴 때에는 종전의 규정에 의하도록 정하였는바(제3조 제1항, 제2조 제1항), 결국 1987.7.1. 이후에 공표된 음반의 경우에만 위 법상의 보호기간이 적용되고, 그 전에 공표된 음반에 대한 음반제작자의 권리의 보호기간에 대하여는 여전히 1957년 저작권법에 의하게 되었다. 그 후 1994.1.7. 법률 제4717호로 개정되어 1994.7.1. 시행된 저작권법(이하 "1994년 저작권법")은 음반제작자의 저작인접권의 보호기간을 음을 맨 처음 음반에 고정한 때의 다음해부터 기산하여 50년으로 연장하였으나(제70조), 그 부칙 제3조에서 '이 법 시행 전에 발생된 저작인접권의 보호기간은 종전의 규정에 의한다'고 정하여 위 법상의 보호기간은 1994.7.1. 이후에 녹음된 음반에 대한 음반제작자의 권리에 대하여만 적용되게 되었다. 위와 같은 현행 저작권법까지의 음반제작자의 권리의 보호기간에 대한 규정들을 종합해 보면, 1987.6.30. 이전에 공표된 음반에 대한 권리는 1957년 저작권법에서 규정한 대로 저작자가 사망한 다음해로부터, 단체명의의 저작물인 경우는 발행한 때의 다음해로부터 각 30년까지 보호되고, 1987.7.1. 이후 1994.6.30.까지 녹음된 음반에 대한 저작인접권은 음을 처음으로 음반에 고정한 때의 다음해로부터 20년까지 보호되며, 1994.7.1. 이후 녹음된 음반에 대한 저작인접권은 음을 처음으로 음반에 고정한 때의 다음해로부터 50년까지 보호된다고 할 것이다.

(다) 한편, 앞에서 살펴본 바와 같이 현행저작권법상 회복저작물등은 부칙 3조에 따라 '대한민국에서 보호하였더라면 인정되었을 보호기간의 잔여기간 동안' 존속한다고 할 것인데, 이 사건에서 문제되는 그라모폰사의 음반은 회복저작물등으로서 모두 1987.6.30. 이전에 공표된 것이고, 그라모폰사의 음반제작자로서의 권

리는 1957년 저작권법상 단체명의의 저작물에 관한 것이므로, 당해 음반을 발행한 때의 다음해로부터 30년까지만 보호된다고 할 것이다.

(3) 원고의 그라모폰사의 저작인접권 침해 여부

(가) 피고는 원고의 CD세트 중 별지 목록 기재 CD 5장이 아래 표의 '피고 주장복각대상음반'란에 기재된 일시에 녹음되고 발행된 그라모폰사의 음반을 복제하여 제작한 것으로 그라모폰사의 음반제작자로서의 권리를 침해한 것이라고 주장하고, 이에 대하여 원고는 별지 목록 제2, 5항 기재 각 CD가 피고 주장과 같은 그라모폰사의 음반을 복각하여 만들어진 것은 사실이나, 나머지 3장에 대하여는 아래 표의 '원고 주장 복각대상음반'란에 기재된 일시에 녹음되고 발행한 것을 복각하여 만든 것으로 그 각 음반의 보호기간이 이미 경과하였다고 다툰다.

원고의 CD	피고 주장 복각대상음반	원고 주장 복각대상음반
별지 목록 제1항	녹음 1976.10.19. 발행 1977.8.1.	녹음 1962.2.15. 발행 1963.
제2항	녹음 1966.10.13. 발행 1967.7.1.	좌동
제3항	녹음 1972.6.8. 발행 1973.9.1.	녹음 1964.3.4. 발행 1964.
제4항	녹음 1983.2.21. 발행 1984.2.1.	녹음 1964.12.27. 발행 1965.
제5항	녹음 1968.8.22. 발행 1969.3.1.	좌동

(나) 살피건대, 을 제4 내지 7호증의 각 기재는 그라모폰사가 원고의 CD세트를 입수하여 자체의 전문 청취실에서 그라모폰사가 제작한 음반과 비교한 결과 별지 목록 기재 각 CD가 위 표의 '피고 주장 복각대상음반'란 기재의 음반을 복제한 것이라고 스스로 판단한 것일 뿐이고, 한편, 갑 제56호증, 갑 제57 내지 59호증의 각 1 내지 3의 각 기재에 의하면, YMC사의 복각작업기록철에는 별지 목록 제1, 3, 4항 기재 각 CD의 기초가 된 음원은 위 표의 '원고 주장 복각대상음반'란에 기재된 일시에 녹음되고 발행된 그라모폰사의 음반을 복각한 것으로 되어 있는바, 그에 의하면 그라모폰사의 위 각 음반은 현행 저작권법이 시행되기도 전에 그 보호기간(발행된 다음해로부터 30년)이 경과하였다고 할 것이므로, 위 을 제 4 내지 7호증의 기재만으로는 원고의 위 3장의 CD가 그라모폰사의 저작인접권을 침해하였다고 단정할 수 없다. 그러나 별지 목록 제2, 5항 기재 CD가 위 표의 '피고 주장 복각대상음반'란에 기재된 일시에 녹음되고 발행된 그라모폰사의 음반을 복각한 음원을 이용한 것임은 원고도 인정하고 있는 바, 그렇다면, 그라모폰사의 위 각 음반은 피고가 비씨카드 주식회사 등에게 통고서를 보낼 당시 그 보호기간(발행한 다음해로부터 30년)이 경과하지 않았음이 역수상 명백하여 현행 저작권법에 의하여 보호되고 있었다고 할 것이므로, 원고는 적어도 위 2장의 CD에 실린 곡에 관하여는 그라모폰사의 음반제작자로서의 권리를 침해하였다고 할 것이다.

(3) 방송사업자의 권리

방송사업자는 방송[228]을 업으로 하는 자를 말한다.[229] 방송사업자는 복제권과 동시중계방송권을 가진다.

1) 복제권

방송사업자는 그의 방송을 복제할 권리를 가진다.[230]

2) 동시중계방송권

방송사업자는 그의 방송을 동시중계방송할 권리를 가진다.[231] 방송을 수신하여 그 방송프로그램에 변경을 가하지 아니하고 그대로 동시에 재송신하는 것을 '동시

---

228) 저작권법상 방송은 공중송신 중 공중이 동시에 수신하게 할 목적으로 음·영상 또는 음과 영상 등을 송신하는 것을 말한다(저작권법 제2조 제8호). 반면, 방송법은 방송과 방송사업자에 대해 다음과 같이 정의하고 있다. 방송법 제2조 1. "방송"이라 함은 방송프로그램을 기획·편성 또는 제작하여 이를 공중(개별계약에 의한 수신자를 포함하며, 이하 "시청자"라 한다)에게 전기통신설비에 의하여 송신하는 것으로서 다음 각목의 것을 말한다. 가. 텔레비전방송 : 정지 또는 이동하는 사물의 순간적 영상과 이에 따르는 음성·음향 등으로 이루어진 방송프로그램을 송신하는 방송 나. 라디오방송 : 음성·음향 등으로 이루어진 방송프로그램을 송신하는 방송 다. 데이터방송 : 방송사업자의 채널을 이용하여 데이터(문자·숫자·도형·도표·이미지 그 밖의 정보체계를 말한다)를 위주로 하여 이에 따르는 영상·음성·음향 및 이들의 조합으로 이루어진 방송프로그램을 송신하는 방송(인터넷 등 통신망을 통하여 제공하거나 매개하는 경우를 제외) 라. 이동멀티미디어방송 : 이동중 수신을 주목적으로 다채널을 이용하여 텔레비전방송·라디오방송 및 데이터방송을 복합적으로 송신하는 방송 2. '방송사업'이라 함은 방송을 행하는 다음 각목의 사업을 말한다. 가. 지상파방송사업 : 방송을 목적으로 하는 지상의 무선국을 관리·운영하며 이를 이용하여 방송을 행하는 사업 나. 종합유선방송사업 : 종합유선방송국(다채널방송을 행하기 위한 유선방송국설비와 그 종사자의 총체를 말한다. 이하 같다)을 관리·운영하며 전송·선로설비를 이용하여 방송을 행하는 사업 다. 위성방송사업 : 인공위성의 무선설비를 소유 또는 임차하여 무선국을 관리·운영하며 이를 이용하여 방송을 행하는 사업 라. 방송채널사용사업 : 지상파방송사업자·종합유선방송사업자 또는 위성방송사업자와 특정채널의 전부 또는 일부 시간에 대한 전용사용계약을 체결하여 그 채널을 사용하는 사업 3. '방송사업자'라 함은 다음 각목의 자를 말한다. 가. 지상파방송사업자 : 지상파방송사업을 하기 위하여 방송통신위원회의 허가를 받은 자 나. 종합유선방송사업자 : 종합유선방송사업을 하기 위하여 방송통신위원회의 허가를 받은 자 다. 위성방송사업자 : 위성방송사업을 하기 위하여 방송통신위원회의 허가를 받은 자 라. 방송채널사용사업자 : 방송채널사용사업을 하기 위하여 방송통신위원회에 등록을 하거나 방송통신위원회의 승인을 얻은 자 마. 공동체라디오방송사업자 : 공중선전력 10와트 이하로 공익목적으로 라디오방송을 하기 위하여 방송통신위원회의 허가를 받은 자

229) 저작권법 제2조 제9호

230) 저작권법 제84조

231) 저작권법 제85조

재송신' 혹은 '동시중계방송'이라 한다. 방송을 동시중계방송하려면 원방송사업자의 허락을 얻어야 하나, 방송법은 종합유선방송사업자, 위성방송사업자 및 중계유선방송사업자에 대해 KBS와 EBS가 행하는 지상파방송(라디오방송 제외)을 동시재송신할 의무를 부과하고 있어 이 경우 방송사업자의 동시중계방송권은 제한된다.[232] 하지만 다른 권리자, 즉 저작권자, 실연자 및 음반제작자의 권리는 이 규정에 의하여 영향을 받지 아니하므로, 방송법 규정에 따라 방송을 동시재송신하려는 방송사업자는 이들의 허락을 별도로 받아야 한다.

---

232) 방송법 제78조 제1항

chapter 7

제 작 자

01 영상제작자

영상제작자는 영상저작물의 제작에 있어 그 전체를 기획하고 책임을 지는 자[233]를 말한다.[234] 여기서 영상저작물은 연속적인 영상(음의 수반여부는 가리지 아니한다)이 수록된 창작물로서 그 영상을 기계 또는 전자장치에 의하여 재생하여 볼 수 있거나 보고 들을 수 있는 것을 말하는 것으로,[235] 일반적으로 기존의 저작물을 바탕으로 하여 이를 영상화하는 2차적저작물이 대부분이다. 또한 영상저작물은 주로 종합예술의 한 형태로서 그 창작을 위해 (시나리오, 방송)작가, OST 작사작곡가, 촬영감독, 미술감독, 세트감독, 조명감독, 연출자 등이 다수 참여하게 된다. 따라서 영상저작물의 저작자가 누구인가를 정하는 것은 복잡하고도 난해한 문제다.[236] 우리 법은 영상저작물의 저작자를 누구로 볼 것이냐에 관해 규정을 두고 있지 않고 있다. 다만 영상저작물의 원활한 이용과 제작에 대한 투자가 원활하게 이루어지도록 하기 위해 이의 제작에 관여하는 사람들의 권리관계를 단순화할 필요가 있어, 저작물의 저작자가 영상화를 허락한 경우 그 결과물의 통상적인 이용에 대해서는 미리 양해를 했다고 보는 것이 사회통념에 비추어 타당하다고 판단, 별도의 의사표시인 특약[237]이 없는 한 당초의 목적 범위 내에서 다음의 권리를 포

233) 영상저작물이 종합저작물로서 제작부분이나 단계에 따라서 각 부분을 책임지는 부분기획자들도 있는데 이들은 본 특례규정이 적용되는 영상제작자로부터 제외된다.

234) 저작권법 제2조 제14호

235) 저작권법 제2조 제13호

236) 영국의 경우에는 영상제작자를 영상저작물의 저작자로 보고 있고, 프랑스의 경우에는 영상제작에 창작적으로 참여한 사람들을 공동저작자로 보고 있으며, 일본에서는 원저작물의 저작자를 제외한 제작, 감독, 연출, 촬영 등 영상저작물의 전체적 형성에 창작적으로 기여한 자를 저작자로 보고 있다. 반면, 미국이나 독일은 영상저작자를 명시하지 않고 있다.

237) 본 규정은 특약이 없는 경우에 보충적으로 적용되는 규정으로 계약이 발달할 경우 적용의 여지가 줄어들게 된다.

함하여 허락한 것으로 추정하는 규정을 두고 있다.[238]

- 영상저작물을 제작하기 위하여 저작물을 각색하는 것
- 공개상영을 목적으로 한 영상저작물을 공개상영하는 것
- 방송을 목적으로 한 영상저작물을 방송하는 것
- 전송을 목적으로 한 영상저작물을 전송하는 것
- 영상저작물을 그 본래의 목적으로 복제·배포하는 것
- 영상저작물의 번역물을 그 영상저작물과 같은 방법으로 이용하는 것

저작재산권자는 그 저작물의 영상화를 허락한 경우에 특약이 없는 때에는 허락한 날부터 5년이 경과한 때에 그 저작물을 다른 영상저작물로 영상화하는 것을 허락할 수 있다.[239] 이 조항을 역으로 해석하면 특약이 없는 한 영상제작자는 5년간 독점적으로 영상저작물을 이용할 수 있게 된다. 본 조항의 취지는 영상저작물의 제작에 투입된 자본의 회수를 용이하게 하기 위한 것이다.

영상제작자와 영상저작물의 제작에 협력할 것을 약정한 자가 그 영상저작물에 대하여 저작권을 취득한 경우 특약이 없는 한 그 영상저작물의 이용을 위하여 필요한 권리는 영상제작자가 이를 양도 받은 것으로 추정한다.[240] 이 조항은 그렇다면 누가 영상제작자이며 누가 영상저작물의 제작에 협력할 것을 약정한 자인지 문제가 될 수 있다. 영상제작자는 영상저작물의 제작에 있어 그 전체를 기획하고 책임을 지는 자를 말하는데, 드라마 공동제작의 경우 방송사가 프로그램 전체를 기획·편성하고 책임을 지는 자이기 때문에 방송사가 영상제작자라고 주장하며, 드라마 외주제작 프로덕션은 실제 제작사가 영상저작물의 제작에 있어 그 전체를 기획하고 책임을 지기 때문에 외주제작사가 영상제작자라고 주장한다. 한편 투자자도 스스로를 영상제작자라고 주장하는 상황이다.

영상저작물의 제작에 사용되는 소설·각본·미술저작물 또는 음악저작물 등의 저작재산권은 제1항의 규정으로 인하여 영향을 받지 아니한다.[241] 영상제작자와 영상저작물의 제작에 협력할 것을 약정한 실연자의 그 영상저작물의 이용에 관한 복제권, 배포권, 방송권 및 전송권은 특약이 없는 한 영상제작자가 이를 양도 받은 것으로 추정한다.[242] 영상제작물의 제작에 협력할 것을 약정한 자 및 실연자로부

238) 저작권법 제99조 제1항
239) 저작권법 제99조 제2항
240) 저작권법 제100조 제1항
241) 저작권법 제100조 제2항

터 영상제작자가 양도 받는 영상저작물의 이용을 위하여 필요한 권리는 영상저작물을 복제 · 배포 · 방송 또는 그 밖의 방법으로 이용할 권리로 하며, 이를 양도하거나 질권의 목적으로 할 수 있다.[243)]

영상저작물의 권리관계와 그 이용에 대해 종합해 보면, 우리 법은 영상저작물의 저작자가 누구인지를 일일이 규율하기 어렵기 때문에 영상저작물에 관여한 저작자에게 일일이 저작권을 부여하는 형식을 취하지 않고, 영상저작물의 원활한 이용을 위해 저작권 및 저작인접권의 귀속여부를 불문하고 그 영상저작물의 이용을 위한 권리는 영상제작자에게 양도된 것으로 추정하는 규정을 두고 있다. 따라서 영상저작물을 이용하려는 분은 일반적으로 영상제작자에게 이용허락을 받으면 된다. 그러나 특약이 있을 경우 본 조항이 적용되지 않으니 주의하여야 한다. 시나리오, OST음악 등의 원저작물을 원래의 영상저작물과 다른 방식으로 이용하고자 할 경우에는 개별 저작권자로부터 직접 허락을 받아야 한다.

드라마 외주제작사에게 일방적으로 불리한 프로그램 제작 및 납품 계약서[244)]

제11조(권리의 양도)

'을'(외주제작사)은 별도의 특약이 없는 한 '프로그램'(촬영 원본 자료 포함)에 대하여 다음 각 호의 권리를 포함하여 공중송신권(방송권, 전송권, 디지털음성송신권 등), 복제권, 배포권, 공연권, 전시권, 2차적저작물 및 편집저작물 등의 작성권 등 저작권 일체를 '갑'(지상파방송사)에게 양도한다.

1. 국내외에서 방송(지상파 유선 위성 DMB 등 모든 형태의 방송 포함)하는 권리
2. '프로그램'을 구성하는 타이틀명, 서브타이틀명, 등장 캐릭터의 형상 및 명칭, 심볼 등을 출판물, CF, 행사, 공연물, LD제작, CD롬제작, DVD제작, 인터넷 기타 새로이 등장하는 일체의 매체 및 상품에 사용하는 권리 등
3. 국내외에서 판매용 비디오로 복제, 배포하는 권리
4. 국내외에서 상영하는 권리
5. 국내외에서 무선 또는 유선통신의 방법으로 전송하는 권리
6. '프로그램'을 구성하는 타이틀명, 서브타이틀명, 등장 캐릭터의 형상 및 명칭, 심볼 등을 출판물, CF, 행사, 공연물, LD제작, CD롬 제작, DVD제작, 인터넷 기타 새로이 등장하는 일체의 매체 및 상품에 사용하는 권리

242) 저작권법 제100조 제3항

243) 저작권법 제101조 제1항, 제2항

244) 김춘식, "방송콘텐츠 활성화를 위한 편성고시 개선방안", 뉴라이트방송통신정책센터 제8차 정책토론회 토론집, 2008.10.23, 73쪽.

02 출판사

출판권이란 저작물을 인쇄 그 밖에 유사한 방법으로 문서 또는 도화로 발행하는 권리를 말한다. 저작물을 복제·배포할 권리를 가진 자(이하 "복제권자")는 그 저작물을 인쇄 그 밖에 유사한 방법으로 문서 또는 도화로 발행하고자 하는 자에 대하여 이를 출판할 권리(이하 "출판권")를 설정할 수 있다[245]. 출판권 설정계약은 출판허락계약이나 저작물의 독점적 복제·배포권과는 성질상 차이가 있다. 출판권자가 일반적인 복제·배포권자와 달리 법 상 몇 가지 의무와 권리를 지닌다. 출판권을 설정 받은 자(이하 "출판권자")는 그 설정행위에서 정하는 바에 따라 그 출판권의 목적인 저작물을 원작 그대로 출판할 권리를 가진다[246][247] 복제권자는 그 저작물의 복제권을 목적으로 하는 질권이 설정되어 있는 경우에는 그 질권자의 허락이 있어야 출판권을 설정할 수 있다.[248] 출판권 역시 복제권자의 동의 없이 이를 양도 또는 질권의 목적으로 할 수 없다.[249] 출판권자는 그 설정행위에 특약이 없는 때에는 출판권의 목적인 저작물을 복제하기 위하여 필요한 원고 또는 이에 상당하는 물건을 받은 날부터 9월 이내에 이를 출판하여야 한다.[250] 출판권자는 그 설정행위에 특약이 없는 때에는 맨 처음 출판한 날로부터 3년간 존속한다.[251] 출판권자는 특약이 없는 때에는 각 출판물에 대통령령이 정하는 바에 따라 복제권자의 표지[252]를

---

245) 저작권법 제57조 제1항. 온라인출판은 출판권설정계약에서 말하는 출판의 개념에는 포함되지 않는다. 프로그램의 저작재산권자는 다른 사람에게 그 저작물에 대하여 독점적으로 복제하여 배포 또는 전송할 수 있도록 하는 배타적 권리("프로그램배타적발행권")을 설정할 수 있다(저작권법 제101조 제1항). 프로그램배타적발행권도 출판권과 같이 특약이 없는 한 설정행위를 한 날로부터 3년간 존속한다(동조 제5항).

246) 저작권법 제57조 제2항

247) 제3자가 출판권자의 허락 없이 원작의 전부 또는 상당 부분과 동일성 있는 작품을 출판하는 때에는 출판권 침해가 성립하지만 원작과의 동일성을 손상하는 정도로 원작을 변경하여 출판하는 때에는 저작자의 2차적저작물작성권의 침해에 해당할지언정 출판권자의 출판권 침해는 성립하지 않는다(대법원 2005.9.9. 선고 2003다47782 판결).

248) 저작권법 제57조 제3항

249) 저작권법 제63조 제1항

250) 저작권법 제58조 제1항

251) 저작권법 제60조

252) 복제권자의 표지에 수록되는 사항은 다음과 같다(저작권법 시행령 제38조). 1. 복제의 대상이 외국인의 저작물일 경우에는 복제권자의 성명 및 맨 처음의 발행연도의 표지 2. 복제의 대상이 대한민국 국민의 저작물일 경우에는 제1호에 따른 표지 및 복제권자의 검인 3. 출판권자가 복제권의 양도를 받은 경우에는 그 취지의 표시. 다만, 「신문 등의 자유와 기능보장에 관한 법률」 제12조 제1항에 따라 등록된 신문 및 「잡지 등 정기간행물의 진흥에 관한 법률」 제15조 및 제16조에 따라 등록 또는 신고된 정기간행물의 경우에는 복제권자의 표지를 하지 아니한다.

하여야 한다.[253] 출판권자는 그 설정행위에 특약이 없는 때에는 관행에 따라 그 저작물을 계속하여 출판하여야 한다.[254] 출판권자는 출판권의 목적인 저작물을 다시 출판하고자 하는 경우에 특약이 없는 때에는 그 때마다 미리 저작자에게 그 사실을 알려야 한다.[255] 출판권자가 출판권의 목적인 저작물을 다시 출판하는 경우에 저작자는 정당한 범위 안에서 그 저작물의 내용을 수정하거나 증감할 수 있다[256]. 이 조항은 저작인격권 중 동일성유지권에서 유래했다고 보고 있다.

복제권자는, 출판권자가 출판권 설정계약에 의거 출판 대상물을 받은 날부터 9월 이내에 이를 출판하지 아니하거나 관행에 따라 그 저작물을 계속하여 출판하지 아니하는 경우, 6월 이상의 기간을 정하여 그 이행을 최고하고 그 기간 내에 이행하지 아니하는 때에는 출판권의 소멸을 통고할 수 있다.[257] 복제권자는 출판권자가 출판이 불가능하거나 출판할 의사가 없음이 명백한 경우에는 제1항의 규정에 불구하고 즉시 출판권의 소멸을 통고할 수 있다.[258] 본 규정에 따라 출판권의 소멸을 통고한 경우에는 출판권자가 통고를 받은 때에 출판권이 소멸한 것으로 본다.[259] 이때 복제권자는 출판권자에 대하여 언제든지 원상회복을 청구하거나 출판을 중지함으로 인한 손해의 배상을 청구할 수 있다.[260] 출판권이 그 존속기간의 만료 그 밖의 사유로 소멸된 경우에는 그 출판권을 가지고 있던 자는 출판권 설정행위에 특약이 있는 경우 혹은 출판권의 존속기간 중 복제권자에게 그 저작물의 출판에 따른 대가를 지급하고 그 대가에 상응하는 부수의 출판물을 배포하는 경우를 제외하고는 그 출판권의 존속기간 중 만들어진 출판물을 배포할 수 없다.[261]

저작물을 복제·배포할 권리를 가진 복제권자는 출판권 존속기간 중 그 출판권의 목적인 저작물의 저작자가 사망한 때에는 출판권의 존속기간 중에도 저작자를 위하여 저작물을 전집 그 밖의 편집물에 수록하거나 전집 그 밖의 편집물의 일부인 저작물을 분리하여 이를 따로 출판할 수 있다.[262] 유명 저작자가 사망하게 되면 추모의 의미에서 그의 유작들을 모아 출판하게 되는 경우가 많은데 출판권이

---

253) 저작권법 제58조 제3항
254) 저작권법 제58조 제2항
255) 저작권법 제59조 제2항
256) 저작권법 제59조 제1항
257) 저작권법 제61조 제1항
258) 저작권법 제61조 제2항
259) 저작권법 제61조 제3항
260) 저작권법 제61조 제4항
261) 저작권법 제62조
262) 저작권법 제60조 제2항

없는 저작권자의 경우 출판권의 목적인 저작물을 원작대로 출판할 수 없음은 물론이고 그 저작물을 전집 기타 편집물에 수록할 수도 없게 된다. 이를 고려하여 출판권 설정에 의한 저작권자의 구속을 완화하는 규정을 두고 있다. 단, 이 조항은 출판권이 존속하고 있는 기간 중에 저작자가 사망한 경우에만 적용된다.

▶ **[쉴 休]**

[그림 7-1]
1998년 출간
출처 : www.kyobobook.co.kr

[그림 7-2]
2008년 출간
출처 : www.kyobobook.co.kr

출판사 '책이있는마을'은 지난 1998년 故 최진실의 자서전 《그래, 오늘 하루도 진실하게 살자》를 초판 발행으로만 3만권 가까운 판매고를 올린바있다. 논란의 발단은 故 최진실이 사망하고 나자 '책이있는마을'은 6,000부를 새로 제작해 지난(2008년 10월) 15일부터 서점에 유통시켰다. 뿐만 아니라 재발간된 자서전에는 연예계에 발을 들여놓은 지 어언 10년이라는 글이 20년으로 수정되고, 최근 고인을 인터뷰했던 기자들이 쓴 글을 덧붙이는 등 마치 최근에 발간된 양 비화해서 수정 발간했다. 이에 대해 유가족은 "동의 없이 책이 출간돼 시중에 유통되는 것에 유감을 표한다"며 "법적 대응까지 생각하고 있다"고 밝힌 것으로 알려졌다. 한편, "출판사 측은 책 출간 5년 이후부터는 저작권이나 특별한 동의 없이 1년씩 자동으로 연장되고 저자도 최진실 본인이 아닌 대필작가에게 일부 있다고 판단하기 때문에 법적으로는 문제가 없다"고 주장했다.

출처 : 아츠뉴스 2008.10.15.

고인 마케팅 비판을 받았던 故최진실 자서전 논란이 회수되는 것으로 일단락됐다. 22일 오후 최진실 자서전 《그래, 오늘 하루도 진실하게 살자》를 재출간한 도서출판 책이 있는 마을 대표는 "오늘 오후 최진실 소속사측과 협의한 결과 책을 회수하기로 했다"고 밝혔다. 이어 "회수 후 유족들과 직접 만나기로도 약속이 됐다. 시기는 아직 미정"이라며 "재출간 등 나머지 협의할 부분은 그 때 할 예정이다"라고 전했다. 한편 이 대표는 정확하지 않은 출판사측 입장이 무분별하게 알려지면서 문제가 더 커졌다며 안타까움을 표했다. 책이 있는 마을은 1998년 발표된 최진실의 자서전을 최진실이 죽은 후인 15일 재출간해 물의를 빚었다. 이 책은 "연예계로 발을 들여놓은 지 어언 10년이 넘었다"에서 '10년'을 '20년'으로 수정하는가 하면, 마치 고인이 죽기 직전에 집필한 듯한 띠포장 등을 하면서 비판을 받았다.

출처 : 마이데일리 2008.10.23.

출판과 관련하여 체결되는 계약의 유형으로는 출판권 설정을 목적으로 하는 출판권 설정 계약 외에도 저작재산권 중 복제·배포권을 양도하는 계약, 출판을 목적으로 하는 출판 허락계약 등이 있다. 출판업계에서는 흔히 매절이라는 용어가 쓰이는데, 이는 저작물 이용대가(인세)를 판매부수에 따라 지급하지 아니하고 한꺼번에 선급되는 경우를 일컫는다. 저작자와 출판자 사이에 행하여진 매절계약의 법적 의미를 어떻게 볼 것인가는 당사자의 의사표시의 해석문제이며 구체적인 경우에 개별적으로 판단하여야 할 것이다. 일반적으로 출판사가 지급한 대가가 현저히 고액이라는 등의 사정이 없는 한 이를 복제·배포권의 양도계약이 아닌 출판권 설정계약 또는 독점적 출판계약으로 해석하고 있다.

[판례 7-1] 서울지방법원 1994.6.1. 선고 94카합 3724 판결

사실관계 :

신청인은 도서출판 중원문화란 상호로 서적출판업을 하면서 1987.10.30.경부터 1990.12.경까지 '녹정기'라는 제목의 서적 전11권을 출판한 바가 있고, 피신청인은 1992.10.경부터 위 서적에 약간의 수정을 거쳐 이를 전12권으로 서적(이하 "사건 서적")을 출판하고 있다. 이 사건 서적은 1979년경부터 중국 무협소설을 전문적으로 번역해 오던 신청외 박영창이 대만작가인 김용이 저작한 녹정기를 번역한 것으로, 위 박영창은 1985년경 이 사건 서적 중 제1권을 이미 번역하여 신청외 대룡출판사와 출판계약을 맺으려 하던 중 신청인의 요청으로 원고 1매당 금 1,000원으로 하여 신청인에게 위 번역원고를 넘기기로 약정한 사실, 그 후 제1권이 출판된 이후 위 책이 잘 팔리지 않는다며 그 가격을 낮추어 달라는 신청인의 요청에 따라 제2권에서 제6권까지는 원고 1매당 금 600원으로 하기로 하였으나, 신청인이 그 원고료지급을 지체하므로 제7권부터는 원고료를 1매당 금 800원으로 인상하고, 그 번역마감일 및 그 원고료 지급날짜를 상호 명백히 하기 위하여 1987.3.31. 이 사건 원고계약서에 의한 서면계약을 체결하게 된 사실, 그 후 신청인은 1990.12.경까지 위 서적을 출판하다가 노사분규로 1991.4.경 폐업하게 되어 이를 더 이상 출판하지 못하게 되자, 위 박영창은 1992.7.30.경 피신청인과 사이에 신청인이 출판하던 위 서적을 일부 수정, 가필하여 이를 다시 출판하기로 하는 출판권설정계약을 체결하고 원고료로 원고지 1매당 금 1,800원을 지급받기로 하였다.

쟁점 : 매절계약의 해석

판시내용 :

신청인과 위 박영창 사이의 1987.3.31.자 계약은 저작물 이용대가를 판매부수에 따라 지급하는 것이 아니라 미리 일괄지급하는 형태로서 소위 매절계약이라 할 것으로,

그 원고료로 일괄지급한 대가가 인세를 훨씬 초과하는 고액이라는 등의 소명이 없는 한 이는 출판권설정계약 또는 독점적출판계약이라고 봄이 상당하므로 위 계약이 저작권양도계약임을 전제로 하는 신청인의 위 주장은 이유 없다. 또한 출판권은 당사자 사이에 특별한 약정이 없는 한 3년 간 존속하는바, 신청인의 출판권은 위 계약일로부터 3년이 경과하여 이미 소멸되었음은 명백하다.

또한 현상공모에 출품 또는 당선된 작품의 작가에 소정의 상금을 수여하고 수상작을 단행본으로 출판하는 관례에 대해 법원은 응모자들이 출판사와 출판권 설정허락 또는 저작권 양도계약을 명시적으로 체결하지 않은 이상 이와 같은 출판허락은 저작물에 대한 출판권설정계약이나 저작권 또는 복제·배포권의 양도라고 보기 어렵고, 다만 저작물이용허락에 해당된다고 판시하였다.

[판례 7-2] 대법원 2004.8.16. 선고 2002다47792 판결

사실관계 :

원고는 문학, 학술 또는 예술저작물의 저작권자의 권익을 옹호하며 공동의 이익을 도모함으로써 문화발전에 기여함을 목적으로 하고, 문학, 학술 또는 예술저작물의 저작권에 관한 신탁관리업무 등을 주된 사업으로 하는 사단법인 한국문예학술저작권협회로서 이 사건의 신탁자들과 각 저작권신탁약정을 체결한 후 위 신탁자들이 가지는 저작권 일체를 신탁받았고 피고는 인쇄 및 출판업 등을 주된 목적으로 하는 법인인 문학사상사이다. 피고는 이상문학상을 제정, 매년 대상작, 추천우수작, 기수상작가 우수작을 한데 모아 '이상문학상수상작품집'이라는 하나의 단행본으로 출판하여 왔다. 현재 대상에게는 상금 3,000만원이 수여되고, 추천우수작상에게는 250만원이 수여되며, 기수상작가 우수작상에게는 150만원이 수여되었다. 피고는 1986년부터 이 사건 서적의 권말에 "대상 수상 작품의 출판저작권은 문학사상사에 귀속된다. 단 2차저작권(번역출판권, 영화화·연극화 등의 저작권)은 저자에게 있고, 이상문학상수상작품집 발행 후 3년이 경과하면 저작의 작품집에 수록할 수 있으나, 그 작품집의 서명은 이상문학상수상작품집과 같은 수상 작품명으로 할 수 없다. 단 우수작상 및 기수상작가 우수작상은 관례에 따라 수록된 당해 연도 작품집에 한하여 본사가 계속 저작권을 갖는다"라고 되어 있다(이하 "이 사건 조항").

쟁점1 : 우수현상광고의 특징

판시내용 :

이상문학상은 불특정 다수에 대한 광고와 이에 대한 응모에 의하여 선정되는 것이 아니라, 피고의 이상문학상 운영규정에 따라 구성된 심사위원회에서 일정기간 동안

발표된 중 · 단편 소설 중에서 수상작을 선정하면 피고가 그 선정사실을 작가에게 알리고 작가로부터 수상수락을 받은 후 시상하는 방식이므로 민법 제678조[263]의 우수현상 광고의 법리가 그대로 적용된다고 할 수 없고, 가사 우수현상광고의 법리가 일부 유추 적용될 수 있다고 하더라도, 피고가 이 사건 저작권 조항을 1986년부터 이상문학상수상작품집 권말에 게재한 것만으로는 이상문학상의 수상조건을 명시한 것이라고 할 수 없으며, 그 밖에 피고가 이 사건 저작권 조항을 수상조건으로 명시하였음을 인정할 아무런 증거가 없고, 또한 피고가 정한 기간(대개 1년임) 동안에 작가들이 문예지 등에 문학작품을 발표하는 행위를 이상문학상의 수상을 바라고 이에 응모하기 위한 것이라고 평가할 수도 없으며, 작가들이 이상문학상의 수상을 수락하는 행위를 응모라고 볼 수도 없다.

쟁점2 : 현상공모 수상자들이 그 저작물을 출판하도록 허락한 것이 출판권 설정계약에 해당되는지 여부

판시내용 :

피고가 이 사건 신탁자들에게 상금을 지급하고 그들의 묵시적 허락을 받아 이 사건 저작물을 이 사건 서적에 수록하여 출판하였으나, 위 출판에 관하여 정식으로 계약서가 작성된 사실이 없고, 1986년 이후에도 최일남 등과는 달리, 이 사건 신탁자들(신탁자 김원일의 '마음의 감옥' 제외)과 피고 사이에 수상 규정 동의서 등이 작성되지 않은 점, 피고가 이 사건 신탁자들에게 수여한 상금이 단순히 당해 저작물의 우수성에 대한 표창의 의미만 있는 것이 아니라 이 사건 저작물의 출판에 따른 대가(인세 또는 원고료)까지 포함한다고 볼 수는 있지만 그 비율이 어느 정도인지 알 수가 없고, 또 이 사건 신탁자들이 받은 상금이 저작재산권 또는 복제 · 배포권의 양도대가로 볼 수 있을 정도의 고액이라고 보기는 어려운 점(추천우수작상 수상자의 경우는 더욱 그러하다), 피고가 이 사건 신탁자들에게 이 사건 저작권 조항을 고지 또는 설명하였다거나, 신탁자들이 이 사건 저작권 조항에 동의하여 그 조항에 따라 출판허락을 하였다고 볼만한 사정이 없는 점, 이 사건 신탁자들 대부분이 기성 작가들로서 이상문학상의 수상을 통하여 자신의 이름을 알리는 이점이 그다지 크지 아니한 점, 이 사건 신탁자들이 이 사건 저작물의 출판을 허락하게 된 데는 피고의 경영자였던 이어령과의 인간적인 관계도 영향을 미쳤을 것으로 보이는 점 등을 종합하여 보면, 이 사건 신탁자들의 위와 같은 출판 허락은 이를 이 사건 저작물에 대한 출판권설정계약이나 저작권 또는 복제 · 배포권의 양도라고 보기는 어렵고, 다만 이 사건 신탁자들에게 수여한 상금에 이용대가가 포함되어 있는, 저작권법 제46조의 소정의 저작물 이용허락이라고 봄이 상당하다.

263) 민법 제678조(우수현상광고) ①광고에 정한 행위를 완료한 자가 수인인 경우에 그 우수한 자에 한하여 보수를 지급할 것을 정하는 때에는 그 광고에 응모기간을 정한 때에 한하여 그 효력이 생긴다. ②전항의 경우에 우수의 판정은 광고중에 정한 자가 한다. 광고중에 판정자를 정하지 아니한 때

03 데이터베이스제작자

데이터베이스는 소재를 체계적으로 배열 또는 구성한 편집물로서 개별적으로 그 소재에 접근하거나 소재를 검색할 수 있도록 한 것을 말한다.[264] 일반적으로 데이터베이스는 자료의 배열보다는 축적이 중요하여 소재의 선택·배열 및 구성에 있어서는 창작성이 부족한 경우가 많다.

데이터베이스의 제작에는 적지 않은 인적, 기술적, 재정적인 투자가 필요한 반면, 이를 독자적으로 설계하는 데 비해 아주 적은 비용으로도 이러한 데이터베이스를 복제하거나 이에 접근할 수 있다. 하지만 아무리 자본을 투자하여 데이터베이스를 구축하여도 그 소재의 선택과 배열에 창작성이 없으면 보호받지 못하는 문제점이 있다. 이에 유럽의회 및 유럽연합이사회는 데이터베이스의 법적 보호에 관한 필요성을 인식하고 1996.3.11. 데이터베이스의 법적 보호에 관한 유럽공동체 지침을 채택하였다. 핵심 조항은 다음과 같다.

데이터베이스의 법적 보호에 관한 유럽공동체 지침

- 이 지침에서 부여하는 데이터베이스에 대한 저작권 보호는 그 내용에까지는 미치지 아니하며, 내용 그 자체에 존재하는 어떠한 권리에도 영향을 미쳐서는 아니 된다.
- 회원국은 데이터베이스 내용의 취득, 검증 또는 표현에 대하여 양적으로 그리고/또는 질적으로 상당한 투자를 하였음을 나타내는 데이터베이스의 제작자에게 데이터베이스 내용의 전부, 또는 양적으로 그리고/또는 질적으로 상당한 것으로 평가되는 부분의 추출[265] 그리고/또는 재이용을 금지할 권리를 부여하여야 한다.
- 데이터베이스의 제작자에 대한 권리는 데이터베이스의 제작이 완료된 날부터 발생한다. 이 권리는 완성일 다음해부터 15년 되는 해의 말까지 존속한다.

에는 광고자가 판정한다. ③우수한 자 없다는 판정은 이를 할 수 없다. 그러나 광고 중에 다른 의사표시가 있거나 광고의 성질상 판정의 표준이 정하여져 있는 때에는 그러하지 아니하다. ④응모자는 전2항의 판정에 대하여 이의를 하지 못한다. ⑤수인의 행위가 동등으로 판정된 때에는 제676조 제2항의 규정을 준용한다.

264) 저작권법 제2조 제19호

265) "추출"이란 데이터베이스 내용의 전부 또는 상당한 부분을 어떠한 수단이나 형식으로든지 영구적이거나 일시적으로 다른 매체에로 옮기는 것을 말한다.

우리나라는 2003년 저작권법 개정 시 창작성이 없는 데이터베이스의 경우에도 이를 보호하는 규정을 신설하였다.[266] 데이터베이스 보호에 관한 규정은 대한민국 국민 또는 데이터베이스의 보호와 관련하여 대한민국이 가입 또는 체결한 조약에 따라 보호되는 외국인이 제작한 데이터베이스에 한해 적용된다.[267] 상기 조항에 따라 보호되는 외국인의 데이터베이스라도 그 외국에서 대한민국 국민의 데이터베이스를 보호하지 아니하는 경우에는 그에 상응하게 조약 및 이 법에 따른 보호를 제한할 수 있다.[268] 데이터베이스의 제작·갱신등 또는 운영에 이용되는 컴퓨터프로그램이나 무선 또는 유선통신을 기술적으로 가능하게 하기 위하여 제작되거나 갱신등이 되는 데이터베이스에 대하여는 본 규정을 적용하지 아니한다.[269] 데이터베이스제작자는 그의 데이터베이스의 전부 또는 상당한 부분[270]을 복제·배포·방송 또는 전송(이하 "복제등")할 권리를 가진다.[271]

데이터베이스의 개별 소재는 당해 데이터베이스의 상당한 부분으로 간주되지 아니한다. 다만, 데이터베이스의 개별 소재 또는 그 상당한 부분에 이르지 못하는 부분의 복제등이라 하더라도 반복적이거나 특정한 목적을 위하여 체계적으로 함으로써 당해 데이터베이스의 통상적인 이용과 충돌하거나 데이터베이스제작자의 이익을 부당하게 해치는 경우에는 당해 데이터베이스의 상당한 부분의 복제등으로 본다.[272] 이 법에 따른 보호는 데이터베이스의 구성부분이 되는 소재의 저작권 그 밖에 이 법에 따라 보호되는 권리에 영향을 미치지 아니한다.[273] 이 법에 따른 보호는 데이터베이스의 구성부분이 되는 소재 그 자체에는 미치지 아니한다.[274] 데이터베이스제작자의 권리는 데이터베이스의 제작을 완료한 때부터 발생하며, 그 다음 해부터 기산하여 5년간 존속한다.[275] 데이터베이스의 갱신등을 위하여 인적 또는 물적으로 상당한 투자가 이루어진 경우에 당해 부분에 대한 데이터베이스제작자의 권리는 그 갱신등을 한 때부터 발생하며, 그 다음 해부터 기산하여 5년간

266) 창작성이 없는 DB까지 저작권에 유사한 배타적 지배권을 부여하는 것은 저작권법의 기본 목적과 취지에 반하고 위헌 소지가 있다고 반대하는 견해도 있다.
267) 저작권법 제91조 제1항
268) 저작권법 제91조 제2항
269) 저작권법 제92조
270) 어느 정도가 상당한 부분인지에 대해서는 기준이 모호하다.
271) 저작권법 제93조 제1항
272) 저작권법 제93조 제2항
273) 저작권법 제93조 제3항
274) 저작권법 제93조 제4항
275) 저작권법 제95조 제1항

존속한다.[276] 이와 같이 데이터베이스의 갱신등을 위하여 상당한 인적 또는 물적 투자가 이루어지면 새로운 보호기간이 진행되므로 그러한 상당한 투자가 계속적으로 이루어지는 한 데이터베이스는 사실상 영구적으로 보호를 받는 셈이 된다.

> [판례 7-3] 서울중앙지방법원 2007.7.6. 선고 2006가합22413 판결
>
> 사실관계 :
>
> 원고들은 변호사법 소정의 자격을 갖춘 변호사들이고 피고는 인터넷 포털사이트 운영업 등을 목적으로 하는 회사로서 "lawmarket.co.kr"이라고 하는 인터넷 홈페이지(이하 "이 사건 홈페이지"라 한다)를 운영하고 있다. 피고는 원고들에 대한 정보를 수집하고 이를 이용하여 원고들 개인별로 승소율, 전문성 지수, 인맥 지수 등의 수치를 산출한 후, 이러한 정보를 이용하여 이용자의 요구에 따른 여러 가지 검색 결과를 이 사건 홈페이지를 통하여 제공하고 있다.
>
> 쟁점 : 변호사들에 대한 사건 수임내역정보 수집이 정당한지 여부
>
> 판시내용 :
>
> 사건검색 서비스를 제공하기 위하여 법원은 인적·물적으로 상당한 투자를 하여 소송사건 관련 정보 데이터베이스(이하 "사건검색 데이터베이스")를 제작하였을 것이므로 법원은 그에 대하여 데이터베이스제작자로서의 권리를 가지고 있다 할 것인데(사건검색 서비스는 "본 게시물은 대법원 홈페이지의 동의 없이 링크하거나, 상업적인 용도로 사용할 수 없습니다"라는 주의사항을 게시하고 있다.), 피고가 사건검색 데이터베이스에 접속하여 반복적·체계적으로 수천만 건에 이르는 소송정보를 수집한 후 이를 바탕으로 자신의 데이터베이스를 구축한 행위는 사건검색 데이터베이스의 상당부분을 복제한 것에 해당하여(저작권법 제93조 제2항) 일반적으로 허용되지 아니하는 점 등을 종합적으로 감안할 때, 이 사건 수임내역정보의 수집이 정당하다는 피고의 위 주장은 받아들이기 어렵다.

2009.12.1. 현재 한국저작권위원회에 등록된 데이터베이스는 아래 10개를 포함하여 총 54개이다.

276) 저작권법 제95조 제2항

〈표 7-1〉 데이터베이스 등록 목록

번호	제호	저작물 종류	저작자	등록부	등록번호
1	포토누리 디지털이미지 데이터베이스	데이터베이스	(주) 와이즈누리	데이터베이스	D-2006-000005
2	전국어린이보호구역 도로 데이터베이스	데이터베이스	주식회사로드피아	데이터베이스	D-2007-000027
3	정보시스템 연구논문 키워드 분류체계 데이터베이스	데이터베이스	(주)파라곤베이스	데이터베이스	D-2004-000001
4	부유층 데이터베이스	데이터베이스	장창광	데이터베이스	D-2004-000007
5	월드메이트 데이터베이스	데이터베이스	타임스페이스 시스템(주)	데이터베이스	D-2005-000016
6	클래식 음악 데이터베이스	데이터베이스	이동규	데이터베이스	D-2005-000001
7	전국 과속단속카메라 및 차량 번호인식시스템 위치(좌표) 데이터베이스	데이터베이스	주식회사 로드피아	데이터베이스	D-2008-000034
8	보험상품 보장분석(보장자산) 상품급부 데이터베이스	데이터베이스	신화정보통신 주식회사	데이터베이스	D-2009-000009
9	전장품라이브러리	데이터베이스	김형원	데이터베이스	D-2006-000002
10	각종 학교 졸업앨범사진 발췌 촬영 및 편집 동영상 데이터베이스	데이터베이스	김광남	데이터베이스	D-2008-000003

chapter

8 저작물의 이용

01 저작물의 이용허락

(1) 저작재산권자의 이용허락

저작재산권자는 다른 사람에게 그 저작물의 이용을 허락할 수 있다.[277] 이 규정에 따라 허락을 받은 자는 허락받은 이용 방법 및 조건의 범위 안에서 그 저작물을 이용할 수 있다.[278] 허락에 의하여 저작물을 이용할 수 있는 권리는 저작재산권자의 동의 없이 제3자에게 이를 양도할 수 없다.[279]

(2) 법정허락

우리 저작권법은 저작재산권자가 불명인 경우, 공표된 저작물의 방송 및 판매용 음반의 제작의 경우에 법정허락을 인정하고 있다. 법에서 정한 사유가 있으면 저작권자와의 협의를 거치지 아니하고 소정의 보상금을 지급 또는 공탁하고 그대로 이용할 수 있는 경우를 법정허락(statutory license)제도라고 하고, 저작권자에게 이용조건을 협상할 수 있도록 보장하고 그것이 잘 안 되는 경우에 소정의 보상금을 지급 또는 공탁함을 조건으로 저작물을 이용할 수 있는 경우를 강제허락(compulsory license) 제도라고 하나, 우리 법은 이를 구별하지 아니하고 법정허락이라는 용어를 사용하고 있다.

법정허락과 관련된 현행 조항을 살펴보기로 하자.

---

277) 저작권법 제46조 제1항
278) 저작권법 제46조 제2항
279) 저작권법 제46조 제3항

1) 저작재산권자 불명인 저작물의 이용

누구든지 대통령령이 정하는 기준에 해당하는 상당한 노력[280]을 기울였어도 공표된 저작물의 저작재산권자나 그의 거소를 알 수 없어 그 저작물의 이용허락을 받을 수 없는 경우에는 대통령령이 정하는 바에 따라 문화체육관광부장관의 승인을 얻은 후 문화체육관광부장관이 정하는 기준에 의한 보상금을 공탁하고 이를 이용할 수 있다.[281] 외국인의 저작물은 국제조약 위반의 위험성이 있어 본 조의 적용을 제외한다. 본 규정은 데이터베이스의 이용에 관하여 준용한다.

저작물을 이용하는 자는 그 뜻과 승인연월일을 표시하여야 한다.[282] 법정허락된 저작물이 다시 법정허락의 대상이 되는 때에는 대통령령이 정하는 기준에 해당하는 상당한 노력의 절차를 생략할 수 있다. 다만, 그 저작물에 대한 법정허락의 승인 이전에 저작재산권자가 대통령령이 정하는 절차에 따라 이의를 제기하는 때에는 그러하지 아니하다.[283] 문화체육관광부장관은 대통령령이 정하는 바에 따라 법정허락 내용을 정보통신망에 게시하여야 한다.[284]

2) 공표된 저작물의 방송

공표된 저작물을 공익상 필요에 의하여 방송하고자 하는 방송사업자가 그 저작재산권자와 협의하였으나 협의가 성립되지 아니하는 경우에는 대통령령이 정하는 바에 따라 문화체육관광부장관의 승인을 얻은 후 문화체육관광부장관이 정하는 기준에 의한 보상금을 당해 저작재산권자에게 지급하거나 공탁하고 이를 방송할 수 있다.[285] 본 규정은 데이터베이스의 이용에 관하여 준용한다.

---

280) 상당한 노력의 기준(저작권법 시행령 제18조) 1. 해당 저작물을 취급하는 저작권신탁관리업자(해당 저작물이 속하는 분야의 저작물을 취급하는 저작권신탁관리업자가 없는 경우에는 저작권대리중개업자 또는 해당 저작물에 대한 이용을 허락받은 사실이 있는 이용자 중 2명 이상)에게 저작재산권자의 성명 또는 명칭, 주소 또는 거소를 조회하는 확정일자 있는 문서를 보냈으나 이를 알 수 없다는 회신을 받거나 문서를 발송한 날부터 1개월이 지났는데도 회신이 없을 것 2. 「신문 등의 자유와 기능보장에 관한 법률」 제12조 제1항에 따라 보급지역을 전국으로 하여 등록한 일반일간신문 또는 문화체육관광부와 법 제112조에 따른 한국저작권위원회의 인터넷 홈페이지에 문화체육관광부령으로 정하는 바에 따라 제1호에 따른 조회 사항 등을 공고한 날부터 10일이 지났을 것

281) 저작권법 제50조 제1항

282) 저작권법 제50조 제2항

283) 저작권법 제50조 제3항

284) 저작권법 제50조 제4항

285) 저작권법 제51조

3) 판매용 음반의 제작

판매용 음반이 우리나라에서 처음으로 판매되어 3년이 경과한 경우 그 음반에 녹음된 저작물을 녹음하여 다른 판매용 음반을 제작하고자 하는 자가 그 저작재산권자와 협의하였으나 협의가 성립되지 아니하는 때에는 대통령령이 정하는 바에 따라 문화체육관광부장관의 승인을 얻은 후 문화체육관광부장관이 정하는 기준에 의한 보상금을 당해 저작재산권자에게 지급하거나 공탁[286]하고 다른 판매용 음반을 제작할 수 있다.[287]

(3) 신탁관리단체의 이용허락

권리자들로서는 자신의 저작물을 누가 언제 어디에서 어떠한 방법으로 이용하고 있는지를 파악하기 어렵고, 이를 감시하고 적절하게 관리하는 것도 사실상 거의 불가능하다. 따라서 저작권 등 권리에 대한 관리를 전문으로 하는 기관이나 단체에게 자신의 권리를 위탁하고 저작물 이용에 따른 일정한 수익만 취하는 것이 위와 같은 불편을 제거하는 효과적인 방법이다. 권리자는 저작권위탁관리단체나 기관을 통함으로써 자신의 권리를 관리하여야 하는 번거로운 일로부터 해방되어 창작활동에 전념할 수 있으며 저작권의 이용 과정에서 나타나는 복잡한 법률적 문제에 대하여 위탁관리단체의 전문지식을 활용함으로써 발생 가능한 각종 법률적 문제를 용이하게 해결할 수 있게 된다. 나아가 권리의 이용기회가 증대되며, 이용계약 체결에서 유리한 조건을 확보할 수 있는 가능성이 높아지고, 권리가 사장되는 것을 최소화하는 등의 경제적 가치를 높일 수 있는 장점이 있다.

저작권위탁관리업으로는 저작권신탁관리업과 저작권대리중개업이 있다.

저작권신탁관리업은 저작재산권자, 출판권자, 저작인접권자 또는 데이터베이스제

---

286) 저작권법 시행령 제23조(보상금의 공탁) ① 법 제50조부터 제52조까지의 규정에 따라 보상금을 공탁할 수 있는 경우는 다음 각 호와 같다. 1. 저작재산권자나 그의 거소를 알 수 없는 경우 2. 저작재산권자가 보상금 수령을 거부하거나 수령할 수 없는 경우 3. 해당 저작재산권자의 권리를 목적으로 하는 질권이 설정되어 있는 경우(저작재산권자가 해당 질권을 가진 자의 승낙을 받은 경우는 제외) ② 제1항에 따른 보상금의 공탁은 해당 저작재산권자의 주소가 대한민국 내에 있을 경우에는 해당 주소지의 관할 공탁소에, 그 밖의 경우에는 보상금을 공탁하는 자의 주소지의 관할 공탁소에 하여야 한다. ③ 제1항 제2호 및 제3호에 따라 보상금을 공탁한 자는 그 사실을 공탁물을 수령할 자에게 알려야 한다. ④ 제1항 제1호에 따라 보상금을 공탁한 자는 그 사실을 문화체육관광부령으로 정하는 바에 따라 공고하여야 한다.

287) 저작권법 제52조

작자의 권리를 가진 자를 위하여 그 권리를 신탁 받아 이를 지속적으로 관리하는 업을 말하며, 저작물 등의 이용과 관련하여 포괄적으로 대리하는 경우를 포함한다.[288] 신탁관리업의 법적 성질은 신탁법상의 신탁에 해당된다. 신탁법상의 신탁이란 위탁자와 수탁자간의 특별한 신임관계에 기하여 위탁자가 특정의 재산권을 수탁자에게 이전하거나 기타의 처분을 하고 수탁자로 하여금 수익자의 이익을 위하여 또는 특정의 목적을 위하여 그 재산권을 관리, 처분하게 하는 법률관계를 말하므로, 신탁자와 수탁자 간에 어떤 권리에 관하여 신탁계약이 체결되면 그 권리는 법률상 위탁자로부터 수탁자에게 완전히 이전하여 수탁자가 권리자가 되고 그 권리에 대하여 소제기의 권한을 포함한 모든 관리처분권이 수탁자에게 속하게 된다.[289] 이때 저작인격권은 신탁관리의 대상으로 되지 아니한다. 저작권신탁관리업은 문화체육관광부장관의 허가를 받아야 한다.[290]

저작권대리중개업은 저작재산권자, 출판권자, 저작인접권자 또는 데이터베이스제작자의 권리를 가진 자를 위하여 그 권리의 이용에 관한 대리 또는 중개행위를 하는 업을 말한다.[291] 저작권 대리중개의 경우에는 저작재산권의 대외적 귀속에는 아무런 변동이 일어나지 않는다. 저작권대리중개업을 영위하는 자는 저작권의 등록이나 양도, 이용허락을 대리하거나 중개하는 역할만을 수행한다. 따라서 권리침해자를 상대로 직접 원고가 되어 소송을 제기할 수 없다. 저작권대리중개업을 하고자 하는 자는 문화체육관광부장관에 신고하여야 한다.[292] 신고를 하지 아니하고 저작권 대리중개업을 하거나 영업의 폐쇄 명령을 받고 계속 저작권위탁관리업을 한 자는 500만원 이하의 벌금에 처하며,[293] 제196조에 따른 저작권 신탁관리업자의 의무를 이행하지 아니하는 경우 1천만원 이하의 과태료를 물 수 있다.[294]

저작권위탁관리업자는 이용자로부터 징수한 사용료로부터 수수료를 공제한 나머지 금액을 가지고 권리자에게 분배를 하게 된다. 현재 저작권 신탁관리업자로는 한국음악저작권협회[295], 한국문예학술저작권협회[296], 한국시나리오작가협회[297], 한

288) 저자권법 제2조 제26호
289) 서울지방법원 2003.5.28. 선고 2002가단123427 판결
290) 저작권법 제105조 제1항
291) 저작권법 제2조 제27호
292) 저작권법 제105조 제1항
293) 저작권법 제138조 제5호
294) 저작권법 제142조 제2항 제1호
295) http://www.komca.or.kr
296) http://www.copyrightkorea.or.kr
297) http://www.scenario.or.kr

국영화제작가협회[298], 한국영상산업협회[299], 한국방송작가협회[300], 한국음악실연자연합회[301], 한국방송실연자협회[302], 한국음원제작자협회[303], 한국복사전송권관리센터[304] 등이 있다.

참고로 이용이 빈번한 음악저작물의 이용 방법에 대해 생각해 보자. 음악저작물은 작사 · 작곡가 · 편곡가 · 가수 · 연주자 · 음반제작자 등 저작권자 및 저작인접권자의 권리가 복잡하게 얽혀 있다. 이러한 음악저작물을 이용하기 위해서는 원칙적으로 저작권자와 저작인접권자로부터 일일이 이용허락을 받아야 한다. 그러나 음악저작물이 관련 신탁관리기관에 의해 관리되고 있는 경우에는 사용자가 저작(인접)권자들과 개별적으로 만나는 수고할 필요 없이 신탁관리단체에 정한 사용료를 납부하고 이용하면 된다. 음악저작물 관련 신탁관리단체로는 음악저작물의 저작권을 관리해 주는 한국음악저작권협회, 가수, 연주자 등 실연자의 저작인접권을 관리해 주고 있는 한국음악실연자연합회, 그리고 음반제작자의 저작인접권을 관리하는 한국음원제작자협회가 있다. 따라서 인터넷 음악방송 사업을 하기 위해 음원을 이용하고자 하는 자는 한국음악저작권협회, 한국음악실연자연합회 및 한국음원제작자협회에 각 사용료를 납부하고 이용하면 된다. 구체적인 이용 방법에 대해서는 해당 기관에 문의하면 된다.

▶ **[쉴 休]**

서태지, 저작권協 상대 저작권료 소송 패소

서울중앙지법 민사합의13부(이균용 부장판사)는 가수 서태지(본명 정현철)가 음악저작권 신탁관리단체인 ㈔한국음악저작권협회를 상대로 제기한 저작권 사용료 청구소송에서 원고패소 판결했다고 3일 밝혔다. 서태지는 저작권협회가 자신의 노래를 패러디한 가수 이재수(본명 이형석)의 음반 등을 사후 승인한 것을 계기로 2002.1. 협회에 계약 해지 의사를 밝혔고 2003.4. 법원에서 신탁관리금지 가처분결정을 받아냈으며 협회는 2006.9. 서태지에게 신탁관리계약 해지 의사를 통보했다. 서태지는 저작권협회가 가처분결정을 받은 뒤에도 자신의 저작권을 관리, 음악 사용자들에게 저작

298) http://www.kfpa.net
299) http://www.kmva.or.kr
300) http://www.ktrwa.or.kr
301) http://www.fkmp.kr
302) http://www.kbpa.co.kr
303) http://www.kapp.or.kr
304) http://www.copycle.or.kr

권료를 징수했다며 2003.4. 이후에 징수한 저작물 사용료 4억6천여 만원을 반환하라고 소송을 냈다. 재판부는 "방송사를 비롯한 음악 저작물 사용자 등에게 확인한 결과 저작권협회가 가처분결정을 받은 즉시 서태지의 저작물을 사용할 수 없다는 점을 밝힌 것이 확인됐다. 저작권협회가 가처분결정 뒤 서태지 음악의 저작권 사용료를 징수했다는 주장을 인정할 수 없다"고 판결했다.

연합뉴스 2008.7.3.

02 저작물의 자유이용

(1) 공유영역

저작권법은 저작재산권에 일정한 시간적 제한을 두고 있다. 일반적으로 저작재산권은 저작자의 생존하는 동안과 사망 후 50년간 존속하는데, 그 기간이 경과되면 소멸한다.[305] 또한 저작재산권자가 상속인 없이 사망하거나 법인 또는 단체가

305) 저작권법 제39조(보호기간의 원칙) ① 저작재산권은 이 관에 특별한 규정이 있는 경우를 제외하고는 저작자의 생존하는 동안과 사망 후 50년간 존속한다. 다만, 저작자가 사망 후 40년이 경과하고 50년이 되기 전에 공표된 저작물의 저작재산권은 공표된 때부터 10년간 존속한다. ② 공동저작물의 저작재산권은 맨 마지막으로 사망한 저작자의 사망 후 50년간 존속한다.
제40조(무명 또는 이명 저작물의 보호기간) ① 무명 또는 널리 알려지지 아니한 이명이 표시된 저작물의 저작재산권은 공표된 때부터 50년간 존속한다. 다만, 이 기간 내에 저작자가 사망한지 50년이 경과하였다고 인정할 만한 정당한 사유가 발생한 경우에는 그 저작재산권은 저작자 사망 후 50년이 경과하였다고 인정되는 때에 소멸한 것으로 본다. ② 다음 각 호의 어느 하나에 해당하는 경우에는 제1항의 규정은 이를 적용하지 아니한다. 1. 제1항의 기간 이내에 저작자의 실명 또는 널리 알려진 이명이 밝혀진 경우 2. 제1항의 기간 이내에 제53조 제1항의 규정에 따른 저작자의 실명등록이 있는 경우
제41조(업무상저작물의 보호기간) 업무상저작물의 저작재산권은 공표한 때부터 50년간 존속한다. 다만, 창작한 때부터 50년 이내에 공표되지 아니한 경우에는 창작한 때부터 50년간 존속한다.
제42조(영상저작물 및 프로그램의 보호기간) 영상저작물 및 프로그램의 저작재산권은 제39조 및 제40조에도 불구하고 공표한 때부터 50년간 존속한다. 다만, 창작한 때부터 50년 이내에 공표되지 아니한 경우에는 창작한 때부터 50년간 존속한다.
제43조(계속적간행물 등의 공표시기) ① 제39조 제1항 단서 · 제40조 제1항 또는 제41조의 규정에 따른 공표시기는 책 · 호 또는 회 등으로 공표하는 저작물의 경우에는 매책 · 매호 또는 매회 등의 공표 시로 하고, 일부분씩 순차적으로 공표하여 완성하는 저작물의 경우에는 최종부분의 공표 시로 한다. ② 일부분씩 순차적으로 공표하여 전부를 완성하는 저작물의 계속되어야 할 부분이 최근의 공표시기부터 3년이 경과되어도 공표되지 아니하는 경우에는 이미 공표된 맨 뒤의 부분을 제1항의 규정에 따른 최종부분으로 본다.
제44조(보호기간의 기산) 이 관에 규정된 저작재산권의 보호기간을 계산하는 경우에는 저작자가 사망하거나 저작물을 창작 또는 공표한 다음 해부터 기산한다.

해산되어 그 권리가 민법 기타의 법률 규정에 의해 국가에 귀속되는 경우, 그 저작재산권은 소멸한다. 저작재산권이 소멸된 저작물은 공유영역(public domain)에 들어가서 누구라도 그것을 자유롭게 이용할 수 있다. 예를 들어 전래되어 오는 전통음악이나 민요 등을 독창적 방식에 의하여 연주할 수 있도록 작성한 것은 그에 내재된 음악저작물이 이미 저작권이 소멸하여 공유영역에 들어간 것이고, 또한 그 채보방식에 독창성이 있다 하더라도 이는 저작권의 보호가 미치지 않는 아이디어의 영역에 있는 부분일 가능성이 크기 때문에 설사 이를 복제하였다고 하더라도 저작권의 침해는 성립하기 어렵다.[306)]

[그림 8-1] Uncle Sam 저금통

출처 : www.cyberattic.com

[판례 8-1] L.Batlin & Son, Inc. v. Snyder, 536 F.2d 486 (2d Cir. 1976)

사실관계 :

Snyder는 공유영역에 속하는 금속제 Uncle Sam 기계식 저금통을 본 떠 플라스틱제 저금통으로 만들어 저작권으로 등록하였다. 플라스틱저금통은 금속제에 비해 길이가 2인치 줄어들고 받침대가 축소되었으며 손가방과 Uncle Sam의 얼굴모양이 조금씩 변경되었고 우산이 Uncle Sam의 몸체에 붙어 있었다. 이러한 변화는 주로 금속제 저금통을 플라스틱제로 보다 쉽게 만들기 위한 것이었다. 외국에서 제조한 플라스틱 Uncle Sam 저금통을 수입하려던 Batlin은 Snyder의 플라스틱제 저금통에 대한 저작권이 무효라며 소송을 제기하였다.

쟁점 : 공유영역물을 바탕으로 제작한 것이 저작물로 인정받기 위한 요건

판시내용 :

Snyder의 플라스틱 저금통의 융단제 가방의 모양은 부드럽지만 금속저금통은 거

306) 서울고등법원 1995.12.5. 선고 94나9186 판결

칠다. 금속저금통의 독수리는 발톱으로 화살을 쥐고 있지만 플라스틱저금통은 나뭇잎을 쥐고 있는데 이는 플라스틱으로는 더 작은 크기의 화살을 만들 수 없기 때문에 이루어진 변화다. 옷의 결, 머리털의 모양, 나비넥타이와 옷깃, 왼팔뿐만 아니라 이름이 쓰여 있는 깃발의 모양이 다르다고 주장하고 있다. 독수리의 모양과 느낌이 다르다고 한다. 그러나 이러한 차이점들 중 많은 것들은 일반 관찰자들(casual observers)에게는 인식될 수 없는 것이다.

미술품을 복제하는 데 있어서 저작권으로 보호되기 위해서는 다른 매체로 옮기는 과정에서 일어날 수 있는 사소한 변화가 아닌 실질적인 변화가 있어야 한다. 독창성의 요건은 단지 육체적인 기술이나 특별한 훈련을 입증함으로써 충족되는 것은 아니다. 복제품을 저작권으로 보호하기 위해서는 상당히 높은 정도의 기술, 진정한 예술적인 솜씨가 요구된다. 원작품과 복제품 사이에 진정한 차이가 없다면 헌법이 요구하는 예술의 발전에 관한 공공의 이익은 거의 달성될 수 없다. 사소한 변화에까지 저작권의 보호를 확대하는 것은 공유영역물을 독점적으로 이용하려는 나쁜 복제자의 손에 무기를 쥐어주는 것이 될 수 있다. 이 사건에서는 독창성이나 표현, 아이디어가 존재하지 않는다.

(2) 저작재산권 등의 제한 사유

특별한 경우에 있어서 그러한 저작물의 복제를 허락하는 것은 동맹국의 입법에 맡긴다. 다만, 그러한 복제는 저작물의 통상적인 이용과 충돌하지 않아야 하며 저작자의 합법적인 이익을 불합리하게 해치지 않아야 한다(베른협약 제9조 제2항).

우리 저작권법에 저작재산권의 제한 사유로 규정되어 있는 경우 일반 공중이 저작권자의 허락 없이도 저작물을 자유로이 이용할 수 있다. 영미법계 국가에서는 저작권 침해 시 항변 사유로서 공정이용(fair use) 이론이 발전되어 왔는데 우리 저작권법은 이에 해당되는 사유를 구체적으로 명문화하고 있다. 그러나 이 제한규정에서 특히 '필요한 경우', '한도 안에서', '부득이한 경우'등의 용어는 엄격하고도 제한적으로 해석하여야 한다. 결국 그 저작물의 사용이 공정한 관행에 합치되는 이용인지 여부는 궁극적으로 법원의 판단에 맡겨지게 된다. 저작재산권의 제한 규정은 저작인격권에 영향을 미치는 것으로 해석되어서는 아니 된다.[307)]

307) 저작권법 제38조

1) 재판절차 등에서의 복제(저작권법 제23조)

> 재판절차를 위하여 필요한 경우이거나 입법 · 행정의 목적을 위한 내부자료로서 필요한 경우에는 그 한도 안에서 저작물을 복제할 수 있다. 다만, 그 저작물의 종류와 복제의 부수 및 형태 등에 비추어 당해 저작재산권자의 이익을 부당하게 침해하는 경우에는 그러하지 아니하다.

본 규정은 저작인접권의 목적이 된 실연 · 음반 또는 방송의 이용,[308] 출판권의 목적으로 되어 있는 저작물의 복제,[309] 데이터베이스 제작자의 권리의 목적이 되는 데이터베이스의 이용에 관하여 준용한다.[310] 프로그램에 대하여는 적용하지 아니한다.[311]

2) 정치적 연설 등의 이용(저작권법 제24조)

> 공개적으로 행한 정치적 연설 및 법정 · 국회 또는 지방의회에서 공개적으로 행한 진술은 어떠한 방법으로도 이용할 수 있다. 다만, 동일한 저작자의 연설이나 진술을 편집하여 이용하는 경우에는 그러하지 아니하다.

본 규정은 저작인접권의 목적이 된 실연 · 음반 또는 방송의 이용에 관하여 준용한다.[312]

3) 학교교육 목적 등에의 이용(저작권법 제25조)

> ① 고등학교 및 이에 준하는 학교 이하의 학교의 교육 목적상 필요한 교과용도서에는 공표된 저작물을 게재할 수 있다.
> ② 특별법에 따라 설립되었거나 유아교육법, 초 · 중등교육법 또는 고등교육법에 따른 학교, 국가나 지방자치단체가 운영하는 교육기관 및 이들 교육기관의 수업을 지원하

308) 저작권법 제87조
309) 저작권법 제63조 제2항
310) 저작권법 제94조 제1항
311) 저작권법 제37조의2
312) 저작권법 제87조

> 기 위하여 국가나 지방자치단체에 소속된 교육지원기관은 그 수업 또는 지원 목적상 필요하다고 인정되는 경우에는 공표된 저작물의 일부분을 복제 · 배포 · 공연 · 방송 또는 전송할 수 있다. 다만, 저작물의 성질이나 그 이용의 목적 및 형태 등에 비추어 저작물의 전부를 이용하는 것이 부득이한 경우에는 전부를 이용할 수 있다.
> ③ 위 교육기관에서 교육을 받는 자는 수업목적상 필요하다고 인정되는 경우에는 수업목적상 필요하다고 인정되는 범위 내에서 공표된 저작물을 복제하거나 전송할 수 있다.

위 규정에 따라 저작물을 이용하고자 하는 자는 문화체육관광부장관이 정하여 고시하는 기준에 의한 보상금을 당해 저작재산권자에게 지급하여야 한다. 현재 교과용도서 수령단체로 지정 받은 단체는 한국복사전송권협회[313]이다. 다만, 고등학교 및 이에 준하는 학교 이하의 학교에서 복제 · 공연 · 방송 또는 전송을 하는 경우에는 보상금을 지급하지 않아도 된다.[314] 또한 교육기관이 전송을 하는 경우에는 저작권 그 밖에 이 법에 의하여 보호되는 권리의 침해를 방지하기 위하여 복제방지조치 등 대통령령이 정하는 필요한 조치를 하여야 한다.[315] 대통령령이 정하는 필요한 조치란 1) 불법 이용을 방지하기 위하여 전송하는 저작물을 수업을 받는 자 외에는 이용할 수 없도록 하는 접근제한조치 및 전송하는 저작물을 수업을 받는 자 외에는 복제할 수 없도록 하는 복제방지조치, 2) 저작물에 저작권 보호 관련 경고문구의 표시, 3) 전송과 관련한 보상금을 산정하기 위한 장치의 설치를 말한다.[316]

본 규정은 저작인접권의 목적이 된 실연 · 음반 또는 방송의 이용[317] 및 출판권의 목적으로 되어 있는 저작물의 복제에 관하여 준용한다.[318] 프로그램에 대하여는 적용하지 아니한다.[319]

---

313) www.copycle.or.kr
314) 저작권법 제25조 제4항
315) 저작권법 제25조 제10항
316) 저작권법 시행령 제9조
317) 저작권법 제87조
318) 저작권법 제63조 제2항
319) 저작권법 제37조의2

▶ **[쉴 休]**

서적 및 간행물 관련 비영리 교육기관의 수업 목적 복사 지침 미국례[320)]

I. 교사를 위한 1부의 복제 : 수업 또는 수업 준비를 위해 교사가 직접 또는 요청을 하여 다음의 것을 1부 복제할 수 있다.
   A. 책의 한 장(Chapter)
   B. 정기간행물 논문 또는 신문 기사 하나
   C. 단편, 짧은 시 한편
   D. 책, 정기간행물 또는 신문에 게재된 하나의 차트, 그래프, 도형, 그림, 만화 등

II. 수업 목적을 위한 여러 부의 복제 : 복사는 다음의 전제 하에 수업목적 및 토론용으로 제공되기 위해 교사에 의해 혹은 교사를 위해 여러 부 복제할 수 있다. 그러나 어떠한 경우에도 학생당 1부를 넘지 않아야 한다.
   A. 간략성 및 자발성 기준을 충족시킬 것
   B. 아래 기술된 누적효과를 충족시킬 것
   C. 각 복사는 저작권 표시가 포함되어야 할 것

※ 간략성 기준
(a) 250 단어 또는 2페이지를 넘지 않는 시의 경우 : 전부
(b) 250 단어 또는 2페이지를 넘는 시의 경우 : 250 단어 이내
(c) 2,500 단어를 넘지 않는 신문의 경우 : 전부
(d) 1,000 단어 또는 전체의 10%를 초과하지 않는 범위 내에서의 초록
(e) 책 또는 정기간행물당 도표나 도화 하나
(f) 글과 삽화가 혼재해 있고 아동이나 때론 일반을 대상으로 하는 시, 산문이 2,500 단어 미만일 경우 : 전부
(g) 작품의 2페이지를 넘지 않거나 본문 전체의 10%를 초과하지 않는 범위 내에서의 초록

※ 자발성 기준
(a) 복제는 개별 교사의 자발적 생각에 의해 이루어져야 한다.
(b) 저작물을 사용할 것으로 생각하고 결정한 때와 교육효과를 극대화하기 위한 사용의 시기가 너무 촉박해서 저작물 이용허락을 요청하는 것이 시간적으로 불합리하여야 한다.

320) 서적 및 간행물 관련 비영리 교육기관의 수업 목적 복사 지침은 1976년 미국에서 저작권법 개정 시 공정이용 조항이 성문화 될 때 교육 목적의 공정이용을 위한 최소한의 기준을 제시하기 위해 저작권법개정 특별위원회에 의해 마련되었다. 이 지침은 법으로서 효력은 없으나 저작물의 이용자와 생산자간의 타협의 산물이어서 공정이용의 측면에서 중요한 의미를 가진다.

※ 누적효과 기준
(a) 저작물 복제는 복제가 이뤄지는 학교의 오직 한 강좌에만 이용되어야 한다.
(b) 한 학기 동안, 시, 기사, 소설, 에세이 한 편 이상 또는 초록 두 개 이상이 동일 작가의 작품으로부터 복제되지 않아야 하며, 동일 편집물 또는 정기간행물로부터 세 편 이상 복제되지 말아야 한다.
(c) 한 학기에 한 강좌를 위해 여러 부를 복제하는 경우가 아홉 번을 초과해서는 안 된다.

(b와 c에 제시된 제한 사항은 최신 뉴스 간행물이나 신문 또는 다른 간행물의 최신 뉴스 섹션에는 적용되지 않는다.)

그럼에도 불구하고, 이러한 복제는 백과사전, 편집물 또는 결합저작물을 제작하거나 대체하는 데 이용되어서는 안 된다. 또한 학습 과정에서 워크북이나 연습문제, 표준적인 시험지 또는 답안지처럼 수업과정에서 소비되기 위한 자료로 복제되어서는 안 된다. 또한 이러한 복제가 도서의 구매를 대체하거나 상부 기관의 지시에 의해 이루어져서는 안 되며 같은 교사에 의해 매학기 같은 자료가 반복적으로 복제되어서도 안 된다.[321)]

4) 시사보도를 위한 이용(저작권법 제26조)

방송 · 신문 그 밖의 방법에 의하여 시사보도를 하는 경우에 그 과정에서 보이거나 들리는 저작물은 보도를 위한 정당한 범위 안에서 복제 · 배포 · 공연 또는 공중송신할 수 있다.

본 규정은 저작인접권의 목적이 된 실연 · 음반 또는 방송의 이용[322)] 및 출판권의 목적으로 되어 있는 저작물의 복제에 관하여 준용한다.[323)] 시사보도를 위하여 데이터베이스의 전부 또는 그 상당한 부분을 복제 · 배포 · 방송 또는 전송할 수 있으나 당해 데이터베이스의 통상적인 이용과 저촉되는 경우에는 그러하지 아니하다.[324)]

321) 저작권자로부터 저작물 이용허락을 받는 것이 시간이나 비용 측면에서 불편하다는 이유로 저작물을 이용허락 없이 교육목적 상 광범위하게 이용하는 것은 자제해야 할 것이다.
322) 저작권법 제87조
323) 저작권법 제63조 제2항
324) 저작권법 제94조 제2항 제2호

5) 시사적인 기사 및 논설의 복제 등(저작권법 제27조)

> 정치 · 경제 · 사회 · 문화 · 종교에 관하여 신문 등의 진흥에 관한 법률 제2조의 규정에 따른 신문 및 인터넷신문 또는 뉴스통신진흥에 관한 법률 제2조의 규정에 따른 뉴스통신에 게재된 시사적인 기사나 논설은 다른 언론기관이 복제 · 배포 또는 방송할 수 있다. 다만, 이용을 금지하는 표시가 있는 경우에는 그러하지 아니하다.

6) 공표된 저작물의 인용(저작권법 제28조)

> 공표된 저작물은 보도 · 비평 · 교육 · 연구 등을 위하여는 정당한 범위 안에서 공정한 관행에 합치되게 이를 인용할 수 있다.

본 규정은 출판권의 목적으로 되어 있는 저작물의 복제[325] 및 데이터베이스 제작자의 권리의 목적이 되는 데이터베이스의 이용에 관하여 준용한다.[326] 다만, 당해 데이터베이스의 통상적인 이용과 저촉되는 경우에는 그러하지 아니하다.[327]

7) 영리를 목적으로 하지 아니하는 공연 · 방송(저작권법 제29조)

> ① 영리를 목적으로 하지 아니하고 청중이나 관중 또는 제3자로부터 어떤 명목으로든지 반대급부를 받지 아니하는 경우에는 공표된 저작물을 공연 또는 방송할 수 있다. 다만, 실연자에게 통상의 보수를 지급하는 경우에는 그러하지 아니하다.
> ② 청중이나 관중으로부터 당해 공연에 대한 반대급부를 받지 아니하는 경우에는 판매용 음반 또는 판매용 영상저작물을 재생하여 공중에게 공연할 수 있다. 다만, 대통령령[328]이 정하는 경우에는 그러하지 아니하다.

8) 사적이용을 위한 복제(저작권법 제30조)

> 공표된 저작물을 영리를 목적으로 하지 아니하고 개인적으로 이용하거나 가정 및 이에 준하는 한정된 범위 안에서 이용하는 경우에는 그 이용자는 이를 복제할 수 있다. 다만, 공중의 사용에 제공하기 위하여 설치된 복사기기에 의한 복제는 그러하지 아니하다.

---

325) 저작권법 제63조 제2항
326) 저작권법 제94조 제1항
327) 저작권법 제94조 제2항
328) 저작권법 시행령 제11조 참조

우리 저작권법은 학생이 복사하는 것과 복사점이 대행해서 복사하는 것의 차이에 대한 논쟁을 불식시키기 위해 2000년 법 개정 시 제30조 단서조항으로 규정하였다. 본 규정은 출판권의 목적으로 되어 있는 저작물의 복제에 관하여 준용한다.[329] 프로그램에 대하여는 적용하지 아니한다.[330]

[판례 8-2] Princeton University Press v. Michigan Document Services, Inc., 99 F.3d 138 (6th Cir. 1996)

사실관계 :

Michigan Document Services, Inc.(이하 "MDS")는 상업적인 복사점으로 학습저작물의 일부분을 저작권자의 허락 없이 복사하여 강의 자료로 묶은 후 예습자료로 사용하라고 미시간대학교 학생들에게 팔았다. 미시간대학의 다른 복사점들은 킨코스 복사점이 허락 없이 강의자료를 만들어 판매하는 것은 저작권침해라는 판결[331]이 나온 후 저작권자들의 허락을 받기 시작하였으나 MDS는 이 판결이 잘못됐다는 신념으로 저작권자의 허락을 얻지도 않았고 이용료를 지불하지도 않았다. 학술저작물 저작권 부서를 운영하고 있는 Princeton대학 출판사와 MacMillan사 St. Martin's 출판사는 MDS를 상대로 소송을 제기하였다.

쟁점 : 학생들을 위해 대신 복사해주는 상업복사점의 행위가 저작재산권 제한 사유에 해당되는지 여부

판시내용 :

출판사들이 수수료를 기대할 수 없다면 그들이 왜 이익이 남지 않는 책들을 계속 출판하여야 하는가? 만약 출판사들이 학문적인 저작물을 출판할 경제적인 동기가 줄어들어 출판되는 학문적인 저작물이 줄어든다면 예술적인 창작성은 어떻게 자극될 것인가? 학생들이 구입한 강의자료를 이용하는 것은 성격상 비상업적이나, 상업복사점이 저작권자가 요구하는 이용료를 지불하지 않고 이익을 극대화하기 위하여 저작물을 복사하여 판매하는 행위는 상업적이다.

---

329) 저작권법 제63조 제2항

330) 저작권법 제37조의2

331) Basic Books, Inc. v. Kinko's Graphics Corp., 758 F. Supp. 1522 (S.D.N.Y. 1991)

9) 도서관등에서의 복제 등(저작권법 제31조)

① 도서관법에 따른 도서관과 도서·문서·기록 그 밖의 자료(이하 "도서등")를 공중의 이용에 제공하는 시설 중 대통령령이 정하는 시설(당해시설의 장을 포함한다. 이하 "도서관등")은 다음 각 호의 어느 하나에 해당하는 경우에는 그 도서관등에 보관된 도서등(제1호의 경우에는 제3항의 규정에 따라 당해 도서관등이 복제·전송받은 도서등을 포함)을 사용하여 저작물을 복제할 수 있다. 다만, 제1호 및 제3호의 경우에는 디지털 형태로 복제할 수 없다.

1. 조사·연구를 목적으로 하는 이용자의 요구에 따라 공표된 도서등의 일부분의 복제물을 1인 1부에 한하여 제공하는 경우
2. 도서등의 자체보존을 위하여 필요한 경우
3. 다른 도서관등의 요구에 따라 절판 그 밖에 이에 준하는 사유로 구하기 어려운 도서등의 복제물을 보존용으로 제공하는 경우

② 도서관등은 컴퓨터를 이용하여 이용자가 그 도서관등의 안에서 열람할 수 있도록 보관된 도서등을 복제하거나 전송할 수 있다. 이 경우 동시에 열람할 수 있는 이용자의 수는 그 도서관등에서 보관하고 있거나 저작권 그 밖에 이 법에 따라 보호되는 권리를 가진 자로부터 이용허락을 받은 그 도서등의 부수를 초과할 수 없다.

③ 도서관등은 컴퓨터를 이용하여 이용자가 다른 도서관등의 안에서 열람할 수 있도록 보관된 도서등을 복제하거나 전송할 수 있다. 다만, 그 전부 또는 일부가 판매용으로 발행된 도서등은 그 발행일로부터 5년이 경과하지 아니한 경우에는 그러하지 아니하다.

④ 도서등이 디지털 형태로 판매되고 있는 때에는 그 도서등을 디지털 형태로 복제할 수 없다.

⑤ 도서관등은 도서등의 자체보존을 위하여 디지털 형태의 도서등을 복제하는 경우 및 도서등을 다른 도서관등의 안에서 열람할 수 있도록 복제하거나 전송하는 경우에는 문화체육관광부장관이 정하여 고시하는 기준에 의한 보상금을 당해 저작재산권자에게 지급하여야 한다. 다만, 국가, 지방자치단체 또는 고등교육법 제2조의 규정에 따른 학교를 저작재산권자로 하는 도서등(그 전부 또는 일부가 판매용으로 발행된 도서등을 제외한다)의 경우에는 그러하지 아니하다.[332]

⑦ 도서등을 디지털 형태로 복제하거나 전송하는 경우에 도서관등은 저작권 그 밖에 이 법에 따라 보호되는 권리의 침해를 방지하기 위하여 복제방지조치 등 대통령령이 정하는 필요한 조치를 하여야 한다.

⑧ 도서관법 제20조의2에 따라 국립중앙도서관[333]이 온라인 자료의 보존을 위하여 수집하는 경우에는 해당 자료를 복제할 수 있다.[334]

---

332) 저작권법 제25조 제5항 내지 제9항의 규정은 제5항의 보상금의 지급 등에 관하여 준용한다.
333) 국립중앙도서관 디지털도서관 www.dibrary.net
334) 현재 도서관 보상금 지정단체는 한국복사전송권협회이다.

10) 시험문제로서의 복제(저작권법 제32조)

> 학교의 입학시험 그 밖에 학식 및 기능에 관한 시험 또는 검정을 위하여 필요한 경우에는 그 목적을 위하여 정당한 범위 안에서 공표된 저작물을 복제할 수 있다. 다만, 영리를 목적으로 하는 경우에는 그러하지 아니하다.

본 규정은 저작인접권의 목적이 된 실연 · 음반 또는 방송의 이용에 관하여 준용한다.[335] 프로그램에 대하여는 적용하지 아니한다.[336]

11) 시각장애인 등을 위한 복제 등(저작권법 제33조)

> ① 공표된 저작물은 시각장애인 등[337]을 위하여 점자로 복제 · 배포할 수 있다.
> ② 시각장애인 등의 복리증진을 목적으로 하는 시설 중 대통령령이 정하는 시설(당해 시설의 장을 포함)[338]은 영리를 목적으로 하지 아니하고 시각장애인 등의 이용에 제공하기 위하여 공표된 어문저작물을 녹음하거나 시각장애인 등 전용 기록방식[339]으로 복제 · 배포 또는 전송할 수 있다.

본 조는 출판권의 목적으로 되어 있는 저작물의 복제에 관하여도 준용된다.[340] 동조 제2항은 저작인접권의 목적이 된 실연 · 음반 또는 방송의 이용에 관하여 준용한다.[341]

12) 방송사업자의 일시적 녹음 · 녹화(저작권법 제34조)

> ① 저작물을 방송할 권한을 가지는 방송사업자는 자신의 방송을 위하여 자체의 수단으로 저작물을 일시적으로 녹음하거나 녹화할 수 있다.
> ② 제1항의 규정에 따라 만들어진 녹음물 또는 녹화물은 녹음일 또는 녹화일로부터 1년을 초과하여 보존할 수 없다.[342] 다만, 그 녹음물 또는 녹화물이 기록의 자료로서 대통령령이 정하는 장소[343]에 보존되는 경우에는 그러하지 아니하다.

---

335) 저작권법 제87조
336) 저작권법 제37조의2
337) 저작권법 시행령 제15조 참조
338) 저작권법 시행령 제14조 제1항 참조
339) 저작권법 시행령 제14조 제2항 참조
340) 저작권법 제63조 제2항
341) 저작권법 제87조 제1항
342) 저작권법 제94조 제1항
343) 저작권법 시행령 제16조 참조

본 조는 저작인접권의 목적이 된 실연·음반 또는 방송의 이용[344] 및 데이터베이스 제작자의 권리의 목적이 되는 데이터베이스의 이용에 관하여 준용한다.[345] 디지털음성송신사업자는 실연이 녹음된 음반을 사용하여 송신하는 경우에는 자체의 수단으로 실연이 녹음된 음반을 일시적으로 복제할 수 있는데 이 경우 복제물의 보존기관에 관하여는 본 조 제2항을 준용한다.[346]

13) 미술저작물등의 전시 또는 복제(저작권법 제35조)

> ① 미술저작물등의 원본의 소유자나 그의 동의를 얻은 자는 그 저작물을 원본에 의하여 전시할 수 있다. 다만, 가로·공원·건축물의 외벽 그 밖에 공중에게 개방된 장소에 항시 전시하는 경우에는 그러하지 아니하다.
> ② 공중에게 개방된 장소에 항시 전시되어 있는 미술저작물등은 어떠한 방법으로든지 이를 복제하여 이용할 수 있다. 다만, 다음에 해당하는 경우에는 그러하지 아니하다.
> 1. 건축물을 건축물로 복제하는 경우
> 2. 조각 또는 회화를 조각 또는 회화로 복제하는 경우
> 3. 개방된 장소 등에 항시 전시하기 위하여 복제하는 경우
> 4. 판매의 목적으로 복제하는 경우
>
> ③ 미술저작물등의 원본의 소유자나 그의 동의를 얻어 그 저작물을 원본에 의하여 전시를 하는 자 또는 미술저작물등의 원본을 판매하고자 하는 자는 그 저작물의 해설이나 소개를 목적으로 하는 목록 형태의 책자에 이를 복제하여 배포할 수 있다.

본 조의 제2항 및 제3항은 출판권의 목적으로 되어 있는 저작물의 복제에 관하여 준용한다.[347]

> [판례 8-3] 서울중앙지방법원 2008.10.17. 선고 2008가합21261 판결
>
> 사실관계 :
>
> 원고들은 사건의 회화 작품의 작가들이고, 피고 주식회사들은 미술품 등 판매업 및 전자상거래 사업 등을 목적으로 설립된 법인이며, 피고인들은 각 피고 주식회사들의 대표이사이다.

344) 저작권법 제87조 제1항
345) 저작권법 제94조 제1항
346) 저작권법 제87조 제2항
347) 저작권법 제63조 제2항

피고 주식회사들은 온 · 오프라인에서 소유자들의 위탁을 받아 회화, 조각, 도자기, 소품 등을 경매의 방법으로 판매하고 있는데, 위 피고들은 판매 위탁을 받아 그 작품의 경매일시가 정해지면, 그들이 운영하는 홈페이지에 작품의 축소 이미지를 게시하고 그 오른쪽 옆에 경매일시, 작가, 저작물의 크기, 작품 제목, 추정가격 등을 간략하게 표시하여 경매 정보를 제공하고 있고, 유료 회원으로 가입한 자들에게는 위와 같은 경매 정보가 수록된 도록을 제공하고 있다. 피고들은 원고들의 각 작품에 관하여 그 소유자들로부터 판매 위탁을 받은 뒤 피고들이 운영하는 홈페이지에 그 축소 이미지를 게시하였다.

원고들은, 피고들이 그들의 홈페이지에 원고들의 작품을 게시하여 위 홈페이지 가입 회원들로 하여금 회원들이 선택한 시간과 장소에서 언제든지 이에 접근하여 원고들의 작품을 이용할 수 있도록 제공한 것은, 저작권자인 원고들의 공중송신권을 침해하는 것이라고 주장하며(책자 형태의 도록을 제공한 부분에 대하여는 문제 삼지 않는 취지로 보인다), 그로 인하여 원고들이 입은 손해의 배상을 구하였다.

피고들은 원고들의 각 작품의 소유자들로부터 그 판매를 의뢰받고 이를 경매의 방법으로 판매하기에 앞서 위 각 작품을 소개하고 그에 관한 경매 정보를 제공할 목적으로 홈페이지에 목록 형태로 축소 이미지 등을 게시한 것으로, 이는 저작권법 제35조 제3항에 의하여 허용된다고 주장하였다. 또한, 원고들의 위 각 작품은 공표된 저작물로서 저작권법 제28조에 의하여 정당한 범위 안에서 공정한 관행에 합치되게 인용하는 것이 가능한데, 피고들이 홈페이지에 작품 소개를 위하여 저작물을 게시하는 것은 저작물의 공정한 이용에 해당하므로 원고들의 공중송신권을 침해하지 않는다고 주장하였다.

쟁점 : 경매를 위한 축소이미지의 홈페이지 게시가 제35조에 의하여 허용되는지 여부

판시내용 :

피고들은 홈페이지를 통하여 미술저작물에 관한 경매를 진행하고 있고, 그와 같은 목적으로 홈페이지에 해당 미술저작물에 관한 소개를 위하여 그 축소 이미지가 포함되어 있는 목록을 게시하고 있는바, 위와 같은 행위가 저작권자의 공중송신권, 그 중에서도 전송권을 침해하는지에 관하여 본다.

미술저작물은 일품제작(一品製作)의 형태로 만들어진다는 점에서 다른 저작물과는 다른 특징을 가지고, 그 성질상 복제를 통한 이용보다는 원본의 전시를 통해 일반 공중이 향유할 수 있도록 하는 것이 일반적인 이용형태이어서, 양도 등의 사유로 저작자와 소유자가 달라지는 경우 그 이해관계를 조정할 필요가 있다. 이를 위해 저작권법은 제35조 제1항에서 "미술저작물 등의 원본의 소유자 또는 그의 동의를 얻은 자는 그 저작물을 원본에 의하여 전시할 수 있다"는 규정을 두고, 저작권자의 권리가 지나치게 제한되는 것을 막기 위하여 같은 항 단서에서 "다만, 가로 · 공원 · 건축물의 외벽 그 밖에 공중에게 개방된 장소에 항시 전시하는 경우에는 그러하지 아니하다"고

규정하고 있으며, 또한, 같은 조 제3항에서는 "미술저작물 등의 원본을 판매하고자 하는 자는 그 저작물의 해설이나 소개를 목적으로 하는 목록 형태의 책자에 이를 복제하여 배포할 수 있다"고 규정하여, 미술저작물 등의 원본의 소유자나 이를 판매하고자 하는 자에게 일정한 범위의 권리를 허여하고 있다.

특히 위 제35조 제3항은, 미술저작물이 양도 등에 의하여 저작권자와 소유자가 달라진 경우, 소유자가 미술저작물을 판매하기 위한 홍보물 등을 제작하기 위해 저작권자의 동의를 필요로 한다면 소유권이 지나치게 제한되어 불합리하고 미술저작물의 유통성이나 상품가치를 떨어뜨릴 수 있기 때문에, 미술저작물의 원본 소유자 혹은 그로부터 그 판매를 위탁받은 자가 수요자들에게 그 저작물을 소개할 수 있도록 하기 위하여 소유자 등에게 일정한 범위의 복제권을 허용하고 있는 것이다. 한편, 저작권법상 '공중송신'은 "저작물, 실연 · 음반 · 방송 또는 데이터베이스를 공중이 수신하거나 접근하게 할 목적으로 무선 또는 유선통신의 방법에 의하여 송신하거나 이용에 제공하는 것(저작권법 제2조 제7호)"을 말하고, 그 중 전송권은 "공중송신 중 공중의 구성원이 개별적으로 선택한 시간과 장소에서 접근할 수 있도록 저작물 등을 이용에 제공하는 것 및 그에 따라 이루어지는 송신을 포함하는 것(저작권법 제2조 제10호)"을 의미하는데, 전송권은 컴퓨터 통신 등이 급속하게 발달하자 컴퓨터 통신 등에 의하여 저작물을 전송하는 경우에도 저작자의 이용허락을 받도록 하기 위하여 2000.1.12. 법률 제6134호로 개정된 저작권법에서 최초로 도입되었고, 이후 2006.12.28. 법률 제8101호로 개정된 현행 저작권법에 이르러 방송권, 전송권 및 디지털음성송신권을 총괄하는 개념으로 공중송신권이 신설되었다.

반면, 미술저작권자의 전시권, 복제권 등을 제한하는 위 저작권법 제35조의 규정은 1986.12.31. 법률 제3916호로 개정된 저작권법에 최초로 규정된 이래 동일한바, 그렇다면 미술저작권자의 전시권, 복제권 등을 제한하는 위 저작권법 제35조의 규정이 위 규정 제정 이후 신설된 공중송신권에도 적용될 수 있을지가 문제되는데, 저작권법 제35조 제3항은 그 제정 당시(1986.12.31.) 미술저작물을 온라인으로 판매하거나 이를 홍보하는 형태에 관하여 미처 고려하지 못하였을 것으로 보이는 점과 위 조항의 의미 등을 종합할 때, 위 조항은 미술저작물 등의 공중송신권에 유추 · 적용할 수 있다고 봄이 상당하다(한편, 저작권법 제35조 제1항 본문에 따라 미술저작물 등의 원본의 소유자 등이 갖는 전시권은 '원본'에 의한 것만인데, '이미지 파일 등'은 사본의 한 종류에 해당하므로, '원본'에 의한 전시가 불가능한 공중송신권의 경우에는 위 본문 규정이 유추 · 적용될 여지가 없을 것이다). 따라서, '저작물의 해설이나 소개를 목적으로 하는 목록 형태의 것'을 "책자"로 제작하는 경우와 같이 이를 "홈페이지에 게시"하는 것도 저작권법 제35조 제3항에 의하여 허용된다 할 것이다. 나아가, 저작권법 제35조 제3항에 의하여 제한되는 저작권자의 '공중송신권'의 정도는 그 입법취지에 따라 필요 최소한이 되어야 할 것이다. 구체적으로, ① 인터넷에 게시하는 전송행위는 1회 제작으로 종료되는 서적 형태의 도록 등을 제작하는 경우에 비하여, 상당히 지속적이고 전파가능성도 훨씬 커 판매가 완료된 이후에도 저작물을 계속 게시하는 것은, 저작물의 판매를 위해 그 저작물의 해설이나 소개를 목적으로 하는 경우에만 허용되는 위 규정의 명문에 비추어 허용될 수 없고, ② 제공되는 이미지의 해상도 및 파일의 크기에 있어서도 마치 복제화를 제공하는 것과 같은 정도의 고도의 해상도나 크기를 갖는 파일을 제공하는 것은 원저작물에 관한 정보 제공이라는 목적을 넘어서는 결과에 이르러 마찬가지로 허용될 수 없다.

(1) 돌이켜 이 사건에 관하여 보건대, 피고들이 원고들의 각 작품을 각 홈페이지에 게시한 행위는 앞서 본 바와 같이 위 각 작품의 판매를 위한 것으로서 일응 허용된다 할 것이다. 구체적으로 보건대, 피고들이 홈페이지에 게시한 위 각 작품의 해상도가 단순한 작품 소개의 정도를 넘어 작품 감상의 목적에 제공될 수 있을 정도에 해당하는지에 있어서, 미술저작물의 판매를 위하여 수요자들에게 그 정보를 제공하는 경우에 있어서는 최소한 그 작품의 색채, 심미감 등을 개략적으로 알 수 있을 정도의 해상도를 지원하는 것이 필수적이라 할 것이고, 다만 위에서 살펴본 바와 같이 그와 같은 정도를 넘어 사실상 복제화를 제공하는 정도에 이르렀다면 이는 저작권자의 권리를 지나치게 제한하는 것으로 허용될 수 없을 것인데, 피고들이 제공하고 있는 축소이미지는 미술저작물 원본 크기의 약 20분의 1 내지 3분의 1 크기를 갖는 것으로서, 서적 형태의 목록에 실리는 작품의 이미지의 경우에도 최근 디지털 사진기의 발달 등으로 최소한 100만 화소 이상의 해상도로 제작되리라 보이는 점 등에 비추어 볼 때, 작품에 대한 정보제공의 정도를 넘어 복제화를 제공하였다고 인정되지 않는다. 다만, 각 작품은 각 낙찰일에 이미 판매가 완료되었음에도 2006.8.1.부터 2007.7.31.까지 위 피고들의 홈페이지에 각 게시되어 있었는바, 이 부분은 원고들의 공중송신권을 침해하는 것에 해당하고, 따라서 피고들은 원고들에게 위 각 미술저작물에 관한 공중송신권의 침해로 인하여 원고들이 입은 손해를 배상하여야 한다.

한편, 피고들은 경매가 종료된 이후에도 홈페이지에 원고들의 저작물을 게시하는 것은 공표된 저작물을 인용한 것으로 저작권법 제28조에 의하여 허용되거나, 구매자에게 저작물의 경로에 대한 정보를 제공한다는 목적의 정당성에 비추어 저작권법 제1조의 공정한 이용에 해당하여 위법하지 않다고 주장하나, 저작권법 제28조는 보도 · 비평 · 교육 · 연구 등을 위하여 공표된 저작물을 인용하는 것에 관한 규정으로 상업적 목적으로 저작물을 인용하는 경우는 이에 해당하지 아니하고, 저작권법 제1조의 '저작물의 공정한 이용'은 일반조항으로서, 그 규정에서 미술저작권자의 공중송신권을 제한할 수 있는 구체적인 권리를 바로 도출하기는 어려우므로(피고들의 주장의 목적의 정당성도 인정되기 어려워 보인다), 이에 관한 피고들의 주장은 모두 이유 없다.

14) 번역 등에 의한 이용(저작권법 제36조)

> ① 제25조(학교교육 목적 등에의 이용) · 제29조(영리를 목적으로 하지 아니하는 공연 · 방송) 또는 제30조(사적이용을 위한 복제)의 규정에 따라 저작물을 이용하는 경우에는 그 저작물을 번역 · 편곡 또는 개작하여 이용할 수 있다.
> ② 제23조(재판절차 등에서의 복제) · 제24조(정치적 연설 등의 이용) · 제26조(시사보도를 위한 이용) · 제27조(시사적인 기사 및 논설의 복제 등) · 제28조(공표된 저작물의 인용) · 제32조(시험문제로서의 복제) 또는 제33조(시각장애인 등을 위한 복제 등)의 규정에 따라 저작물을 이용하는 경우에는 그 저작물을 번역하여 이용할 수 있다.

본 규정은 저작인접권의 목적이 된 실연 · 음반 또는 방송의 이용[348] 및 데이터베이스 제작자의 권리의 목적이 되는 데이터베이스의 이용에 관하여 준용한다.[349]

15) 프로그램의 저작재산권의 제한(저작권법 제101조의3)

> ① 다음 각 호의 어느 하나에 해당하는 경우에는 그 목적상 필요한 범위에서 공표된 프로그램을 복제 또는 배포할 수 있다. 다만, 프로그램의 종류 · 용도, 프로그램에서 복제된 부분이 차지하는 비중 및 복제의 부수 등에 비추어 프로그램의 저작재산권자의 이익을 부당하게 해치는 경우에는 그러하지 아니하다.
> 1. 재판 또는 수사를 위하여 복제하는 경우
> 2. 유아교육법, 초 · 중등교육법, 고등교육법에 따른 학교 및 다른 법률에 따라 설립된 교육기관(상급학교 입학을 위한 학력이 인정되거나 학위를 수여하는 교육기관에 한한다)에서 교육을 담당하는 자가 수업과정에 제공할 목적으로 복제 또는 배포하는 경우
> 3. 초 · 중등교육법에 따른 학교 및 이에 준하는 학교의 교육목적을 위한 교과용 도서에 게재하기 위하여 복제하는 경우
> 4. 가정과 같은 한정된 장소에서 개인적인 목적(영리를 목적으로 하는 경우 제외)으로 복제하는 경우
> 5. 초 · 중등교육법, 고등교육법에 따른 학교 및 이에 준하는 학교의 입학시험이나 그 밖의 학식 및 기능에 관한 시험 또는 검정을 목적(영리를 목적으로 하는 경우 제외)으로 복제 또는 배포하는 경우

348) 저작권법 제87조
349) 저작권법 제94조 제1항

6. 프로그램의 기초를 이루는 아이디어 및 원리를 확인하기 위하여 프로그램의 기능을 조사·연구·시험할 목적으로 복제하는 경우(정당한 권한에 의하여 프로그램을 이용하는 자가 해당 프로그램을 이용 중인 때에 한함)

② 제1항 제3호에 따라 프로그램을 교과용 도서에 게재하려는 자는 문화체육관광부장관이 정하여 고시하는 기준에 따른 보상금을 해당 저작재산권자에게 지급하여야 한다.[350)]

16) 출처의 명시(저작권법 제37조)

① 저작재산권의 제한 규정에 따라 저작물을 이용하는 자는 그 출처를 명시하여야 한다. 다만, 제26조(시사보도를 위한 이용)·제29조(영리를 목적으로 하지 아니하는 공연·방송) 내지 제32조(시험문제로서의 복제) 및 제34조(방송사업자의 일시적 녹음·녹화)의 경우에는 그러하지 아니하다.

② 출처의 명시는 저작물의 이용 상황에 따라 합리적이라고 인정되는 방법으로 하여야 하며, 저작자의 실명 또는 이명이 표시된 저작물인 경우에는 그 실명 또는 이명을 명시하여야 한다.

본 규정은 저작인접권의 목적이 된 실연·음반 또는 방송의 이용[351)] 및 데이터베이스 제작자의 권리의 목적이 되는 데이터베이스의 이용에 관하여 준용한다.[352)]

03 공정이용

저작권법은 기본적으로 저작자의 권리를 보호하기 위해 제정되었다. 그렇다 하더라도 저작물의 모든 이용 형태에 있어서 저작자의 권리가 무제한적으로 보호된다면 저작물의 원활한 이용을 방해하여 결과적으로 문화 및 문화산업의 향상발전에 이바지하고자 하는 저작권법의 목적에 위배되게 될 것이다. 이를 방지하기 위해 성문법 국가인 우리나라는 저작권법에 저작재산권이 제한되는 사례를 조문으로 일일이 열거하고 있다. 한편, 영미법계 국가에서는 저작권 침해소송에서 공정이용

350) 보상금은 지정 단체인 사단법인 한국복사전송권협회를 통해 지급하면 된다.
351) 저작권법 제87조
352) 저작권법 제94조 제1항

(fair use) 법리가 중요한 항변으로 발전해 왔다. 즉, 저작권 침해사건에서 피해자가 저작권 침해에 대한 증명을 하면 침해 추정자는 그 이용이 공정이용에 해당된다는 항변을 통해 침해책임으로부터 면제되는 것이다. 미국은 판례법으로 발전해 오던 공정이용 법리를 1976년 저작권법 개정 시 성문화하였다.

미국 저작권법 제107조(배타적 권리에 대한 제한 : 공정이용)[353)]

비평 · 논평 · 시사보도 · 교수(학습용으로 다수 복제하는 경우를 포함) · 학문 또는 연구 등과 같은 목적[354)]을 위하여 저작권으로 보호되는 저작물을 복제물이나 음반으로 제작하거나 기타 제106조 및 제106조의A에서 규정한 방법으로 사용하는 경우를 포함하여 공정이용하는 행위는 저작권 침해가 되지 아니한다. 구체적인 경우에 저작물의 이용이 공정이용에 해당하느냐 여부를 판단함에 있어서는 다음의 사항을 참작하여야 한다.

① 그러한 이용이 상업적 성질의 것인지 또는 비영리적 교육목적을 위한 것인지 등 그 이용의 목적 및 성격[355)]
② 저작권으로 보호되는 저작물의 성격[356)]
③ 이용된 부분이 저작권으로 보호되는 저작물 전체에서 차지하는 양과 상당성[357)]
④ 그 이용이 저작권으로 보호되는 저작물의 잠재적 시장이나 가치에 미치는 영향

위의 모든 사항을 참작하여 내려지는 결정인 경우에 저작물이 미발행되었다는 사실 자체는 공정이용의 결정을 방해하지 아니한다.[358)]

---

353) 우리나라는 "공표된 저작물은 보도 · 비평 · 교육 · 연구 등을 위하여는 정당한 범위 안에서 공정한 관행에 합치되게 이를 인용할 수 있다"고 저작권법 제28조에 명시하고 있다. 위 규정에 따라 인용할 경우에 그 출처를 명시하여야 한다(저작권법 제37조).

354) 미국 저작권법 제107조 전문에 열거된 비평, 논평, 시사보도, 교육, 학문 또는 연구는 경우에 따라 공정이용으로 볼 수 있는 경우를 예시적으로 나열한 것일 뿐 그 자체로 공정이용이 되는 것은 아니며 위의 네 가지 요소들을 참작하여 법원이 구체적인 사건별로 공정이용 여부를 판단하게 된다.

355) 그 이용이 영리적인 것인지 또는 비영리 교육목적을 위한 것인지에 따라 영리적인 경우보다 비영리 교육목적을 위한 경우에 보다 느슨한 기준을 적용하게 된다.

356) 창작적인 저작물의 경우 보다 엄격한 기준이 적용되고 편집저작물과 같이 창작성이 낮은 저작물의 경우에는 느슨한 기준이 적용된다.

357) 이용된 부분이 보호되는 저작물에서 양적 또는 질적으로 차지하는 분량이 클수록 공정이용일 가능성이 낮아진다.

358) 보호되는 저작물과 시장에서 경쟁적인 관계에 있거나 그 시장에 부정적인 영향을 미친다면 보다 엄격한 기준을 적용하게 된다.

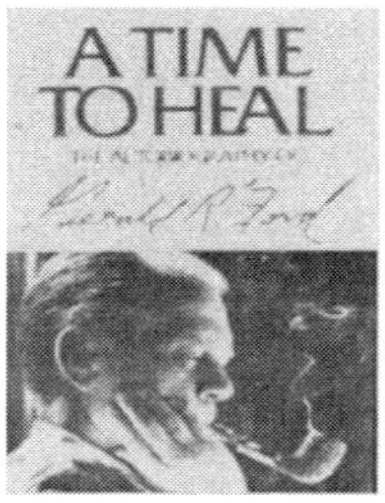

[그림 8-2] A Time to Heal
출처 : www.amazon.com

[그림 8-3] Time지
출처 : http://bztv.typepad.com

[판례 8-4] Harper & Row Publishers, Inc. v. Nation Enterprises, 471 U.S. 539 (1985)

사실관계 :

원고는 미국의 포드 전대통령과 회고록을 출간하기로 한 Harper & Row Publishers, Inc.(이하 "Harper & Row")이다. 피고는 정치비평 잡지사인 Nation Enterprises(이하 "Nation")이다. 포드는 1977.2. 백악관을 떠난 직후 Harper & Row 및 리더스 다이제스트와 회고록 《A Time to Heal》을 출간하기로 합의하였다. 이 회고록은 워터게이트 위기와 닉슨 전대통령에 대한 사면, 역사적인 기간에 대한 포드의 회상 등 중요한 비공개 내용들을 담을 예정이었다. 포드는 Harper & Row 및 리더스 다이제스트에 회고록을 출간하는 것 외에 발췌본을 미리 공개하는 독점적 권리(first serial rights)도 부여하였다. 2년 뒤 회고록이 거의 완성되어 갈 때 Harper & Row는 타임지와 계약을 맺고 닉슨의 사면과 관련된 포드의 이야기 중에서 일부(7,500개 단어)를 발췌하여 미리 공개하는 것을 허락하였다. 타임은 선급금으로 12,500불, 발췌본 발생 시 12,500불 총 25,000불을 Harper & Row에 지불하기로 약정하였다. 포드의 이야기를 담은 타임지의 기사는 회고록이 나오기 약1주일 전에 발행될 예정이었다. 본 기사는 독점게재가 중요하였기 때문에 이를 위해 Harper & Row는 원고(script) 내용에 대한 비밀유지 조치를 취하였다. 그런데 타임지 기사가 나오기 2,3주전에 누군가 포드 원고의 복사본을 정치비평 잡지인 Nation의 편집자인 Victor Navasky에게 비밀리에 건네주었다. Navasky는 최신 이야기라고 생각되는 내용을 원고에서 급하게 추려 모았다. 포드의 책보다 먼저 나와야 할 필요가 있었기 때문에 Navasky는 독자적인 논평이나 연구, 비평을 시도하지 않았다. Nation은 2,250개의 단어로 구성된 포드 관련 기사를 타임지보다 우선 공개하였다. 이로 인해 타임지는 Harper & Row와의 계약을 취소하고 나머지 12,500불의 지급을 거부하였다. Harper & Row는 Nation을 상대로 저작권법 위반 등을 주장하면서 소송을 제기하였다. Nation은 저작권은 역사적인 사실, 비망록, 다른 공적인 서류, 인용된 제3자의 이야기 등은 저작권으로 보호될 수 없는 내용이라고 반박했다. 또한 Nation의 사용목적은 시사보도라고 주장하였다.

쟁점 : Nation의 행위가 공정이용에 해당되는지 여부

판시내용 :

전문의 적용

Nation의 사용목적은 시사보도이다. 그러나 미국 저작권법 제107조의 전문에 열거된 시사보도는 법원이 어떤 상황 하에서 공정사용이라고 볼 수 있는 행위 중 하나의 예로 적시되었을 뿐, 공정사용으로 바로 추정되는 것은 아니다. 기사가 뉴스이고 생산적으로 사용되었다는 사실은 공정사용 분석에 있어서 단지 하나의 요소에 불과할 뿐이다.

① 그러한 이용이 상업적 성질의 것인지 또는 비영리적 교육목적을 위한 것인지 등 그 이용의 목적 및 성격 : Nation은 저작권으로 보호되지 않는 정보를 보도하는 것을 넘어 유명한 사람의 표현을 허락 없이 처음으로 공개하여 뉴스거리를 만들었고 적극적으로 침해행위의 가치를 이용하였다. 잡지발행이 비영리가 아니라 상업적이었다는 사실은 공정사용의 인정에 불리한 요소이다. 영리 또는 비영리구분의 핵심은 사용의 유일한 동기가 금전적인 이득을 얻는 것인지 여부가 아니라 사용자가 관례적인 값을 치르지 않고 저작물을 도용함으로써 이익을 얻었는지 여부에 있다. 사용목적과 성격을 평가함에 있어 Nation이 앞으로 출간될 책과 타임지 기사를 앞지르려는 의도를 무시할 수 없다. Nation의 사용은 단지 우연의 결과가 아니라 저작권자가 가지고 있는 상업적으로 가치 있는 최초발행권을 탈취하려는 의도를 가지고 있다. 또한 피고행위의 적정성도 사용의 성격과 관련이 있다. 공정이용은 선의와 공정한 거래를 전제로 하고 있다.

② 저작권으로 보호되는 저작물의 성격 : 회고록은 발행되지 않은 역사적인 이야기 또는 자서전으로 특징지을 수 있을 것이다. Nation은 저작자의 개인적인 표현에 기초한 공적 인물에 대한 주관적인 설명이나 묘사들을 발췌하였다. 작품의 가장 표현적인 요소에 초점을 맞춰 이용하였으므로 이는 사실을 퍼뜨리는 데 필요한 정도를 넘어섰다. 저작물이 발행되지 않았다는 사실은 그것의 성격에 있어서 중요한 요소이다. 최초발행권은 발행여부뿐만 아니라 언제, 어디서 그리고 어떤 형태로 저작물을 처음 발행할 것인가에 관한 선택을 포괄하고 있다. 포드 원고와 관련하여 저작권자의 비밀유지 조항에 대한 이해관계도 반박될 수 없다.

③ 이용된 부분이 저작권으로 보호되는 저작물 전체에서 차지하는 양과 상당성 : 절대적인 사용량을 보면 실제로 이용된 말은 회고록의 실질적인 부분은 아니다. 그러나 Nation은 책의 핵심적인 내용을 도용하였다. 원고 내용 중 가장 흥미롭고 감동적인 부분인 사면에 관한 장을 도용하였다. Navasky의 인용된 부분은 포드의 독특한 표현을 담고 있다. 또한 글자 그대로 베껴 침해하고 있다. 미발행 원고로부터 직접 베낀 것은 기사의 약 13%에 있다. Nation의 기사는 극적인 요소로 나타나는 인용된 발췌본을 중심으로 구성되어 있다. 발췌내용의 표현적인 가치는 침해기사에서 중심적인 역할을 차지하고 있다.

④ 그 이용이 저작권으로 보호되는 저작물의 잠재적 시장이나 가치에 미치는 영향 : 마지막 요소는 가장 중요한 공정사용의 요소라는 것은 의심할 여지가 없다. 적절하게 적용될 때 공정사용은 원저작물의 시장성을 실질적으로 손상하지 않고 복제된다. 타임지의 계약취소와 12,500불의 지급거절은 침해의 직접적인 결과다. Nation은 미발행원고로부터 인용문들을 차용함으로써 독자들에게 Nation의 기사가 신빙성 있는 것으로 비춰졌다. Nation은 포드 회고록의 발췌본을 사전에 공개하는 시장에서 타임지와 직접 경쟁하게 된 것이다.

종합컨대, Nation의 저작물 이용이 주제에 대한 공공의 관심 때문에 용서된다고 보는 것은 잘못된 것이다. 미발행저작물을 허락 없이 발췌하여 이를 사전 공개한 행위는 연재권의 잠재적 시장에 충격을 가져온 것이다. 또한 도용된 부분이 비록 13%에 불과하더라도 인용된 내용들이 원래의 원고에서 질적으로 중요한 표현을 주로 인용하였기 때문에 이용된 부분의 질도 무시할 수 없다. 따라서 Nation이 미발행 원고로부터 글자 그대로 베낀 행위는 공정이용이라 볼 수 없다.

한편, 패러디(parody)는 원작에 대한 수정을 필연적으로 수반하기 때문에 2차적 저작물 작성권 및 동일성유지권 침해 소지가 있으나, 비평·논평·풍자를 위한 패러디는 공정이용의 형태로 인정될 필요성도 제기되고 있다. 패러디란 희극적인 효과나 비웃음을 위해 다른 작가나 작품의 특징적인 모습을 흉내 낸 문학 또는 예술작품 또는 저자 혹은 일정 부류의 저자들의 생각과 문장의 특징적인 표현을 조롱하는 방법으로 흉내 내는 산문과 운문에서의 작문법을 말한다.

기존의 저작물에 풍자나 비평 등으로 새로운 창작적 노력을 부가함으로써 사회 전체적으로 유용한 이익을 가져다 줄 수 있는 점이나, 저작권법에서 "공표된 저작물은 보도·비평·교육·연구 등을 위하여는 정당한 범위 안에서 공정한 관행에 합치되게 이를 인용할 수 있다"고 규정하고 있는 점 등에 비추어 이른바 패러디가 당해 저작물에 대한 공정이용의 범주로서 허용될 여지가 있음은 부인할 수 없다. 그러나 그러한 패러디는 우리 저작권법이 인정하고 있는 저작권자의 동일성유지권과 필연적으로 충돌할 수밖에 없는 이상 그러한 동일성유지권의 본질적인 부분을 침해하지 않는 범위 내에서 예외적으로만 허용되는 것으로 보아야 할 것이고, 이러한 관점에서 패러디로서 저작물의 변형적 이용이 허용되는 경우인지 여부는 원저작물에 대한 비평·풍자 여부, 원저작물의 이용 목적과 성격, 이용된 부분의 분량과 질, 이용된 방법과 형태, 소비자들의 일반적인 관념, 원저작물에 대한 시장수요 내지 가치에 미치는 영향 등을 종합적으로 고려하여 신중하게 판단하여야 할 것이다.[359)]

[판례 8-5] Campbell v. Acuff-Rose Music, Inc., 510 U.S. 569 (1994)

Roy Orbison과 William Dees의
"Oh, Pretty Woman"

Pretty Woman, walking down the street,
Pretty Woman, the kind I like to meet,
Pretty Woman, I don't believe you, you're not the truth,
No one could look as good as you
Mercy
Pretty Woman, won't you pardon me,
Pretty Woman, I couldn't help but see,
Pretty Woman, that you look lovely as can be
Are you lonely just like me?
Pretty Woman, stop a while,
Pretty Woman, talk a while,
Pretty Woman, give your smile to me
Pretty Woman, yeah, yeah, yeah
Pretty Woman, look my way,
Pretty Woman, say you'll stay with me
'Cause I need you, I'll treat you right
Come to me baby, Be mine tonight
Pretty Woman, don't walk on by,
Pretty Woman, don't make me cry,
Pretty Woman, don't walk away
Hey, O.K.
If that's the way it must be, O.K.
I guess I'll go on home, it's late.
There'll be tomorrow night, but wait!
What do I see
Is she walking back to me?
Yeah, she's walkin back to me!
Oh, Pretty Woman.

2Live Crew가 녹음한
"Pretty Woman"

Pretty Woman walkin' down the street
Pretty Woman girl you look so sweet
Pretty Woman you bring me down to that knee
Pretty Woman you make me wanna beg please
Oh, Pretty Woman
Big hairy woman you need to shave that stuff
Big hairy woman you know I bet it's tough
Big hairy woman all that hair it ain't legit
'Cause you look like 'Cousing It'
Big hairy woman
Bald headed woman girl your hair won't grow
Bald headed woman you got a teeny weeny afro
Bald headed woman you know your hair could look nice
Bald headed woman first you got to roll it with rice
Bald headed woman here, let me get this hunk of biz for ya
Ya know what I'm saying you look better than rice a roni
Oh Bald headed woman
Big hairy woman come on in
And don't forget your bald headed friend
Hey pretty woman let the boys
Jump in
Two timin' woman girl you know you ain't right
Two timin' woman you's out with my boy last night
Two timin' woman that takes a load off my mind
Two timin' woman now I know the baby ain't mine
Oh, two timin' woman
Oh pretty woman

359) 서울지방법원 2001.11.1. 선고 2001카합1837 결정

사실관계 :

1964년 Roy Orbison과 William Dees는 'Oh, Pretty Woman'이라는 제목의 록발라드를 만들어 그들의 권리를 Acuff-Rose Music, Inc.(이하 "Acuff-Rose")에게 양도하였고 Acuff-Rose는 이 노래에 대해 저작권등록을 하였다. 랩음악그룹인 2 Live Crew 멤버인 Luther R. Campbell은 1989년 원곡 "Pretty Woman"을 익살스런 가사를 통해 풍자할 의도로 'Pretty Woman'이라는 제목의 노래를 만들었다. 1989.7.5. Live Crew의 매니저는 Acuff-Rose에게 2 Live Crew의 노래와 가사를 보내면서 2 Live Crew가 'Oh, Pretty Woman'의 패러디를 만들었고 원곡에 대한 Acuff-Rose와 Orbison 및 Dees의 저작권을 인정하며 원곡에 대한 사용수수료를 지급할 의사가 있다고 통보하였다. Acuff-Rose의 대리인은 'Oh, Pretty Woman'을 패러디로 사용하는 것을 거절하였다. 그럼에도 불구하고 2 Live Crew는 'Pretty Woman'을 담은 음반, 카세트테이프, CD를 발매하였다. 음반과 CD에는 'Pretty Woman'의 저작자는 Orbison과 Dees로, 발행인은 Acuff-Rose로 기재하였다. 2 Live Crew의 'Pretty Woman' 음반은 거의 25만장이 판매되었고 이에Acuff-Rose는 2 Live Crew와 음반회사를 상대로 저작권침해금지소송을 제기하였다. 테네시 중부연방지방법원은 1심에서 2 Live Crew 승소판결을 내렸고 제6연방항소법원은 지방법원의 판결을 뒤집었다. 이후 이 사건은 연방대법원까지 올라가게 되었다.

쟁점 : 상업적인 패러디가 저작권법상 공정이용에 해당되는지 여부

판시내용 :

① 그러한 이용이 상업적 성질의 것인지 또는 비영리적 교육목적을 위한 것인지 등 그 이용의 목적 및 성격 : 항소법원은 2 Live Crew의 이용 목적인 상업적 성격에 결정적인 비중을 둠으로써 공정이용에 대한 검토를 중단하는 오류를 범하였다. 법조문은 작품의 상업적 혹은 비영리 교육적 목적은 첫 번째 요소의 검토에 있어서 하나의 요인일 뿐이라는 점을 분명히 하고 있다. 따라서 사용이 교육적이고 비영리적이라는 사실만으로 침해를 인정할 수 없는 것은 아니며, 상업적 이용이라는 이유로 공정이용이 아니라고만은 할 수 없다. 이 사건에서 2 Live Crew는 품위가 떨어지는 비웃음과 음란한 성적 욕구와 함께 환상이 실현되는 한 남자의 낭만적인 상념과 아버지로서의 책임으로부터 벗어나는 안도의 한숨을 병렬시키고 있다. 내용은 원곡의 순진함에 대한 비평으로 볼 수 있고 거리생활의 지저분함과 타락을 무시하는 정서를 거부하는 것으로 볼 수도 있다. 따라서 2 Live Crew의 노래는 어느 정도 원곡을 논평하거나 비판하고 있는 것으로 인식될 수 있다.

② 저작권으로 보호되는 저작물의 성격 : 원곡의 창작적인 표현은 저작권 보호목적의 핵심적인 범위 안에 있다. 그러나 패러디는 공개적으로 알려진 표현적인 작품을 표절하는 것이 불가피하기 때문에 이 사실은 이 사건에 크게 도움이 되지 않는다.

③ 이용된 부분이 저작권으로 보호되는 저작물 전체에서 차지하는 양과 상당성 : 원작의 핵심적인 내용을 거의 더하거나 바꾸지 않고 표절한 작품은 단지 원작품에대한 수요를 대체할 가능성이 높다. 그러나 패러디는 알려진 원작품을 목표로 하기

때문에 적어도 비평적인 재치의 의도를 인식할 수 있기에 충분할 만큼 원작품을 떠올릴 수 있어야 한다. 이러한 인식을 가능케 하기 위해서 패러디스트들은 청중이 알 것이라고 확신할 수 있는 원곡의 가장 독특한 또는 기억할 만한 특징들을 인용하게 된다. 일단 동일성을 보장하기 위해 충분히 인용된 이상 얼마나 더 많이 인용하는 것이 합리적인가는 패러디의 목적과 성격이 어느 범위까지 원곡을 풍자하느냐 및 패러디가 원곡의 시장을 대체하느냐 여부에 달려 있을 것이다. 2 Live Crew가 원곡의 특징적인 초기 반복선율과 시작부분의 가사내용(oh, pretty woman walking down the street 부분)을 인용한 것이 원곡의 핵심에 이른 것이라고 말할 수 있다면 이는 패러디가 목표로 삼는 것이다. 왜냐 하면 패러디를 위해서는 원곡 중 가장 쉽게 노래를 떠올릴 수 있는 부분을 인용하여야 하기 때문이다. 만약 원곡 중 기억하기 어려운 부분을 베꼈다면 패러디의 성격이 드러나기 어려울 것이다. 이것은 물론 자칭 패러디스트들이 좋은 것을 취하고 대가를 치르지 않아도 된다고 말하는 것은 아니다. 2 Live Crew가 원곡의 첫 가사를 베꼈지만 이후 그 자신의 목적을 향해 Orbison의 가사와는 현저하게 다르게 나아갔다. 또한 반복선율을 베꼈고 이를 되풀이하였으나 긁는 소리를 사이에 집어넣고 다른 음조로 독주하는 음악을 겹치게 했으며 드럼의 박자를 변경하여 독특한 소리들을 만들어냈다. 이것은 패러디의 실질적인 내용이 원곡을 그대로 베낀 것으로 이루어진 경우가 아니다. 즉, 가사에 관하여 2 Live Crew는 필요 이상 원곡을 베꼈다고 보이지 않는다. 그러나 선율의 반복이 지나친 표절인지에 관해서는 노래의 풍자적인 목적과 성격, 변형적인 요소들 그리고 시장대체의 가능성을 고려하면서 베낀 부분을 재평가해봐야 할 것이다.

④ 그 이용이 저작권으로 보호되는 저작물의 잠재적 시장이나 가치에 미치는 영향 : 패러디의 비평 또는 풍자의 결과로 인해 원작 및 원작의 2차적 이용 시장에 손해를 미치는지 여부는 우리의 관심사가 아니다. 핵심은, 2 Live Crew의 노래가 패러디와 랩 음악으로 이루어져 있어서 원곡의 2차적저작물인 랩음악 시장문제를 검토해야 하는 것이다. 2차적저작물의 이용허락은 원작품의 창작에 중요한 경제적인 동기이므로 2차적 시장에 대한 실질적인 손해의 증거는 공정이용으로의 인정에 불리하게 작용한다. 그러나 어느 쪽도 'Oh, Pretty Woman'의 랩 음악시장에 2 Live Crew의 노래가 영향을 미쳤다는 것을 보여주는 증거를 제출하지 않아 이에 대한 증거가 없다.

종합컨대, 항소법원이 2 Live Crew의 'Oh, Pretty Woman'에 대한 패러디의 상업적인 성격으로 인하여 불공정이용으로 추정된다고 판시한 것은 오류이다. 그러한 추정은 패러디와 같은 변형적 사용에는 적합하지 못하다. 따라서 재심리를 명한다.

NOTE :

이러한 대법원 판결이 있은 후 2 Live Crew가 원고에게 이용료를 지불하기로 합의하고 분쟁이 마무리되었다.

우리나라에서도 가수 이재수 및 음반제작자사 서태지의 컴백홈(Come Back Home)을 패러디하여 컴배콤을 제작한 사건이 있었다. 이에 대해 서태지 측은 음반판매금지 가처분 신청을 청구하였다.

[판례 8-6] 서울지방법원 2001.11.1. 선고 2001카합1837 결정

서태지와 아이들 컴백홈

난 내 삶의 끝을 본적이 있어 내 가슴속은 갑갑해졌어
내 삶을 막은 것은 나의 내일에 대한 두려움
반복됐던 기나긴 날 속에 버려진 내 자신을 본 후
나는 없었어 그리고 또 내일조차 없었어
내겐 점점 더 크게 더해갔던 이 사회를 탓하던 분노가
마침내 증오가 됐어 진실들은 사라졌어 혀끝에서

다시 하나의 생명이 태어났고 또 다시 부모의 제압은 시작됐지
네겐 사랑이 전혀 없는 것 내 힘겨운 눈물이 말라버렸지
무모한 거품은 날리고 흠~ 주위를 둘러봐 널 기다리고 있어
그래 이젠 그만 됐어 나는 하늘을 날고 싶었어
아직 우린 젊기에 괜찮은 미래가 있기에
자 이제 그 차가운 눈물은 닦고 COME BACK HOME
터질 것같은 내 심장은 날 미치게 만들 것 같았지만
난 이제 깨달았어 날 사랑했다는 것을

YOU MUST COME BACK HOME 떠나간 마음보다는 따뜻한

이재수 컴배콤

컴온 에브리바디 요~ 어~어~ 요~요구르트아줌마~
요구르트아줌마 요구르트주세요 요구르트없으면
요플레로 주시고 요플레가 없으면 요고요고
난 지금 무엇을 찾으려고 애를쓰는걸까
난 지금 어디로 쉬지 않고 흘러가는건가

난 내삶의 끝을 본적이 있어 내가슴속은 갑갑해졌어
삶을 막은것은 나의 네일렐레레레~~~ 두려움~~
반복됐던 기나긴 날속의 버려진 내자신을 본후~
나는 없었어 그리고 또 내일조차 없었어
내겐 점점더 크게 더해갔던 이사회를 탓하던 내 분노가
마침내 증오가 됐었지 진실들은 사라졌어 혀끝에서
유머스트컴백홈~(집으로들어가 이씨~)떠나는 마음보다 따뜻하아안~
유머스트컴백홈~(어~어~ 너 거기 안서~)거칠은 인생속에
유머스트컴백홈~떠나는 마음보다 따뜻하아안~
유머스트컴백홈~나를 완성하겠어~

YOU MUST COME BACK HOME 거칠은 인생속에
YOU MUST COME BACK HOME 떠나간 마음보다
　는 따뜻한.
YOU MUST COME BACK HOME 나를 완성하겠어

난 지금 무엇을 찾으려고 애를 쓰는 걸까
난 지금 어디로 쉬지않고 흘러가는가

사실관계 :

신청인은 1992년경 '서태지와아이들'이라는 그룹을 결성하여 '서태지'라는 예명으로 가수활동을 하면서 1995.10.6.경 "컴백홈"이라는 음악저작물(이하 "사건 원곡")을 창작한 작사자 겸 작곡자이고, 피신청인은 이재수와 피신청인 이재수가 소속되어 있는 음반제작회사인 주식회사 A 엔터테인먼트(이하 "피신청인 회사")이다.

피신청인들은 이 사건 원곡의 가사 중 일부를 추가 · 변경하는 방법으로 원곡 가사를 변형함과 동시에 이 사건 원곡의 악곡과는 음정과 박자를 일부 달리하는 노래(이하 "사건 개사곡")를 녹음하고 이를 음반(이하 "사건 음반")에 포함시켜 제작 · 판매하고 있다. 한편 이 사건 음반과는 별도로 피신청인들은, 신청인이 출연한 이 사건 원곡에 관한 뮤직비디오를 제작하였던 감독으로 하여금, 이 사건 개사곡을 담아 피신청인이 원래의 뮤직비디오에서의 신청인과 비슷한 모습으로 출연하면서 일부 장면만 변형되고 대부분의 내용이 원래의 뮤직비디오와 유사한 내용의 뮤직비디오(이하 "사건 뮤직비디오")를 제작하게 한 후, 이를 인터넷과 방송 등을 통하여 방송 · 전시하고 있다. 이에 신청인은, 피신청인들이 신청인의 사용허락을 받지 아니한 채 이 사건 원곡을 이 사건 음반과 뮤직비디오에 삽입하고, 그러한 음반과 뮤직비디오를 판매, 공연, 방송, 전시함으로써 신청인의 저작재산권인 복제권, 배포권, 공연권 등을 침해하였다고 주장한다.[360)]

피신청인들은 이에 대하여, 피신청인들의 이 사건 개사곡은 신청인의 이 사건 원곡에 담긴 진지한 고민을 풍자하고 희화화함으로써 대중들에게 비평이나 새로운 웃음을 선사한 것으로서 이른바 패러디에 해당하므로, 이러한 저작물의 일부 변형은 정당한 이용으로 허용되어야 한다고 주장한다.

쟁점 : 패러디 주장에 대한 판단

판시내용 :

살피건대, 기존의 저작물에 풍자나 비평 등으로 새로운 창작적 노력을 부가함으로써 사회 전체적으로 유용한 이익을 가져다 줄 수 있는 점이나 저작권법 제28조에서

360) 신청인의 주장과 달리, 신청인은 이 사건 원곡의 창작 후 이에 대한 저작재산권을 저작권신탁계

"공표된 저작물은 보도 · 비평 · 교육 · 연구 등을 위하여는 정당한 범위 안에서 공정한 관행에 합치되게 이를 인용할 수 있다"고 규정하고 있는 점 등에 비추어 이른바 패러디가 당해 저작물에 대한 자유이용의 범주로서 허용될 여지가 있음은 부인할 수 없다 하겠으나, 그러한 패러디는 우리 저작권법이 인정하고 있는 저작권자의 동일성유지권과 필연적으로 충돌할 수밖에 없는 이상 그러한 동일성유지권의 본질적인 부분을 침해하지 않는 범위 내에서 예외적으로만 허용되는 것으로 보아야 할 것이고, 이러한 관점에서 패러디로서 저작물의 변형적 이용이 허용되는 경우인지 여부는 저작권법 관련 규정취지에 비추어 원저작물에 대한 비평 · 풍자 여부, 원저작물의 이용목적과 성격, 이용된 부분의 분량과 질, 이용된 방법과 형태, 소비자들의 일반적인 관념, 원저작물에 대한 시장수요 내지 가치에 미치는 영향 등을 종합적으로 고려하여 신중하게 판단하여야 할 것이다.

이 사건에 관하여 보건대, 피신청인들이 이 사건 원곡에 추가하거나 변경한 가사의 내용 및 그 사용된 어휘의 의미, 추가 · 변경된 가사내용과 원래의 가사내용의 관계, 이 사건 개사곡에 나타난 음정, 박자 및 전체적인 곡의 흐름 등에 비추어 피신청인들의 이 사건 개사곡은 신청인의 이 사건 원곡에 나타난 독특한 음악적 특징을 흉내내어 단순히 웃음을 자아내는 정도에 그치는 것일 뿐 신청인의 이 사건 원곡에 대한 비평적 내용을 부가하여 새로운 가치를 창출한 것으로 보이지 아니하고(피신청인들은 자신들의 노래에 음치가 놀림 받는 우리사회의 현실을 비판하거나 대중적으로 우상화된 신청인도 한 인간에 불과하다는 등의 비평과 풍자가 담겨있다고 주장하나, 패러디로서 보호되는 것은 당해 저작물에 대한 비평이나 풍자인 경우라 할 것이고 당해 저작물이 아닌 사회현실에 대한 것까지 패러디로서 허용된다고 보기 어려우며, 이 사건 개사곡에 나타난 위와 같은 제반사정들에 비추어 이 사건 개사곡에 피신청인들 주장과 같은 비평과 풍자가 담겨있다고 보기도 어렵다), 피신청인들이 상업적인 목적으로 이 사건 원곡을 이용하였으며, 이 사건 개사곡이 신청인의 이 사건 원곡을 인용한 정도가 피신청인들이 패러디로서 의도하는 바를 넘는 것으로 보이고, 이 사건 개사곡으로 인하여 신청인의 이 사건 원곡에 대한 사회적 가치의 저하나 잠재적 수요의 하락이 전혀 없다고는 보기 어려운 점 등 이 사건 기록에 의하여 소명되는 여러 사정들을 종합하여 보면, 결국 피신청인들의 이 사건 개사곡은 패러디로서 보호받을 수 없는 것이라 하겠다.

약에 따라 사단법인 한국음악저작권협회에 신탁적으로 양도하였으므로, 이 사건 원곡에 대한 저작재산권은 사단법인 한국음악저작권협회에게 귀속되어 신청인에게 저작재산권이 유보되어 있지 않다.

▶ **[쉴 休]**

저작권법에 '공정이용 원리' 도입해야

저작물의 공정이용을 확대하기 위해 우리나라도 저작권법에 '공정이용의 원리'를 도입해야 한다는 주장이 제기되고 있다. 이 같은 주장은 2009.7. 발효된 개정 저작권법에 따라 6개월 동안 게시판서비스나 계정사용을 정지시키는 것이 가능하게 되면서 네티즌의 표현의 자유를 지나치게 침해하는 것이 아니냐는 비판에 따라 대두되기 시작했다. 또 최근 경미한 저작권 침해에 대해서도 형사상 고소가 빗발치는 등 민사상 손해배상 외에 형사적 구제수단이 남발되면서 저작권자와 이용자의 불균형이 심화된다는 지적 또한 힘을 얻어가고 있다.

출처 : 인터넷법률신문 2009.10.23.

chapter

9 저작권 침해

저작권법은 저작자, 저작인접권자, 영상제작자 및 데이터베이스 제작자 등에 재산권 및 인격권 등 배타적인 권리를 부여하고 있다. 누구든지 정당한 권원 없이 다른 사람의 저작물을 복제·개작·변형·배포·공연·공중송신 등의 방법으로 이용하는 경우 타인의 저작권을 침해하는 것이다. 복제권과 2차적저작물 작성권은 어떠한 '작성'행위를 전제로 하는 반면 공연·공중송신·전시·배포·대여 등의 행위는 기저작물에 대한 순수한 이용행위만을 의미한다고 할 수 있다. 본 장에서 다루고자 하는 주제는 저작재산권 중에서도 주로 복제권 및 2차적저작물작성권에 대한 침해 문제이다.

복제권 및 2차적저작물작성권 침해의 성립여부를 판단하는 기준에 관하여 우리 법률은 어떠한 규정을 두고 있지 않다. 따라서 국내외 판례와 이론을 통해 침해 판단기준에 대해 살펴보고자 한다. 저작권 침해 관련 분쟁의 주된 쟁점은 다음과 같다.

첫째, 원고가 저작권을 가지고 있느냐 여부이다. 즉 원고의 저작물이 저작권법으로 보호할 만한 요건을 갖추었으며, 원고가 저작물의 진정한 권리자이냐의 여부이다.[361]

패러디가 이슈가 되었던 컴배콤 사건에서 우리 법원은 저작권 침해소송을 제기한 컴백홈의 저작권자 서태지는 사건 원곡 Come Back Home의 창작 후 이에 대한 저작재산권을 저작권신탁계약에 따라 (사)한국음악저작권협회에 신탁적으로 양도하였으므로 이 사건 원곡에 대한 저작재산권은 (사)한국음악저작권협회에 귀속되어 서태지에게 저작재산권이 유보되어 있지 않다고 판시하였다.[362] 또한 미국

361) 저작권 신탁계약의 법적 성질은 신탁법상 신탁에 해당된다고 할 것이므로 원고와 위 협회와의 신탁계약에 따라 위 노래들의 저작재산권은 법률상 신탁자인 원고로부터 수탁자인 위 협회에 완전히 이전하여 수탁자인 위 협회가 권리자가 되고, 권리에 대한 소제기 권한을 포함한 모든 관리처분권이 수탁자인 위 협회에 속하게 되므로 원고가 여전히 위 노래들에 대한 저작재산권을 보유하고 있음을 전제로 한 이 사건 청구 중 저작재산권에 기한 손해배상청구 부분은 더 나아가 살필 필요 없이 이유 없다(서울지방법원 1999.7.23. 선고 98가합83680 판결).

362) 서울지방법원 2001.11.1. 선고 2001카합1837 결정

연방대법원은 Rural사가 제작한 전화번호부의 내용을 Feist 출판사가 일부 이용한 사건에서 Rural사가 제작한 알파벳 순 전화번호부는 창작성이 없어 저작권법에 의해 보호받을 수 없다고 판시하였다.[363)]

둘째, 피고의 저작물이 원고 저작물의 권리범위에 속하는지 여부의 판단이다. 즉 피고가 원고의 저작물을 복제하였는지 여부를 판단하는 것이다.

저작물을 완전 복제(dead copy)하여 무단 이용하는 경우에는 침해 입증이 어렵지 않다. 실제로 어려운 문제는 유사한 형태로 변형하여 이용하는 경우이다. 권원 없이 원저작물을 번역·편곡·변형·각색·영상제작 그 밖의 방법으로 작성하여 이용하는 것은 원저작권자의 2차적저작물작성권을 침해하는 것이다. 그러나 원저작물에 의거하였다 하더라도 원저작물로부터 상당한 변형이 있을 경우에는 그 저작물은 별개의 창작물로 인정된다. 저작권 침해와 별개의 저작물을 구분할 경계선이 명확하지 않기 때문에 침해를 판단하기가 쉽지 않은 것이다. 결국 최종적으로는 법관의 판단에 의존할 수밖에 없다.

01 저작물의 복제

복제(copying)의 입증은 저작권 침해사건에서 중요하다. 두 작품이 아무리 유사하더라도 만약 피고가 베끼지 않았다면 침해는 없다. 복제에 대한 직접적인 증거는 피고가 복제 사실을 인정하는 것이다. 그러나 현실적으로 피고는 복제 사실을 부인하고 독자적인 창작을 주장하기 때문에 복제에 대한 직접적인 증거를 얻는 것은 쉽지 않다. 따라서 복제를 추정하는 간접적인 방법으로 피고가 원고의 작품에 접근 또는 의거하여 창작을 하였고 그 결과로서 창작된 피고의 저작물이 원저작물과 상당히 유사하다는 것을 입증할 수 있다. 접근(access)이란 반드시 피고가 실제로 원고의 저작물을 보았거나 그 내용을 알았다는 것을 의미하는 것은 아니며, 보거나 접할 상당한 기회를 가졌다는 것을 포함하는 의미이다. 원고의 작품이 널리 반포되어 있다는 사실, 원고의 작품을 소지하고 있는 사실 등이 증명되면 접근을 추정할 수 있다. 접근 또는 접근 기회가 있었다는 사실만으로는 복제요건이 충족되었다고 할 수 없고 두 저작물 사이에 실질적 유사성(substantial similarity)이 존재해야 한다. 만약 원고가 직접적인 접근의 증거를 가지고 있지 않다면 후발 창작

363) Feist Publications, Inc. v. Rural Telephone Service Co., Inc. , 499 U.S. 340 (1991)

된 피고의 작품이 원고의 저작물과 현저하게 유사(striking similarity)하여 독립적인 창작이나 우연의 일치일 가능성들이 배제된다는 것을 입증함으로써 접근사실을 정황적으로 추론할 수 있다.[364)]

[판례 9-1] Selle v. Gibb, 741 F.2d 896 (7th Cir., 1984)

사실관계 :

원고 Ronald H. Selle은 1975년 가을 'Let It End'를 작곡하였고 저작권을 취득하였다. 그는 시카고지역에서 그의 작은 악단과 함께 두세 번 노래를 불렀고 노래테이프와 리드시트(lead sheet)[365)]을 11개의 음반회사에 보냈다. 8개의 회사들은 Selle에게 그것들을 다시 되돌려 보냈고 3개 회사들은 응답하지 않았다. 이 정도가 Selle의 음악이 공개적으로 알려진 범위이다.

인기 있는 팝그룹 비지스(the Bee Gees)와 제작진은 1977.1. 파리근교 녹음실에서 이 사건 노래 'How Deep Is Your Love'를 포함한 6개의 신곡을 작곡하였다. 작곡과정을 녹음한 작업테이프는 실제 창작과정을 담고 있다. 비지스의 멤버인 Gibb 3형제(Maurice, Robi, Barry) 중 특히 Barry가 주선율을 창작하고 키보드 연주가인 Weaver는 형제들이 부르는 노래의 선율을 연주하였다. 비록 작업테이프는 창작의 초기과정을 담고 있진 않지만 아이디어, 음정, 가사, 선율의 강약 등이 점차 조합되는 과정을 보여주고 있다.

Selle은 1978.5. 처음으로 비지스의 노래를 알게 되었고 비록 노래말은 다르지만 곡은 자신의 것이라고 느꼈다. 그는 또한 위 노래가 들어 있는 영화 토요일 밤의 열기(Saturday Night Fever)도 보았다. 그 후 Selle은 Gibb 형제들과 영화제작 및 배급사인 파라마운트 픽쳐스와 'How Deep Is Your Love'의 카세트를 제작하고 배포한 폴리그램 배급사를 상대로 저작권침해금지소송을 제기하였다.

쟁점 : 피고가 원고 작품에 접근했는지 여부

판시내용 :

원고의 노래가 전국적인 방송을 통해서 전파되고 상당량의 테이프가 판매되었을 경우에는 현저한 유사성의 증거와 함께 잠재의식복제이론(theory of subconscious

364) 접근의 직접증거가 거의 없는 사건의 경우 현저한 유사성의 증명을 통해 접근하였다는 사실을 합리적으로 추론할 수 있게 하기 위해 원고는 현저한 유사성이 복제 외에 달리 설명될 수 없는 종류의 것이라는 점을 입증하여야 한다. 나아가 독립적이 창작이 불가능하다는 전문가의 결론을 보강하기 위하여 두 곡의 상대적인 복잡함이나 독특함을 보여주는 증언이나 다른 증거가 있어야 한다.

365) 선율(melody) 부분만을 쓴 노래의 사본

copying)에 의해 침해가 인정될 수도 있을 것이다. 그런데 이 사건에서는 Selle의 노래는 대중에게 널리 보급되지 않았으며 피고들이나 그 직원들이 원고가 두세 번 공개적으로 노래를 부를 때 시카고에 있었다는 증거도 없다. 또한 공개적으로 배포된 Selle 노래의 복제품은 별로 없다. 법원은 원고가 접근증거를 제시하는 데 실패한 점을 들면서 접근의 추론은 단지 추측이나 억측, 희박한 접근가능성만을 기초로 이루어질 수 없다고 판시하였다.

[그림 9-1] 오페라의 유령
출처 : www.hotmh.com

[판례 9-2] Repp v. Webber, 132 F.3d 882 (2d Cir. 1997)

사실관계 :

Rey Repp은 Andrew Lloyd Webber를 상대로 Webber가 작곡한 'Phantom Song'이 Repp이 작곡한 'Till You'를 표절했다고 주장하면서 소송을 제기하였다. Webber는 Repp을 상대로 오히려 Repp이 작곡한 Till You가 자신이 작곡한 'Close Every Door'를 표절했다고 주장하면서 반소를 제기하였다.

원고 Rey Repp은 30년 이상 종교음악 전문 작곡가 겸 연주가로 활동해 왔다. 그는 1978년 Till You를 작곡하여 저작권으로 등록하였다. 이 곡은 카세트와 음반 형태의 앨범 'Benedicamus'에 포함되어 1978년 이후부터 배포되었다. 또한 25000개의 악보 복사본이 책속에 포함되어 출간되고 배포되었다. Repp은 Till You를 담고 있는 음반과 카세트 18,000개를 주문하였고 거의 대부분 판매되거나 배포되었다고 주장하였다. Repp은 라디오 방송국에서 Till You가 얼마나 자주 방송되었는지 입증하지는 못했지만 1978년 이후 미국과 많은 외국의 회의장, 교회, 대학교, 극장에서 열린 200회 이상의 음악회에서 이를 연주하였다고 한다. 그는 10만 명 이상의 사람들이 그가 Till You를 연주하는 것을 들었으며 Webber 역시 자신의 연주를 들었을 것이라고 주장했다. 또한 Repp은 1979년 앨범 Benedicamus를 받았던 가수 Robert Velline을 통하여 Webber와의 연관성을 주장하고 있으나 Velline은 Webber의 동생과 아는 사이이고 Webber와는 1986년에 잠깐 만났을 뿐이라고 하였다. 또한 Repp은 Phantom Song이 자신의 곡인 Till You와 현저하게 유사하여 우연의 일치나 독자적으로 창작될 수 없음을 입증하기 위하여 전문가인 뉴욕시립대 음악교수와 시카고 Harold Washington

대학 교수의 증언 내용을 제출하였다. 이들은 두곡의 기본리듬과 박자의 특성이 상당히 일치하여 두 곡이 현저하게 유사하다고 결론지었다.

Andrew Lloyd Webber는 국제적으로 성공을 거둔 뛰어난 작곡가이다. 웨버는 1984년 말 Phantom Song을 완성하였는데 이 곡은 뮤지컬 'The Phantom of the Opera'의 중요부분이며 미국에서 저작권으로 등록되었다. Close Every Door는 1968년 런던에서 처음 공연된 합창곡 'Joseph and the Amazing Techicolor Dreamcoat'(이하 "Joseph")의 중심이 되는 곡이다. MCA Records, Inc.(이하 "MCA")는 Close Every Door를 포함한 Joseph의 음반을 1974년에 발매하였으며 23,000개가 넘는 음반이 판매되었다. 1969년부터 1978년 사이에 적어도 40,000개의 악보가 팔렸으며 1968년부터 1978년 사이에 Joseph은 여러 극단에 의해 널리 공연되었고 라디오에서 방송되었다. Webber는 Close Every Door가 Repp과 직접적인 이해관계가 있는 종교라디오 프로그램에서 방송되었으므로 뮤지컬에 대한 Repp의 관심과 더불어 이 곡이 널리 유포된 것은 Repp이 Close Every Door를 접근했다는 중요한 증거가 된다고 주장했다.

Webber는 1983년 말 영국에 있는 자신의 집에서 Phantom Song을 작곡하기 시작했다고 주장하였다. 그는 이 곡을 함께 일하던 성악가 Sarah Brightman의 발성범위를 드러내기 위해 만들었는데 그가 피아노로 연주하고 그녀가 노래를 부르면서 선율과 화음을 수정했다고 한다. 1984.10. Brightman은 런던의 한 스튜디오에서 Phantom Song을 녹음하였다. Webber와 Brightman은 이 소송 전에는 Repp이나 그의 음악을 전혀 들어보지 못했다고 주장하였다. Webber는 Phantom Song을 독립적으로 창작했다고 주장하면서, 오히려 Repp이 작곡한 Till You가 자신이 창작한 Close Every Door와 큰 유사성이 존재한다고 주장하면서 Repp을 상대로 저작권 침해금지 소송을 제기하였다. Webber는 자신의 주장을 뒷받침하기 위해 뉴욕대학 음대 교수의 진술서와 보고서를 제출하였다. 뉴욕음대 Lawrence Ferrara 교수는 Phantom Song과 Till you보다는 Till you와 Close Every Door 사이에 더 큰 유사성이 있다고 진술하였다.

쟁점1 : Repp이 Close Every Door를 복제했는지 여부

판시내용 :

법원은 Till You가 창작(1978)된 지 한참 후인 1982년 공연에서 Repp이 처음으로 Close Every Door를 들었다는 증언을 받아들였다. Webber의 합창곡 Joseph이 Till You가 창작되기 전인 1980년 전에는 상업적인 성공을 거두지 못하였기 때문이다. 또한 그 때까지는 접근 사실을 뒷받침할 만큼의 음반판매나 배포가 충분하지 않았다고 보았다. 또한 Till You가 Close Every Door를 베끼지 않았다는 전문가의 증언내용을 받아들였다. 결론적으로 법원은 Repp이 Webber의 곡을 복제한 행위가 없었다고 판시하였다.

쟁점2 : Phantom Song이 Till You를 복제했는지 여부

판시내용 :

Till You가 앨범이나 테이프, 카세트 형태로 공중에게 배포된 수량에 대한 서류증거의 부족, 앨범 Benedicamus의 배포수량, 시간, 장소에 대한 설명의 실패, Till You가 Repp의 음악 중 특별한 곡으로 광고되었다는 사실을 입증하지 못한 것, Webber가 교회음악을 좋아하여 Webber가 Till You가 연주되는 곳에 방문한 사실이 있는지 여부를 입증하지 못하였다. 즉 Repp이 접근에 대한 직접적인 입증에 실패하였으므로 접근의 정황적 증거인 두 작품의 현저한 유사성 여부를 입증하여야 했다. 원고 Repp은 두 음악 전문가를 통해 현저한 유사성을 입증하려고 하였다. 즉, 접근하지 않고서는 두 작품이 이렇게 현저하게 유사할 수가 없음을 증명하려 하였다.

이에 법원은 Webber가 Repp의 곡에 접근하지 않고 독립적으로 창작했다고 제시한 증거가 Repp이 증명한 접근 증거를 뒤집기에 충분한지 여부는 배심원이 결정해야 할 문제라고 판시하였다.

NOTE :

이후 열린 연방 배심원 재판은 배심원들이 법정에서 피아노로 연주된 Till You와 Phantom Song을 듣는 것을 포함하여 2시간도 채 안 돼 마무리되었다. 배심원은 두 곡이 다르다고 판정함으로써 Wbebber의 표절 시비가 불식되었다. 이 소송은 8년이나 지속되었고 소송비만 해도 수십만 달러가 소요됐다고 한다.

▶ **[쉴 休]**

[그림 9-2] Lord Lloyd Webber & Tim Rice
출처 : www.bbc.co.uk

Lloyd Webber wins Phantom battle

A court in the United States has thrown out a lawsuit which alleged that British musical producer Lord Lloyd Webber had stolen the music from one of his most famous songs from a little-known American folk singer.

Ex-wife Sarah Brightman testified he wrote the tune for her. The court decided he had not copied Phantom of the Opera from Baltimore songwriter Ray Repp. A federal jury, who had earlier heard snippets of the two songs played on the piano in court, took only two hours to clear Lord Lloyd Webber of plagiarism. Lord Lloyd Webber, who spent hundreds of thousands of dollars defending the lawsuit, was not in court but he issued a statement saying he had been 'totally vindicated' by the verdict.

Self-plagiarism

Mr. Webber said he had lifted the song for Phantom from his own composition, Close Every Door. Lord Lloyd-Webber, who has had a string of hit musicals both in London's West End and on Broadway with Cats, Evita and Jesus Christ Superstar, said he wrote the song at his home in Hampshire. He said his former wife, Sarah Brightman, helped compose it but he denied it was influenced in any way by Mr Repp's work...

Mr Repp looked dejected as his eight-year fight for compensation ended in defeat. He had claimed that the theme song from the hit musical Phantom of the Opera was based on a song he wrote in 1978 called Till You. Mr Repp, who had been seeking unspecified damages, has written dozens of religious songs and has 11 albums to his credit. But the court heard that he had only made $78 from sales of Till You.

출처 : BBC뉴스 1998.12.16.

02 실질적 유사성

피고의 저작물이 원고의 저작물을 복제했다는 점을 입증하기 위해서는 일반적으로 피고가 원고의 저작물에 접근하였고 이로 인해 창작된 피고의 저작물이 원고의 저작물과 실질적으로 유사하다는 것을 입증하여야 한다. 그렇다면 두 작품간 어느 정도 유사하여야 실질적으로 유사하다고 볼 수 있을까? 실질적 유사성을 판단하는 방법론이 미국에서 판례를 통해 다양하게 개발되었다.

(1) 문학작품의 추상화 테스트(abstraction test)

어떤 문학작품에서 다루고 있는 구체적인 사건이나 표현들을 하나하나 제거해 나가면 점차 일반적이고 정형화된 구조나 형태만이 남게 되고, 결국에는 작품의 주제나 제목만이 남는 단계에 이르게 되는데, 이와 같이 추상화를 해나가는 여러 단계들 중 어느 단계인가에 그 부분을 보호하면 표현이 아닌 아이디어를 보호하는 결과를 초래하게 되는 경계선이 있다(by Learned Hand 판사, 1930). 즉, 하나의 저작물에 있어서 보호를 받지 못하는 아이디어가 어느 지점에서부터 보호를 받을 수 있는 표현으로 구체화 하는지를 결정하기 위하여, 표현과 아이디어의 경계선은 누구도 명확히 그을 수 없기 때문에, 저작물을 단계적으로 추상화해 나가는 방법을 사용해야 한다는 것이다. 이 방법론은 어떤 저작물이 저작권법에 의한 보호를 받는다고 하더라도 그 저작물 중에서 아이디어 등 보호받지 못하는 부분을 제외한 나머지 부분에 대하여만 저작권의 보호가 미친다고 하는 당연한 전제에서 출발한다. 문학작품은 일반적으로 제목(title), 주제(theme), 구성(plot), 사건(incidents), 등장인물(characters), 대화(dialogues)로 구성되는데, 대체로 대화는 보호가 잘 이루어지며 등장인물의 경우 잘 개발된 경우에 보호가 이루어질 수 있으며 주제나 제목은 보호가 이루어지지 않는다.

[판례 9-3] Nichols v. Universal Pictures Corp., 45 F.2d 119 (2d Cir. 1930)

사실관계 :

원고는 희곡 'Abie's Irish Rose'의 저작자이다. 피고는 시나리오 'The Cohens and the Kellys'를 발간하였다. 원고는 피고의 시나리오가 원고의 저작권을 침해하였다고 주장하였다.

Abie's Irish Rose는 뉴욕에 사는 유대인 가족들의 이야기인데 홀아비인 아버지는 아들의 며느리는 반드시 유대인이어야 한다는 완고한 생각을 가지고 있었다. 그러나 아들은 천주교신자인 아일랜드 여자와 비밀리에 결혼을 한 후 이를 숨기고 아버지에게는 유대인 여자라고 소개하였다. 이에 속은 아버지는 아들의 결혼을 허락하고 유대인 율법에 따라 결혼식을 준비하였다. 캘리포니아에 살고 있는 여자의 아버지는 역시 홀아비로서 유대인만큼이나 자신의 종교에 대해 완고한 사람인데 자기 딸이 천주교신자인 아일랜드 남자와 결혼하는 것으로 알고 결혼식에 초대 받았다. 그러나 그는 결혼식이 진행될 때 도착하는 바람에 결혼을 막지 못하였다. 두 아버지는 자기 자식들이 이교도들과 결혼한다는 사실을 알고 격분하였고 결혼을 취소시키려고 하였다. 1년 뒤 젊은 부부는 아들과 딸 쌍둥이를 낳았는데 그들의 아버지는 자식을 낳았다는 사실만 알았을 뿐 남녀쌍둥이 인줄은 모르고 있었다. 크리스마스를 맞아 손자를 볼 생각으로 각기 손자선물과 손녀선물을 들고 젊은 부부의 집으로 찾아가다 만난 아버지들은 손자냐 손녀냐를 두고 서로 다투다가 남녀 쌍둥이들이 태어나 각기 조부모의 이름을 가지고 있다는 사실을 알고 서로 화해하는 것으로 끝난다.

The Cohens and the Kellys는 가난한 동네에 사는 유대인가족과 아일랜드 가족들의 이야기인데 두 집안은 서로 앙숙처럼 지내고 있었다. 그런데 두 집안의 아이들이 서로 사랑에 빠져 비밀리에 결혼을 했다. 유대인 가족은 변호사를 통해 대고모로부터 많은 재산을 상속받았다는 것을 알고 호화로운 대저택으로 이사를 갔다. 얼마 후 유대인의 딸은 아이를 낳았고 유대인에 의해 아이를 보는 것이 금지되었던 아일랜드 가족은 그 아이를 보러 유대인의 집에 갔다가 크게 싸운 끝에 그 딸과 아이를 데리고 가난한 집으로 돌아왔다. 유대인의 딸과 결혼하려고 했던 변호사는 그것이 불가능하게 되자 유대인 아버지에게 상속재산은 원래 망인과 친척관계였던 위 아일랜드 사람 소유라는 사실을 밝혔다. 비밀을 숨기고 상속재산을 나누어 갖자는 변호사의 제의를 뿌리치고 유대인 아버지는 아일랜드인의 집으로 가서 그 사실을 솔직히 밝히고 재산을 넘겨주려고 하였다. 그러자 아일랜드인은 재산을 동등하게 나누어 가지기로 하면서 서로 화해하였다. 유대인 아버지는 그의 손자에게 관심을 보이기는 하였으나 그것은 화해에 있어서 작은 동기에 불과하였다.

쟁점 : 두 작품의 실질적 유사성 판단방법

판시내용 :

어떠한 작품, 특히 연극에서 사건이 점점 제거되면 다수의 일반적인 패턴이 적용된다. 마지막 남은 것은 아마도 희곡이 무엇에 관한 것인가 하는 가장 일반적인 진술이거나 때때로 제목만 남을 수도 있다. 그러나 이러한 일련의 추상화 과정 속에서 더 이상 보호되지 않은 지점이 있다. 그렇지 않다면 극작가는 저작권이 미치지 않은, 표현이 아닌 그의 아이디어를 사용하지 못하게 할 수 있기 때문이다. 희곡에 관한 논쟁은 주로 등장인물들과 사건의 연속에 집중되며 이것들이 실체이다. 등장인물들이 덜 개발될수록 그것들이 저작권으로 보호될 가능성은 줄어든다. 그것은 등장인물들을 너무 불분명하게 만든 저작자가 감수해야 할 벌이다.

이 사건에서 피고는 사건과 등장인물에 관하여 법이 허용한 것만을 이용하였을 뿐이다. 이야기는 매우 다르다. 하나는 자식을 다른 종교를 가진 사람과는 결혼시키지 않으려는 종교적인 열정에 관한 것이고 민족의 차이는 주요 테마인 종교에 부수적으로 따르는 것뿐이다. 할아버지로서 자부심과 정을 통해서 불화는 수그러진다. 다른 하나에 있어서는 종교적인 열정은 아예 없고 종교는 아예 드러나지도 않는다. 부모들이 민족이 다르기 때문에 부분적으로는 서로 반목하는 것은 사실이나 유대인 여자에 대한 결혼을 아일랜드가족이 반대하지 않는다. 주로는 유대인이 부자가 되었기 때문에 기존의 적대감정이 더욱 악화되었다. 그들은 유대인의 정직함과 아일랜드인의 관대함을 통하여 서로 화해를 하였다.

두 작품에 공통적인 것은 유대인 아버지와 아일랜드 아버지의 다툼, 그들 자식들의 결혼, 손자의 출생 그리고 화해뿐이다. 원고의 희곡이 완전히 독창적이라고 인정하더라도 그러한 배경을 독점할 수 없다. 아일랜드 가족과 유대인 가족 사이의 갈등, 그 자식들의 결혼에 바탕을 둔 희극은 로미오와 줄리엣의 줄거리만큼이나 저작권으로 보호될 수 없다.

(2) 컴퓨터프로그램의 추상화(abstraction)-여과(filtration)-비교(comparison) 테스트

아이디어를 보호하지 않고 그 표현만을 보호한다는 것이 저작권법의 기본 원칙이다. 컴퓨터프로그램도 예외가 아니다. 본질적으로 실용적인 성질을 가지고 있는 컴퓨터프로그램은 표현으로부터 아이디어나 공정(process)을 분리하는 방법이나 보호되는 표현과 저작물의 개념(concept)에 부수되어 반드시 사용되어야 하는 표현을 구분하는 것이 까다롭다.

법원은 컴퓨터프로그램 구조의 실질적인 유사성을 확인하기 위하여 먼저 침해당했다고 하는 프로그램을 구조적인 구성부분으로 나눈다. 통합되어 있는 아이디어, 아이디어에 필연적으로 수반하는 표현, 공유영역으로부터 가져온 요소 등을 조사한 후 보호받지 못하는 요소들을 모두 뽑아낼 수 있게 된다. 마지막 단계는 남아 있는 창작적 표현의 핵심적인 부분들을 침해한 프로그램의 보호되는 요소와 비교한다. 비교한 결과에 의해 각 프로그램들 가운데 저작권으로 보호되는 요소들이 침해를 뒷받침할 만큼 실질적으로 유사한가 여부를 결정한다.

1) 1단계 : 추상화(abstraction)

추상화테스트는 원래 소설, 극본과 같은 어문저작물과 관련하여 적용되었지만 컴퓨터프로그램에도 적용될 수 있다. 컴퓨터프로그램에 적용될 때 추상화테스트는 실질적인 유사성을 조사하기 위한 첫 번째 단계가 된다. 법원은 역분석(reverse engineering)[366)]과 같은 방식으로 침해당했다는 프로그램의 구조를 분석하고 추상화의 단계를 분리한다. 이 과정은 코드로 시작해서 프로그램의 궁극적인 기능으로 끝난다. 추상화의 가장 낮은 단계에서는 컴퓨터프로그램은 전체적으로 모듈체계(a hierarchy of modules)로 조직된 개별적인 지시들의 일체로 생각될 수 있다. 더 높은 추상화의 단계에서는 가장 낮은 단계의 모듈에 들어 있는 지시들은 관념적으로

---

366) "프로그램역분석"은 독립적으로 창작된 컴퓨터프로그램저작물과 다른 컴퓨터프로그램과의 호환에 필요한 정보를 얻기 위하여 컴퓨터프로그램저작물코드를 복제 또는 변환하는 것을 말한다(저작권법 제2조 제34호). 정당한 권한에 의하여 프로그램을 이용하는 자 또는 그의 허락을 받은 자는 호환에 필요한 정보를 쉽게 얻을 수 없고 그 획득이 불가피한 경우에는 해당 프로그램의 호환에 필요한 부분에 한하여 프로그램의 저작재산권자의 허락을 받지 아니하고 프로그램코드역분석을 할 수 있다(제101조의4 제1항). 제1항에 따른 프로그램코드역분석을 통하여 얻은 정보는 호환 목적 외의 다른 목적을 위하여 이용하거나 제3자에게 제공하는 경우나 프로그램코드역분석의 대상이 되는 프로그램과 표현이 실질적으로 유사한 프로그램을 개발·제작·판매하거나 그 밖에 프로그램의 저작권을 침해하는 행위에 이용하는 경우에는 이를 이용할 수 없다(제2항).

그러한 모듈의 기능들로 대체될 수 있다. 점점 더 높은 추상화의 단계로 가면 결국 프로그램의 궁극적인 기능만이 남게 된다. 추상화의 낮은 단계에서는 프로그램의 구조는 매우 복잡하겠지만 가장 높은 단계에서는 구조는 사소한 것이다.

2) 2단계 : 여과(filtration)

추상화가 완성되면 실질적 유사성의 질문은 개념적인 것으로부터 구체적인 것으로 옮겨간다. 특별한 아이디어가 포함되어 있는지 또는 그 아이디어에 필연적으로 따르는 효율성의 고려에 의해서 지배되거나, 프로그램 외적인 요인에 의해서 요구되거나, 공중영역으로부터 가져온 것이어서 보호받을 수 없는 표현인지를 결정해야 한다.

① 효율성에 의해서 지배되는 요소들(Elements Dictated by Efficiency)

아이디어를 표현하는 방법이 오직 하나밖에 없을 때 아이디어와 표현은 분리될 수 없으며 그 표현은 저작권으로 보호될 수 없다. 컴퓨터 프로그래머는 가장 효율적인 방법으로 사용자의 요구를 충족시키는 프로그램을 만들려고 한다는 사실을 고려해 볼 때 컴퓨터프로그램에 합체이론을 적용하지 않을 수 없다. 일단의 모듈이 효율적일수록 그것들은 프로그램의 특정한 부분에 구체화된 아이디어나 공정에 가까울 수 있다. 합체이론이 프로그램구조의 일정부분에 저작권의 보호를 배제하는지 여부를 결정할 때에 법원은 일단 모듈을 사용하는 것이 프로그램의 특정한 공정을 효율적으로 이행하기 위해 필요한 것인지를 물어야 한다. 만약 필요한 것이라면 프로그래머가 특정한 모듈을 선택하거나 일단의 모듈을 선택하는 것에 의해 나타나는 표현은 그것의 바탕을 이루는 아이디어와 합체되어 보호될 수 없다.

② 외부요인에 의하여 지배되는 요소들(Elements Dictated by External Factors)

필수장면이론은 합체이론과 마찬가지로 컴퓨터프로그램에 비슷하게 적용된다. 법원은 침해당했다는 프로그램의 구조적인 내용 가운데 외부요인에 의해서 지배되는 요소들을 조사해야 한다. 프로그래머의 디자인선택의 자유는 다음과 같은 외부적인 고려사항에 의해서 제한된다.

- 특정 프로그램이 구동되는 컴퓨터의 기계적인 특성
- 함께 작동하도록 되어 있는 다른 프로그램들의 필요조건
- 컴퓨터제작자의 디자인 표준

• 관련 산업계의 요구
• 컴퓨터산업계에서 널리 받아들여진 프로그램 제작 관행

③ 공중영역으로부터 가져온 요소들(Elements Taken from the Public Domain)

공중영역에서 발견되는 요소들은 누구나 자유롭게 이용할 수 있으므로 침해당했다는 프로그램으로부터 제거되어야 한다.

3) 3단계 : 비교(Comparison)

비문언적인 컴퓨터프로그램의 구성요소에 대한 실질적인 유사성 테스트를 위한 세 번째이자 마지막 단계는 비교이다. 법원이 침해당했다는 프로그램의 모든 요소 가운데 아이디어 및 효율성 또는 외부적인 요인에 의해 지배되거나 공유영역으로부터 가져온 것들을 제외하면 보호받을 수 있는 표현만이 남게 된다. 여기서 법원은 피고가 보호되는 표현의 어떤 부분을 베꼈는가와 원고의 프로그램 전반과 관련하여 베낀 부분의 상대적인 중요성을 평가해야 한다.

[판례 9-4] Computer Associates Intern., Inc. v. Altai, Inc., 982 F.2d 693(2d Cir. 1992)

사실관계 :

원고 Computer Associates Intern., Inc.(이하 "CA")는 CA-SCHEDULAR라는 컴퓨터 프로그램을 만들어 판매하였다. CA-SCHEDULAR는 IBM 메인프레임 컴퓨터가 다양한 임무를 수행하는 것을 통제하기 위하여 만들어졌다. ADAPTER라는 부속 프로그램을 가지고 있었는데 ADAPTER는 독자적으로는 이용되지 않고 CA-SCHEDULAR 프로그램에 통합된 구성요소로서 함께 판매되고 사용되었다. IBM 컴퓨터(The IBM System 370 family of computers)는 컴퓨터의 크기에 따라 세 가지 운영체계 -DOS/VSE, MVS, CMS- 중 하나를 포함하도록 설계되었다. 하나의 운영체계를 위해 만들어진 프로그램은 다른 운영체계에서는 작동되지 않는다. ADAPTER의 기능은 한 프로그램의 언어를 컴퓨터의 운영체계가 이해할 수 있는 특별한 언어로 번역하는 것이다. 컴퓨터사용자가 같은 소프트웨어를 이용하면서 다수의 운영체계를 사용하거나 변경할 수 있도록 해주는 ADAPTER같은 프로그램은 사용자가 시간과 돈을 절약할 수 있는 매우 바람직한 프로그램이다.

피고 Altai는 ZEKE라는 이름의 프로그램을 만들어 판매해왔다. ZEKE 원판은 VSE 운영체계에서 이용되도록 만들어졌으나 Altai는 소비자들의 요구에 따라 MVS 운영체

계에서도 작동되도록 ZEKE를 다시 만들기로 결정하였다. Altai의 직원인 Williams는 MVS판 ZEKE를 만들기 위해 오랜 친구이자 CA의 직원으로 컴퓨터 프로그래머인 Arney를 채용하였다. Arney는 CA를 떠나면서 ADAPTER의 VSE판과 MVS판의 원시코드(source code)를 가지고 나왔다. Arney는 ADAPTER의 원시코드를 이용하여 OSCAR 3.4를 만들었다. Arney는 대략 OSCAR 부호의 30%를 CA의 ADAPTER 프로그램으로부터 베꼈다.

CA는 1988년 Altai를 상대로 저작권 및 영업비밀 침해소송을 제기하였다. 소송이 제기된 후 Arney가 저작권 침해사실을 시인하자 Williams는 저작권 침해부분을 삭제하고 합법적으로 사용될 수 있는 부분을 보존하기 위하여 OSCAR 3.4를 수정하기로 결정하였다. 이 수정작업에는 Arney는 배제되었고 OSCAR 3.4를 만드는 데 전혀 관여하지 않은 다른 프로그래머들이 투입되었다. 그 결과 OSCAR 3.5가 만들어졌다.

Altai는 OSCAR 3.5에는 ADAPTER의 원시코드가 남아 있지 않으므로 수정된 프로그램의 문언적인 요소는 CA ADAPTER의 문언적인 요소와 더 이상 유사하지 않다고 주장한다. CA는 OSCAR 코드를 수정하였음에도 불구하고 ADAPTER 프로그램의 구조와 실질적으로 유사하다고 주장한다.

쟁점 : OSCAR 3.5가 CA의 저작권을 침해하였는지 여부

판시내용 :

OSCAR 3.5에는 ADAPTER와 같은 부호는 거의 남아 있지 않다. 두 프로그램의 Parameter lists와 macros 사이에는 극히 일부분만이 ADAPTER의 보호되는 요소와 유사하고 다른 것들은 공유영역에 속하거나 프로그램의 기능적인 필요에 의해 지배되는 것이다. 유사한 부분은 침해를 인정할 만큼 전체적인 프로그램에서 차지하는 비중이 크지 않다. 따라서 OSCAR 3.5에 대한 CA의 저작권 침해 주장은 이유 없다.

(3) 포괄적 비문자적 유사성(comprehensive non-literal similarity)

분해식 방법은 자칫 저작권의 보호가 텍스트의 복제에만 엄격히 적용되는 것으로 비쳐질 수 있다. 그러나 저작권 보호는 텍스트의 문자에 제한되는 것은 아니다. 만약 그렇다면 표절가들은 텍스트의 표현 부분만을 변형시켜 표절 시비로부터 해방되고자 할 것이다. 따라서 저작권 침해 소송에서 법원은 작품의 문자 그대로의 복제 외에도 작품의 근본적인 요소(fundamental essence) 또는 구조(structure)가 복제되었는지 여부도 가려야 한다.[367)]

367) Stewart v. Abend, 485 U.S. 207 (1990) 사건에서 법원은 영화가 책의 독특한 배경, 등장인물, 구성 또는 사건의 연속 들을 사용하는 방식으로 저작권을 침해할 수도 있다고 보았다.

[판례 9-5] Shaw v. Lindheim, 919 F.2d 1353 (9th Cir. 1990)

사실관계 :

유명한 작가 겸 제작자인 원고 Shaw는 1978.2. NBC TV의 드라마 제작국 간부인 피고 Lindheim과 조건부 계약을 맺어 TV 연속물 'The Eqaulizer' 파일롯 제작을 위한 대본 작성권을 NBC에게 주었다. Shaw는 1978.7.27. 각본을 Lindheim에게 전달했고 Lindheim은 이를 읽어 보았다. NBC는 제작을 거부하였기 때문에 각본에 관한 모든 권리는 Shaw에게 반환되었다. Lindheim은 1979년 NBC를 떠나 Universal TV를 위해 일하였다. 1981년 Lindheim은 'The Equalizer'라는 제목으로 TV 연속물 각본을 썼다. Lindheim은 Shaw의 각본에서 제목을 베꼈다고 인정하였다. Lindheim의 TV극은 1985년에 CBS에서 방영되었다. Shaw는 1987.11.19. Lindheim과 제작회사들을 상대로 저작권 침해금지소송을 제기하였다. Lindheim이 Shaw가 작성한 대본을 읽었기 때문에 접근에 대한 문제는 대두되지 않았다.

쟁점 : 실질적 유사성 여부

판시내용 :

두 작품의 유사성을 판단하기 위하여 각 작품을 줄거리, 주제, 대화, 분위기, 배경, 속도, 등장인물, 사건의 연속 사이에 특정한 유사성을 발견하기 위하여 두 작품의 개별적인 특징들을 비교하여야 한다. 이 테스트는 저작권으로 보호되지 않는 기본 아이디어에 초점을 맞추는 것이 아니라 전체적인 사건의 연속을 만들고 주요 등장인물들 사이의 관계를 형성하는 실제의 구체적인 요소에 초점을 맞춘다. 두 대본을 비교한 결과 보호되는 표현에서 객관적인 유사성이 드러난다.

(a) 주제(Theme)

두 작품의 주제는 불평등을 평등하게 하는 남자, 체제 밖에서 활동하는 외로운 남자 Equalizer를 중심으로 돌아간다. 이것은 그 자체로는 보호되지 않는 아이디어이다. 그러나 주제에 있어서 유사성은 기본 아이디어를 넘어 확대된다. 각 대본에 있어서 Equalizer는 전통적인 경관조직이 제공할 수 없는 도움을 필요로 하는 의뢰인을 찾아 나서고 각 주인공은 자신의 역할을 불평등을 평등하게 하거나 흔들어 놓는 것으로 묘사한다. 피고들은 줄거리의 차이를 지적하면서 그들의 Eqalizer는 이전의 비밀 정부요원의 활동에 만족하지 못하였고 소원해진 아내와 자식과의 관계를 새롭게 하기 위한 동기를 가지고 있었다고 주장한다. 그러나 이러한 내용이 비록 다르다 할지라도 부차적인 것이며 중심 주제의 유사성을 거의 약화시키지 않는다. 두 작품의 주제에 있어서의 유사성은 보호받을 표현의 요소에까지 확장된다.

(b) 줄거리/사건의 연속(Plot/Sequence of Events)

두 작품의 많은 사건들이 실질적으로 유사하다. 두 작품은 선거에 출마하는 후보자를 갈취하는 범죄조직을 다루고 있다. 그 조직은 그들의 조직 활동을 알아차린

Equalizer의 의뢰인을 죽이려고 한다. 범죄 조직원들은 Equalizer가 의뢰인을 처음 만나는 것을 방해하고 추격하고 두 사람에게 총을 쏘지만 Equalizer가 의뢰인을 구출한다.

두 작품에는 초대받지 않은 Equalizer가 턱시도를 입고 파티에 나타난다. 또한 Equalizer가 선거연설 후 후보자를 만난다. 범죄음모를 방해한 후 여자의뢰인을 위험에서 구출한다. 두 작품에서 Equalizer의 활동은 후보자가 선거출마를 포기하는 것으로 끝난다. 비록 이러한 줄거리 내용들이 매우 특이한 것은 아니라 할지라도 두 대본이 이러한 유사한 사건들을 모두 포함하고 있다는 사실은 보호되는 표현의 유사성에 관한 배심원 재판의 필요성을 불러일으킨다.

(c) 분위기, 배경과 속도(Mood, Setting and Pace)

두 작품은 사건 전개가 빠르고 Equalizer의 승리에 의해 밝아지는 불길하고 냉소적인 분위기를 가지고 있으며 대도시를 배경으로 하고 있다. 그러나 이러한 유사성은 액션물에 공통적인 것으로 여기서는 크게 중요하지 않다.

(d) 등장인물들과 대화(Characters and Dialogue)

두 작품의 대화와 등장인물들은 두드러지게 비슷하다. 두 작품에는 옷을 잘 차려입고 부유하며 값비싼 음식을 좋아하는 비슷한 주인공이 있다. 가장 두드러진 유사성은 그들이 가진 자신감과 어떤 어려운 상황에서도 좋은 결과에 대한 흔들리지 않은 믿음이다. 비록 제임스 본드도 Equalizer와 같은 태도를 가지고 있을지 몰라도 두 주인공의 전체적인 유사성은 Equalizer의 주제 상 반드시 필요한 것은 아니며 문학적인 우연이라고 볼 수 없다. 우리는 피고들이 주인공과 다른 등장인물들을 베낀 것은 보호받는 표현의 요소에까지 확대되었다고 본다.

결론적으로 Shaw는 어문저작물에 적용되는 외부테스트를 충족시켰고 따라서 보호되는 표현의 실질적인 유사성에 관한 배심원 재판을 받을 쟁점을 제기하였다. 비록 베낀 부분이 전체 작품에서 상대적으로 적은 부분이라 할지라도 만약 질적으로 중요하다면 사실인정자는 적절하게 실질적 유사성을 인정할 수 있다.

[판례 9-6] 서울중앙지방법원 2007.7.13. 선고 2006나16757 판결

원고는 1992년부터 '바람의 나라'라는 제호의 만화를 저작하여 출판한 만화작가이다. 피고는 '모래시계', '여명의 눈동자' 등을 쓴 드라마 작가로서, '태왕사신기'라는 제목의 드라마 시놉시스(synopsis)를 집필하여 2004.9.14. 서울 소공동 롯데호텔에서 제작발표회를 하였다.

원고의 만화 《바람의 나라》(이하 "바람의 나라")는 고구려 시대, 그 중에서 특히 제3대 대무신왕(재위 18-44, 휘 무휼, 이하 "무휼") 시대를 배경으로 하며, 의인화된 사신수가 자신이 선택한 왕을 중심으로 부도를 지향한다는 내용이다.

한편, 피고의 드라마 시놉시스 '태왕사신기'(이하 "태왕사신기")는 고구려 제19대 광개토대왕(재위 391-413, 이름은 담덕, 생존 시의 칭호는 영락대왕, 이하 "담덕") 시대를 배경으로 하여, 주인공인 담덕이, 진정한 주군을 찾아 그 주군과 함께 오래전에 떠났던 고향땅 신시를 다시 찾기 위해 노력하는 사신의 도움을 받으면서, 이 세상의 중심에 있는 것으로 알려진 단군의 나무를 찾아 그 땅에 도읍을 정하고 강한 나라를 만들기 위해 노력해 나가는 과정을 그린 작품이다.

원고는, 피고가 원고의 승낙 없이 원고의 저작물인 바람의 나라에 의거하여 태왕사신기를 작성하였고, 양 작품 사이에 부분적 · 문언적 유사성은 없다고 하더라도, 바람의 나라의 근본적인 본질 또는 구조인, 사신을 의인화하여 누군가의 수호신으로 설정하고, 각각의 사신 캐릭터들에 대하여 작가만의 독창적이고 개성적인 특성을 부여함으로써 구체적이고 독특하게 개발된 캐릭터와 그 캐릭터들의 상관관계를 통해 부도 또는 신시를 지향한다는 이야기 패턴(전개방식) 및 기타 에피소드 등을 차용하여, 원고의 바람의 나라와 포괄적 · 비문언적 유사성이 있는 태왕사신기를 발표함으로써 원고가 바람의 나라에 대하여 가지는 저작인격권 중 성명표시권 및 동일성유지권과 저작재산권인 2차적저작물작성권을 침해하였다고 주장한다.

쟁점 : 포괄적 · 비문언적 유사성 여부

판시내용 :
가. 이 사건 만화의 저작권자

원고는 바람의 나라를 창작하였고, 이는 예술의 범위에 속하는 창작물로서 저작권법에 의하여 보호받을 가치가 있는 창작성을 갖추었다고 할 것이므로, 원고는 바람의 나라의 저작권자로서 저작인격권 및 저작재산권을 갖는다.

나. 의거관계 인정 여부

피고가 원고의 바람의 나라에 대한 저작권을 침해하였다고 하기 위하여는 우선 주관적 요건으로서 피고가 원고의 바람의 나라에 의거하여 태왕사신기를 제작하였어야 한다. 이러한 의거관계는 이를 입증할 직접증거에 의하여 인정될 수도 있고, 직접증거가 없거나 부족한 경우라도 피고가 원고의 만화에 대한 접근 기회, 즉 원고의 만화를 볼 상당한 가능성이 있었음이 인정되면 추인될 수 있다 할 것이다. 이 사건에서 의거관계를 인정할 직접증거는 없으나, 원고의 저작물인 바람의 나라는 1992년부터 '댕기'라는 잡지에 연재되기 시작하여, 1998년부터 2004년경까지 22권의 단행본으로 발간되었고, 2001년에는 서울예술단에서 뮤지컬로 공연되었으며, 2004.3.경에는 소설로 발간되는 등 만화 및 소설의 영역에 있어서 저명성과 광범위한 배포성을 가지고 있어 피고로서도 이를 보거나 접할 구체적인 접근 기회를 가졌다고 봄이 상당하므로 이로써 의거관계가 추인된다고 할 것이다.

다. 실질적 유사성 인정 여부

(1) 실질적 유사성의 판단 범위

다음으로, 피고의 저작권 침해가 인정되기 위해서는 객관적 요건으로 두 저작물

사이에 실질적 유사성이 인정되어야 한다. 그런데 저작권의 보호대상은 학문과 예술에 관하여 사람의 정신적 노력에 의하여 얻어진 사상 또는 감정을 말, 문자, 음, 색 등에 의하여 구체적으로 외부에 표현한 창작적인 표현형식이고, 표현되어 있는 내용 즉 아이디어나 이론 등의 사상 및 감정 그 자체는 설사 그것이 독창성, 신규성이 있다 하더라도 원칙적으로 저작권 보호대상이 되지 않는 것이므로, 저작권의 침해 여부를 가리기 위하여 두 저작물 사이에 실질적인 유사성이 있는가의 여부를 판단함에 있어서도 창작적인 표현형식에 해당하는 것만을 가지고 대비하여야 할 것이다.

(2) 부분적 · 문언적 유사성과 포괄적 · 비문언적 유사성

원고는 피고가 바람의 나라의 근본적인 본질 또는 구조를 복제하였으므로 양 저작물에 포괄적 · 비문언적으로 유사성이 있다고 주장하고, 피고는 양 저작물은 모두 고구려 시대에 관한 역사적 사실에 삼국사기, 단군신화 등의 신화적 요소를 가미하여 창작된 역사저작물로 일정한 소재나 주제 또는 추상적 줄거리에 있어서 표현방법이 한정적일 수밖에 없는데, 만일 포괄적 · 비문언적 유사성이 인정된다고 하여 저작권 침해가 된다면, 공유에 속하는 역사적, 신화적 소재를 원고의 전유에 남겨두게 되는 결과가 되어 부당하다고 주장한다.

살피건대, 어문저작물에 있어서 서로 다른 두 가지 형태의 유사성을 생각해 볼 수 있는데, 하나는 부분적 · 문언적 유사성이고 다른 하나는 포괄적 · 비문언적 유사성인바, 전자는 원고의 저작물 속의 특정한 행이나 절 또는 기타 세부적인 부분이 피고의 저작물에 복제된 경우를 말함에 비해, 후자는 피고가 원고의 저작물 속의 근본적인 본질 또는 구조를 복제함으로써 원 · 피고의 저작물 사이에 비록 문장 대 문장으로 대응되는 유사성은 없어도 전체적으로 포괄적인 유사성이 있다고 할 수 있는 경우를 말하는바, 위 두 가지 유사성 중 어느 하나가 있는 경우에는 실질적 유사성이 있는 경우에 해당한다고 할 것이다.

이 사건의 경우 원 · 피고의 저작물에 부분적 · 문언적 유사성을 찾아보기 어려울 뿐만 아니라 양 저작물이 그 분량이나, 종류, 형태가 상이함에 비추어 부분적 · 문언적 유사성보다는 포괄적 · 비문언적 유사성이 있는지에 관하여 살펴보아야 하고, 포괄적 · 비문언적 유사성을 검토한다고 하더라도 역사나 신화 등 이른바 '공중의 영역'에 속하는 부분은 저작권에 의하여 보호되지 않는 아이디어에 해당하는 것으로 그 판단의 대상에서 제외한다면, 역사적, 신화적 소재를 원고의 전유에 남겨두게 되는 결과를 초래하지는 않는다 할 것이다.

(3) 소재, 주제 등에 있어서의 실질적 유사성 판단

(가) 원고는 원 · 피고의 저작물이 바람의 나라의 근본적인 본질 또는 구조인, 사신을 의인화하여 누군가의 수호신으로 설정하고, 각각의 사신 캐릭터들에 대하여 작가만의 독창적이고 개성적인 특성을 부여함으로써 구체적이고 독특하게 개발된 캐릭터와 그 캐릭터들의 상관관계를 통해 부도 또는 신시를 지향한다는 이야기가 실질적으로 유사하다고 주장하는바, 원 · 피고의 저작물은 고구려를 배경으로 하여 고구려의

고분벽화인 사신도에서 발견되는 사신 또는 사수를 의인화하여 주인공 등의 수호신으로 설정하고, 주인공이 사신의 도움을 받아 부도 또는 신시라는 목표를 추구한다는 점에서 그 역사적 배경, 소재 및 주제, 표현기법 등을 공통으로 한 결과 전체적인 관념이나 느낌에 있어서 유사성이 감지된다. 그런데 위와 같은 유사성이 저작권에 의하여 보호되지 않는 아이디어를 공통으로 한 데서 비롯된 것이라면 양 저작물은 실질적으로 유사하다고 볼 수 없는바, 이하에서는 위 공통된 요소들이 저작권에 의하여 보호되는 구체적인 창작적 표현형식에 해당되는지 여부에 관하여 살펴보기로 한다.

(나) 사신개념의 사용

원 · 피고의 저작물은 고구려 고분벽화인 사신도 또는 사수도의 현무, 주작, 청룡, 백호를 소재로 삼아 주요한 등장인물로 형상화하였다는 점에서 유사하나, 이는 누구나 이용할 수 있는 공공의 지적 자산이므로, 피고가 사신을 작품의 소재로 삼은 것 자체만으로 원고의 저작권을 침해한다고 볼 수 없다.

(다) 사신의 의인화

원 · 피고의 저작물은 사신 또는 사신수가 의인화되어 있다는 점이 유사하나, 의인법이란 인간 이외의 사물이나 추상 개념에 인격적인 요소를 부여해서 표현하는 수사법으로 어문저작물에 있어서 일반적으로 사용되는 표현형식으로 공유되어야 할 아이디어에 해당한다 할 것이고, 원고의 작품 이외에도 사신을 의인화한 만화로 1992년부터 일본에서 단행본으로 출간된 와타세 유유의 《환상게임》, 시노하라 치에의 《푸른 봉인》 등이 있는 점에 비추면, 사신에 의인법을 적용한 것이 원고만의 독창적인 표현으로 보호되어야 한다고 보기 어려울 뿐만 아니라, 바람의 나라에서는 사신수 중 현무와 청룡은 그들이 수호하는 주인과 이체로 존재하며 그를 위해서 싸우는 장면에서는 사신도의 현무, 청룡과 유사한 동물의 형상으로 변하여 초인적인 힘을 발휘하지만, 평상시에는 인간의 형상을 갖추고 있고, 자의식을 갖고 단독으로 행동하거나 말하기도 하며, 사랑을 하기도 하는 등 의인화되어 있는데, 백호와 주작은 전투 장면에서만 호랑이, 새의 형상으로 화하여 수호수로서의 이미지를 드러낼 뿐 주인과 이체로서 등장하거나 의인화되어 있지 않은 반면, 태왕사신기에서 사신은 동물로서의 속성은 전혀 나타나 있지 않고, 사방을 지키는 수호신으로서의 이미지가 부각되어 있으며, 그들이 원래 사신이라는 것을 자각하지 못한 채 여러 차례 인간으로 환생하며 이 땅에 살아오는데, 때가 되어 담덕을 주군으로 모시는 사신으로서의 자각이 이루어진 후에도 인간과 같이 말을 하고, 행동하며, 사랑을 하기도 하는 등 의인화되어 있다는 점에서 그 의인화의 방법이 확연히 구별된다.

(라) 사신의 수호신으로서의 설정

원고의 바람의 나라에서 사신수 중 현무는 암현무 '무파', 수현무 '사구'로서 부여의 대소왕을, 청룡 '하안사녀'는 주인공인 고구려의 무휼을, 백호는 고구려 상장군인 괴유를, 주작은 무휼의 누이인 세류를, 또 다른 주작은 부여의 왕자 용을 각 수호하는 수호수로, 이외에 봉황, 난새 등이 다른 등장인물들의 수호수로 등장하는데, 주인들이 위험에 처하거나, 전투를 할 때 나타나서 함께 싸우면서 그 주인들을 수호하는 역할을 하는 반면, 피고의 태왕사신기에서 사신은 고조선 시대에서부터 이 땅에 존재하였는데, 사신 모두가 처음에는 단군을, 다음 고구려 건국 때는 주몽을, 현생에서는 담덕을 주군으로 삼아 그를 수호하며 그의 목표를 이루기 위해 돕는 역할을 하는바, 양 작품은 사신 또는 사신수가 누군가를 수호하는 수호신 또는 수호수로 설정되어 있다는 점에서 유사하다. 그러나 아이디어 자체는 저작권법에 의한 보호를 받을 수 없고, 나아가 어떠한 아이디어를 표현하는 데 실질적으로 한 가지 방법만 있거나, 하나 이상의 방법이 가능하다고 하더라도 기술적인 또는 개념적인 제약 때문에 표현방법에 한계가 있는 경우에는 그러한 표현은 저작권법의 보호대상이 되지 아니하거나 그 제한된 표현을 그대로 모방한 경우에만 실질적으로 유사하다고 할 것인데, 사신이 본래 사방을 지키는 수호신이라는 개념에서 출발하고 있으며, 이러한 사신의 개념 본질적 요소 때문에 사신을 작품의 소재로 사용하면서 누군가를 수호하는 수호신으로 설정한 표현은 제한된 표현방법 중 하나로서 저작권법의 보호대상이 되지 아니하고, 바람의 나라에서 각 신수는 자신이 선택한 각 주인인 개인을 수호하고, 대립되는 주인의 신수들은 서로 싸우거나 죽이기도 하는 역할로, 태왕사신기에서 각 사신은 1명의 주군을 수호하는데, 단군, 주몽, 담덕으로 대표되는 우리나라를 공동으로 수호하는 역할로 설정되어 있다는 점에서 피고가 그 제한된 표현을 그대로 모방하였다고 볼 수도 없다.

(마) 부도, 신시의 유사성

원고는, 원고가 대무신왕 당시 고구려 영토와 대무신왕이 영토 확장을 했던 경로 등 역사적 사실로부터 대무신왕이 옛 고조선 영토인 신시와 신시의 법을 회복한다는 주몽의 '다물' 이념을 계승하여 신시를 되찾기 위해 노력하였다는 것을 추론해 내고 이를 표현하기 위해 부도를 '신시'와 같은 의미로 사용하였는바, 피고는 광개토대왕 시대에는 이미 위 지역이 회복되었음에도 불구하고, 그러한 역사적 사실을 무시한 채, 만연히 담덕이 주몽의 다물이념을 계승하여 신시를 회복하고자 노력하였다고 단정하고, 이를 표현하기 위해 '신시'를 작품에 차용하였는바, 이는 피고가 바람의 나라에서 원고가 쓴 '부도'의 위와 같은 표현적 의미를 베껴 '신시'로 대체하면서 시대적 배경만 광개토대왕 시대로 옮긴 결과라고 주장한다.

우선, '부도'는 신라 박제상의 '부도지'에 의하면 파미르 고원 너머에 위치한 마고성으로 단군(임검씨)이 잃어버린 마고성의 현실 재현을 위하여 건설한 신시를 의미하는 것이고, '신시'는 일반적으로 신단수 아래 환웅이 열었다는 신시로 정의되거나, '환단고기'에 의하면 단군조선 이전에 존재하던 배달국의 문명도시인 '신시' 등을 의미하는바, 둘 다 인류 문화의 공통유산인 고대문헌이나 신화에서 유래하는 것으로 공유의 영역에 속하므로 이와 같은 소재는 저작권에 의하여 보호되지 않는 아이디어에 속한다.

나아가 피고가 신시를 작품에 도입함에 있어 바람의 나라에서 원고가 부도를 통하여 표현하고자 하였던 의미를 모방하였다는 점에 관하여 살피건대, 위 신시의 유래에 비추어 신시는 반드시 특정한 지역이라기보다는 고토회복의 목표나 파라다이스 등 상징적 의미로 사용될 수 있고, 주몽의 다물이념 또한 구체적 지역의 회복이라기보다는 잃어버린 옛 땅의 회복이라는 의미로 누구나 사용할 수 있는 아이디어에 해당한다고 할 것이고, 신시는 일반적으로 삼국유사에 나오는 환웅천왕이 태백산 신단수 아래 인간 3,000명을 거느리고 세운 도시이며 고조선의 건국지라고 정의되나, 그 구체적인 지역에 관하여 역사학자들 사이에 여러 가지 견해가 있어 어느 곳이라고 단정하기 어려운 점, 태왕사신기에서 신시는 '대륙의 중앙, 고향땅 신시, 단군의 나무가 있는 곳' 등으로 추상적으로 표현되어 있어 구체적으로 어느 지역인지는 나타나 있지 않은 점, 태왕사신기는 고구려 영토가 상당히 축소되어 있던 무휼의 어린 시절부터 이야기가 시작되는 점 등을 고려하면, 광개토대왕 시대의 영토 등 역사적 사실을 바탕으로 하더라도 피고가 신시의 회복을 소재로 사용한 것이 명백한 오류에 해당하여 원고의 표현을 모방한 것이라고 추인하기도 어려워 위 주장은 이유 없다.

(바) 주인공이 사신의 도움을 받아 부도, 신시를 지향하는 줄거리의 유사성

앞서 본 바와 같이 원·피고의 저작물은 주인공이 사신의 도움을 받아 신시 또는 부도를 지향한다는 점에서 양 작품의 주제 또는 전체적인 줄거리가 유사하다. 그러나 어문저작물에 있어서 사상이나 주제는 일반적으로 구체성이 없어 저작권법에 의하여 보호되는 표현의 영역에 포함된다고 보기 어려우므로 양 저작물이 실질적으로 유사하다고 보려면, 그 사상이나 주제의 유사성만으로는 부족하고, 나아가 그 사상이나 주제가 구체화되는 사건의 구성 및 전개과정과 등장인물의 교차 등에 공통점이 있어야 한다 할 것이다. 이 사건의 경우, 주인공이 사신의 도움을 받아 부도나 신시를 지향하는 줄거리는 양 작품에 관한 가장 일반·추상적인 골격 내지 형태로서 양 작품의 주제에 해당한다고 할 것인데, 그 요소가 되는 '사신', '사신의 의인화나 수호신으로의 설정', '부도'나 '신시'라는 소재나 표현기법이 공유의 영역에 속하는 것임은 앞서 본 바와 같으므로, 이를 제외한 나머지 공통된 요소는 '주인공 또는 훌륭한 지도자가 주위의 충성스러운 보필자, 조력자의 도움을 받아 그 이상을 추구한다'는 주제 또는 줄거리만이 남는바, 이는 수많은 영웅담에서 나오는 일반적이고 전형적인 주제 또는 줄거리로서 구체성이 결여되어 있으므로 만인이 공유하여야 할 것으로서, 이를 저작권법에 의하여 보호되는 표현의 영역 안에 포함시키기는 어렵다 할 것이므로 이러한 공통점만으로 양 저작물이 실질적으로 유사하다고 볼 수 없다.

(5) 사신 캐릭터들 사이의 개별적인 유사성

(가) 원고의 주장 및 판단의 기초

원고는, 원고가 바람의 나라에서 의인화된 사신 등 여러 등장인물에 대하여 원고만의 독창적이고 개성적인 특성을 부여함으로써 구체적이고 독특하게 개발된 등장인물과 피고 작품에서의 사신들의 개별적인 캐릭터가 실질적으로 유사하다고 주장한다. 살피건대, 소설 등 문학작품에 있어서의 등장인물은 그 자체로는 저작권에 의하여 보호되는 표현에 해당한다고 볼 수 없으나, 구체성, 독창성, 복잡성을 가진 등장인물이

거나, 다른 등장인물과의 상호과정을 통해 사건의 전개과정과 밀접한 관련을 가지면서 보호되는 표현에 해당할 수 있고, 그 등장인물이 작품에서 차지하는 비중이 클수록 이를 차용하는 경우 실질적 유사성이 인정될 가능성이 높아진다. 따라서 아래에서는 원고가 주장하는 등장인물 간의 유사성에 대하여 우선, 유사성이 인정되는지(이하 "1단계 유사성"), 다음, 그 등장인물의 특징이 구체성, 독창성, 복잡성이 인정되거나, 다른 등장인물들 간의 상호과정을 통해 사건의 전개과정과 밀접한 관련을 가지면서 표현으로 보호되는 것에 관한 유사성인지, 마지막으로 그 표현 사이에 실질적 유사성이 인정되는지에 관하여 차례로 검토하여야 한다.

(나) 현무 캐릭터의 유사성 판단

원고는, 먼저 바람의 나라의 현무와 태왕사신기의 현무는 나이가 많다는 점, 나라를 넘어 이동하고 지혜가 뛰어나며 하늘에서 두 개의 별을 보고 예언이나 계시를 얻는다는 점 등에서 유사점이 인정된다고 주장한다. 살피건대, 바람의 나라의 현무는 주인공 무휼과 적대적 관계에 있는 부여의 왕 대소의 수호수인 암현무 '무파'와 수현무 '사구'로서 수시로 고구려로 와서 무휼을 곤경에 빠지게 하거나, 끊임없이 싸우는 신수이고, 요괴의 모습으로 표현되며, 특히 사구는 '하늘이 허락한 천년을 곱으로 더 살며 이 땅의 살아 있는 신'이 되는 것이 그의 목표이며, 그 목표를 위해 대소가 자신의 대를 잇게 하려는 용을 없애려고 공격하기도 하는 인물로 묘사되는 반면, 태왕사신기의 현무 '주안'은 사신 중 가장 먼저 사신임을 자각하고, 주군을 찾아 남아 있는 사신들을 자각시키기 위해 떠돌아다니며, 담덕과 죽음의 길을 함께 하는 다른 사신들과 달리 사신 중 가장 끝까지 살아남아, 담덕의 사후 무덤에 사신의 영을 불러모으는 역할을 하고, 병법, 천문 등에 능한 지혜로운 인물로 묘사되는바, 두 인물의 전체적인 캐릭터에 관하여 보통 관찰자의 입장에서 볼 때 1단계 유사성조차 인정된다고 보기 어렵다.

다만, 두 개의 별을 보고 예언이나 계시를 얻는다는 유사점에 관하여 살피건대, 바람의 나라에서 현무 사구는 하늘의 별에 빗대어 부여의 운명에 대하여 예견하는바, "하늘의 큰 별이 지고, 숱한 희생의 잔별들이 지면 이윽고 규룡(십팔수의 열다섯번째 별자리로 부여의 형제들을 말한다)이 반룡(아직 승천하지 아니하고 땅에 서려 있는 용, 실성이며 여기서는 부여의 왕자 용이다)을 죽일 것이다"라고 말한다는 점(바람의 나라 제22권)과 태왕사신기에서 현무 주안이 두 개의 별을 보고, 담덕과 수의 탄생을 예지한다는 점 사이에 일견 유사성이 인정되나, 천기를 읽는 인물은, 영웅담에서는 흔히 사건의 발생이나 결말 등에 관한 복선이 예지자의 예언 등의 형태로 나타나는 점, 두 작품이 점성술과 천문학이 발달된 고구려를 시대적 배경으로 하는 점에 비추어 구체성이 결여된 일반적인 등장인물로 아이디어의 영역에 속하는 것이어서 피고가 그 구체적인 표현을 베끼지 않는 한 원고의 저작권을 침해하는 것이라 할 수 없는 바, 바람의 나라에서 현무 사구는 '부여의 대소왕이 죽으면, 그 형제들이 부여의 왕자 용을 죽일 것이다.'는 의미로, 태왕사신기에서는 현무 주안은 주군이 될 가능성이 있는 두 사람인 담덕과 백제의 아신왕 수의 탄생을 예언하는 것으로 그 구체적인 내용과 표현형식에 있어서 차이가 있다.

(다) 청룡 캐릭터의 혼성모방

원고는 태왕사신기의 청룡 '처로'는 먼 옛날 소서노를 남몰래 사랑했을지도 모를 인물로 깊은 산속에서 혼자 은거하고, 스스로 시력을 포기하고 잠을 자고, 자연과 말이 통한다는 점에서 바람의 나라에서 세류를 오랫동안 지켜보면서 망설이는 사랑을 하고, 오랜 잠을 자는 백호 '괴유'와, 주인의 심리상태에 따라 눈이 멀기도 하는 청룡 '하안사녀'와, 산짐승, 나무들과 이야기가 통하는 천녀 '가희'와 그 특징이 유사한바, 이는 피고가 원고의 위 캐릭터들을 혼성모방한 결과라고 주장한다. 살피건대, 먼저 태왕사신기의 청룡 처로와 바람의 나라의 백호 괴유와의 유사성에 관하여 보건대, 태왕사신기의 청룡 처로가 소서노를 남몰래 사랑하는 점이 바람의 나라에서 백호 괴유가 세류에 대하여 망설이는 사랑을 한다는 점과 유사한 측면이 있으나, 자신의 마음을 표현하지 못하고 오랫동안 망설이는 사랑을 하는 등장인물은 수많은 문학작품에서 나타나는 것으로 구체성이 결여되어 있으며, 의인화된 사신 중의 한 명이 그런 사랑을 한다고 해서 원고만의 독창성 있는 표현으로 저작권에 의하여 보호된다고 할 수 없다 할 것이다. 또한, 태왕사신기에서 청룡 처로가 오랜 잠에 빠지게 된다는 점은 청룡 처로의 특징으로 나타나 있지 않아(다만, '고조선을 세울 때 단군왕검과 함께 있던 세 수호신이 이후 오랫동안 이 땅에 머물며 마땅한 주군을 만나지 못하면 긴 잠을 자며 때를 기다리다가, 주몽을 만나 다시 자각을 하게 된 청룡, 백호, 현무의 현신이다.'라는 이야기가 있으나, 이는 청룡 처로만의 특징을 묘사한 것이라고 볼 수 없다.), 바람의 나라의 백호 괴유가 오랜 잠에 빠진다는 특징과 유사성이 인정되지 아니하므로 이를 전제로 한 주장은 더 나아가 살필 필요 없이 이유 없다.

다음, 태왕사신기의 청룡 처로와 바람의 나라의 청룡 하안사녀와의 유사성에 관하여 보건대, 두 작품에서 청룡이라는 등장인물이 시력을 잃는다는 점이 유사하나, 원고의 바람의 나라에서 청룡 하안사녀는 주인인 무휼이 부여의 현무와 싸우다가 눈을 다치자 청룡 하안사녀도 눈이 멀었다는 이야기가 나오는 반면(바람의 나라에서는 하안사녀가 시력을 상실하였다는 점에 관하여 직접적으로 묘사되어 있지 않으나, 무녀인 해오녀가 "마마의 청룡은 눈 멀었어요"라고 말하는 대사(제9권), 무휼의 "눈 먼 나의 용아"라는 독백(제21권) 등으로부터 위 사실이 추측된다.), 태왕사신기에서의 청룡 처로는 자신에게 상처를 주는 세상이 싫어서 스스로 시력을 닫고 지내는 것으로서 청룡의 눈이 멀게 된 원인이 다르고, 바람의 나라에서는 주인과 신수 사이의 심리적 동일성을 나타내기 위한, 태왕사신기에서는 세상과의 단절이나, 포기, 은둔 등을 표현하기 위한 상징적 도구로 위와 같은 특징이 쓰였다는 점에서 그 의미도 달라 실질적으로 유사하다고 볼 수 없다.

마지막으로 태왕사신기의 청룡 처로와 바람의 나라의 천녀 가희와의 유사성에 관하여 살피건대, 양 작품에서 위 등장인물들이 동식물과 말이 통한다는 점은 유사하나, 그리스 신화에 등장하는 님프, 우리나라 구전설화 중 '새소리를 알아듣는 남자', '쥐소리를 알아듣는 며느리', 존 로날드 로웰 톨킨의 소설 《반지의 제왕》의 엘프족과 같이 많은 이야기에서 동식물 등 자연과 말이 통하는 사람이 흔히 등장하는바, 이러한 전형적인 등장인물은 누구나 떠올릴 수 있는 아이디어에 불과하고 원고만의 독창적인 개성이 나타난다고 볼 수 없으므로, 이러한 아이디어의 유사성만으로 양 저작물이 실질적으로 유사하다고 볼 수 없다.

따라서 피고가 태왕사신기의 청룡 처로를 원고의 바람의 나라의 백호 괴유, 청룡 하안사녀, 천녀 가희의 캐릭터들을 혼성 모방하여 만든 것이라는 원고의 주장은 피고의 청룡 처로와 원고의 위 세 등장인물의 어느 하나와의 전체적인 유사성이 감지되지 않을 뿐 아니라, 등장인물들의 개별적인 특성 하나하나를 놓고 보더라도, 위와 같이 그 1단계 유사성이 인정되지 아니하거나, 1단계 유사성이 인정되는 부분은 일반적이고, 단순하며, 전형적인 캐릭터로서 저작권법에 의하여 보호되지 않는 아이디어에 해당하는 부분에 국한될 뿐, 나아가 표현에 있어서는 실질적 유사성이 인정되지 아니하므로, 더 나아가 살필 필요 없이 이유 없다.

(라) 백호 캐릭터의 유사성 판단

원고는 태왕사신기의 백호 모두루는 ① 몰락한 가문의 아들이고, ② 자신이 아끼던 서천왕의 둘째 아들 돌고가 그 형의 시기를 받아 역적으로 몰려 죽어버리자, ③ 인간에게 염증을 느끼고 깊은 잠에 들었다는 점, ④ 못생긴 과부지만 현명하고 용감한 여자와 결혼한다는 점에서 바람의 나라에서 부여에 의하여 멸문된 은씨 집안의 아들로서, 존경하던 해명태자가 아버지인 유리왕의 미움을 받아 유리왕의 명으로 자결하는 것을 보고, 깊은 잠에 빠지게 되며, 과부지만 용감하고 현명한 세류의 연인이 되는 백호 괴유와 유사하다고 주장한다. 살피건대, ①, ②의 점이 유사하다고 하더라도, 몰락한 가문 출신의 인물이 섬기는 왕 또는 가장 친한 친구 등이 권력싸움 등으로 희생을 당하고, 그것이 그 인물의 행동에 대한 모티브가 되는 것은 무협지나, 의, 충을 주제로 하는 많은 영웅담에서 전형적으로 나타나므로, 누구나 공유할 수 있는 아이디어에 해당한다고 할 것이고, ③ 사신 중 하나가 오랜 잠에 빠진다는 특징은, 동물의 겨울잠 등으로부터 누구나 생각해 낼 수 있고, 이미 동화 《잠자는 숲 속의 미녀》, 버지니아울프의 소설 《올란도》 등 많은 작품에서 망각, 죽음, 영원한 시간 등을 상징하는 소재로 쓰였으므로, 독창성, 구체성, 복잡성을 가졌다고 볼 수 없어 그 자체로는 아이디어에 해당하여 저작권의 보호대상이 되지 아니한다고 할 것이다. 그런데 원고의 바람의 나라의 백호 괴유는 해명태자로부터 숨을 멎는 법을 배웠는데, 은곡의 숲으로 세류를 찾으러 온 무휼을 구하기 위하여 요괴 자목과 싸우다 기를 빼앗겨 죽음의 상태로 들어가나 깊은 숲 속에서 잠을 자면서 숨을 멎는 법을 통하여 재생의 시간을 갖다가 자신의 목표인 부여왕 대소를 치게 되는 때에 생명을 얻어 일어나, 부여왕 대소를 죽이고, 부여전이 끝난 지 얼마 되지 않아 죽게 되는바, 백호 괴유의 잠은 위와 같이 재생의 시간, 어떤 목적을 달성하기 위한 생명의 연장이라는 복잡하고 구체적이며 독창적인 특징을 가진다 할 것이므로, 피고가 이러한 부분까지 차용하였다면 실질적인 유사성이 인정된다고 할 것이나, 피고의 태왕사신기에서는 전생의 백호가 인간에게 염증을 느껴 오랜 잠에 빠진다는 것으로 바람의 나라에서 백호 괴유의 잠이라는 원고의 독창적인 표현을 모방한 것이 아닐 뿐 아니라, 태왕사신기에서 깊은 잠에 빠진다는 것은 생리적, 물리적 의미의 잠에 빠진다는 의미가 아니라 오랫동안 사신으로서의 자각을 하지 아니한 채 여러 생을 살아간다는 의미로 해석될 수 있어 실질적으로 유사하다고 보기 어렵다. 또한 ④ 태왕사신기에서 현생의 백호 모두루는 "수많은 미녀들을 돌같이 보고, 못생긴 과부지만 용감하고 현명한 여자와 결혼하며, 평생 아내와 담덕과 군대를 똑같이 사랑했다고 자부한다"고 묘사되는 반면, 바람의 나라에서 백호 괴유는 용감하고, 새를 부리는 신기가 있는 세류 공주에게 처음부터 마음이 끌리나, 자신은 하늘로부터 목숨을 빌어 사는 것이라서, 즉 대소왕을 죽이기 위한 목표를 위해 숨을 멎는 법을 통해 목숨을 연장할 뿐, 그 목표를 이루고 나면 죽을 운명임을 알기에 이승에서의 인연을 만들지 않기 위해 세류에게 정을 주지 않으려 하다가, 자신을 위해서 주작을 희생시킨 세류에게 결국 사랑을 고백하게 되고, 대소왕을 죽이고 나서 자신도 곧 죽게 된다. 그렇다면 세류가 용감하고, 과부라는 점(세류는 어렸을 때 날개 달린 기산의 천인과 혼인하나, 그가 세류의 사랑을 받지 못하고 인간의 시간을 견디지 못하여 너무 빨리 늙어버려 혼인한 지 한 달도 안되어 죽어버린다.)을 고려하더라도, 백호 괴유가 세류의 연인이 된다는 점에 있어서 위 모두루의 특징과 1단계 유사성이 있다고 보이지 아니하므로, 이 부분에 관한 주장은 더 나아가 살필 필요 없이 이유 없다.

(마) 주작 캐릭터의 혼성모방에 관한 판단

원고는 태왕사신기의 주작 수지니는 침몰당한 명문가 출신이라는 점, 어린시절을 궁에서 보내고 쾌활한 성격을 가진 점, 현무에게 죽임을 당할 뻔 한다는 점에서 바람의 나라에서 부여의 주작인 용과, ① 유일한 여성이라는 점, ② 어린 시절부터 떠돌며 지냈다는 점, ③ 사랑하는 두 남자 사이에서 갈등하게 되며, ④ 형제국 간의 전쟁을 막으려 노력한 점에서 바람의 나라의 세류와 유사한바, 이는 피고가 용과 세류의 캐릭터를 혼성모방한 결과라고 주장한다. 먼저, 수지니와 용 사이의 유사점에 관하여 살피건대, 바람의 나라에서 부여의 용은 부여의 왕자로 어렸을 때 부모를 잃고 누나 '연'마저 고구려 무휼의 차비로 정략결혼을 떠나면서 할아버지인 대소왕의 막내 동생 '충구'의 보호를 받으며 자라는데 궁궐의 법도에 얽매이지 않고, 버릇이 없고 제멋대로인 아이로 표현되고, 연이 무휼의 버림을 받아 죽었다고 생각하여 무휼에 대하여 분노를 품고 있는 인물이며, 부여의 현무 사구로부터 용이 부여의 왕위를 물려받게 되면 자신의 꿈에 방해가 될 것으로 판단되어 공격을 당하는 반면, 태왕사신기의 주작 수지니는 백제 진사왕에 의해 가문이 몰락하면서 현무 주안으로부터 구출되어 주안과 함께 떠돌다 보니, 백제의 왕자 수의 스승이 된 주안을 따라 어린 시절을 궁궐에서 생활하게 되나, 궁궐의 법도에 얽매이지 않고 장난을 잘 쳐 호롱불처럼 주위를

환하게 하는 성격인데 나중에 세상을 어지럽히는 흑주작으로 자각하여 현무 주안으로부터 죽임을 당할 뻔하는 바, 양자의 성격이나 특징이 전혀 유사하다고 보이지 아니하고, 현무로부터 죽임을 당할 뻔한다는 설정 그 자체는 유사하나, 그 사건에 이르는 동기나 과정, 의미가 달라 실질적으로 유사하다고 볼 수 없다.

다음, 수지니와 세류 사이의 유사점에 관하여 보건대, ① 태왕사신기에서 주작인 수지니가 사신 중 유일한 여성이라는 사실은 인정되나, 바람의 나라에서 주작은 세류의 남편이었던 기산의 천인이 화한 것으로 그 속성은 남성이라고 볼 수 있는 점, 다른 사신수 중 암현무 무파, 청룡 하안사녀도 여성이라는 점에서 바람의 나라에서 주작이 사신수 중 유일한 여성임을 전제로 한 원고의 주장은 이유 없고, ② 어린 시절부터 떠돌며 지낸다는 점은 유사하나, 한 곳에 머물러 살지 않고 떠도는 등장인물이 구체적이고 독창적인 인물유형에 해당되어 표현으로 보호된다고 보기 어렵고, 설사 사신 중 주작 또는 주작이 주인으로 섬기는 사람이 그러한 특징을 공통으로 한다는 점에 대하여 원고가 보호를 구하는 것이어서 표현에 해당된다고 보더라도 태왕사신기에서 고아인 수지니는 진정한 주군을 찾아 떠도는 현무 주안으로부터 딸처럼 보살핌을 받으면서 자라기 때문에 주안과 함께 백제, 고구려를 떠돌게 된 반면, 바람의 나라에서 세류는 고구려의 공주이므로 궁에서 살아야 함에도 불구하고, 새를 다루는 신기가 있어 아버지인 유리왕의 미움을 받아, 어린 시절부터 궁에 머무르지 못하고 세상을 방황하게 되는바, 그 동기나 의미가 확연하게 달라 실질적으로 유사하다고 볼 수 없다. 또한 ③ 수지니는 담덕과 수를, 세류는 괴유와 무휼을 사랑하여 두 남자 사이에서 갈등하게 된다는 점이 유사하나, 사랑하거나, 사랑받는 두 남자 사이에서 갈등하는, 소위 삼각관계에 놓이는 여주인공은 수많은 문학작품에서 볼 수 있는 전형적인 인물유형으로 저작권으로 보호되는 표현이라고 볼 수 없어 더 나아가 살필 필요 없고, 위 ④의 점은 태왕사신기에서 주작 수지니는 백제와 관련을 맺고 있는 전생의 소서노로서, 또는 주안의 가르침을 받아 고구려와 백제가 형제국임을 인식하여 백제와 고구려 사이의 전쟁을 막기 위해 백제와 싸우려는 담덕을 설득하는 반면, 바람의 나라에서 세류가 두 나라 사이의 전쟁을 막으려 한다는 특징은 찾아볼 수 없어 이 점에서 유사성이 있다는 원고의 주장은 더 나아가 살필 필요 없이 이유 없다(다만, 바람의 나라의 세류가 무휼의 신수인 청룡과 무휼의 아들 호동의 신수인 봉황 사이에 살이 있어, 무휼이 봉황을 죽인다면 호동의 목숨에 위험이 따를 염려가 있어, 봉황의 존재를 숨기려 하거나 부자간의 싸움을 막으려 한다는 에피소드가 나오나, 이것만으로 태왕사신기의 수지니가 두 나라 사이의 싸움을 막으려 노력한다는 점과 유사하다고 보기 부족하다).

(6) 캐릭터 사이의 상관관계를 통한 이야기 전개, 에피소드 등에 있어서의 유사성

(가) 원고의 주장

원고는, 설사 위 등장인물들이 그 자체로서 저작권법의 독자적인 보호를 받기 어렵다 하더라도 다른 등장인물들과의 상관관계를 맺으며 전개되는 이야기나 에피소드,

즉 무휼과 마로, 담덕과 모두루의 상관관계를 통해 나타난 주인공이 심복을 얻는 과정 및 그 심복이 나중에 죽음에 이르는 과정에 관한 이야기 전개, 흑주작과 난새와 관련된 에피소드, 양 작품 모두 외세와의 전쟁이 아닌 민족 내부의 전쟁을 다루고 있는 점, 주인공의 적국은 주인공이 사랑하는 여자와 관련되어 있다는 캐릭터들 사이의 상관관계, 주인공이 결국 부도나 신시에 이르지 못하고 죽게 된다는 비극적 결말 등이 유사하다고 주장하므로, 이에 관하여 본다.

(나) 주인공이 심복을 얻는 과정 및 그 심복들이 죽음에 이르는 과정의 유사성 판단

원고의 바람의 나라에서 주인공인 무휼은 누나인 세류를 찾으러 갔다가 숨어 사는 마로와 해명태자의 군사를 만나게 되고, 마로는 원래 해명태자의 생전에 그를 왕으로 모시던 자로서 처음에는 해명이 아닌 무휼의 휘하에 들어가는 것에 대하여 갈등하고, 무휼을 직접 공격하는 등 거부하지만 결국 그를 따르게 되어, 나중에 고구려 장수로 부여와의 전쟁에 나가 위험에 빠진 세류를 구하기도 하고, 그 전쟁에서 전사하게 되나 끝까지 해명을 잊지 못하고, 해명을 부르면서 죽게 된다. 한편, 피고의 태왕사신기에서 주인공인 담덕은 좋은 철을 찾아 나섰다가 백두산 근처의 철광에서 백호 모두루를 만나게 되고, 모두루는 처음에는 담덕에 대하여 철을 강탈하려는 귀족으로 오해하고, 거부감을 가졌으나, 곧 그에게 반하게 되어, 담덕과 의기투합하여 담덕과 함께 강한 철기부대를 만들어내고, 전장을 누비다가 담덕을 구하기 위해 목숨을 잃게 된다. 양 저작물에서 주인공이 심복을 얻는 과정 및 그 심복이 죽음에 이르는 과정이 실질적으로 유사한지에 관하여 살피건대, 사건의 전개과정이 아이디어와 표현 중 어느 것에 해당하는가 하는 것은 그 전개과정이 얼마나 구체적으로 표현되어 있는가에 따라 결정되는바, 양 작품은 주인공이 낯선 장소에서 우연한 기회에 자신에게 거부감이나 적개심을 가진 자를 만나는데, 그가 곧 주인공의 심복이 되고, 심복은 전장에서 주인공을 구출하는 등으로 주인공보다 먼저 죽음에 이르게 되는 점은 유사하나, 이는 '엑스칼리버'와 같은 영웅담이나 전쟁을 소재로 하는 작품들의 보편적인 사건 전개에 불과하므로 아이디어에 해당하고, 이를 기반으로 한 구체적이고 세부적인 줄거리가 표현에 해당한다고 할 것인바, 그러한 표현에 있어서는 마로는 끝까지 해명을 잊지 못하나 모두루는 담덕의 진정한 심복이 되는 점, 마로는 무휼에게 해명의 부대를 제공하나, 모두루는 담덕과 함께 철기부대를 만드는 점, 마로와 달리 모두루는 담덕을 직접 구하려는 과정에서 전사하는 점에 있어서 차이점을 보이고 있으므로, 단지 아이디어만의 공통성이 존재할 뿐 표현에 있어서의 실질적 유사성이 존재하지 않는다.

(다) 흑주작과 난새 이야기의 유사성 판단

원고의 바람의 나라에서 신수 중 하나로 나오는 난새 '아사'는 부여의 유민이자 점복사인 채의 신수로 여성과 남성으로 둘이 존재하는데, 아사는 호동의 신수인 봉황에게 자신도 "처음에는 봉황의 알에서 깨어났으나, 허무를 배우고 자신을 잃어 난새가 되었다. 허무하고, 갈등하고, 고민하며 살아가다가 그 갈등이 난새를 둘로 나누었으나

그 어느 것도 진짜가 없고 거짓 왕을 섬기며 거짓 생을 살다 간다"고 말한다. 한편, 피고의 태왕사신기에서는 전생에 소서노였던 수지니가 전생의 기억 가운데 한스러운 기억으로 먼저 깨어나면 세상을 불태우는 흑주작이 되는데, 수지니는 한때 흑주작으로 자각하였다가, 현무 주안에게 죽임을 당할 뻔하기도 한다. 살피건대, 두 작품에서 난새나 흑주작의 상징이나 의미에 있어서 다소 유사한 측면이 있으나, 이는 같은 능력이나 힘이 어떻게 쓰이느냐에 따라 주작, 봉황과 같이 긍정적으로도, 흑주작, 난새와 같이 부정적으로도 쓰일 수 있다는 아이디어의 공통성에서 유래할 뿐, 구체적인 표현방식이나, 분위기에 있어서는 바람의 나라에서 난새는 처음에는 봉황의 알에서 깨어나나 허무하고, 광폭하며, 음란한 마음을 가진 다소 부정적인 등장인물인 채를 주인으로 모시다가, 자신도 모르게 그와 동일시되어 가는 허무, 슬픔이 위와 같이 구체화된 반면, 태왕사신기에서의 흑주작은 그 의지와 관계없이 주작으로 자각할 때, 전생 중 한스러운 기억으로 먼저 깨어나면 흑주작으로, 좋은 기억으로 깨어나면 주작으로 된다는 운명이 구체화되어 있다는 점에서 그 표현에 있어서 현저한 차이가 있다.

(라) 외세와의 전쟁이 아닌 점, 주인공이 사랑하는 여자와 관련된 나라와 전쟁을 하게 된다는 에피소드의 유사성 판단

바람의 나라는 외세와의 전쟁이 아닌 고구려와 부여 사이의 전쟁이 주요한 소재로 쓰이고, 주인공 무휼의 적국인 부여는 무휼이 평생 연모하는 차비 연의 모국이라는 점에서 피고의 태왕사신기가 외세와의 전쟁이 아닌 고구려와 백제 사이의 전쟁을 주요한 소재로 삼고 있으며, 주인공 담덕의 적국인 백제는 담덕이 사랑하는 수지니와 연관되어 있다는 점에서 유사하다. 그러나 부여와 고구려, 백제와 고구려 등 외세가 아닌 민족 내부의 전쟁은 우리나라의 역사적 사실로서 누구나 소재로 쓸 수 있는 공유의 영역에 속하는 것이고, 주인공이 사랑하는 여자와 관련된 나라와 싸워야 한다는 상황에서 딜레마에 빠진다는 이야기는 삼국사기의 '낙랑공주와 호동왕자' 이야기, 오페라 '아이다', 영화 '쉬리' 등 남녀 간의 애절한 사랑을 주제로 하는 많은 작품의 모티브로서 공공의 지적 자산이므로, 피고가 이를 사용하였다고 하여 원고의 저작권을 침해하는 것이라고 볼 수 없다.

(마) 결말에 있어서의 동일성 판단

원고는 두 작품 모두 주인공이 부도나 신시를 회복하지 못하고 죽는다는 비극적 결말에 있어서 실질적으로 유사하다고 주장하나, 바람의 나라는 미완성의 작품으로, 현재까지 출간된 제22권까지는 무휼이 추구하는 목표인 부도를 되찾는지 여부가 나타나지 않은 반면, 태왕사신기에서 담덕은 서른 아홉에 이루지 못한 단군조선의 꿈을 안고 죽는다는 결말이 나타나 있어 이 점에서 유사하다고 볼 수 없고, 설사 바람의 나라에서 무휼의 독백 등에서 부도가 '이루지 못할 꿈' 등으로 표현되어 비극적 결말이 암시되어 있음을 전제로 양 저작물의 결말이 유사하다고 보더라도, 주인공이 대업을 이루지 못하고 죽음을 맞이하는 비극적 결말은 수많은 문학작품에 나오는 전형적인 플롯으로서 원고만이 전유할 수 있는 표현에 해당한다고 볼 수 없다 할 것이다.

(7) 소 결

그렇다면 원 · 피고의 저작물은 고구려라는 역사적 배경, 사신, 부도, 신시라는 신화적 소재, 영토 확장이나 국가적 이상의 추구라는 주제 등 아이디어의 영역에 속하는 요소를 공통으로 할 뿐, 그 등장인물이나 주변인물과의 관계 설정, 사건 전개 등 저작권에 의하여 보호받는 창작적인 표현형식에 있어서는 만화와 드라마 시놉시스 사이에 내재하는 예술의 존재양식 및 표현기법의 차이를 감안하더라도 실질적으로 유사하지 아니하므로, 피고가 원고의 바람의 나라에 대한 저작권을 침해하였다고 볼 수 없다.

(4) 전체적인 컨셉과 느낌 테스트(total concept and feel test)[368]

저작권의 침해가 성립되기 위해서는 저작권의 보호를 받는 표현 부분이 피고에 의하여 부정 이용되고, 일반 청중이 원고와 피고의 저작물 사이에 실질적 유사성을 느낄 수 있어야 한다. 우선 창작적 표현이 피고에 의하여 이용되었다는 점을 입증하기 위해 추상화이론과 같이 두 저작물을 분해하여 보호되는 표현과 보호받지 못하는 아이디어 또는 공중영역에 있는 요소들을 구분해 내는 작업을 하게 된다.

이와 같은 작업을 거친 후 최종적으로 청중이 실질적 유사성을 판단할 때 보호를 받지 못하는 부분까지 포함하여 저작물 전체로서의 유사성을 판단할 것인지, 아니면 보호를 받지 못하는 부분을 제외하고 보호받는 표현 부분만을 판단할 것인지 여부가 난제다. 이때 저작물의 전체적인 컨셉과 느낌을 기준으로 실질적 유사성을 판단하는 방법이 전체적 판단방법이다. 이 방법은 어린이용 캐릭터와 같이 비교적 단순한 시각적 저작물에 적절하다고 보여진다.

368) 청중(audience) 테스트 혹은 일반 관찰자 테스트는 피고가 원고의 저작물 중 보호받는 표현을 차용하였다는 사실에 기초하여 피고가 차용한 표현과 원고의 저작물에 들어 있는 원래의 표현에 대하여 일반 청중들이 서로 실질적으로 유사하다고 느낄 것인지 여부를 판단하는 것이다. 청중테스트는 청중, 특히 해당 저작물이 주된 목표로 하고 있는 수요자의 판단을 중심요소로 하고 있다. Repp v Webber 사건에서 청중인 배심원이 최종적으로 두 작품의 유사성을 판단했듯이 배심원 재판에서 청중테스트를 적용할 수 있다.

[그림 9-3]
H.R. Pufnstuf
출처 : www.amazon.com

[판례 9-7] Sid & Marty Krofft Television Production, Inc. v. McDonald's Corp, 562 F.2d 1157 (9th Cir. 1977)

사실관계 :

원고회사는 NBC TV의 요청을 받고 TV Show 'H.R. Pufnstuf'를 제작하였고 이 쇼는 1968년부터 NBC에서 방송되기 시작하였다. 이 TV 시리즈에는 환상적인 의상을 입은 캐릭터들과 움직이는 나무들, 말하는 책들이 살고 있는 환상의 섬 'Living Island'에 사는 Jimmy가 등장한다. 이 TV Show 프로그램은 선풍적인 인기를 얻었고 H.R. Pufnstuf 관련 제품의 생산과 광고수요를 불러일으켰다.

1970년 초 광고대행사인 피고 Needham 회사의 이사는 원고 회사의 사장이자 위 쇼 프로그램의 제작자인 Marty Krofft를 만나 H.R. Pufnstuf의 등장인물을 이용하여 피고 맥도날드의 광고를 제작하고자 한다고 말하였다. 그러나 몇 차례 접촉 끝에 Krofft는 광고 제작을 거절하였다. 그러나 피고 Needham은 위 TV Show 프로그램의 내용을 바탕으로 맥도날드 광고를 제작하였고, 이 광고는 1971.1.부터 방송되었다. 맥도널드 광고가 방송되기 전에 원고는 장난감, 게임, 도시락통, 그리고 만화제작자에게 H.R. Pufnstuf의 등장인물들과 내용을 사용하는 것을 허락하였다. 또한 켈로그의 광고등에도 사용되었다. 그러나 장난감과 게임을 포함한 맥도널드의 광고 이후에는 원고는 새로운 이용허락계약을 체결하지 못했고 기존의 계약을 연장하지도 못하였다. 원고는 1971년 가을 소송을 제기하여 맥널드의 광고는 H.R. Pufnstuf의 저작권과 다양한 관련 제품의 저작권을 침해하였다고 주장하였다.

쟁점 : 평범한 관찰자테스트를 위해 전체적인 구상과 느낌(total concept and feel) 테스트가 적절한 지 여부

판시내용 :

이 사건은 원고 피고들의 작품이 둘 다 어린이들을 대상으로 하고 있기 때문에 좀 더 본질적인 판단을 필요로 하고 있다. 이것은 어린이들의 마음과 상상력에 미치는 각 작품의 영향이라는 특별한 사실상의 쟁점을 일으키고 있다. 보통의 평범한 관찰자 테스트를 적용함에 있어서 어린이들이 배제되지 않아야 한다.

H.R. Pufnstuf는 토요일 아침에 가장 인기 있는 어린이 프로그램이 되었고 이러한 성공이 몇몇 어린이용 상품의 제작자로 하여금 Pufnstuf의 등장인물을 이용하게 하였다. 맥도널드가 광고에서 어린이들에 대한 이러한 독특한 매력을 이용하려고 한 것은 놀랄 일이 아니다. 피고들이 독창적이고 입증되지 않은 방식을 사용하기 보다는 H.R. Pufnstuf의 형식을 이용하려고 한 것은 어린이들의 주관적이고 예측할 수 없는 반응을 인식하였기 때문이다.

피고들은 등장인물들의 옷과 색깔, 장식도구 등의 차이점을 지적하고 있다. 우리는 어린이는 말할 것도 없이 H.R. Pufnstuf와 맥도널드 광고를 보는 보통의 합리적인 사람이 등장인물들이 다른 장식띠를 하고 있다는 것을 알아차릴 거라고 믿지 않는다. 침해에 해당되기 위해서는 복사(duplication)나 근사한 동일함이 필요하지 않다. 침해는 문자 그대로의 정확한 복제에 제한되지 않으며 표절을 숨기기 위해 다소간의 변화와 함께 개작, 모방, 변형, 복제되는 다양한 방식을 포함한다. 피고들의 광고가 원고들의 TV쇼와 실질적으로 유사하다는 것은 명백하다. 피고들은 TV쇼의 전체적인 구상과 느낌(total concept and feel)을 이용하였다. 의인화된 나무들과 동물들, 다른 환상적인 창조물들이 살고 있는 환상의 섬 'Living Island', 사람의 얼굴과 특징을 가지고 있는, 말하는 나무들로 이루어진 숲이 동일하며 등장인물들도 역시 유사하다. 이러한 유사함이 단순히 아이디어가 아닌 표현의 영역에 속함은 명백하다. 기본 아이디어만 사용할 때에는 그렇게 유사할 수 있지 않다.

[그림 9-4] 신야구
출처 : www.neople.com

[피고 ○○○ 캐릭터 (1)] [원고 ○○○ 캐릭터 (1)]

[그림 9-5] 사건의 캐릭터들
출처 : www.scourt.go.kr

[판례 9-8] 서울중앙지방법원 2006.7.20. 선고 2005가합76758 판결

쟁점 : 실질적 유사성 여부

판시내용 :

원고 캐릭터 및 피고 캐릭터 둘 다 귀여운 어린아이와 같은 모습을 하고 있는 점, 큰 머리와 작은 몸체로 이루어져 있고 머리 부분의 형태가 타원형에 가까우며 몸체는 어깨와 목이 생략된 채 하체 부분으로 갈수록 넓어지는 원추형에 가까운 모양으로 둥글게 마무리 되어 있고, 하단부에 허리벨트를 배치함으로써 상하체가 구분되어 있는 점, 다리가 생략되어 몸체와 발 사이에 공간을 두고 있는 점에서 유사하고, 또 각 캐릭터의 야구게임 중 역할에 필요한 장비의 모양, 타격과 투구 등 정지 동작이 유사한 사실을 인정할 수 있다.

그러나 위와 같은 각 캐릭터의 유사점은 귀여운 이미지의 야구선수 캐릭터라는 아이디어에 기초하여 인물의 모습을 일부 과장하거나 생략하여 익살스럽고 비현실적인 모습으로 나타내는 만화적 캐릭터와 같이 각 신체 부위를 2등신 정도의 비율로 하여 머리의 크기를 과장하고 얼굴의 모습을 부각시키되 다른 신체 부위의 모습은 생략하거나 단순하게 표현하는 한편, 역동성을 표현하기 위해 다리를 생략하되 발을 실제 비율보다 크게 표현한 데에서 기인한 것으로서, 이와 같은 표현은 원고캐릭터가 출시되기 이전에도 이미 만화, 게임, 인형 등에서 귀여운 이미지의 어린아이 같은 캐릭터들을 표현하는 데에 사용되었던 것이고 나아가 장비의 형태나 경기 동작은 야구게임 특성상 필연적으로 유사하게 표현될 수밖에 없는 것이라 할 것이므로 위와 같은 유사점들만으로는 원, 피고 각 캐릭터의 창작적 표현형식이 실질적으로 유사하다고 할 수 없다.

다만 원고가 위와 같은 신체의 형태를 기초로 얼굴의 생김새와 의상, 신발, 구비장비 등을 디자인하여 구체적으로 형상화한 A캐릭터의 모습은 다른 기존 캐릭터들과 구별되는 원고 나름대로의 특성이 부여되어 있어 창작적인 미감을 갖는다 할 것이므로 피고 B캐릭터가 창작적 미감의 표현에 있어 원고 A캐릭터와 실질적으로 유사한지 여부를 살펴보아야 할 것이다.

① 일반적으로 인간의 형상을 본 뜬 캐릭터는 얼굴의 생김새가 그 동일성 식별의 중요한 기준이 된다 할 것인데, 원, 피고 각 캐릭터는 모두 2등신 정도로서, 머리와 얼굴 부분이 신체에서 차지하는 비율이 매우 큰 관계로 얼굴 부분의 생김새가 더욱 두드러지는 특징을 갖고 있다 할 것이다.

우선 각 캐릭터의 얼굴 상당 부분을 차지하고 있는 부속물 즉, 타자의 헬멧, 투수의 모자, 호수와 심판의 보호장비를 보면, 실제 야구경기에서 사용되는 장비의 모양을 고려해 볼 때 그 형태의 창작에 한계가 있으므로 결국 미감의 차이는 구체적인 디자인(형태, 모양, 색채 또는 이들의 조합)의 차이에서 비롯된다 할 것인바, 별지 대비목록의 각 영상과 같이 각 대비된 캐릭터별로 위 각 장비의 구체적 형태와 색상이 다르므로, 이 점에서 일단 미감의 차이를 느낄 수 있고, 가사 위와 같은 부속물의 구체적 디자인의 차이점만으로는 원, 피고 각 캐릭터의 미감의 차이를 느낄 수 없다 하더라도, 각 캐릭터의 미감에 있어 결정적 차이는 얼굴 내 이목구비의 생김새와 표정의 특징으로부터 비롯된다 할 것이므로, 각 캐릭터의 얼굴의 특징이 아래아 같이 다른 이상 각 캐릭터는 실질적으로 유사하지 않다 할 것이다.

먼저 투수와 타자의 각 앞모습을 보면, 원고 A캐릭터는 코와 입이 생략되어 있고, 비현실적으로 큰 눈이 얼굴 대부분을 차지하고 있어, 눈의 형태와 위치, 눈동자의 위치만으로 얼굴의 각도와 표정을 만들어 내는 반면, 피고 B캐릭터는 코만 생략되어 있고, 전체적으로 검고 상대적으로 작은 크기의 동그란 눈과 눈썹을 갖고 있으며, 굳게 다문 입의 모양으로 결연한 심리상태를 나타내고 있어 각 얼굴에서 느껴지는 미감이 현저히 다르고, 더욱이 포수와 심판의 얼굴은 보호장비로 인해 얼굴의 윤곽이나 다른 이목구비가 전혀 드러나지 않고 오로지 눈만 드러나 있어 눈 형태의 위와 같은 차이만으로도 미감에 있어 큰 차이를 보인다.

다만, 일반적으로 인물의 옆모습과 뒷모습은 앞모습에 비해 동일성을 식별할 수 있는 큰 특징이라 할 것이 없는 표현상 한계가 있으므로, 결국 타자와 투수의 각 옆모습과 뒷모습에 해당하는 캐릭터는 그 구체적 표현의 차이를 대비할 수밖에 없다할 것인바, 원고 A캐릭터는 뒷머리에 해당하는 부분을 아무런 형상 없이 단순히 피부색만으로 마감하였고, 별도로 옆얼굴을 표현한 캐릭터는 없으며 다만 위에서 본 바와 같이 눈과 눈동자의 위치로써 얼굴의 각도를 달리 표현하였을 뿐인 반면, 피고 B캐릭터는 귀, 머리카락, 구렛나루를 구체적으로 그려 넣고, 보여지는 얼굴이 각도의 차이에 따라 다양한 모습을 나타내고 있는 차이를 보이고 있으므로, 이러한 차이점에서 각 캐릭터의 미감의 차이를 느낄 수 있다.

② 몸체의 경우, 원추형의 형태, 상, 하체 구분 방식, 부드러운 곡선으로 마감된 하체의 모양은 이미 위에서 본 바와 같이 창작성을 인정하기 어려우므로 결국 이 부분 미감의 차이는 운동복의 구체적 디자인, 특히 색상이나 무늬의 조합의 차이에서 찾을 수 있다 할 것인데, 원, 피고 각 캐릭터는 상, 하의의 색상과 무늬의 조합이 다를 뿐 아니라, 설령 위와 같은 차이가 미세하다 할지라도, 실제 야구경기에서 사용되는 운동복을 고려하여 볼 때 그 표현에 한계가 있고, 몸통이 머리와 얼굴 부분에 비해 매우 왜소한 점을 종합하여 보면, 몸체 부분은 각 캐릭터의 전체 형상에 있어 미감의 차이에 별다른 영향을 미치지 못한다 할 것이므로, 몸체 부분의 유사점을 두고 두 캐릭터의 창작적 표현형식이 유사하다고 하기 어렵다.

③ 다음으로 팔, 다리 부분을 보건대, 원고 A캐릭터는 몸체에 팔이 붙어 있는 반면 피고 B캐릭터는 팔이 생략되어 있는 차이점이 있으나 위 차이는 시각적으로 거의 감지되지 않으므로 이 부분에서 미감의 차이를 느낄 수는 없고, 둥근 손 모양, 다리의 생략, 양쪽으로 긴 타원형의 신발 형태 자체는 위에서 본 바와 같이 창작적 표현형식이라 할 수 없으므로, 결국 이 부분 미감의 차이는 신발의 구체적 디자인의 차이로부터 비롯된다 할 것인데, 원고 A캐릭터는 단순한 타원형에 특징적 디자인 없이 앞, 뒤로 구분하여 회색과 흰색으로 색상의 차이만을 둔 반면, 피고 B캐릭터는 두 가지 색상만을 사용하면서도, 상대적으로 구체적인 신발의 형상을 갖춘 디자인과 색상 배치를 통해 원고의 캐릭터와는 미감의 차이를 보인다 할 것이다.

④ 나아가 원, 피고 각 캐릭터의 위와 같은 구체적 차이가 각 개별적으로는 미세한 차이에 불과할지라도, 그 미세한 차이들의 조합이 캐릭터의 전체적인 미감에 큰 차이를 가져옴으로써, 피고의 B캐릭터로부터 원고 A캐릭터의 본질적 특징이 감득되지 않는다 할 것이다.

그렇다면 원고 A캐릭터와 피고 B캐릭터 사이에 실질적인 유사성을 인정하기 어려우므로, 피고의 B캐릭터는 원고의 A캐릭터와는 별개의 창작성 있는 저작물에 해당한다고 봄이 상당하다.

03 간접침해

온라인서비스제공자나 P2P서비스제공자와 같이 직접 저작권 침해행위를 하지 않는 자에게 어떠한 법리로 저작권 침해책임이나 손해배상책임을 물을 수 있을까? 미국은 기여책임(contributory liability)이나 대위책임(vicarious liability)과 같은 간접침해 유형의 책임이론을 적용하여 저작권 침해에 기여 또는 대위책임이 있는 자에 대하여 법적 책임을 부담하고 있다. 간접침해(secondary or indirect infringement)란 저작권 침해행위를 스스로 행하지 않으면서 그것을 방조하거나 그에 가담하는 자가 그 저작권 침해에 대하여 법적 책임을 부담하는 것을 말한다. 즉, 저작권 침해행위를 알면서 타인의 저작권 침해행위를 발생케 하거나, 원인을 제공하거나, 또는 실질적으로 관여하는 자는 기여책임자로서 책임을 진다. 또한 실제 권리 침해자에게 구제를 요구하는 것이 실효성을 가지지 못하는 경우에 그 자의 보증인적 지위에 있는 자가 대신 책임을 지게 된다.

우리나라 민법은 미국과 달라 미국의 간접침해 이론을 우리나라 판결에 직접 적용하기 어렵다. 이에 우리 법원은 저작권 간접침해에 해당하는 행위를 민법상 공동불법행위의 한 유형으로 규정하는 판결을 내리고 있다.

(1) 기여책임 및 대위책임

기여책임(contributory liability)의 요건

① 침해행위에 대한 인식 또는 인식 가능성(knowledge of infringing activity)
② 조장, 원조, 허가, 침해수단의 제공 등 침해행위에 실질적 관여(substantial participation)

대위책임(vicarious liability)의 요건

① 감독, 지배하는 것이 가능하고 그에 대한 권원을 가질 것(right and ability to control)
② 권리침해행위에 대하여 금전적 이해를 가질 것(direct financial benefit)

[판례 9-9] Religious Technology Center v. Netcom On-line Communication Services, Inc., 907 F.Supp. 1361 (N.D. California, 1995)

사실관계 :

원고들은 Religious Technology Center(이하 "RTC")와 Bridge Publication, Inc.(이하 "BPI")는 신흥종교인 Sciontology의 창시자 Hubbard가 쓴, 발행된 혹은 미발행 저작물에 대해 저작권을 보유하고 있다. 한 때 교회의 목사였던 피고 Dennis Erlich(이하 "Erlich")는 교회의 비판가가 되어 교회비판과 토론을 위한 온라인 광장인 유스넷 뉴스그룹 alt.religion.scientology(이하 "a.r.s.")에서 활동하였다. 원고들은 피고가 그들의 저작물을 a.r.s.에 올렸을 때 저작권을 침해하였다고 주장한다.

Erlich는 피고 Thomas Klemesrud의 전자게시판(BBS) support.com을 통하여 인터넷에 접속하였다. Klemesrud의 전자게시판은 인터넷에 바로 연결된 것이 아니고 미국에서 가장 큰 인터넷서비스제공자중의 하나인 피고 네트콤의 설비를 통해 인터넷에 접속한다. 원고들은 Erlich의 저작권 침해행위를 막는 데 실패한 후 피고 Klemesrud와 네트콤을 접촉하여 Erlich가 전자게시판과 인터넷을 사용하지 못하도록 해달라고 요청하였다. 위 피고들은 원고들의 요청을 거부하면서 Erlich가 인터넷에 올린 글에 대해 원고들이 저작권을 소유하고 있음을 증명하라고 요구하였다. 네트콤은 Erlich의 행위를 미리 막는 것은 불가능하고 Erlich의 인터넷사용을 금지하는 것은 Klemesrud의 전자게시판 이용자 수백명의 인터넷사용을 금지하는 것을 의미한다고 주장했다.

원고들은 피고들을 상대로 예비적 저작권침해 금지소송을 제기하였으며 피고 Klemesrud와 네트콤은 피고 Erlich의 행위에 대해 직접적으로 책임이 있거나 기여 혹은 대위책임이 있다고 주장하였다.

쟁점1 : 기여책임 여부

판시내용 :

(1) 침해행위의 인식(Knowledge of Infringing Activity)

원고들은 네트콤이 적어도 Erlich가 불법복사본을 네트콤의 시스템을 통하여 a.r.s.에 올리고 있다는 사실을 통보받은 후에는 저작권의 침해사실을 알고 있었다고 주장하고 있다. 반면 네트콤은 통지를 받은 후에도 침해물을 보지 않았고 만약 저작권 표시나 저작권에 관한 기재내용을 보았다면 침해여부에 대해 조사를 했을 것이라는 사실을 인정하고 있다. 이러한 사실들은 원고로부터 통지를 받은 후 네트콤이 침해여부를 인식하고 있었는지에 대해 의문을 일으키기에 충분하다.

(2) 실질적인 참여(Substantial Participation)

네트콤은 Erlich의 침해메시지가 시스템에 남아 있도록 허용하고 나아가 다른 유스넷의 서버들로 퍼져나가는 것을 허용하였다. 부동산 임대인과는 달리 시스템이 사용되는 것에 대해 전혀 통제를 하지 않은 것은 아니다. 그러므로 네트콤이 원고의 저작물에 대한 추가 손해를 방지하기 위하여 간단한 조치를 취할 수 있다는 것을 전제할 때 네트콤이 Erlich의 침해행위를 알고 있었고 메시지를 공개적으로 배포하고자 하는 그의 목적을 이루도록 계속해서 도와준 경우 네트콤이 기여책임을 지는 것이 타당하다.

쟁점2 : 대위책임 여부

판시내용 :

(1) 통제할 권리와 능력(Right and Ability to Control)

원고들은 이용자들이 반드시 동의해야 하는 네트콤의 약관과 조선은 네트콤이 이용자에 대해 구제조치를 취할 수 있는 권리를 유보하고 있음을 특정하고 있으며 인터넷상에서 개발된 비공식적인 규칙과 관행인 네티켓에 따르면 이용자에 대한 저작권 침해는 허용되지 않으며 서비스제공자는 이를 방지하기 위한 조치를 취할 의무가 있다고 주장하고 있다. 침해행위를 제한하는 네트콤의 권리를 보여주는 또 다른 증거로 저작권침해를 금지하고 이용자들이 네트콤의 제3자에 대한 손해배상의무를 면제하도록 한 것이다. 네트콤은 시스템을 통과하는 자료의 양과 속도 때문에 메시지를 검사할 수 없다고 주장하고 있으나 원고들은 소프트웨어를 간단히 변경함으로써 특정한 말을 담고 있거나 특정한 개인으로부터 오는 자료를 확인할 수 있다고 주장하고 있다. 네트콤은 1천번 이상 이용자들의 계정을 중단한 바 있고 특정한 자료를 삭제할 수도 있다. 그러므로 법원은 네트콤이 이용자들의 행위, 특히 Erlich의 행위를 통제할 권리와 능력이 있는지 여부에 관하여 원고들이 사실관계에 관한 실질적인 쟁점을 밝혔다고 보았다.

(2) 직접적인 경제적 이익(Direct Financial Benefit)

이 사건에서 네트콤은 고정된 요금만 받았으며 Erlich, 혹은 다른 이용자들의 침해행위로 인하여 서비스의 가치를 증가시키거나 새로운 이용자들을 끌어들였다는 증거는 없다. 원고들은 컴퓨터 네트워크를 통해 침해메시지를 전송하는 이용자들에 대해서 조치를 취하지 않는 정책으로 저작권 침해자들을 시스템으로 유인함으로써 경제적인 경제적 이익을 얻는 결과가 되고 있다고 주장하고 있다. 그러나 그러한 주장을 뒷받침하는 증거도 없을 뿐만 아니라 법원은 설령 그 주장이 사실이라 하더라도 Erlich의 침해행위로부터 네트콤이 직접적으로 경제적 이익을 얻은 것에 해당하는지 의문이다. 원고들은 이 핵심적인 요소에 대해 사실관계에 관한 쟁점을 끌어내지 못했기 때문에 대위책임 주장은 받아들일 수 없다.

(2) 방조에 의한 불법공동행위

[판례 9-10] 서울고등법원 2005.1.12. 선고 2003나21140 판결

사실관계 :

피고들은 2000.3.경 중앙 서버를 거치지 아니하고 이용자(접속자)들의 개인 컴퓨터들이 서로 연결되어 직접 파일을 주고받는 통신방식(이른바 'peer to peer'로 불리어지는데, 이하 "P2P 방식")을 사용하여 MP3(MPEG 1 layer 3, 일반 웨이브 형식의 오디오 파일을 약 1/10 크기로 압축하면서도 CD 수준의 음질을 구현할 수 있도록 하는 오디오 파일 압축기술) 형식의 음악파일을 공유할 수 있도록 하는 프로그램 개발에 착수하여, 2000.5. 중순경 프로그램 제작을 완료하고, 2000.5.18.부터 '소리바다'라는 명칭으로 웹사이트(www.soribada.com)에서 위 프로그램을 배포하면서 이를 이용한 음악파일 공유 서비스를 제공하기 시작하였는데(이하 위 프로그램 및 서비스를 각각 "소리바다 프로그램", "소리바다 서비스"라고 한다), 당초 소리바다 서비스는 MP3 형식의 음악파일(이하 "MP3파일")만 공유하도록 설계되었다(피고들은 초기에는 파일 확장자만 검사하도록 하였으나, 이후 파일 중 파일 정보를 담고 있는 부분까지 조사하도록 프로그램을 변경하였다).

소리바다 서비스의 이용 방법

(1) 이용자는 피고들이 무료로 배포하는 소리바다 프로그램을 다운로드 받아 자신의 컴퓨터에 이를 설치한 후, 사용자식별부호(ID, identification ; 이하 "아이디")와 비밀번호를 입력하여 소리바다의 회원으로 등록하고, 다른 소리바다 이용자들이 자신의 컴퓨터에 접근하여 MP3파일을 다운로드 받아갈 수 있도록 MP3파일을 보관하는 '공유폴더(라이브러리 폴더)' 및 다른 이용자로부터 다운로드 받은 MP3파일을 저장할 '다운로드폴더'를 지정한다(위 프로그램의 기본설정에 의하면 다운로드폴더는 공유폴더와 일치하도록 되어 있으므로, 이를 이용자가 별도로 변경하지 아니하는 이상 다운로드폴더로 다운로드된 MP3파일은 동시에 공유폴더에도 저장된 셈이 되어, 그 즉시 다른 소리바다 이용자들이 다운로드 받을 수 있는 상태에 놓이게 된다). 즉 MP3파일을 다른 이용자가 다운로드받을 수 있는 상태에 두기 위하여는 공유폴더에 MP3파일을 저장하고 소리바다 프로그램을 이용하여 소리바다 서버에 접속하는 것으로 족하고(이런 점에서 서버나 전자게시판 등에 업로드 하는 경우와 차이가 있으나, 이하에서는 이를 "업로드 행위"라고 부른다), 별도의 송신행위가 필요하지 아니하다.

(2) 이용자가 소리바다 프로그램 설치를 마치고 프로그램을 실행하면 자동적으로 소리바다 서버에 접속되고, 이때 이용자 컴퓨터의 소리바다 프로그램은 그 컴퓨터의 IP(Internet Protocol) 주소 등 이용자들 컴퓨터 사이의 직접 연결에 필요한 정보를 자동적으로 소리바다 서버로 송신하며, 소리바다 서버는 이와 같이

접속한 이용자의 아이디 및 비밀번호를 확인한 후 자신이 보관하고 있는 5,000명의 직전 접속 이용자들의 연결 정보를 자동적으로 송신하여 주고, 이용자로부터 송신받은 그의 IP주소 등 연결 정보를 이용자가 등록 당시에 입력한 아이디 및 비밀번호 등과 함께 데이터베이스에 저장하여 이용자목록으로 관리한다.

(3) 이용자가 소리바다 프로그램의 검색창에 노래의 제목 또는 가수 등 임의어를 입력하고 검색을 요청하면, 소리바다 프로그램은 위와 같이 서버로부터 제공받은 IP주소를 통해 다른 소리바다 이용자들에게 직접 개별적으로 해당 검색어를 송신하고, 위 검색어를 송신 받은 다른 이용자들의 소리바다 프로그램은 자신의 컴퓨터 하드디스크의 공유폴더를 검색하여 위와 같이 요청받은 검색어와 일치하는 파일을 발견하면 해당 파일의 정보를 검색 요청 이용자의 컴퓨터로 송신한다.

(4) 검색 요청 이용자의 소리바다 프로그램은 이와 같이 다른 이용자들로부터 응답받은 파일정보를 재구성하여, 검색을 지시한 때로부터 2, 3초 정도 후에 바로 검색결과 목록을 보여주는데, 이에는 파일이름, 노래제목, 가수명, 파일크기, 이용자(사용자) 아이디, 음질, 노래시간, 속도(응답소요시간, Ping Time) 등이 표시되고, 검색 요청 이용자는 자동정렬 기능을 사용하여 속도, 크기, 음질 등 원하는 방식으로 검색결과 리스트를 순서대로 정렬하여 볼 수도 있다.

(5) 검색 요청 이용자가 위 검색결과 리스트 중에서 다운로드 받기를 원하는 MP3파일을 선택하여(보통 속도 및 음질이 주요 고려대상이다) 더블클릭 등을 하면, 그 이용자의 컴퓨터는 소리바다 서버가 제공한 IP주소를 이용하여 당해 파일이 보관되어 있는 이용자의 컴퓨터와 1:1로 직접 연결을 하고, 제공자 컴퓨터의 공유폴더에 위치한 해당 파일의 복제물을 검색 요청 이용자의 컴퓨터로 다운로드하여 다운로드폴더에 저장하게 된다(이를 '다운로드 행위'라 한다).

소리바다 서비스의 특징 및 이용 상황

(1) 소리바다 서비스를 제공하는 시스템(이하 "소리바다 시스템")은 중앙 서버가 존재하기는 하되 IP주소 등과 같은 컴퓨터 직접 연결에 필요한 정보만 관리함으로써, 기존의 P2P방식에서의 문제점, 즉 비대한 중앙 서버 운영에 따른 재정적 부담(Napster 방식으로 대표된다) 또는 파일전송과정에서의 기술적인 병목현상(Gnutella 방식으로 대표된다)을 동시에 해결한 것으로 평가받고 있는데, 이와 같은 시스템의 특성상 소리바다의 중앙 서버에서는 이용자들의 IP주소와 같은 연결정보만 보관하고 있고, 공유의 대상이 되는 MP3파일 자체나 MP3파일의 목록 및 파일정보는 보관하고 있지 아니하다.

(2) 위와 같은 소리바다 서비스의 특성에 비추어 소리바다 서버에 접속해 있는 이용자의 수가 많으면 많을수록 검색할 수 있는 MP3파일의 종류와 수도 증가하게 되는데, 이 사건 가처분결정에 의하여 서비스가 중지되기 이전에 소리바다 서비스 등록 회원은 약 450만 명 이상, 하루 평균 접속자는 약 30만 명 이상, 동시 접속 이용자는 약 5,000명 이상이었다.

(3) 소리바다 프로그램의 설치 화면에는 다음과 같은 내용의 경고문이 고지되어 있다. “소리바다는 소리바다 사용자들이 소유하고 있는 MP3파일에 대해 어떠한 책임도 없음을 밝힙니다. 인터넷을 통해 유포되는 MP3파일 중 많은 파일들이 합법적이기는 하나, 저작권자의 허락 없이 불법적으로 유통되는 MP3파일도 있습니다. 소리바다는 특정 MP3파일의 합법 여부에 대해 알 수 없음을 밝힙니다. 불법 MP3파일을 복제 또는 배포하는 것은 국내 또는 국외 저작권법에 위배될 수 있으며, 이 저작권법을 준수하는 것은 사용자의 몫임을 알려드립니다.”

(4) 피고들이 저작인접권 또는 독점적 실시권을 보유하고 있는 이 사건 노래도 대부분 소리바다 서비스를 통하여 업로드 또는 다운로드 되고 있다.

(5) 우리나라 국내 음반시장은 IMF이후 1998년에는 3,530억원, 1999년에는 3,800억원의 시장규모에서 2000년에는 4,104억원의 시장규모로 성장하였으나 2001년에는 3,733억원으로 감소하였다.

쟁점1 : 협의의 공동불법행위 성립 여부

판시내용 :

민법 제760조 제1항의 공동불법행위가 성립하려면 행위자 사이에 의사의 공통이나 행위공동의 인식까지 필요한 것은 아니지만 객관적으로 보아 피해자에 대한 권리침해가 공동으로 행하여지고 그 행위가 손해발생에 대하여 공통의 원인이 되었다고 인정되는 경우라야 할 것이고, 또한 그 각 행위는 독립적으로 불법행위에 해당하여야 할 것인바, 앞서 본 바와 같이 채무자들이 소리바다 서버를 운영하면서 아이디 등 접속에 관한 정보만을 관리하고 있기 때문에 개별 이용자들의 구체적인 불법 MP3파일 공유 및 다운로드 행위를 확정적으로 인식하기는 어려웠던 점, 노래 검색 및 검색결과의 전송 그리고 다운로드 과정에는 소리바다 서버가 전혀 관여하지 않고 있는 점 등 피고들이 서버를 운영하면서 이용자들에 의한 복제권 침해행위에 관여한 정도에 비추어 볼 때, 비록 소리바다 서버에의 접속이 필수적이기는 하나, 이것만으로 피고들이 독립적으로 이 사건 음반제작자들의 복제권을 침해하였다거나 협의의 공동불법행위가 성립할 정도로 직접적이고 밀접하게 그 침해행위에 관여하였다고 평가하기는 어렵다고 할 것이므로(피고들이 소리바다 프로그램을 제작하거나 배포하여 제3자들로 하여금 이용하도록 한 행위 자체를 가지고 바로 저작인접권 침해 책임을 지우기는 어렵다), 원고들의 위 주장은 이유 없다.

쟁점2 : 방조행위 성립 여부

판시내용 :

민법 제760조 제3항의 ‘방조’라 함은 불법행위를 용이하게 하는 직접 · 간접의 모든 행위를 가리키는 것으로서 형법과 달리 손해의 전보를 목적으로 하여 과실을 원칙적으로 고의와 동일시하는 민법의 해석으로서는 과실에 의한 방조도 가능하다고 할 것이며, 이 경우의 과실의 내용은 불법행위에 도움을 주지 않아야 할 주의의무가 있음을 전제로 하여 이 의무에 위반하는 것을 말한다. 일반적으로 P2P 방식에 의한 파일공유 시스템(이하 "P2P 시스템")에서는 이용자들에 의한 디지털 형태의 저작복제물 무단 유통이 발생할 개연성이 있다고 할 것이나, 그렇다 하더라도 모든 형태의 P2P 시스템 운영자들이 획일적으로 이용자들의 저작인접권 등 침해행위에 대하여 방조책임을 부담한다고 단정할 수는 없고, 운영자가 서버를 운영하면서 그 서버를 통하여 이용자들의 파일공유 및 교환 행위에 관여하고 있는 정도, 운영자의 개입이 없이도 이용자들이 자체적으로 파일공유 등 행위를 할 수 있는지 여부, 저작인접권 등 침해행위를 하는 이용자가 있는 경우 운영자가 이를 발견하고 그에 대하여 서비스 이용을 제한할 수 있는지 여부, P2P 시스템이 파일공유 기능 자체 외에 이용자들의 저작인접권 등 침해행위를 용이하게 할 수 있는 다른 기능을 제공하고 있는지 여부, 운영자가 이용자들의 저작인접권 침해행위로부터 이익을 얻을 목적이 있거나 향후 이익을 얻을 가능성의 정도 등 구체적 사정을 살펴보아, 운영자가 이용자들의 파일공유 등으로 인한 저작인접권 등 침해행위를 미필적으로나마 인식하고서도 이를 용이하게 할 수 있도록 도와주거나, 이러한 침해행위에 도움을 주지 않아야 할 주의의무가 있음에도 이를 위반하는 경우라고 평가되는 경우에만 방조책임을 인정하여야 할 것이다.

피고들은 처음부터 프로그램 및 서비스 이름을 '소리바다'라고 명명하고 MP3파일만 공유되도록 설계하여 개발한 점, 채무자들이 소리바다 프로그램을 개발할 당시에는 외국에서는 이미 냅스터(Napser) 등 다른 P2P 방식 서비스를 통한 저작인접권 등 침해가 문제되어 법적 분쟁으로까지 비화되고 있었던 점, 피고들은 아이디, 비밀번호, IP주소 등이 담긴 이용자 목록을 작성, 관리하고 있었고 매일 1, 2회 가량 다른 일반 사용자와 같은 방법으로 접속하여 서비스 운영상태를 점검하였으므로 이용자들의 저작인접권 침해를 미필적으로나마 알았거나 알 수 있었던 점, 이용자들은 소리바다 서버에 접속하여야만 파일공유를 할 수 있으므로 아이디를 판별하여 접속을 거부함으로써 침해행위를 하는 이용자들의 파일공유를 제한할 수도 있었던 것으로 보이는 점, 소리바다 서비스에는 이용자가 검색된 MP3파일 중 가장 다운로드 속도가 빠르면서도 음질이 양호한 것을 선택하여 다운로드 받을 수 있도록 지원하는 정렬 기능과 다운로드 중에 실시간으로 해당 파일을 들어 볼 수 있는 기능 및 이용자들 상호간 MP3파일을 공유할 수 있는 채팅 기능 등 이용자들의 MP3파일 다운로드를 촉진시키는 다양한 기능이 있는 점, 피고들은 소리바다 서비스 개시 당시 향후 수익성을 높이 평가 받아 서버를 무료로 제공받기도 하고 소리바다 서비스 운영을 통하여 얻은 인지도를 이용하여 수익을 얻을 계획이었던 점, MP3파일 공유 서비스를 통하여 공유되는 파일은 대부분 저작인접권 침해가 문제되는 것임을 경험칙상 충분히 예상할 수 있었던 점 등을 종합하여 보면, P2P 방식에 의한 MP3파일 공유 및 교환 기능을 수행하는 소리바다 프로그램을 개발하고 이를 이용한 소리바다 서비스를 운영하는 피고들로서는, 소리바다 서비스를 통하여 이용자들에 의한 이 사건은 음반제작자들을 포함한 다수의 음반제작자들의 저작인접권 침해행위가 발생하리라는

> 사정을 미필적으로 인식하였거나 충분히 예견할 수 있었다고 볼 것임에도, 피고들은 소리바다 프로그램 설치 화면상에 경고문을 고지하는 이외에는 이용자들의 저작인접권 침해행위를 방지할 만한 아무런 조치를 취하지 아니한 채 소리바다 프로그램을 개발하고 MP3파일 공유 및 교환을 하는 데 필수적인 서버를 운영하여 MP3파일 공유 서비스를 제공함으로써 이용자들의 저작인접권 침해행위를 용이하게 하였으므로, 이용자들의 이 사건 음반제작자들 저작인접권 침해행위에 대한 방조책임을 부담한다고 할 것이다.

이 소리바다 가처분이의 항소심 판결은 대법원 2007.1.25. 선고 2005다11626 판결에 의해 확정되었다. 대법원은 "저작권법이 보호하는 복제권의 침해를 방조하는 행위란 타인의 복제권 침해를 용이하게 해주는 직접·간접의 모든 행위를 가리키는 것으로서 복제권 침해행위를 미필적으로만 인식하는 방조도 가능함은 물론 과실에 의한 방조도 가능하다고 할 것인바, 과실에 의한 방조의 경우에 있어서 과실의 내용은 복제권 침해행위에 도움을 주지 않아야 할 주의의무가 있음을 전제로 하여 이 의무에 위반하는 것을 말하는 것이고, 위와 같은 침해의 방조행위에 있어서 방조자는 실제 복제권 침해행위가 실행되는 일시나 장소, 복제의 객체 등을 구체적으로 인식할 필요가 없으며 실제 복제행위를 실행하는 자가 누구인지 확정적으로 인식할 필요도 없다고 할 것이다. 따라서 피고들은 소리바다 서비스를 통하여 이용자들에 의한 이 사건 음반제작자들을 포함한 다수의 음반제작자들의 저작인접권 침해행위가 발생하리라는 사정을 미필적으로 인식하였거나 적어도 충분히 예견할 수 있었다고 볼 것임에도 소리바다 프로그램을 개발하여 무료로 나누어 주고 소리바다 서버를 운영하면서 소리바다 이용자들에게 다른 이용자들의 접속정보를 제공함으로써 소리바다 이용자들이 음악 CD로부터 변환한 MPEG-1 Audio Layer-3(MP3) 파일을 P2P 방식으로 주고 받아 복제하는 방법으로 저작인접권의 침해행위를 실행함에 있어서 이를 용이하게 할 수 있도록 해주어 그에 대한 방조책임을 부담한다"며 원심을 긍정하였다.

(3) 온라인서비스제공자의 책임 제한

온라인서비스제공자는 다른 사람들이 정보통신망을 통하여 저작물등을 복제 또는 전송할 수 있도록 하는 서비스를 제공하는 자를 말한다.[369] 위와 같이 온라인

369) 저작권법 제2조 제30호

서비스제공자에 대해서도 간접책임을 묻는 판례가 나오자 온라인서비스제공자가 안정적으로 사업을 영위할 수 있도록 하는 법률 개정이 필요하였다. 이에 2003년 개정법은 온라인서비스제공자의 책임 제한에 관한 규정을 신설하였다.

온라인서비스제공자의 책임 제한(저작권법 제102조)

① 온라인서비스제공자가 저작물등의 복제 · 전송과 관련된 서비스를 제공하는 것과 관련하여 다른 사람에 의한 저작물등의 복제 · 전송으로 인하여 그 저작권 그 밖에 이 법에 따라 보호되는 권리가 침해된다는 사실을 알고 당해 복제 · 전송을 방지하거나 중단시킨 경우에는 다른 사람에 의한 저작권 그 밖에 이 법에 따라 보호되는 권리의 침해에 관한 온라인서비스제공자의 책임을 감경 또는 면제할 수 있다.
② 온라인서비스제공자가 저작물등의 복제 · 전송과 관련된 서비스를 제공하는 것과 관련하여 다른 사람에 의한 저작물등의 복제 · 전송으로 인하여 그 저작권 그 밖에 이 법에 따라 보호되는 권리가 침해된다는 사실을 알고 당해 복제 · 전송을 방지하거나 중단시키고자 하였으나 기술적으로 불가능한 경우에는 그 다른 사람에 의한 저작권 그 밖에 이 법에 따라 보호되는 권리의 침해에 관한 온라인서비스제공자의 책임은 면제된다.

복제 · 전송의 중단(저작권법 제103조)

① 온라인서비스제공자의 서비스를 이용한 저작물등의 복제 · 전송에 따라 저작권 그 밖에 이 법에 따라 보호되는 자신의 권리가 침해됨을 주장하는 자(이하 "권리주장자")는 그 사실을 소명하여 온라인서비스제공자에게 그 저작물등의 복제 · 전송을 중단시킬 것을 요구할 수 있다.
② 온라인서비스제공자는 제1항의 규정에 따른 복제 · 전송의 중단요구가 있는 경우에는 즉시 그 저작물등의 복제 · 전송을 중단시키고 당해 저작물등을 복제 · 전송하는 자(이하 "복제 · 전송자") 및 권리주장자에게 그 사실을 통보하여야 한다.
③ 제2항의 규정에 따른 통보를 받은 복제 · 전송자가 자신의 복제 · 전송이 정당한 권리에 의한 것임을 소명하여 그 복제 · 전송의 재개를 요구하는 경우 온라인서비스제공자는 재개요구사실 및 재개예정일을 권리주장자에게 지체 없이 통보하고 그 예정일에 복제 · 전송을 재개시켜야 한다.
④ 온라인서비스제공자는 제1항 및 제3항의 규정에 따른 복제 · 전송의 중단 및 그 재개의 요구를 받을 자(이하 "수령인")를 지정하여 자신의 설비 또는 서비스를 이용하는 자들이 쉽게 알 수 있도록 공지하여야 한다.
⑤ 온라인서비스제공자가 제4항의 규정에 따른 공지를 하고 제2항 및 제3항의 규정에 따라 그 저작물등의 복제 · 전송을 중단시키거나 재개시킨 경우에는 다른 사람에 의한 저작권 그 밖에 이 법에 따라 보호되는 권리의 침해에 대한 온라인서비스 제

공자의 책임 및 복제 · 전송자에게 발생하는 손해에 대한 온라인서비스제공자의 책임을 감경 또는 면제할 수 있다. 다만, 이 항의 규정은 온라인서비스제공자가 다른 사람에 의한 저작물등의 복제 · 전송으로 인하여 그 저작권 그 밖에 이 법에 따라 보호되는 권리가 침해된다는 사실을 안 때부터 제1항의 규정에 따른 중단을 요구받기 전까지 발생한 책임에는 적용하지 아니한다.

⑥ 정당한 권리 없이 제1항 및 제3항의 규정에 따른 그 저작물등의 복제 · 전송의 중단이나 재개를 요구하는 자는 그로 인하여 발생하는 손해를 배상하여야 한다.

⑦ 제1항 내지 제4항의 규정에 따른 소명, 중단, 통보, 복제 · 전송의 재개, 수령인의 지정 및 공지 등에 관하여 필요한 사항은 대통령령으로 정한다. 이 경우 문화체육관광부장관은 관계중앙행정기관의 장과 미리 협의하여야 한다.

특수한 유형의 온라인 서비스제공자의 의무 등(저작권법 제104조)

① 다른 사람들 상호 간에 컴퓨터를 이용하여 저작물등을 전송하도록 하는 것을 주된 목적으로 하는 온라인서비스제공자(이하 "특수한 유형의 온라인서비스제공자")는 권리자의 요청이 있는 경우 해당 저작물등의 불법적인 전송을 차단하는 기술적인 조치 등 필요한 조치를 하여야 한다. 이 경우 권리자의 요청 및 필요한 조치에 관한 사항은 대통령령으로 정한다.

② 문화체육관광부장관은 위 규정에 따른 특수한 유형의 온라인서비스제공자의 범위를 정하여 고시할 수 있다.

온라인서비스제공자가 그 책임을 다하지 않은 경우 책임을 물게 된다. 온라인서비스제공자가 제104조 제1항에 따른 불법전송 차단을 위한 기술 조치를 하지 아니하는 경우 3천만원 이하의 과태료가 부과된다.[370] 제133조의2 제1항 · 제2항 및 제4항에 따른 문화체육관광부장관의 불법복제물등의 삭제, 전송중단, 게시판서비스의 정지 명령을 이행하지 아니하는 경우 1천만원 이하의 과태료가 부과된다.[371] 제133조의2 제3항에 따른 통지(해당 계정이 정지된다는 사실의 통지), 같은 조 제5항에 따른 게시(해당 게시판 서비스 정지 사실의 게시), 같은 조 제6항에 따른 통보(조치결과의 통보)를 하지 아니하는 경우에도 1천만원 이하의 과태료가 부과된다.[372]

370) 저작권법 제142조 제1항
371) 저작권법 제142조 제2항 제3호
372) 저작권법 제142조 제2항 제4호

04 침해로 보는 행위

우리 법은 저작권의 직접적인 침해는 아니지만 저작권 침해에 직결되는 다음 행위를 저작권법에 따라 보호되는 권리의 침해로 보고 있다.

침해로 보는 행위(저작권법 제124조)

① 다음 각 호의 어느 하나에 해당하는 행위는 저작권 그 밖에 이 법에 따라 보호되는 권리의 침해로 본다.
1. 수입 시에 대한민국 내에서 만들어졌더라면 저작권법에 따라 보호되는 권리의 침해로 될 물건을 대한민국 내에서 배포할 목적으로 수입하는 행위
2. 저작권법에 따라 보호되는 권리를 침해하는 행위에 의하여 만들어진 물건을 그 사실을 알고 배포할 목적으로 소지하는 행위
3. 프로그램의 저작권을 침해하여 만들어진 프로그램의 복제물을 그 사실을 알면서 취득한 자가 이를 업무상 이용하는 행위

② 정당한 권리 없이 저작권법에 따라 보호되는 권리의 기술적 보호조치[373]를 제거·변경·우회하는 등 무력화하는 것을 주된 목적으로 하는 기술·서비스·제품·장치 또는 그 주요 부품을 제공·제조·수입·양도·대여 또는 전송하는 행위는 저작권 그 밖에 이 법에 따라 보호되는 권리의 침해로 본다.

③ 저작권 그 밖에 이 법에 따라 보호되는 권리의 침해를 유발 또는 은닉한다는 사실을 알거나 과실로 알지 못하고 정당한 권리 없이 하는 행위로서 다음 각 호의 어느 하나에 해당하는 경우에는 저작권 그 밖에 이 법에 따라 보호되는 권리의 침해로 본다. 다만, 기술적으로 불가피하거나 저작물등의 성질이나 그 이용의 목적 및 형태등에 비추어 부득이하다고 인정되는 경우에는 그러하지 아니하다.
1. 전자적 형태의 권리관리정보[374]를 고의로 제거·변경 또는 허위 부가하는 행위
2. 전자적 형태의 권리관리정보가 제거·변경되거나 또는 허위로 부가된 사실을 알고 당해 저작물등의 원본이나 그 복제물을 배포·공연 또는 공중송신하거나 배포의 목적으로 수입하는 행위

④ 저작자의 명예를 훼손하는 방법으로 그 저작물을 이용하는 행위는 저작인격권의 침해로 본다.

373) "기술적보호조치"란 저작권 그 밖에 이 법에 따라 보호되는 권리에 대한 침해행위를 효과적으로 방지 또는 억제하기 위하여 그 권리자나 권리자의 동의를 얻은 자가 적용하는 기술적 조치를 말한다(저작권법 제2조 제28호).

374) "권리관리정보"란 저작물등을 식별하기 위한 정보, 저작자·저작재산권자·출판권자·프로그램배타적발행권자·저작인접권자 또는 데이터베이스제작자를 식별하기 위한 정보, 저작물등의 이용 방법

[판례 9-11] 대법원 2006.2.24. 선고 2004도2743 판결

사실관계 :

소니 엔터테인먼트사가 제작한 플레이스테이션 2라는 게임기 본체(이하 "PS2")에서만 실행되는 이 사건 게임프로그램은 CD-ROM이나 DVD-ROM과 같은 저장매체(이하 "CD")에 저장되어 판매되고 있는데, 그 정품 게임 CD에는 게임프로그램 외에도 액세스 코드(Access Code)가 수록·저장되어 있고, PS2에는 부트롬(BOOT ROM)이 내장되어 있어 PS2에 삽입되는 게임 CD에 액세스 코드가 수록되어 있는지를 검색한 후 액세스 코드 없이 게임프로그램만 저장된 CD는 프로그램 실행이 되지 않도록 설계되어 있다. 한편, 통상적인 장치나 프로그램에 의해서도 이 사건 게임프로그램의 복제는 가능하지만 액세스 코드의 복제는 불가능하기 때문에 불법으로 복제된 게임 CD로는 PS2에서 프로그램을 실행할 수 없다.

피고인이 PS2에 장착하여 준 모드칩(Mod Chip, 일명 "불루메시아칩")이라는 부품은 액세스 코드가 수행하는 역할을 대신하는 것으로서, 액세스 코드 없이 게임프로그램만 복제·저장된 CD가 PS2에 삽입되더라도 PS2의 부트롬으로 하여금 액세스 코드가 수록되어 있는 정품 CD인 것으로 인식하게 함으로써 불법으로 복제된 게임 CD도 프로그램 실행이 가능하도록 하는 장치이다.

쟁점 : 액세스 코드가 기술적 보호조치에 해당하는지 여부

판시내용 :

액세스 코드나 부트롬만으로 이 사건 게임프로그램의 물리적인 복제 자체를 막을 수는 없는 것이지만, 통상적인 장치나 프로그램만으로는 액세스 코드의 복제가 불가능하여 설사 불법으로 게임프로그램을 복제한다 하더라도 PS2를 통한 프로그램의 실행은 할 수 없는 만큼, 액세스 코드는 게임프로그램의 물리적인 복제를 막는 것과 동등한 효과가 있는 기술적 보호조치에 해당한다. 따라서 피고인이 모드칩을 장착함으로써 액세스 코드가 없는 복제 게임 CD도 PS2를 통해 프로그램 실행이 가능하도록 하여 준 행위는 상당히 기술적 보호조치를 무력화하는 행위에 해당한다.

및 조건에 관한 정보의 어느 하나에 해당하는 정보나 그 정보를 나타내는 숫자 또는 부호로서 각 정보가 저작물등의 원본이나 그 복제물에 부착되거나 그 공연·실행 또는 공중송신에 수반되는 것을 말한다(저작권법 제2조 제29호).

chapter

10 구 제 책

01 민사적 구제

(1) 침해정지 및 예방청구

침해의 정지 등 청구(저작권법 제123조)

① 저작권 그 밖에 이 법에 따라 보호되는 권리(제25조 · 제31조 · 제75조 · 제76조 · 제76조의2 · 제82조 · 제83조 및 제83조의2의 규정에 따른 보상을 받을 권리를 제외한다. 이하 이 조에서 같다)를 가진 자는 그 권리를 침해하는 자에 대하여 침해의 정지를 청구할 수 있으며, 그 권리를 침해할 우려가 있는 자에 대하여 침해의 예방 또는 손해배상의 담보를 청구할 수 있다.

저작권법은 저작권을 침해하는 행위에 대하여 침해정지청구권과 침해예방청구권을 인정하고 있다. 침해행위의 정지를 청구하기 위해서는 침해행위가 청구 시점에 계속되고 있어야 한다. 권리침해가 아직 발생하고 있지 않지만 가까운 장래에 발생할 우려가 있는 경우에는 침해예방을 청구할 수 있다. 괄호 안의 부분은 보상금청구권에 관한 것으로, 이러한 보상금청구권을 침해하는 행위에 대하여는 침해의 정지 또는 예방청구권이 인정되지 않는다.

(2) 폐기청구

침해의 정지 등 청구(저작권법 제123조)

② 저작권 그 밖에 이 법에 따라 보호되는 권리를 가진 자는 침해정지 및 예방청구를 하는 경우에 침해행위에 의하여 만들어진 물건의 폐기나 그 밖의 필요한 조치를 청구할 수 있다.

단, 거액의 자본이 투자된 건물을 파괴한다는 것은 사회경제적으로 바람직하지 않은 경우가 많기 때문에 건축저작물등을 대상으로 하는 폐기청구는 법원에서 잘 받아들여지지 않는 경향이다.

> [판례 10-1] 서울동부지방법원 2004.9.30. 2004가합4292 판결[375)]
>
> 피고로 하여금 이 사건 조형물에 설치된 전광판과 원반형 스테인리스 구조물을 철거하도록 하는 원고의 청구에 대해서 법원은 원고의 명예훼손은 피고의 이 사건 조형물 변경행위에 의하여 이미 발생한 것이고, 이 사건 조형물의 변경부분을 철거한다고 하더라도 이미 훼손된 원고의 명예가 객관적으로 회복된다고는 보기 어려우며, 또한 이 사건 조형물 변경부분의 철거와 원고의 명예회복 사이에 직접적인 관련성을 인정할 자료도 없으므로 이 사건 조형물의 변경부분 철거 명령은 적절치 못하다.

(3) 가처분

> **침해의 정지 등 청구(저작권법 제123조)**
>
> ③ 제1항 및 제2항의 경우 또는 이 법에 따른 형사의 기소가 있는 때에는 법원은 원고 또는 고소인의 신청에 따라 담보를 제공하거나 제공하지 아니하게 하고, 임시로 침해행위의 정지 또는 침해행위로 말미암아 만들어진 물건의 압류 그 밖의 필요한 조치를 명할 수 있다.

저작권법은 저작권 침해금지 가처분 사건에서 저작자의 경제적 형편이 넉넉지 못한 상황을 고려하여 보증금 공탁 없이 가처분 결정을 내릴 수 있도록 규정하고 있다. 그러나 저작권법에 따라 보호되는 권리의 침해가 없다는 뜻의 판결이 확정된 때에는 신청자는 그 신청으로 인하여 발생한 손해를 배상하여야 한다.[376)]

(4) 손해배상청구

침해자의 고의 또는 과실로 저작권이 침해되어 저작권자에게 손해가 발생한 경우 저작권자에게 그 손해를 배상해야 한다. 손해배상을 청구하기 위해서는 첫째로, 행위자의 고의 또는 과실, 둘째, 권리의 침해 셋째, 손해의 발생, 넷째, 권리침해와

375) 사실관계는 [판례 6-2] 참조
376) 저작권법 제123조 제4항

손해발생 사이의 인과관계가 존재한다는 것을 권리침해를 주장하는 저작권자등이 입증해야 한다. 등록되어 있는 저작권·출판권·저작인접권 또는 데이터베이스제작자의 권리를 침해한 자는 그 침해행위에 과실이 있는 것으로 추정하고 있다.[377] 손해배상액은 다음과 같은 방법으로 산정된다. 손해가 발생한 사실은 인정되나 손해액을 산정하기 어려운 때에 법원은 변론의 취지 및 증거조사의 결과를 참작하여 상당한 손해액을 인정할 수 있다.[378]

1) 침해자 이익액형

손해배상의 청구(저작권법 제125조)

① 저작재산권 그 밖에 이 법에 따라 보호되는 권리(저작인격권 및 실연자의 인격권을 제외한다)를 가진 자(이하 "저작재산권자등")가 고의 또는 과실로 권리를 침해한 자에 대하여 그 침해행위에 의하여 자기가 받은 손해의 배상을 청구하는 경우에 그 권리를 침해한 자가 그 침해행위에 의하여 이익을 받은 때에는 그 이익의 액을 저작재산권자등이 받은 손해의 액으로 추정한다.

침해자 이익액은 (1) 침해품 매출액 × 침해자의 이익률, (2) 침해품 판매수량 × 침해품 1개당 이익액, (3) 침해품 매출액 × 저작권자의 순이익률 등과 같은 방법으로 계산되어지곤 한다.

2) 통상사용료형

손해배상의 청구(저작권법 제125조)

② 저작재산권자등이 고의 또는 과실로 그 권리를 침해한 자에 대하여 그 침해행위에 의하여 자기가 받은 손해의 배상을 청구하는 경우에 그 권리의 행사로 통상 받을 수 있는 금액에 상당하는 액을 저작재산권자등이 받은 손해의 액으로 하여 그 손해배상을 청구할 수 있다.

원고료, 인세, 사용료, 출연료 등이 이에 해당한다. 통상사용료형은 저작권 침해

377) 저작권법 제125조 제4항
378) 저작권법 제126조

서적의 가격 × 인세비율 × (저작권 침해 부분의 분량 ÷ 전체 서적의 분량) × 발행부수 등과 같은 방법으로 계산되고는 한다.

3) 상당한 손해액형

> **손해배상의 청구(저작권법 제125조)**
>
> ③ 저작재산권자등이 받은 손해의 액이 그 권리의 행사로 통상 받을 수 있는 금액을 초과하는 경우에는 그 초과액에 대하여도 손해배상을 청구할 수 있다.

(5) 위자료 및 명예회복청구

> **명예회복 등의 청구(저작권법 제127조)**
>
> 저작자 또는 실연자는 고의 또는 과실로 저작인격권 또는 실연자의 인격권을 침해한 자에 대하여 손해배상에 갈음하거나 손해배상과 함께 명예회복을 위하여 필요한 조치를 청구할 수 있다.
>
> **저작자의 사망 후 인격적 이익의 보호(저작권법 제128조)**
>
> 저작자가 사망한 후에 그 유족이나 유언집행자는 당해 저작물에 대하여 사망한 저작자의 명예를 훼손하거나 훼손할 우려가 있는 자에 대하여 침해금지청구등을 할 수 있으며, 고의 또는 과실로 저작인격권을 침해하거나 사자의 명예를 훼손한 자에 대하여는 명예회복 등의 청구를 할 수 있다.

우리 민법 제751조 제1항은 “타인의 신체, 자유 또는 명예를 해하거나 기타 정신상 고통을 가한 자는 재산 이외의 손해에 대하여도 배상할 책임이 있다”고 규정하고 있다. 이를 근거로 저작권법이 보호하는 재산권등의 침해로 인해 손해가 발생할 경우 손해배상을 청구할 수 있는 반면 저작권법이 보호하는 인격권이 침해된 경우에는 정신적 손해에 대한 배상인 위자료를 청구할 수 있다. 일반적으로 위자료는 피해자에게 생긴 정신적인 손해의 보전을 도모하는 것이고 따라서 그 액수는 정신적 손해의 크기에 따라서 결정된다. 그러나 실제로는 법관이 변론에 나타난 제반 사정을 고려하여 재량에 따라 결정하고 있는 것이 현실이다. 명예회복을 위한 필요한 조치로는 해명광고, 판결문 또는 정정문을 신문지상에 게재하는 방법

등이 있다. 사죄광고는 헌법이 보장하는 양심의 자유에 위배된다고 보기 때문에 이용될 수 없다.[379]

[판례 10-2] 서울남부지방법원 2004.3.18. 선고 2002가합4017 판결

사실관계 :

원고는 1991.11.23.부터 1992.5.31.까지 피고1 주식회사 문화방송(이하 "피고 문화방송")이 제작, 방영한 TV 주말드라마 '사랑이 뭐길래'(이하 "이 사건 1드라마")의 대본(이하 "이 사건 1대본")을 집필한 이외에도 TV 장편드라마 '청춘의 덫', '사랑과 진실', '사랑과 야망', '불꽃', '배반의 장미' 등을 집필한 인기 드라마 작가이고 피고2는 피고 문화방송이 2001.10.27.부터 2002.4.27.까지 제작, 방영한 주말드라마 '여우와 솜사탕'(회당 60분의 52회 분량의 드라마, 이하 "이 사건2 드라마")을 기획, 연출한 피고 문화방송 드라마연출 담당직원이고, 피고3은 이 사건2 드라마의 대본(이하 "이 사건2 대본")을 집필한 작가이다.

이 사건1 드라마는 당시 전국적으로 시청자들의 많은 인기를 얻었는데 이에 힘입어 1992.9.경 이 사건1 대본은 5권의 책으로 출판되기도 하였다. 피고3은 1999.1.15.경부터 8회에 걸쳐 '12살 차이' 등 피고 문화방송이 방영하는 단편드라마 '베스트 극장' 대본을 쓴 적은 있으나, 장편 주말드라마는 이 사건2 대본이 처음이었고, 피고2는 1982년경 피고 문화방송에 입사하여 이 사건2 드라마 이외에 '한지붕 세가족', '서울의 달' 등을 기획, 연출해 왔다.

피고3은 위 '12살 차이'라는 단막극의 내용을 바탕으로 하여 '보고 싶은 얼굴'이라는 가제로 2000.9.경 90회 분량의 장편드라마 대본을 작성하였고, 이 대본을 기초로 하여 2001년경부터 피고2와의 논의를 통해 수정을 하여 가면서 2001년 가을에 방영될 이 사건2 드라마를 준비하게 되었다.

이 사건2 드라마는 그 방영 초기부터 이 사건1드라마를 표절한 것이라는 시비에 휘말리게 되었고, 사단법인 한국방송작가협회는 논란 끝에 2002.4.12. 위 협회 정관 규정에 따라 피고3을 제명처리 하였다. 원고는 사단법인 한국방송작가협회에 자신의 저작권을 신탁하였다가 2002.5.10.경 피고 문화방송을 위해 집필한 모든 저작물에 대한 저작권의 신탁을 해지하였다. 법원은 이 사건2 대본 및 드라마의 총 52회 분량에서 적어도 1회부터 38회까지는 그 주된 흐름이 남,녀 주인공과 그 가족간의 이야기 부분이 이 사건1대본의 해당 부분과 포괄적, 비문자적 유사성 및 부분적, 문자적 유사성이 인정되므로 그 범위 내에서는 이 사건2 대본 및 드라마는 이 사건 1대본에 관한 원고의 저작권을 침해한 것으로 판단하였다.

쟁점 : 손해배상 액수에 관한 판단

379) 헌법재판소 1991.4.1. 선고89헌마160 결정

가. 재산적 손해

(1) 원고는 저작권법 제125조 제2항에 의하여 저작권을 침해한 피고들에 대하여 그 침해에 의하여 자기가 받은 손해의 배상을 청구하는 경우에 그 권리의 행사로 통상 받을 수 있는 금액에 상당하는 액을 그 손해배상을 청구할 수 있다고 할 것인바, 원고가 그 권리의 행사로 통상 얻을 수 있는 금액에 상당한 액이란 침해자가 저작물의 사용허락을 받았더라면 사용대가로 지급하였을 객관적으로 상당한 금액을 말하는 것이다.

① 원고는 1998년 말경 주식회사 서울방송과의 '청춘의 덫' 드라마(60분물 24회)에 대한 리메이크 작품계약에서 원작사용료 30,000,000원, 원고료 회당 16,584,660원을 지급받은 사실, ② 2000년경 주식회사 서울방송의 주말드라마 '불꽃'(60분물 32회)에 대한 삼화프로덕션과의 작품계약에서 회당 1,800만원을 지급받은 사실, ③ 2003.3.경 SBS 프로덕션과 '모래성'(60분물 24회)이라는 가제로 회당 2,000만원의 리메이크 계약을 체결하였다가 위 계약을 '완전한 사랑'(70분물 24회)이라는 오리지널 극본 집필계약으로 변경하면서 회당 23,333,000원을 지급받기로 한 사실(위 2,000만원에서 23,333,000원으로 증액된 것은 당초 60분물에서 70분물 드라마로 변경되었기 때문이다), ④ 통상 드라마 극본 리메이크 계약에서 원작사용료를 별도로 지급하는 사례는 없으며 다만 작가에 따라 원작사용료라는 명목으로 보너스로서의 금액을 일부 지급하기도 한다는 사실을 각 인정할 수 있는바, 위 인정사실에 의하면, 리메이크 작품에서의 원작사용료 명목의 금원은 실질적으로 원고료의 일부로서의 의미를 가지고 있고, 리메이크 작품이나 오리지널 작품이나 그 집필자에게 지급되는 금액은 거의 동일한 정도이며, 원고의 경우 2001년경을 전후하여 이 사건2 드라마와 같은 60분물 주말드라마를 집필할 경우 극본료로 회당 금 19,000,000원 정도(위 ②의 18,000,000원과 ③의 20,000,000원의 평균 가격)을 받을 수 있었음을 알 수 있는데, 이 금액은 원고가 직접 작품을 집필했을 경우의 금액으로서, 그와 같은 리메이크 작품은 원작을 이용하는 부분에다 새롭게 창작한 부분이 가미되어야 하고, 또한 상당한 시간과 노력이 실제 투여되어야 작품이 완성된다는 점, 앞서 본 바와 같이 이 사건2 대본 및 드라마가 이 사건1 대본에 의거하면서도 구체적인 줄거리의 전개과정, 등장인물 상호관계의 구도에 있어서 적지 않은 새로운 부분이 추가되어 있을 뿐만 아니라 이 사건2 대본 및 드라마만의 독특한 부분이 상당 정도 인정되는 점 등을 종합하면 원작사용에 대한 부분은 원고가 직접 작품을 집필할 경우 받을 수 있는 금액의 3분의 1 정도로 평가함이 상당하고, 특별한 사정이 없는 한 위 원작사용에 대한 금액 정도가 원고가 타인에게 이 사건1 대본의 사용허락을 하고 사용대가로 지급받았을 객관적 금액이 된다고 봄이 상당하다. 따라서 원고가 피고들의 위 저작권 침해로 입은 재산적 손해는 이 사건2 대본 및 드라마의 1회부터 38회까지분에 해당하는 금 240,666,666원(=19,000,000원 X 1/3 X 38회)이 된다고 할 것이다.

(2) 원고는 저작권법 제125조 제1항에 의한 손해 추정액으로서 피고들이 얻었을 이익을 원고의 재산상 손해라고 주장하면서 피고 문화방송이 이 사건2 드라마를 제작 방영하면서 얻은 광고수익 14,882,400,000원 중 피고 문화방송에 대하여는 30억

원, 피고2, 피고3에 대하여는 각 3억원의 배상을 구하고 있으나, 피고 문화방송은 주말드라마 상영시간대에 저작권 침해가 없는 다른 드라마를 상영하였다 하더라도 유사한 액수의 광고수익을 얻었을 것이라는 점에 비추어 볼 때 원고 주장의 광고수익은 피고들의 저작권 침해와 인과관계가 있는 이익액이라고 보기 어렵고 달리 이를 인정할 증거가 없으며, 피고3은 1999.11.4. 피고 문화방송과 연속극 50~60분물 기준 150회 집필조건으로 집필전속계약을 체결하고 75,000,000원을 지급받은 사실, 피고3은 피고 문화방송으로부터 이 사건2 대본의 원고료로 금 70,780,781원을 지급받은 사실을 각 인정할 수 있으므로 피고3의 위 저작권 침해 부분에 해당하는 이익액은 70,730,993원{=(75,000,000원X52/150+70,780,781원)X38/52}에 그친다고 할 것이고, 또한 피고2의 이익액에 대하여는 을 제12호증의 기재만으로는 그 이익액을 산정하기에 부족하고 달리 이를 인정할 증거가 없으므로 결국 원고가 구하는 바에 따라 손해액이 보다 많이 산정되는 위 (1)의 손해계산 방식에 따른다.

(3) 또한 원고는 피고들의 위 저작권 침해행위로 인하여 원고가 이 사건1대본의 리메이크작품 등의 2차적저작물을 집필할 수 없게 되는 손해를 입었음을 전제로 이 사건1 대본의 리메이크 대본을 직접 집필할 경우를 상정하여 그 회당 원고료인 2,000만원을 기초로 계산한 손해액을 주장하고 있으나 이를 인정할 만한 증거가 없으므로 원고의 이 부분 주장은 받아들이지 아니한다.

나. 정신적 손해

피고들의 저작권 침해행위로 인하여 원고가 정신적인 충격을 받았음은 경험칙상 인정된다 할 것이고, 원고의 항의에 대하여 피고들은 이 사건 2드라마를 계속 추진하였고, 원고가 후배들의 새로운 창작과 시도를 억누르고 부당하게 방해하거나 중단시키려는 시도라고 폄하하는 내용의 글이 인터넷 게시판에 올려지기도 하였으며, 이러한 상황에서 원고가 돈을 노리고 소송을 제기한 것이라는 등의 글들이 게재되기도 한 사실을 인정할 수 있는바, 이러한 과정에서 원고가 받았을 정신적 고통도 충분히 짐작할 수 있다.

이러한 원고의 정신적 고통에 대하여 피고들은 금전으로나마 위자할 필요가 있다고 할 것인바 원고의 국내에서의 작가로서의 명성, 피고들의 침해의 정도, 재산적 손해의 회복 정도, 기타 변론에 나타난 제반사정을 종합하면 그 위자료는 금 60,000,000원으로 정함이 상당하다.

그렇다면, 피고들은 각자 원고에게 금 300,666,666원(재산상 손해 240,666,666원 + 위자료 60,000,000원) 및 이에 대하여 원고가 구하는 바에 따라 이 사건 소장이 피고들에게 모두 송달된 다음날인 2002.4.16.부터 피고들이 이행의무의 존부 및 범위에 관하여 항쟁함이 상당한 이 판결선고일인 2004.3.18.까지는 민법이 정한 연 5%, 2004.3.19.부터 다 갚는 날까지는 소송촉진 등에 관한 특례법이 정한 연 20%의 각 비율에 의한 지연손해금을 지급할 의무가 있다.

02 벌 칙

저작권법은 저작권등 저작권법이 보호하는 권리를 침해한 경우에 대한 벌칙을 정하고 있다. 벌칙의 적용에 대하여는 형법 총칙의 규정이 적용된다. 따라서 저작권법 위반죄는 형법 제13조의 규정이 적용되어 저작권법상 과실범을 처벌하는 규정이 없는 이상 고의범만 처벌된다. 저작권법 위반임을 몰랐다는 것은 항변이 되지 못한다.

(1) 5년 이하의 징역 또는 5천만원 이하의 벌금 또는 이의 병과(저작권법 제136조 제1항)

저작재산권 그 밖에 이 법에 따라 보호되는 재산적 권리(데이터베이스제작자의 권리 제외)를 복제·공연·공중송신·전시·배포·대여·2차적저작물작성의 방법으로 침해한 자

(2) 3년 이하의 징역 또는 3천만원 이하의 벌금 또는 이의 병과(저작권법 제136조 제2항)

1. 저작인격권 또는 실연자의 인격권을 침해하여 저작자 또는 실연자의 명예를 훼손한 자
2. 제53조 및 제54조(제63조 제3항, 제90조, 제98조 및 제101조의6 제6항에 따라 준용되는 경우 포함)에 따른 등록을 거짓으로 한 자
3. 제93조의 규정에 따라 보호되는 데이터베이스제작자의 권리를 복제·배포·방송 또는 전송의 방법으로 침해한 자
4. 제124조 제1항의 규정에 따른 침해행위로 보는 행위를 한 자
5. 업으로 또는 영리를 목적으로 제124조 제2항의 규정(기술적 보호조치)에 따라 침해행위로 보는 행위를 한 자
6. 업으로 또는 영리를 목적으로 제124조 제3항의 규정(권리관리정보)에 따라 침해행위로 보는 행위를 한 자. 다만, 과실로 저작권 또는 이 법에 따라 보호되는 권리 침해를 유발 또는 은닉한다는 사실을 알지 못한 자 제외

(3) 1년 이하의 징역 또는 1천만원 이하의 벌금(저작권법 제137조)

1. 저작자 아닌 자를 저작자로 하여 실명·이명을 표시하여 저작물을 공표한 자
2. 실연자 아닌 자를 실연자로 하여 실명·이명을 표시하여 실연을 공연 또는 공중송신하거나 복제물을 배포한 자
3. 사자의 명예를 훼손한 자
4. 문화체육관광부 장관의 허가를 받지 아니하고 저작권신탁관리업을 한 자
5. 제124조 제4항(저작인격권침해의제)의 규정에 따라 침해행위로 보는 행위를 한 자
6. 자신에게 정당한 권리가 없음을 알면서 고의로 제103조 제1항 또는 제3항의 규정에 따른 복제·전송의 중단 또는 재개요구를 하여 온라인서비스제공자의 업무를 방해한 자
7. 제55조의2(등록업무 수행자의 비밀유지 의무)(제63조 제3항, 제90조, 제98조 및 제101조의6 제6항에 따라 준용되는 경우 포함)를 위반한 자

(4) 500만원 이하의 벌금(저작권법 제138조)

1. 위탁에 의한 초상화 또는 초상사진을 위탁자 동의 없이 이용한 자
2. 출처를 명시하지 아니한 자
3. 출판권자가 출판물에 복제권자의 표지를 하지 아니한 자
4. 재출판시 저작자에게 그 사실을 알리지 않은 자
5. 신고를 하지 아니하고 저작권대리중개업을 하거나 영업의 폐쇄명령을 받고 계속 그 영업을 한 자

(5) 몰수(저작권법 제139조)

저작권 그 밖에 이 법에 따라 보호되는 권리를 침해하여 만들어진 복제물로서 그 침해자·인쇄자·배포자 또는 공연자의 소유에 속하는 것은 이를 몰수한다.

(6) 고소(저작권법 제140조)

저작권 침해죄에 대한 공소는 저작권자 등의 고소가 있어야 한다. 고소는 범인을 알게 된 날로부터 6개월 이내에 하여야 한다. 다만, 다음에 해당하는 경우에는 친고죄가 아니다.

1. 영리를 위하여 상습적으로 제136조 제1항(저작재산권등을 복제·공연·공중송

신 · 전시 · 배포 · 대여 · 2차적저작물의 작성) 및 제136조 제2항 제3호(데이터베이스제작자의 권리를 복제 · 배포 · 방송 또는 전송)에 해당하는 행위를 한 경우
2. 제136조 제2항 제2호(저작권의 허위 등록) · 제5호(기술적 보호조치의 무력화) 및 제6호(권리관리정보의 변경 · 제거 등), 제137조 제1호(저작자명의 허위 표시) 내지 제4호(무허가 저작권신탁관리업), 제6호(권원 없는 자의 복제 · 전송의 중단 및 재개요구) 및 제7호(등록업무 수행자의 비밀유지 의무 불이행)와 제138조 제5호(무신고 저작권대리중개업 또는 영업 폐쇄명령 받은 자의 저작권대리중개업)의 경우
3. 영리를 목적으로 제136조 제2항 제4호(배포 목적의 저작권 등 침해물건 수입)의 행위를 한 경우(프로그램 저작권을 침해하여 만들어진 프로그램의 복제물(수입 물건 포함)의 취득자가 이를 업무상 이용하는 경우에는 피해자의 명시적 의사에 반하여 처벌하지 못한다)

(7) 양벌규정(저작권법 제141조)

법인의 대표자나 법인 또는 개인의 대리인 · 사용인 그 밖의 종업원이 그 법인 또는 개인의 업무에 관하여 저작권 침해죄를 범한 때에는 행위자를 벌하는 외에 그 법인 또는 개인에 대하여도 각 해당조의 벌금형을 과한다. 다만, 법인 또는 개인이 그 위반행위를 방지하기 위하여 해당 업무에 관하여 상당한 주의와 감독을 게을리하지 아니한 경우에는 그러하지 아니하다.

▶ **[쉴 休]**

저작권법위반 고소 사건 접수 · 처리 현황

(단위 : 명)

연도	접수	처리					
		처분계	기 소		불기소		기 타
			구공판	구약식	공소권 없음	기 타	
2006년	**18,227**	18,903	23	1,473	11,426	4,214	1,767
2007년	**25,027**	25,079	26	1,637	15,195	6,713	1,508
2008년	**90,979**	91,015	28	3,975	51,255	32,607	3,150

※ 불기소 중 기타 : 혐의 없음, 기소유예, 죄가 안 됨, 각하
※ 기타 : 기소중지, 참고인중지, 소년보호사건송치, 타관이송

대검찰청은 최근 청소년들의 인터넷을 통한 불법 다운로드 등 저작권 침해 사례가 증가함에 따라 이에 대한 고소가 빈발하여 청소년 '전과자'가 다수 양산될 우려가 있는 상황과 관련, 피고소인이 청소년이고 초범인 경우 2009.3.1.부터 2010.2.28.까지 1년 간 구체적인 조사 없이 불기소하는 '각하' 처분을 활용하고, 서울중앙지검에서 시범 실시중인 '저작권 교육 조건부' 기소유예 제도를 2009.3.1.부터 전국적으로 확대 실시하도록 하는 지침을 만들어 2009.2.23. 일선 검찰에 시달하였다.

한편, 저작권자 보호 차원에서 피고소인이 청소년이라 하더라도 상습성, 영리 목적, 동종 전력이 있는 경우 등은 원칙적으로 기소하고, 사안이 가벼워 기소유예 하는 경우에도 가급적 문화체육관광부(한국저작권위원회)에서 실시하는 저작권 교육 조건부 기소유예 처분을 내리도록 하였다.

출처 : 대검찰청 보도 자료 2009.2.20.

03 행정규제

우리 저작권법은 문화산업의 활성화와 건전한 저작물 이용질서를 확립하기 위하여 문화체육관광부장관에 일정 권한을 부여하고 있다.

(1) 불법복제물의 수거 · 폐기 및 삭제(저작권법 제133조)

① 문화체육관광부장관, 특별시장 · 광역시장 · 도지사 · 특별자치도지사 또는 시장 · 군수 · 구청장(자치구의 구청장을 말함)은 저작권 그 밖에 이 법에 따라 보호되는 권리를 침해하는 복제물(정보통신망을 통하여 전송되는 복제물은 제외) 또는 저작물등의 기술적 보호조치를 무력하게 하기 위하여 제작된 기기 · 장치 · 정보 및 프로그램을 발견한 때에는 대통령령으로 정한 절차 및 방법에 따라 관계공무원으로 하여금 이를 수거 · 폐기 또는 삭제하게 할 수 있다.

② 문화체육관광부장관은 제1항의 규정에 따른 업무를 대통령령이 정한 단체에 위탁할 수 있다.[380] 이 경우 이에 종사하는 자는 공무원으로 본다.

③ 문화체육관광부장관은 제1항 및 제2항에 따라 관계 공무원 등이 수거 · 폐기

380) 문화체육관광부장관은 법 제133조 제2항에 따라 수거 · 폐기 업무를 위원회, 저작권신탁관리업자를 주된 구성원으로 하는 단체, 그 밖에 불법 복제물 등의 수거 · 폐기 · 삭제 업무를 수행할 능력과 자격이 있다고 문화체육관광부장관이 인정하는 법인 또는 단체에 위탁할 수 있다(저작권법 시행령 제70조 제1항).

또는 삭제를 하는 경우 필요한 때에는 관련 단체에 협조를 요청할 수 있다.

⑤ 문화체육관광부장관은 제1항에 따른 업무를 위하여 필요한 기구를 설치·운영할 수 있다.

⑥ 위 규정이 다른 법률의 규정과 경합하는 경우에는 이 법을 우선하여 적용한다.

(2) 정보통신망을 통한 불법복제물등의 삭제명령 등(저작권법 제133조2)

① 문화체육관광부장관은 정보통신망을 통하여 저작권이나 그 밖에 이 법에 따라 보호되는 권리를 침해하는 복제물 또는 정보, 기술적 보호조치를 무력하게 하는 프로그램 또는 정보(이하 “불법복제물등”)가 전송되는 경우에 위원회의 심의를 거쳐 대통령령으로 정하는 바에 따라 온라인서비스제공자에게 불법복제물등의 복제·전송자에 대한 경고 또는 불법복제물등의 삭제·전송 중단 조치를 취할 것을 명할 수 있다.

1. 불법복제물등의 복제·전송자에 대한 경고
2. 불법복제물등의 삭제 또는 전송 중단

② 문화체육관광부장관은 제1항 제1호에 따른 경고를 3회 이상 받은 복제·전송자가 불법복제물등을 전송한 경우에 위원회의 심의를 거쳐 대통령령으로 정하는 바에 따라 온라인서비스제공자에게 6개월 이내의 기간을 정하여 해당 복제·전송자의 계정(온라인서비스제공자가 이용자를 식별·관리하기 위하여 사용하는 이용권한 계좌(이메일 전용계정은 제외)를 말하며, 해당 온라인서비스제공자가 부여한 다른 계정을 포함)을 정지할 것을 명할 수 있다.[381)]

③ 제2항에 따른 명령을 받은 온라인서비스제공자는 해당 복제·전송자의 계정을 정지하기 7일 전에 대통령령으로 정하는 바에 따라 해당 계정이 정지된다는 사실을 해당 복제·전송자에게 통지하여야 한다.

④ 문화체육관광부장관은 온라인서비스제공자의 정보통신망에 개설된 게시판(「정보통신망 이용촉진 및 정보보호 등에 관한 법률」 제2조 제1항 제9호의 게시판 중 상업적 이익 또는 이용 편의를 제공하는 게시판을 말함) 중 제1항 제2호에 따른 명령이 3회 이상 내려진 게시판으로서 해당 게시판의 형태, 게시되는 복제물의 양이나 성격 등에 비추어 해당 게시판이 저작권 등의 이용질서를 심각하게 훼손한다고 판단되는 경우에는 위원회의 심의를 거쳐 대통령령으로

381) 이것이 소위 말하는 삼진 아웃제이다.

정하는 바에 따라 온라인서비스제공자에게 6개월 이내의 기간을 정하여 해당 게시판 서비스의 전부 또는 일부의 정지를 명할 수 있다.

⑤ 제4항에 따른 명령을 받은 온라인서비스제공자는 해당 게시판의 서비스를 정지하기 10일 전부터 대통령령으로 정하는 바에 따라 해당 게시판의 서비스가 정지된다는 사실을 해당 온라인서비스제공자의 인터넷 홈페이지 및 해당 게시판에 게시하여야 한다.

⑥ 온라인서비스제공자는 제1항에 따른 명령을 받은 경우에는 명령을 받은 날부터 5일 이내에, 제2항에 따른 명령을 받은 경우에는 명령을 받은 날부터 10일 이내에, 제4항에 따른 명령을 받은 경우에는 명령을 받은 날부터 15일 이내에 그 조치결과를 대통령령으로 정하는 바에 따라 문화체육관광부장관에게 통보하여야 한다.

⑦ 문화체육관광부장관은 제1항, 제2항 및 제4항의 명령의 대상이 되는 온라인서비스제공자와 제2항에 따른 명령과 직접적인 이해관계가 있는 복제·전송자 및 제4항에 따른 게시판의 운영자에게 사전에 의견제출의 기회를 주어야 한다. 이 경우 「행정절차법」 제22조 제4항부터 제6항까지 및 제27조를 의견제출에 관하여 준용한다.

⑧ 문화체육관광부장관은 제1항, 제2항 및 제4항에 따른 업무를 수행하기 위하여 필요한 기구를 설치·운영할 수 있다.

(3) 시정권고 등(저작권법 제133조3)

① 위원회는 온라인서비스제공자의 정보통신망을 조사하여 불법복제물등이 전송된 사실을 발견한 경우에는 이를 심의하여 온라인서비스제공자에 대하여 다음 각 호에 해당하는 시정 조치를 권고할 수 있다.

1. 불법복제물등의 복제·전송자에 대한 경고
2. 불법복제물등의 삭제 또는 전송 중단
3. 반복적으로 불법복제물등을 전송한 복제·전송자의 계정 정지

② 온라인서비스제공자는 불법복제물등의 복제·전송자에 대한 경고, 불법복제물등의 삭제 또는 전송 중단의 권고를 받은 경우에는 권고를 받은 날부터 5일 이내에, 반복적으로 불법복제물등을 전송한 복제·전송자의 계정 정지 권고를 받은 경우에는 권고를 받은 날부터 10일 이내에 그 조치결과를 위원회에 통보하여야 한다.

③ 위원회는 온라인서비스제공자가 불법복제물등의 복제·전송자에 대한 경고 권고에 따르지 아니하는 경우에는 문화체육관광부장관에게 제133조의2 제1항 및 제2항에 따른 명령을 하여 줄 것을 요청할 수 있다.
④ 제3항에 따라 문화체육관광부장관이 제133조의2 제1항 및 제2항에 따른 명령을 하는 경우에는 위원회의 심의를 요하지 아니한다.

(4) 과태료(저작권법 제142조)

① 제104조 제1항에 따른 필요한 조치를 하지 아니한 자에게는 3천만원 이하의 과태료를 부과한다.
② 다음 각 호의 어느 하나에 해당하는 자에게는 1천만원 이하의 과태료를 부과한다.
1. 제106조에 따른 의무를 이행하지 아니한 자
2. 제112조 제4항을 위반하여 한국저작권위원회의 명칭을 사용한 자
3. 제133조의2 제1항·제2항 및 제4항에 따른 문화체육관광부장관의 명령을 이행하지 아니한 자
4. 제133조의2 제3항에 따른 통지, 같은 조 제5항에 따른 게시, 같은 조 제6항에 따른 통보를 하지 아니한 자

③ 제1항 및 제2항에 따른 과태료는 대통령령[382]으로 정하는 바에 따라 문화체육관광부장관이 부과·징수한다.

04 분쟁해결

대체적분쟁해결제도(Alternative Dispute Resolution, ADR)란 재판에 의한 소송 이외의 방법으로 분쟁을 해결하는 수단을 말하는 것으로 조정, 알선, 중재 등 다양한 방법이 있다. 우리 저작권법은 저작권 분쟁에 관한 알선 및 조정제도에 관한 규정을 두고 있다. 알선을 통해 당사자 간에 합의가 성립된 경우 화해의 효력이 인정되며 조정을 통해 당사자 간에 합의가 성립된 경우 재판상 화해와 같은 효력을 인정하고 있다. 그러나 어느 일방이라도 조정안을 받아들이지 않으면 분쟁 해결은 좌절되는 한계를 지니고 있다.

382) 저작권법 시행령 제77조 참조

(1) 조정

1) 조정부

한국저작권위원회는 분쟁조정업무를 효율적으로 수행하기 위하여 위원회에 1인 또는 3인 이상의 위원으로 구성된 조정부를 두되, 그 중 1인은 변호사의 자격이 있는 자로 구성하고 있다.[383] 저작권에 관한 학식과 덕망을 갖춘 조정부장과 법조계, 학계 인사 등 1인 또는 3인으로 구성된 조 정부에서 분쟁당사자로부터 주장을 듣고 여러 사정을 참작하여 조정안을 제시하고 서로 양보와 타협을 통하여 합의에 이르게 된다.

2) 비공개원칙

조정절차는 비공개를 원칙으로 비밀이 철저히 보장된다. 다만, 조정부장은 당사자의 동의를 얻어 적당하다고 인정하는 자에게 방청을 허가할 수 있다.[384] 저작권 관련 분쟁의 경우 당사자의 인격이나 프라이버시에 관계되는 사항이 많아 공개심리가 부적절할 수 있고 또한 비공개된 장소에서 당사자 사이의 원활한 의견 교환을 통하여 합의를 유도한다는 취지에서 비공개를 원칙으로 하고 있다. 따라서 일반 법정에서의 재판 진행과는 달리 자유로운 분위기의 조정실에서 비공개로 진행되므로 당사자는 자신의 의견을 충분히 개진할 수 있다.

3) 진술의 원용 제한

조정절차에서 당사자 또는 이해관계인이 한 진술은 소송 또는 중재절차에서 원용하지 못한다.[385] 조정이 불성립으로 끝나게 되면 결국 그 분쟁은 법원의 소송절차에 의하여 해결하게 되는데 이때 당사자가 조정기일에 하였던 진술이나 주장의 취지가 소송에서 원용된다면, 조사과정에서 당사자들은 향후 소송과정에서 불리하게 작용할 것을 염려하여 솔직한 의견 교환이나 손해배상 액수의 절충 등을 터놓고 개진할 수 없게 될 가능성이 있고, 이는 조정절차의 효율적인 진행에 방해가 된다. 이러한 점을 배려하여 당사자 또는 이해관계인이 행한 진술은 소송 또는 중재절차에서 원용하지 못하도록 명문으로 규정하고 있다.

---

383) 저작권법 제114조 제1항

384) 저작권법 제115조

385) 저작권법 제116조

4) 조정의 신청

조정은 법률가의 조력 없이도 할 수 있어 신속하고 간편하다. 신청인은 조정담당 직원의 도움을 받아 손쉽게 조정신청서를 작성하여 제출할 수 있다.[386]

5) 조정비용

조정비용은 신청인이 부담한다. 다만, 조정이 성립된 경우로서 특약이 없는 때에는 당사자 각자가 균등하게 부담한다.[387] 조정비용은 재판비용에 비해 비용 부담이 거의 없다. 신청의 내용에 따라 1만원에서 10만원 내외의 비용을 부담하고 이후 종결 시까지 추가되는 비용이 거의 없다.[388]

6) 조정의 성립

조정은 당사자 간에 합의된 사항을 조서에 기재함으로써 성립된다.[389] 조서는 재판상의 화해와 동일한 효력이 있다. 다만, 당사자가 임의로 처분할 수 없는 사항에 관한 것은 그러하지 아니하다.[390] 만일 상대방이 조정조서에서 정한 의무를 성실하게 이행하지 않는 경우에는 대법원규칙 제1198호에 의거, 조정조서를 채무명의로 하여 강제집행할 수 있다. 모든 절차는 조정신청서 접수일로부터 3개월 내에 종결 처리된다.

(2) 알 선

알선이란 경험과 지식이 풍부한 알선위원 1인에 의한 조언과 타협권유를 통하여 당사자간의 화해를 유도하는 간이한 분쟁해결제도를 말한다.[391] 알선비용은 무료이며, 평균 2개월의 처리기한이 걸린다. 알선이 성립된 경우 민법상 화해의 효력을 지닌다.

---

386) 저작권법 제114조의2
387) 저작권법 118조 제1항
388) 조정비용은 한국저작권위원회 웹사이트에서 확인 가능하다.
389) 저작권법 제117조 제1항
390) 저작권법 제117조 제2항
391) 저작권법 제113조의 2

(3) 한국저작권위원회

저작권과 그 밖에 이 법에 따라 보호되는 권리(이하 "저작권")에 관한 사항을 심의하고 저작권에 관한 분쟁(이하 "분쟁")을 알선·조정하며, 저작권의 보호 및 공정한 이용에 필요한 사업을 수행하기 위하여 한국저작권위원회(이하 "위원회")[392]를 둔다.[393]

위원회의 업무(저작권법 113조)

1. 분쟁의 알선·조정
2. 저작권위탁관리업자의 수수료 및 사용료의 요율 또는 금액에 관한 사항 및 문화체육관광부장관 또는 위원 3인 이상이 공동으로 부의하는 사항의 심의
3. 저작물등의 이용질서 확립 및 저작물의 공정한 이용 도모를 위한 사업
4. 저작권 보호를 위한 국제협력
5. 저작권 연구·교육 및 홍보
6. 저작권 정책의 수립 지원
7. 기술적보호조치 및 권리관리정보에 관한 정책 수립 지원
8. 저작권 정보 제공을 위한 정보관리 시스템 구축 및 운영
9. 저작권의 침해 등에 관한 감정[394]
10. 온라인서비스제공자에 대한 시정권고 및 문화체육관광부장관에 대한 시정명령 요청
11. 법령에 따라 위원회의 업무로 정하거나 위탁하는 업무
12. 그 밖에 문화체육관광부장관이 위탁하는 업무[395]

---

392) www.copyright.or.kr

393) 저작권법 112조 제1항

394) 감정이란 어문 및 컴퓨터프로그램 등 저작권법에 의하여 보호되는 저작권 및 기타 프로그램의 전자적정보 등에 관한 분쟁해결을 위하여 법원, 수사기관 또는 위원회 분쟁조정 중인 당사자가 재판, 수사 또는 분쟁조정을 위하여 감정을 의뢰하는 경우 공정하고 명확한 감정결과를 제공함으로써 해당 사건의 신속하고 정확한 해결을 지원하는 제도를 말한다. 법원 또는 수사기관(검찰, 경찰 등), 위원회 분쟁조정중인 당사자가 감정을 요청하는 경우 위원회는 감정을 실시할 수 있다. 감정은 일반 저작물에 대한 저작권 침해등 및 컴퓨터프로그램 및 프로그램과 관련된 전자적 정보 등을 대상으로 이루어진다(저작권법 제119조).

395) SW 임치란, SW 기술정보 등 거래 시 개발기업의 저작권 보호와 사용기업의 안정적 사업수행을 보장하기 위해 대통령령으로 정하는 자 즉, 위원회에 프로그램의 원시코드 및 기술정보 등을 예치해 두는 양자간 상생협력을 위한 제도를 말한다(저작권법 제101조의7 제1항). 프로그램의 이용허락을 받은 자는 상호 합의에서 정한 사유가 발생한 때에 위원회에 프로그램의 원시코드 및 기술정보 등의 제공을 요구할 수 있다(동조 제2항).

제Ⅱ부

이러닝 콘텐츠 제작과 서비스를 위해 알아야 할 저작권

chapter

11 이러닝 콘텐츠 제작 관련 저작권 고려 사항

인터넷이라는 새로운 매체의 발달은 원거리에 떨어진 학습자가 원하는 시간에 필요한 교육을 받을 수 있는 이러닝을 가능하게 만들었다. 국내에서는 2000년 이후 사이버 대학이 설립되고 국·공립 교육기관 및 교육지원기관에서 이러닝을 활성하면서 수많은 이러닝 콘텐츠가 제작되기 시작하였다. 그러나 2007년 이후 저작권법이 강화되면서 그동안 교육목적으로 제작되어 온 이러닝 콘텐츠의 경우에도 저작권 침해사고 및 분쟁이 빈번하게 발생하게 되었다. 따라서 이러닝 콘텐츠를 제작하는 데 있어서도 타인의 저작권을 침해하지 않도록 하는 것은 물론 사전에 저작권 분쟁을 일으키지 않도록 계약을 체결하는 것이 중요한 사항으로 인식되고 있다.

이 장에서는 이러닝 콘텐츠 제작과정에서 타인의 저작권을 침해하지 않기 위해서 기본적으로 알아야 할 사항들로 무엇이 있는지 알아보고, 이러닝 콘텐츠 제작과 관련된 저작권 분쟁 요소와 대처 방법에 대해서 살펴본다.

01 이러닝 콘텐츠 제작과정에서의 저작권 분쟁 요소

(1) 이러닝 콘텐츠의 제작과정

교육기관이나 교육지원기관 등에서 이러닝 콘텐츠를 외주 형태로 제작하는 경우, 그 과정은 다음과 같다.

① **개발 업체 선정 및 위탁 개발 계약 체결** : 공모, 입찰, 수의계약 등의 방법을 통해서 개발자나 개발 업체 선정 후, 위탁 개발 계약 체결

② **집필자 및 출연자 계약** : 강의 시나리오 집필자 및 강의 진행자 섭외 및 계약, 강의 출연자 섭외 및 계약

③ **수업 설계** : 수업 전략 설계, 강의 시나리오 집필, 수업 소재자료 선정, 스토

리보드 작성, 교안 작성

④ **촬영 준비** : 수업 소재자료에 대한 촬영허가 및 이용허락 계약 체결, 수업 소재자료 준비 또는 제작, 촬영 장소에 대한 촬영 허가, 강의 출연자 예정자에 대한 초상 촬영 및 이용 거부의사 확인

⑤ **촬영** : 소재자료 촬영, 수업 촬영

⑥ **편집 · 가공** : 내용 편집, Intro 제작, Ending 제작, 디지털 영상 처리 작업, 타이틀 작업, 자막처리, 배경음악/효과음 삽입, 인코딩

⑦ **품질 평가** : 이러닝 콘텐츠 제작 내용 평가, 저작권 침해 여부 확인

⑧ **서비스 탑재** : 메타 데이터 입력, 완성된 수업 동영상을 서비스 상에 탑재

위와 같은 과정을 통해 제작되는 이러닝 콘텐츠는 저작권 분쟁을 예방하기 위해서는 다음과 같이 할 필요가 있다.

① 이러닝 콘텐츠의 제작과정에서 창작활동이 일어날 때는 그 창작활동의 결과로 만들어지는 저작물에 대한 저작권을 누가 가질 것인지 수탁자와 위탁자 간에 계약을 통해 명확히 한다.

② 이러닝 콘텐츠의 제작과정에서 소재자료와 같은 타인의 저작물을 촬영하여 이용하고자 할 경우에는 촬영허가를 받고 이용허락 계약을 맺는다.

③ 이러닝 콘텐츠의 제작과정에서 타인의 초상을 촬영하고자 할 경우에는 사전에 타인의 초상에 대한 촬영 및 이용에 대한 거부 의사를 확인한다.

④ 이러닝 콘텐츠의 편집 · 가공에 사용할 영상 소스나 배경음악, 효과음, 서체 등에 대해서는 정당한 라이선스 비용을 지불하고 이용하며, 라이선스 상에서 허가하고 있는 이용 범위를 벗어나서 사용되지 않도록 한다.

⑤ 완성된 이러닝 콘텐츠는 서비스 탑재에 앞서 다시 한번 저작권 침해 여부를 확인한다.

⑥ 서비스에 탑재될 이러닝 콘텐츠는 저작권 관리를 위하여 저작권 관련 메타데이터를 기록한다.

02 이러닝 콘텐츠의 개발과 저작권 소유 문제

교육기관이나 교육지원기관에서 이러닝 콘텐츠를 위탁하여 개발하는 형태는 일반적으로 다음 두 가지 형태 중 어느 한 가지가 된다.

① 교육기관이나 교육지원기관에서 공모 등을 통해 선정한 교사와 함께 직접 개발하는 형태
② 교육기관이나 교육지원기관에서 이러닝 콘텐츠 제작전문 업체에게 위탁하여 개발하는 형태

위 두 가지 형태 중 첫 번째 형태는 교육기관이나 교육지원기관에서 공모 등을 통해 이러닝 콘텐츠 제작에 참여할 교사를 선정한 후, 교육기관이나 교육지원기관의 자체 설비와 인력 지원을 통해서 촬영 및 편집 · 가공이 이루어진다. 그리고 두 번째 형태는 교육기관이나 교육지원기관이 입찰이나 수의계약을 통해 선정된 개발업체가 기획 · 촬영 · 편집 · 가공 등 이러닝 콘텐츠 개발의 전 과정을 책임지고 개발하는 형태이다. 이렇게 개발 업체가 이러닝 콘텐츠 개발의 전 과정을 책임지고 개발할 때는 개발 업체가 교육기관이나 교육지원기관의 공모 등을 통해 선정하였거나 별도로 개발 업체가 직접 섭외하여 선정한 교사가 강의 제작에 참여하게 된다.

(1) 교육기관이나 교육지원기관에서 공모 등을 통해 선정한 교사와 함께 직접 개발하는 형태에서 필요한 저작권 계약

교육기관이나 교육지원기관에서 공모 등을 통해 이러닝 콘텐츠 개발에 참여할 교사를 선정한 후 그 교사가 진행하는 수업을 동영상으로 촬영하게 되면, 교사는 촬영될 수업 내용에 대한 기획 및 강의 시나리오 집필, 강의 진행을 위한 출연 등을 맡고, 교육기관이나 교육지원기관은 자체 설비 및 인력을 통해 촬영 및 편집 · 가공을 맡게 된다. 그리고 이렇게 제작된 수업 동영상은 별도의 계약을 맺지 않으면 교사와 교육기관 또는 교사와 교육지원기관이 공동으로 저작권을 가지게 된다. 이러한 공동저작물은 저작권자 전체의 합의 없이는 해당 저작물에 대한 수정이나 서비스 제공이 어려울 수 있다. 따라서 교육기관이나 교육지원기관에서 제작된 이러닝 콘텐츠를 원활하게 서비스하고 필요에 따라 수정 · 편집 · 가공하기 위해서는 교사가 공동으로 가지는 저작권을 교육기관이나 교육지원기관이 양도받을 필요가 있다.

(2) 교육기관이나 교육지원기관에서 이러닝 콘텐츠 제작 전문 업체에 위탁하여 개발하는 형태에서 필요한 저작권 계약

교육기관이나 교육지원기관에서 입찰이나 수의계약을 통해 선정된 개발 업체에 위탁하여 이러닝 콘텐츠를 개발할 경우에는 기본적으로 그 이러닝 콘텐츠에 대한

저작권을 위탁개발업체와 그 이러닝 콘텐츠 개발에 참여한 교사가 가지게 된다. 이런 경우에 교육기관이나 교육지원기관이 해당 수업 동영상을 위탁받아 제작한 업체와 참여 교사로부터 해당 이러닝 콘텐츠에 대한 저작권을 양도받지 않으면, 추후 해당 저작물에 대한 수정이나 서비스 제공이 어려울 수 있다. 따라서 비록 외주 업체에 제작비를 지불하고 개발하였다 할지라도 외주 제작된 이러닝 콘텐츠를 원활하게 서비스하고, 필요에 따라 수정·편집·가공하기 위해서는 위탁개발업체와 개발에 참여한 교사가 가지는 저작권을 교육기관이나 교육지원기관이 양도받을 필요가 있다.

03 소재자료에 대한 이용허락 계약

이러닝 콘텐츠 제작을 위해 촬영되는 수업은 그 수업 내용이 타에 모범이 되도록 하기 위해서 다양한 형태의 소재자료를 활용할 수 있다. 그런데 수업에 활용되는 소재자료들 가운데는 교사가 직접 저작한 것뿐만 아니라 타인의 그림이나 사진, 영상, 음악, 어문 등이 있을 수 있다. 이렇게 타인의 저작물을 소재자료로 활용하고자 할 경우에는 그 이용에 앞서 소재자료로 이용되는 저작물의 저작권자로부터 이용허락을 받아야 한다. 여기서 중요한 점은 제작되는 이러닝 콘텐츠는 그 내용이 비록 수업이라 할지라도 만들어진 이러닝 콘텐츠의 활용범위는 교육기관의 수업 또는 수업지원 목적상으로만 활용된다고 보기 어렵기 때문에 타인의 공표된 저작물을 활용하고자 할 때는 해당 저작물의 저작권자로부터 이용허락을 받아야 한다는 점이다.

04 촬영허락과 초상권 문제

이러닝 콘텐츠에는 필요에 따라 수업을 동영상으로 촬영하여 포함시키기도 한다. 이러한 수업 동영상은 교수자가 스튜디오 안에서 홀로 진행하는 모습을 촬영하여 제작하기도 하지만, 때로는 강의실이나 실외에서 학생들과 함께 수업하는 모습을 촬영하여 제작하기도 한다. 교수자는 물론 학생 개인에게는 자신의 인격을 보호할 목적으로 자신의 초상을 허락 없이 촬영당하지 않도록 하거나 자신의 초상을 허락 없이 사용할 수 없도록 할 수 있는 초상권이 있다. 그래서 수업을 동영상으로 촬영하고자 할 경우에는 원칙적으로 수업을 촬영하기에 앞서 촬영 대상이 되는 교수자나 학생으로부터 촬영허락을 받는 것이 좋다. 하지만, 촬영하고자 하는 수업이 교수자나 학생들에게 특별한 명예훼손이나 모욕이 되지 않는다면 꼭 촬영허락을 받지 않아도 된다. 그 이유는 명예훼손이나 모욕의 수단으로 촬영된 초상이 아닌 이상 일반인의 초상은 단순한 촬영만으로 형사처벌의 대상이 되지 않기 때문이다. 그리고 촬영되는 학생들 가운데 본인의 초상이 나오지 않기를 희망하는 경우에는 모자이크 편집이나 삭제 등과 같은 방법으로 해당 학생의 초상이 보이지 않도록 조치하는 것이 바람직하다.

[그림 11-1] 특정 학생의 초상이 나오지 않도록 모자이크 처리한 화면

05 편집 · 가공 작업

이러닝 콘텐츠를 위한 동영상을 촬영할 때는 한 대의 카메라로만 촬영할 수도 있지만, 보다 현장감 있고 입체적인 영상 효과를 주기 위해서는 2대 이상의 카메라를 사용하여 촬영할 수도 있다. 2대 이상의 카메라를 사용하여 촬영된 경우에는 동시에 촬영된 화면들 가운데 수업 내용을 전달하기에 가장 적합한 것을 골라 편집하게 된다. 그리고 수업 중 사용된 소재자료에 대한 제목이나 간단한 설명을 자막으로 넣어서 영상이 전달하는 의미를 강조하기도 한다. 수업 동영상의 시작 부분에 사용될 인트로(intro) 영상은 선 가공된 디지털 영상소스를 합성하거나 가공하여 제작한 후 배경음악을 넣고 수업의 제목이나 제작기관명 등이 입체적으로 보이도록 타이틀 작업을 한다.

이와 같이 이러닝 콘텐츠를 편집·가공할 때는 디지털 영상 소스를 비롯하여 배경음악, 효과음, 서체, 이미지, 텍스처, 클립아트, 클립비디오 등과 같은 다양한 디지털 미디어 파일들을 이용하게 된다. 따라서 이러닝 콘텐츠의 편집·가공을 위해서 디지털 미디어 파일을 사용할 때는 그것이 무료로 이용할 수 있는 것인지 유료로 이용하여야 하는 것인지 확인하고, 구입이 필요할 경우에는 정식으로 구입한 후 사용하여야 한다. 또한 사용에 따른 로열티 지불이 필요할 경우에는 정당한 라이선스 비용을 지불하고 이용하여야 하며, 라이선스 상에서 허가하고 있는 이용범위를 벗어나서 사용되지 않도록 해야 한다.

06 완성된 이러닝 콘텐츠에 대한 점검

완성된 이러닝 콘텐츠는 그 기획 단계부터 완성 단계까지 여러 사람의 손을 거쳐 제작되기 때문에 아무리 저작권 침해를 조심한다 할지라도 예기치 않은 저작권 침해 문제가 발생할 소지가 있다. 따라서 완성된 이러닝 콘텐츠는 그 콘텐츠가 서비스에 탑재되기에 앞서 저작권 침해 요소가 없는지 다시 한번 점검하는 것이 좋다.

chapter

12 저작권 관련 계약

이러닝 콘텐츠의 제작은 이러닝 콘텐츠를 서비스하고자 하는 교육기관이나 교육지원기관에서 직접 개발을 수행하기도 하지만 필요에 따라 외주 업체에게 위탁하여 개발하기도 한다. 이러닝 콘텐츠를 직접 개발하는 경우에는 크게 문제가 되지 않지만 외주 업체에게 위탁하여 개발하는 경우에는 종종 개발된 이러닝 콘텐츠의 저작권 소유 문제로 위탁자와 수탁자 간에 저작권 분쟁이 발생하는 것을 볼 수 있다. 이러한 저작권 분쟁을 예방하기 위해서는 이러닝 콘텐츠를 개발하기 앞서 저작권 관련 계약서를 작성하여 이 계약서 안에 개발되는 이러닝 콘텐츠의 저작권을 누가 소유할 것인지 명기해야 한다. 또한, 개발되는 이러닝 콘텐츠 안에는 필요에 따라 다른 사람의 저작물이 소재자료로 이용될 수 있기 때문에 이러닝 콘텐츠 제작에 활용되는 소재자료들 가운데 다른 사람의 저작권이 유효한 저작물에 대해서는 '저작물 이용허락 계약'을 맺고 사용하여야 한다.

이 장에서는 개발되는 이러닝 콘텐츠의 저작권 소유 문제로 인한 분쟁을 예방하기 위한 '저작권 양도 · 양수 계약'과 다른 사람의 저작물을 소재자료로 활용하는데 필요한 '저작물 이용허락 계약'을 어떻게 체결하면 좋은지 설명한다.

01 저작권 계약

(1) 이러닝 콘텐츠 제작 시 위탁자와 수탁자 간에 체결되어야 할 저작권 계약

교육기관이나 교육지원기관에서 온라인 서비스를 목적으로 하는 이러닝 콘텐츠를 제작하고자 할 경우에는 향후 발생할지도 모르는 저작권 분쟁을 사전에 예방할 수 있도록 적절한 '저작권 양도 · 양수 계약'이나 '저작물 이용허락 계약"을 체결할 필요가 있다. 교육기관이나 교육지원기관에서 인터넷을 통해 서비스할 이러닝 콘텐츠를 직접 개발하지 않고, 외부 다른 기관의 교사나 강사에게 강의 시나리오의 집필 및 출연을 의뢰하고 프로덕션 등과 같은 외주 업체에 촬영 및 편집을 위탁하여 개발하게 되면, 비록 해당 저작물의 강의 시나리오 집필료나 촬영·편집 제작료를 외부 기관의 강사나 외주 제작업체에 지불한다 할지라도, "완성된 이러닝 콘텐츠에 대한 저작권을 을(수탁자)이 갑(위탁자)에게 양도한다"는 내용이 집필의뢰 계약이나 외주 제작 계약에 포함되지 않으면 해당 이러닝 콘텐츠에 대한 저작권이 양도되지 않는다.

저작권은 저작물을 창작한 저작자에게 주어지는 권리이기 때문에 이러닝 콘텐츠를 외주 위탁하여 개발하는 경우에는 기본적으로 수탁자측이 권리자가 된다. 비록 시나리오 집필료나 제작 보수를 지불하고 완성한 이러닝 콘텐츠를 납품받았다 할지라도, 해당 이러닝 콘텐츠나 그것의 복제물만 양도되는 것이지, 해당 이러닝 콘텐츠에 대한 저작권까지 양도되는 것은 아니다. 따라서 이러닝 콘텐츠 개발을 위탁하는 측에서 해당 이러닝 콘텐츠에 대한 저작권까지 양도를 희망하는 경우에는 반드시 그 사항을 계약서에 명기해야 한다.

(2) 소재자료의 이용이 필요할 경우 맺어야 할 저작물 이용허락 계약

이러닝 콘텐츠를 개발하는 과정에서 수업을 진행하는 교수자가 학습자에게 의미 전달을 명확하게 할 목적으로 다른 사람이 저작권을 가지고 있는 저작물을 소재자료로 활용하고자 할 경우에는 해당 소재자료에 대한 "저작물 이용허락 계약"을 맺은 후, 그 이용허락 계약이 허락하는 범위 내에서만 해당 소재자료를 이용하여야 한다.

이용허락 계약의 경우, 허락을 얻은 이용자는 허락과 관련되는 이용 방법이나 조건의 범위 내에서만 해당 저작물을 이용할 수 있다. 예를 들어, 저작물을 복제해도 좋다는 허락을 얻은 것만으로 해당 저작물을 인터넷 홈페이지에 업로드 할 수 없으며, 음악저작물에 대한 연주의 허락을 얻은 것만으로 그 연주를 녹음하거나 녹화할 수 없다.

인터넷 홈페이지에 업로드 된 저작물은 서버에 축적된 후 인터넷을 통해 불특정 다수에게 임의로 전송이 이루어질 수 있기 때문에 복제권 및 전송권에 대한 별도 허락이 필요하며, 음악 연주를 녹음하거나 녹화하는 것 역시 해당 음악에 대한 복제가 이루어지는 것이기 때문에 공연권 외에 복제권에 대한 별도 허락이 필요하다. 따라서 다른 사람이 저작권을 가지고 있는 저작물을 소재자료로 활용하여 이러닝 콘텐츠를 개발하고 할 경우에는 해당 소재자료에 대한 "저작물 이용허락 계약"을 맺어야 하며, 그 이용허락 계약 내용 안에는 해당 소재자료에 대한 복제권 및 전송권에 대한 이용허락이 포함되어야 한다.

02 저작권 양도·양수 계약

(1) 저작권 양도·양수 계약 시 유의 사항

저작권이 일단 양도되면 양수인이 저작권자가 되기 때문에, 양수인은 저작권을 양도받은 저작물을 자유롭게 이용할 수 있는 것은 물론, 타인에게 그 저작물을 이용허락하는 것도 가능하게 되고, 그 저작물에 대한 저작권 침해가 발생하였을 경우 저작권 침해자에 대해서 권리를 주장할 수도 있게 된다. 또한, 양수인은 필요에 따라 해당 저작물에 대한 저작권을 다른 사람에게 재양도할 수도 있다. 반대로, 양도인은 양수인의 허락이 없으면, 비록 해당 저작물의 저작자일지라도 그 저작물을 마음대로 이용할 수 없게 되는 것은 물론, 저작권을 양도한 저작물과 유사한 저작물을 작성하는 것도 할 수 없게 된다. 따라서 저작권의 양도는 신중하게 할 필요가 있다. 예를 들어, 양도인이 저작권을 양도한 저작물에 대해서 장래 일정한 이용이나 유사한 작품의 창작을 예정하고 있다면, 저작권 양도 계약 시 이러한 이용허락이나 유사 작품 창작에 대한 허용을 양도 계약 내용에 포함시키거나 별도의 계약으로 맺어 둘 필요가 있다. 특히 수업 내용을 촬영하여 이러닝 콘텐츠로 제작하는 경우에는 해당 수업 내용을 집필하고 강의한 교수자가 동일한 내용 또는 유사한 내용으로 다시 강의를 할 수 있으므로, 이러한 내용에 대한 허용을 양도 계약 내용에 포함시킬 필요가 있다.

저작권법 제45조 제1항에는 "저작재산권은 전부 또는 일부를 양도할 수 있다"라고 규정하고 있다. 즉, 저작권은 필요에 따라 일부만을 양도할 수 있기 때문에, 저작권 양도 계약 시 저작권의 어느 범위를 양도하는지 명확하게 할 필요가 있는 것이다. 그런데 이렇게 일부만을 양도할 수 있는 저작권을 사실 어디까지 세분화하여 양도할 수 있는지는 법령상에 명시되어 있지는 않다. 하지만 저작권의 지분권에 해당되는 복제권이나 전송권 등과 같이 저작권법에 열거되어 있는 권리는 개별적으로 양도할 수 있으며, 실무상 개별적인 권리로서 구별되어 취급되고 있는 경우에도 개별적으로 양도하는 것이 가능하다. 예를 들어, 음악저작물의 경우에는 악보에 대한 인쇄나 출판할 권리, 녹음권 등이 실무상 별개의 권리로 취급되고 있다.

그리고 저작물에 대한 이용 기한을 정하여 양도하는 기한부 양도도 실무적으로 행해지고 있다.

저작권법에서 규정하고 있는 저작권의 지분권들 가운데 '사용권'이나 '이용권'이라고 하는 이름의 권리는 없다. 양도 대상이 될 권리는 명확하게 할 필요가 있기 때문에, 계약서에는 가능한 한 저작권법으로 규정되고 있는 저작권의 지분권 명칭을 사용하는 것이 바람직하다. 예를 들어, 저작물의 복제를 하는 경우에는 '복제권'이라는 명칭을 사용하고, 저작물을 서버에 축적하여 인터넷을 통해 전송하는 경우에는 '복제권 및 공중송신권(전송권)'으로 권리의 명칭을 나타내는 것이 좋다. 따라서 저작권의 일부를 양도할 때에는 양도할 권리가 무엇이며, 양도할 권리가 저작권법에서 어떤 지분권 명칭으로 사용되는지 잘 검토한 뒤에 계약을 하여야 한다.

저작권법 제45조 제2항에는 "저작재산권의 전부를 양도하는 경우에 특약이 없는 때에는 제22조의 규정에 따른 2차적 저작물을 작성하여 이용할 권리는 포함되지 아니한 것으로 추정한다. 다만, 프로그램의 경우 특약이 없는 한 2차적저작물작성권도 함께 양도된 것으로 추정한다"라고 규정하고 있다. 따라서 2차적 저작물에 관한 권리가 저작자로부터 양도되는 것으로 저작권 양도 계약 내용에 명확히 기재되지 않으면, 컴퓨터 프로그램이 아닌 이상 그 저작물의 2차적저작물작성권은 양도에 포함되지 않는 것으로 본다. 그렇기 때문에 2차적저작물작성권을 포함하여 모든 저작권을 양도의 대상으로 하는 경우에는, "모든 저작권의 양도와 함께 2차적 저작물 및 편집 저작물 작성에 관한 권리를 양도한다"는 내용을 계약서에 명기하여야 한다.

(2) 저작권 양도 · 양수 계약 규정의 예

다음은 외주 제작을 위한 계약에서 저작재산권을 양도받고자 할 경우의 계약 규정을 예로 나타낸 것이다. 예시한 규정에서 양수인은 '갑(甲)'이라 하였으며, 양도인은 '을(乙)'이라고 하였다.

제○○조(저작재산권의 양도 등)

① 을이 수행한 용역결과물에 대한 저작재산권 일체(복제권, 배포권, 대여권, 공연권, 전송권, 전시권, 2차적저작물작성권)은 갑에게 양도하는 것으로 한다.

② 갑은 제1항의 규정에 의하여 저작재산권을 양도받는 저작물을 교육상 필요한 범위 안에서 수정 · 변경하여 이용할 수 있다. 다만, 본질적인 내용을 변경하는 때에는 을

의 동의를 얻어야 한다.
③ 을은 제1항의 규정에 의하여 갑에게 저작재산권을 양도하는 저작물이 제3자의 권리를 침해하는 저작물이 아님을 보증하고, 이로 인한 분쟁으로 갑이 손해 등을 입었을 경우에 을은 그 손해를 배상하여야 한다.
④ 갑이 제1항의 규정에 의하여 양도받은 저작재산권을 등록하고자 하는 경우 을은 신의에 따라 성실히 협력하여야 한다.

제○○조(저작물의 반환)
갑과 을 사이에 추가 약정이 없는 한, 위 저작물의 공표 후 갑은 본 저작물 및 관련 자료를 반환할 의무를 지지 아니한다.

03 소재자료 제공자와의 저작물 이용허락 계약

(1) 저작물 이용허락 계약 시 유의 사항

저작물의 이용허락에는 '독점적인 이용허락'과 '비독점적인 이용허락'이 있다. 독점적 이용허락이란, 저작권자가 그 이용자 이외의 사람에 대해서는 이용허락을 할 수 없도록 의무를 지는 계약이며, 비독점적 이용허락이란 그러한 의무를 지지 않는 계약이다. 특히, 저작물에 대한 이용허락 계약을 맺는 데 있어서 계약서상에 독점적인 이용허락인지 비독점적인 이용허락인지가 명확하게 규정되어 있지 않을 때는 통상 비독점적인 이용허락이 된다. 이러닝 콘텐츠 제작을 위한 소재자료에 대한 이용의 경우에는 비독점적인 이용허락 계약을 맺는 것이 일반적이다.

이용허락 계약의 경우, 허락을 얻은 이용자는 허락과 관련되는 이용 방법이나 조건의 범위 내에서만 해당 저작물을 이용할 수 있다. 예를 들어, 저작물을 복제해도 좋다는 허락을 얻은 것만으로 해당 저작물을 인터넷 홈페이지에 업로드 할 수 없으며, 음악저작물에 대한 연주의 허락을 얻은 것만으로 그 연주를 녹음하거나 녹화할 수 없다. 인터넷 홈페이지에 업로드 된 저작물은 서버에 축적된 후 인터넷을 통해 불특정 다수에게 임의로 전송이 이루어질 수 있기 때문에 복제권 및 전송권에 대한 별도 허락이 필요하며, 음악 연주를 녹음하거나 녹화하는 것 역시 해당 음악에 대한 복제가 이루어지는 것이기 때문에 공연권 외에 복제권에 대한 별도 허락이 필요하다. 따라서 다른 사람이 저작권을 가지고 있는 저작물을 소재자료로 활용하여 이러닝 콘텐츠를 개발하고 할 경우에는 해당 소재자료에 대한

"저작물 이용허락 계약"을 맺어야 하며, 그 이용허락 계약 내용 안에는 해당 소재자료에 대한 복제권 및 전송권에 대한 이용허락이 포함되어야 한다.

이용 방법의 규정 방식에 대해서는 정해진 것은 아니지만, 예정하고 있는 이용 방법에 대해 구체적으로 기재하는 경우와 포괄적으로 기재하는 경우가 있다. 일반적으로 이용허락 계약을 맺을 때 이용 방법을 구체적으로 기재하게 되며, 해당 저작물이 어떻게 이용될지가 명확하게 되기 때문에 이용 방법을 포괄적으로 기재하는 것보다 싼 가격으로 권리자 측으로부터 이용허락을 얻기가 용이하다. 그러나 이용 방법을 구체적으로 기재하여 이용허락 계약을 맺으면 당초 예정하지 않았던 이용이 필요할 경우 추가 계약을 통해서 허락을 얻어야 한다. 반면, 이용 방법을 포괄적으로 기재하게 되면 광범위한 이용을 할 수 있지만 고액의 사용료를 지불해야 되는 경우가 많으므로 계약 전에 어느 쪽이 유리한지 꼼꼼하게 살펴보고 이용 방법에 대한 규정을 정하는 것이 좋다.

이러닝 콘텐츠를 제작할 목적으로 소재자료를 이용하는 경우에는 상업적인 이용에 비해 저렴한 사용료로 허락을 요구하기도 하며, 경우에 따라서는 무료로 이용허락을 하기도 한다. 하지만, 이러한 경우에는 이용 방법을 구체적으로 기재하는 것이 일반적이다. 예를 들어 소재자료를 직접 편집하여 이러닝 콘텐츠 안에 삽입하는 형태로 사용하지 않고 강사가 수업 중 학생들에게 소재자료를 보여주면서 설명하는 모습을 촬영하는 형태로만 사용하도록 소재자료의 이용 방법에 제한을 둘 수도 있다.

(2) 저작권 이용허락 계약 규정의 예

■ 저작물을 독점적으로 이용하고자 하는 저작권 이용허락 계약 규정의 예

• 다음 예시한 규정에서 저작권자는 '갑'이라 하고 저작물 이용자는 '을'이라 한다.

제○○조(저작물의 독점적 이용허락)

① 을은 갑이 제작한 저작물에 대하여 그 저작물을 제공받은 때로부터 ○년간 독점적으로 복제 및 전송할 권리를 가진다.

② 을은 제1항의 규정에 의하여 독점적으로 허락받은 이용권을 갑의 동의 없이 제3자에게 양도하거나 혹은 제3자에게 위탁하여 이용할 수 없다.

③ 을은 제1항의 규정에 의하여 독점적으로 이용허락받은 저작물을 교육상 필요한 범위 안에서 수정·변경하여 이용할 수 있다. 다만, 본질적인 내용을 변경하는 때에는 갑의 동의를 얻어야 한다.

④ 갑은 제1항의 규정에 의하여 독점적으로 이용허락한 저작물이 제3자의 권리를 침해하는 저작물이 아님을 보증하고, 이로 인한 분쟁으로 인하여 을이 손해 등을 입은 때에는 갑은 그 손해를 배상하여야 한다.

■ 저작물을 비독점적으로 이용하고자 하는 저작권 이용허락 계약 규정의 예

• 다음 예시한 규정에서 저작권자는 '갑'이라 하고 저작물 이용자는 '을'이라 한다.

제○○조(저작물의 비독점적 이용허락)

① 을은 갑이 제작한 저작물에 대하여 그 저작물을 제공받은 때로부터 ○년간 복제 및 전송할 권리를 가진다.

② 을은 제1항의 규정에 의하여 독점적으로 이용허락받은 저작물을 교육상 필요한 범위 안에서 수정·변경하여 이용할 수 있다. 다만, 본질적인 내용을 변경하는 때에는 갑의 동의를 얻어야 한다.

③ 갑은 제1항의 규정에 의하여 이용허락한 저작물이 제3자의 권리를 침해하는 저작물이 아님을 보증하고, 이로 인한 분쟁으로 인하여 을이 손해 등을 입은 때에는 갑은 그 손해를 배상하여야 한다.

■ 이용 방법을 구체적으로 기재한 저작권 이용허락 계약 규정의 예

• 다음 예시한 규정에서 저작권자는 '갑'이라 하고 저작물 이용자는 '을'이라 한다.

제○○조(저작물의 이용 방법)

갑은 을에 대해 갑이 저작권을 가지는 저작물[○○○]을, 을이 개발하는 이러닝 콘텐츠[○○○]의 소재자료로 사용하여 해당 이러닝 콘텐츠를 이하의 방법으로 이용하는 것을 허락한다.

(1) CD-ROM에의 복제·무료 배포

(부수 : ○○부, 배포처 : ○○○시·도교육청 산하 초중등학교의 교사 및 ○○○시·도교육청 교육과학연구원의 교육연구사에게 한정한다)

(2) 인터넷 서비스용 서버에 의한 축적 및 송신

(축적기간 : ○년 ○월 ○일~○년 ○월 ○일, 송신지 : ○○○시·도교육청 홈페이지로 한정한다)

■ 이용 방법을 포괄적으로 기재한 저작권 이용허락 계약 규정의 예

• 다음 예시한 규정에서 저작권자는 '갑'이라 하고 저작물 이용자는 '을'이라 한다.

> **제○○조(저작물의 이용 방법)**
> 갑은 을에 대해 갑이 저작권을 가지는 저작물[○○○]을, 을이 개발하는 이러닝 콘텐츠의 소재자료로 사용하여 해당 이러닝 콘텐츠를 이하의 방법으로 이용하는 것을 허락한다.
> (1) 복제, 공중송신, 전시 배포, 대여, 2차적저작물 등의 작성
> (2) 방송, 그 외 본 저작물에 관한 모두의 이용(기술 등의 진보에 의해 장래 생길 수 있는 이용 형태를 포함한다)

■ 저작권 이용허락 계약을 맺는 데 있어서 재 허락을 인정하는 규정의 예

• 다음 예시한 규정에서 저작권자는 '갑'이라 하고 저작물 이용자는 '을'이라 한다.

> **제○○조(저작물의 이용에 관한 재 허락)**
> 을은 ○○○시 · 도교육청 산하 교육기관(영리를 목적으로 설치된 것을 제외한다)에 대해 제○○조에서 규정하는 저작물의 이용에 관한 권리의 전부 또는 일부를 재 허락할 수 있다.

■ 저작권 이용허락 계약을 맺는 데 있어서 계약기간을 정하고 계약기간 만료 시 계약의 자동 연장을 규정하는 예

> **제○○조(계약기간)**
> 본 계약의 기간은 ○○○○년 ○○월 ○○일부터 ○○○○년 ○○월 ○○일까지로 한다.
> **제○○조(계약기간의 자동 연장)**
> 계약의 기간 만료 1개월 전까지 갑과 을 모두 상대방이 문서를 가지고 본 계약 종료의 의사 표시를 하지 않을 때는 본 계약이 ○년간 연장되는 것으로 한다.

chapter 13 소재자료 저작물의 이용 방법

다른 사람의 저작물을 활용하여 이러닝 콘텐츠를 만들고자 할 경우, 이러닝 콘텐츠 제작에 활용되는 다른 사람의 저작물을 '소재자료'라고 부른다. 이러한 '소재자료'는 다른 사람의 문학작품이나 학술작품과 같은 어문저작물을 비롯하여 음악 저작물, 사진 저작물, 영상 저작물 등과 같이 다양한 형태로 존재할 수 있기 때문에 저작물 유형별로 저작물을 이용하는 방법이 다를 수 있다.

다른 사람의 저작물을 이러닝 콘텐츠 제작에 이용하고자 할 경우에는 우선 소재자료로 이용하고자 하는 저작물의 저작권자부터 알아야 한다. 그래서 이 장 1절에서는 우선 저작물의 저작권자를 찾는 방법에 대해서 살펴보고, 이어서 2절에서는 저작권자를 명확한 저작물의 이용 방법과 저작자를 알지 못하는 저작물의 이용 방법에 대해서 설명한다. 그리고 저작물 가운데는 저작권 보호기간이 만료되었거나 저작권자가 기증 등을 통해서 누구나 무료로 이용할 수 있도록 허용된 저작물이 있다. 이와 같이 저작권자의 허락이 필요 없는 저작물을 이용하는 방법에 대해서는 3절에서 설명한다.

01 저작물의 저작권자를 찾는 방법

다른 사람의 저작물을 이용하려다 보면 제일 먼저 부딪치는 문제가 해당 저작물의 저작권자가 누구인지 알아야 한다는 것이다. 사실 유명 저작물이 아닌 이상 해당 저작물의 저작권자를 찾는 일은 쉬운 일이 아니다. 하지만 저작권법에서는 공표된 저작물을 이용하고자 할 경우에는 **"대통령령이 정하는 기준에 해당하는 상당한 노력"**을 들여 저작재산권자를 찾도록 하고 있다.

저작물의 저작권자를 찾는 방법에는 여러 방법이 있을 수 있으나 현실적으로 가장 먼저 취할 수 있는 방법으로는 다음과 같이 네 가지 방법들이 있다.

1) 해당 저작물을 출판한 출판사를 통해 찾는 방법

저작물의 출판은 저작재산권 중 복제권을 가진 자가 출판업자에게 출판권을 설정하였을 경우에만 가능하다. 따라서 출판된 저작물의 경우에는 해당 저작물의 출판사에 연락을 취해 저작권자를 찾는 것이 용이하다.

2) 한국저작권위원회의 저작권정보 DB를 이용하는 방법

한국저작권위원회에서는 (사)한국문예학술저작권협회, (사)한국음악저작권협회, (사)한국방송작가협회, (사)한국음악실연자연합회, (사)한국음원제작자협회, (사)한국복사전송권관리센터와 네트워크를 통하여 각 협회의 저작권 관련 정보를 DB로 제공하고 있다. 따라서 앞에서 열거한 6개 단체에 등록되어 있는 저작물의 경우에는 다음에 나타낸 저작권정보 DB 홈페이지 주소에 접속하여 저작권자를 검색할 수 있다.

- 저작권정보 DB : http://db.copyright.or.kr/data/index.asp

3) 해당 저작물을 취급하는 저작권신탁관리업자나 저작권대리중개업자를 통해 찾는 방법

해당 저작물이 속하는 분야의 저작물을 취급하는 저작권신탁관리업자나 저작권대리중개업자에게 저작재산권자의 성명 또는 명칭, 주소 또는 거소를 조회하는 확정일자 있는 문서를 보내서 찾아 볼 수 있다. 그리고 영상저작물의 경우에는 (사)한국영상산업협회의 영상물 검색 서비스를 통해서 신탁되고 있는 영상저작물을 확인할 수 있다. 국내에서 상영되거나 판매되는 상업용 영화는 대부분이 (사)한국영상산업협회에 의해서 신탁 관리되고 있다.

한편, 음악저작물의 경우에는 (사)한국음악저작권협회에서 제공하고 있는 작품검색 서비스를 통해서 저작자를 확인할 수 있다. 국내작품은 물론 국외작품에 대한 저작자도 찾을 수 있다.

- (사)한국음악저작권협회 홈페이지를 통한 국내외작품검색 :
  http://www.komca.or.kr/wos/wos_contents_01_sch02.jsp

4) 일간신문 또는 한국저작권위원회의 인터넷 홈페이지에 공고를 통해 찾는 방법

「신문 등의 자유와 기능보장에 관한 법률」 제12조 제1항에 따라 등록한 전국을 보급지역으로 하여 발행되는 일간신문 또는 한국저작권위원회의 인터넷 홈페이지에 다음 사항을 공고하여 찾을 수 있다.

1. 저작재산권자를 찾는다는 취지
2. 저작재산권자의 성명 또는 명칭, 주소 또는 거소 등(알 수 있는 경우에 한정한다)
3. 저작물의 제호
4. 공표 시 표시된 저작재산권자의 성명(실명 또는 이명)
5. 저작물을 발행 또는 공표한 자
6. 저작물의 이용 목적
7. 복제물의 표지사진 등의 자료(가능한 경우에 한정한다)
8. 공고자 및 연락처

02 저작권자가 명확한 저작물의 이용 방법

(1) 어문저작물의 이용 방법

저작권자가 명확한 어문저작물은 그 이용 방법에 따라 전체를 이용하고자 할 경우에는 저작권자와 '저작물 이용허락'계약을 맺고 해당 저작물을 이용해야 한다. 한편, 어문저작물의 일부 내용만을 적절한 범위 내에서 인용하는 경우라면, 인용의 출처를 밝히고 이용할 수 있다.

(2) 음악저작물의 이용 방법

음악저작물을 이용하고자 할 경우에는 해당 음악저작물이 (사)한국음악저작권협회에 신탁되었느냐 아니면 (사)한국음원제작자협회에 신탁되었느냐에 따라 이용 방법에서 있어서 다소 차이가 있다.

(사)한국음악저작권협회 신탁된 음악저작물을 복제하여 영상저작물을 만들어 배포하고자 할 경우에는 (사)한국음악저작권협회의 징수규정에 따르게 된다. (사)한

국음악저작권협회에서는 영화관에서의 상영을 목적으로 하는 영상물 이외에 다큐멘터리, 드라마, 교양, 시사, 취미, 홍보, 학습, 체육 등 음악저작물이 부수적으로 수반되는 영상저작물을 만들어 배포하고자 할 경우, 출고가를 3,000원으로 간주하여 사용요액을 다음과 같이 산출하고 있다.

출고가(3,000원)×3.5%×관리저작물 합계 사용시간/총재생시간×제작수량×할인율

※여기서 할인율이란 제작·판매 과정에서 예상되는 반품, 재고, 폐기 등을 감안하여 할인하는 비율을 말하며, 통상 제작자와 상호 협의하여 정하게 된다.

(사)한국음원제작자협회에 신탁된 음원저작물을 복제하여 영상저작물을 만들어 배포하고자 할 경우에는 구체적으로 저작물에 대한 사용료를 규정하고 있지 않기 때문에 사용자와 협의하여 정하게 된다.

(3) 사진 및 그림 저작물의 이용 방법

저작권자가 명확한 사진이나 그림은 그 이용 방법에 따라 전체를 이용하고자 할 경우에는 저작권자와 '저작물 이용허락'계약을 맺고 해당 저작물을 이용해야 한다. 한편, 어문저작물에서 기술된 내용 가운데 이해를 돕기 위해 사용된 도표나 간략한 그림을 적절한 범위 내에서 인용하는 경우라면, 인용의 출처를 밝히고 이용할 수 있다.

(4) 영상 저작물의 이용 방법

(사)한국영상산업협회가 신탁 받아 관리하는 영상저작물을 사용하고자 할 경우에는 사용자와 협회 간에 문서로서 영상저작물 이용 계약을 체결하여야 한다. 이때 이용허락의 조건은 협회와 사용자가 협의하여 정하며 사용료는 문화체육관광부 장관으로부터 승인받은 사용료 징수 규정에 의하게 된다.

사용자는 협회가 이용허락한 영상저작물을 협회의 허락 없이 어떠한 형태로든 변환, 가공할 수 없으며 이용을 허락한 범위 내에서 사용하여야 한다. 그리고 사용자는 사용 방법, 사용 지역 등에 변경이 생길 경우에는 협회의 허락을 얻어야 한다.

(5) 방송 프로그램에 대한 소재자료 이용

KBS, MBC와 같은 방송국이나 프로덕션에서는 방송 프로그램을 홈페이지 등을 통해서 온라인상에서 사용하고자 할 경우 "저작물 이용허락계약"을 맺고 유상으로 소재자료를 제공하고 있다. TV 프로그램에 대한 소재자료의 이용 비용은 뉴스, 드라마, 뉴스 및 드라마 외 프로그램으로 구분하여 10분 단위로 계산하고 있다. 사용기간은 기본적으로 1년이며, 계약서상에 명시된 홈페이지의 URL에서만 사용이 가능하다. 〈표 13-1〉은 KBS 방송국의 TV 프로그램에 대한 소재자료 공급 단가표이다. 관공서나 정부기관, 교육기관과 같은 비영리단체에 대해서는 50% 할인이 적용된다.

〈표 13-1〉 KBS 방송국 TV 프로그램에 대한 소재자료 공급 단가

프로그램별		공급가격/10분 기준(VAT별도)
TV 뉴스	9시 뉴스	45만원
	9시 뉴스 외 전 뉴스	30만원
TV 드라마		120만원
뉴스, 드라마 외 TV 전 프로그램		90만원
라디오 프로그램		12만원

※ 상기 KBS 방송국의 TV 프로그램에 대한 소재자료 공급 단가는 2009년 6월 기준임.

■ **소재자료에 대한 이용 절차는 다음과 같다.**

구매의뢰 → 상담 → 계약서 작성 및 확인 → 계약체결→ 콘텐츠 발송 → 세금계산서 발송

03 저작권자를 알 수 없는 저작물의 이용 방법

저작권자를 알 수 없는 저작물인 경우에 해당 저작물을 곧 바로 이용하다가는 저작권 침해로 제소받을 수 있다. 따라서 저작권자를 알 수 없는 저작물을 이용하고자 하는 경우에는 저작권법 제50조에 따라 저작재산권자 불명인 저작물을 이용해야 한다. 저작권법 제50조 제1항에서는 "누구든 대통령령이 정하는 기준에 해당

하는 상당한 노력에도 불구하고 저작권자를 알 수 없는 저작물의 경우에는 문화체육관광부장관의 승인을 얻은 후 문화체육관광부장관이 정하는 기준에 의한 보상금을 공탁하고 이용한다"라고 규정하고 있다. 여기서 "대통령이 정하는 기준에 해당하는 상당한 노력에도 불구하고 저작권자를 알 수 없는 저작물"이란 다음 두 가지 방법의 저작권자 찾기 시도를 통해서도 저작권자를 알 수 없는 저작물을 말한다.

첫 번째는 해당 저작물을 취급하는 법 제105조 제1항에 따른 저작권신탁관리업자에게 저작재산권자의 성명 또는 명칭, 주소 또는 거소를 조회하는 확정일자 있는 문서를 보내어 이를 알 수 없다는 회신을 받거나 문서를 발송한 날부터 1개월이 지났는데도 회신이 없는 경우가 된다. 단, 이때, 해당 저작물이 속하는 분야의 저작물을 취급하는 저작권신탁관리업자가 없는 경우에는 법 제105조 제1항에 따른 저작권대리중개업자 또는 해당 저작물에 대한 이용을 허락받은 사실이 있는 이용자 중 2명 이상에게 저작재산권자의 성명 또는 명칭, 주소 또는 거소를 조회하는 확정일자 있는 문서를 보내어 이를 알 수 없다는 회신을 받거나 문서를 발송한 날부터 1개월이 지났는데도 회신이 없는 경우가 될 수 있다.

두 번째는 「신문 등의 자유와 기능보장에 관한 법률」 제12조 제1항에 따라 등록한 전국을 보급지역으로 하여 발행되는 일간신문 또는 문화체육관광부 정보통신망과 법 제112조에 따른 한국저작권위원회의 인터넷 홈페이지에 문화체육관광부령으로 정하는 바에 따라 제1호에 따른 조회 사항 등을 공고한 날부터 10일이 지났을 경우가 된다. 여기서 "조회 사항 등 공고"에 포함되어야 할 사항은 다음과 같다.

1. 저작재산권자를 찾는다는 취지
2. 저작재산권자의 성명 또는 명칭, 주소 또는 거소 등(알 수 있는 경우에 한정한다)
3. 저작물의 제호
4. 공표 시 표시된 저작재산권자의 성명(실명 또는 이명)
5. 저작물을 발행 또는 공표한 자
6. 저작물의 이용 목적
7. 복제물의 표지사진 등의 자료(가능한 경우에 한정한다)
8. 공고자 및 연락처

이상 두 가지 방법의 시도를 통해서도 저작권자를 알 수 없는 저작물인 경우에, 해당 저작물을 이용하려면 문화체육관광부령으로 정하는 바에 따라 저작물 이용 승인신청서를 문화체육관광부장관에게 제출하여야 한다. 그리고 저작물 이용 승인 신청을 받은 문화체육관광부장관은 15일간 신청 내용을 관보에 공고한 후 다음과 같은 절차를 통해서 승인하여야 한다.

문화체육관광부장관이 승인을 하는 경우에는 그 내용을 신청인에게 알리는 동시에 승인된 내용을 관보에 공고하여야 한다. 또한, 문화체육관광부장관은 다음 각 호의 내용을 문화체육관광부 정보통신망과 한국저작권위원회의 인터넷 홈페이지에 1개월 이상 게시하여야 한다.

1. 저작물의 제호 및 공표연월일
2. 저작자 또는 저작재산권자의 성명
3. 이용 승인을 받은 자의 성명
4. 저작물의 이용 승인 조건(이용허락기간 및 보상금)
5. 저작물의 이용 방법 및 형태

04 저작권자의 허락이 필요 없는 저작물의 이용 방법

저작권 보호 기간이 만료되어 저작권이 소멸되었거나 저작권이 기증된 저작물 또는 저작권자가 무료로 이용하도록 허락한 저작물을 '자유이용 저작물'이라고 한다. 저작권 만료 저작물과 이용허락표시 저작물은 별도의 이용허락 또는 승인 절차를 거치지 않고 무료로 이용할 수 있으나 저작권 기증 저작물은 비영리 목적으로 사용할 경우에만 한국저작권위원회로부터 승인을 받아야 무료로 이용할 수 있다.

한국저작권위원회에서는 어문, 그림, 사진, 음악 등 다양한 창작물을 일반이 자유롭고 편리하게 사용할 수 있도록 '저작권 자유이용 사이트'를 개설하여 저작권이 만료되었거나 저작권자가 무료로 이용할 수 있도록 허락한 저작물을 조회하여 이용할 수 있도록 하고 있다. 저작권 자유이용사이트의 URL은 다음과 같다.

■ **저작권 자유이용 사이트 : freeuse.copyright.or.kr**

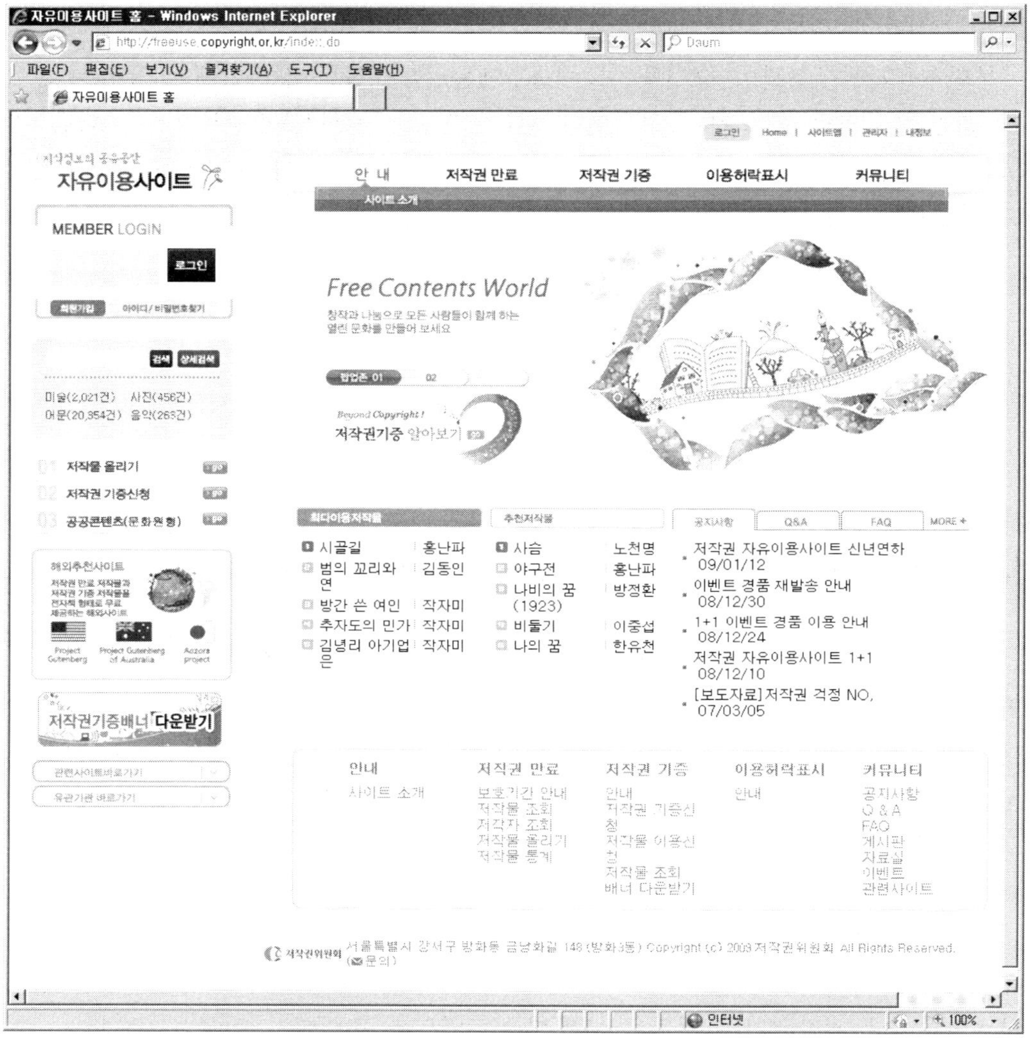

[그림 13-1] 한국저작권위원회의 자유이용 사이트

출처 : http://freeuse.copyright.or.kr

그 밖에 한국마이크로소프트사가 운영하는 Office Online 홈페이지나 일부 디자인 소스 사이트에서 홍보를 목적으로 운영하는 무료 클립아트, 사진, 애니메이션 및 소리 파일을 다운로드 받을 수 있다. 디자인 소스 사이트에서 제공되는 자료는 대다수가 유료이기 때문에 디자인 소스 사이트로부터 자료를 다운로드 받아 이용하고자 할 경우에는 해당 자료가 무료로 이용할 수 있는 것인지 확인해야 하는 것은 물론이고 무료로 이용할 수 있는 범위도 확인하여 그 이용허락 범위 내에서 이용하도록 해야 한다.

■ **한국마이크로소프트사의 '클립 아트 및 미디어 홈페이지'**

[그림 13-2] 한국마이크로소프트사의 클립 아트 및 미디어 홈페이지

출처 : http://office.microsoft.com/ko-kr/clipart/default.aspx

chapter 14

이러닝 콘텐츠 제작과정에서 발생될 수 있는 저작권 침해

이러닝 콘텐츠는 온라인 강의를 목적으로 만들어지는 콘텐츠이다. 온라인 강의에서 교수자는 학습효과를 높이기 위해서 글뿐만 아니라 그림, 사진, 동영상, 음악 등 여러 다른 유형의 자료를 사용하게 된다. 그렇기 때문에 제작되는 이러닝 콘텐츠 안에는 어문은 물론 그림, 사진, 동영상, 음악 등 다양한 형태의 자료가 이용될 수 있으며, 이렇게 이용된 자료들 가운데는 사전에 저작권자로부터 이용허락을 받지 않은 상태로 이용됨으로써 이따금 저작권 침해를 일으키는 경우도 있다. 이 장에서는 저작재산권의 침해를 구성하는 경우와 구성하지 않는 경우를 판단하는 기준에 대해서 1절에서 먼저 설명하고, 2절과 3절에서는 이러닝 콘텐츠를 제작하는 과정에서 발생될 수 있는 저작권 침해의 형태와 예시 및 대책에 대해서 설명한다.

01 저작권 침해의 판단 기준

(1) 저작재산권의 침해를 구성하는 경우와 구성하지 않는 경우

저작권 침해는 타인의 저작물의 무단 이용 또는 허락 범위 외 이용하여 저작활동을 한 경우로서 크게 나누어 두 가지로 구분될 수 있다. 첫째는 기존의 저작물을 그대로 베꼈거나, 그렇지 않고 다소 수정·변경이 있었지만 기존의 저작물과의 **동일성**을 인정할 수 있고 새로운 창작성이 부가되지는 아니한 경우이며, 둘째는 기존의 저작물을 토대로 하여 만들어진 작품에 새로운 창작성이 인정되지만 기존의 저작물에 대해서 **종속적** 관계가 인정되는 경우이다. 이 두 가지 경우 가운데 첫째의 경우는 저작재산권 중 '복제권'의 침해에 해당되며, 둘째의 경우는 '2차적저작물작성권'의 침해에 해당된다.

기존의 저작물을 이용하였지만, 단순히 시사 받은 정도에 불과하거나 또는 그것을 완전히 소화해서 작품화함으로써 기존의 저작물과 사이에 **동일성**이나 **종속적**

관계를 인정할 수 없는 독립된 작품이 된 경우에는 저작재산권의 침해가 되지 않는다.

(2) 동일성 및 종속성의 요건

원고의 저작물에 의거한 피고의 저작물이 원고의 저작물과 사이에 **실질적 유사성**(substantial similarity)이 있으면, 동일성 또는 종속성이 인정되고 이는 곧 저작재산권침해로 인정된다.

첫째, 양 저작물 사이의 유사성에는 (특히 어문저작물의 경우에) 두 가지 서로 다른 유사성의 형태가 있으며 이 두 가지 형태의 유사성을 모두 살펴보아야 한다. 여기서 두 가지 형태의 유사성은 **비문자적 유사성**(comprehensive non-literal similarity)과 **부분적 문자적 유사성**(fragmented literal similarity)이다. 후자는 원고의 작품 속의 특정한 행이나 절 또는 기타 세부적인 부분이 복제된 경우를 뜻하며, 전자는 피고가 원고의 작품 속의 근본적인 본질 또는 구조를 복제함으로써 원고와 피고의 양 저작물 사이에 비록 문장 대 문장으로 대칭되는 유사성은 없어도 전체로서 포괄적인 유사성이 있다고 할 수 있는 경우를 말한다.

둘째, **저작권법의 보호대상은 아이디어가 아니라 표현이므로** 양 저작물의 추상적 아이디어가 아닌 **그 표현에 있어서의 유사성이 실질적 유사성이 된다.**

셋째, 저작재산권의 침해는 **저작물의 개별적 특성을 고려하여야 한다.** 원고의 저작물에 인정되는 저작물성의 정도(창작성의 정도)가 현저히 낮을 경우에는 피고의 저작물이 원고의 저작물과 아주 유사하더라도 저작권침해를 인정하지 않아야 할 경우가 있다. 그것은 그 유사한 부분이 원고의 저작물 중 창작성이 없는 부분에만 관계되는 경우이다. 이는 다시 말해 **유사성 판단이 원고의 저작물 중 창작성이 있는 부분에 한정되어야 함**을 의미한다.

(3) 저작권 침해 '의거'의 요건

피고가 원고의 저작물과 거의 동일한 내용의 작품을 만들어 낸 경우에도 그것이 원고의 저작물에 의거한 것이 아니고

① 단순히 우연의 일치이거나

② 공통의 소재(common source)를 이용한 데서 오는 자연적 귀결인 경우
③ 공유(公有 ; public domain)에 속하게 된 다른 저작물을 원고, 피고 공히 이용한 데서 오는 결과인 경우

에는 저작권 침해로 인정하지 않는다.

따라서 저작권 침해를 인정하기 위해서는 위 세 가지 경우에 해당되지 않으면서 침해자가 저작권이 있는 저작물에 의거하여 저작 활동을 하였다는 것을 입증하는 것이 요구된다. 예를 들어 [그림 14-1]에서와 같이 지도의 지형, 도로선 등은 공통의 소재를 이용한 데서 오는 자연적 귀결이기 때문에 저작권 침해로 인정되지 않는다. 하지만, 지도를 제작하는 데 사용된 각종 표현 방법(도로 구분을 나타내는 방법이나 지명의 표기 방법 등)은 저작권에 의해 보호받을 수 있다.

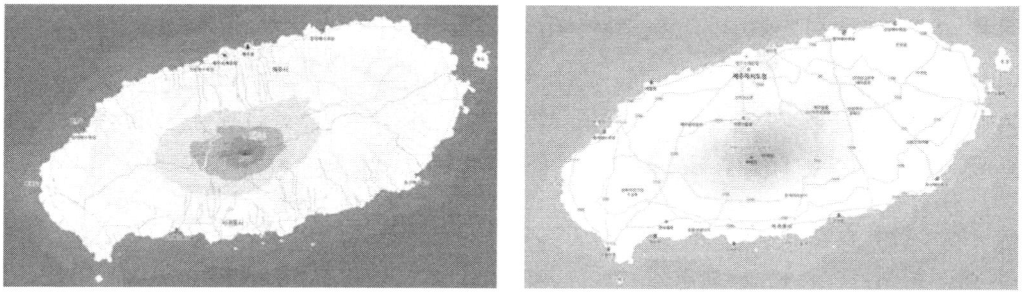

[그림 14-1] 지도 저작물에서 저작권을 보호받을 수 없는 부분과 보호받을 수 있는 부분
출처 : 다음 지도(왼편), 네이버 지도(오른편)

(4) 저작권 침해의 입증

저작권 침해를 입증하기 위한 '**의거의 요건**'은 원고가 입증하기 매우 어려운 경우가 많기 때문에 법원에서는 저작권 침해로 인하여 소송이 발생되었을 경우, '의거' 대신에 '**액세스(access)의 입증**'을 요구하는 것으로 입증책임을 경감받을 수 있도록 하고 있다.

여기서 액세스란, 피고가 실제로 원고의 저작물을 본 것을 의미하는 것은 아니라 피고가 원고의 저작물을 볼 상당한 기회를 가졌다는 것을 의미한다. 예를 들어, 원고와 피고 모두와 거래관계를 가지고 있는 제3자가 원고의 작품을 소지하고 있

었다는 사실이 증명된다든가, 또는 원고의 저작물이 널리 반포되어 있다는 사실을 인정할 수 있는 경우라면 피고가 원고의 저작물을 볼 상당한 기회를 가졌던 것으로 본다.

먼저 만들어진 원고의 저작물과 뒤에 만들어진 피고의 저작물 사이의 실질적으로 유사성이 있을 뿐만 아니라 피고가 원고의 저작물을 볼 수 있는 기회가 충분히 **현저한**(sufficiently striking) 경우에는 그러한 사실 자체만으로도 '의거'가 사실상 추정되는 것으로 보아 별도로 '액세스의 입증'을 하지 않아도 된다. 단, 이때 두 저작물 사이의 유사성은 우연의 일치나 공통의 소재 등으로 설명되기 어렵고 오직 피고의 저작물에 의거한 것에 의해서만 설명될 수 있을 정도의 것이어야 한다.

그밖에 먼저 만들어진 원고의 저작물과 **동일한 오류**(common error)가 뒤에 만들어진 피고의 저작물에서 발견되면 그것으로써 의거의 점이 사실상 추정된다.

02 이러닝 콘텐츠 제작과정에서 발생될 수 있는 저작권 침해의 형태

이러닝 콘텐츠를 제작하는 과정에서 발생될 수 있는 저작권 침해의 형태로는 다음과 같은 것들이 있을 수 있다.

- 이러닝 콘텐츠의 시작 부분(Intro)이나 끝 부분(Ending)에 저작권자의 허락 없이 배경음악이나 특수 효과음을 사용하는 경우
- 이러닝 콘텐츠 안에 저작권자의 허락 없이 그림이나 사진, 클립 동영상, 기타 예술 작품 등을 소재자료로 사용하는 경우
- 저작권자의 이용허락은 받았지만 저작권자의 허락 없이 저작물을 수정하거나 변형하여 소재자료로 사용한 경우
- 이러닝 콘텐츠 안에 저작권자의 허락 없이 음악이나 사진이나 클립 동영상을 편집하여 삽입하는 경우
- 사전에 촬영허락을 받지 않고 촬영된 실연 내용을 이러닝 콘텐츠 안에 포함시키는 경우
- 다른 이러닝 콘텐츠와 시나리오가 실질적으로 유사한 경우
- 이러닝 콘텐츠의 타이틀이나 자막 제작에 정식으로 라이선스를 구매하지 않은 유료 서체를 편집·가공하여 사용하는 경우
- 이러닝 콘텐츠 제작에 포함되는 컴퓨터 그래픽 화면 제작에 정식으로 라이선스를 구매하지 않은 디지털 미디어 소스를 사용하는 경우

• 이러닝 콘텐츠 제작에 저작권자의 허락 없이 유명 만화 캐릭터나 게임 캐릭터가 사용되는 경우
• 저작권자가 아직 공표하지 않은 저작물을 촬영하여 이러닝 콘텐츠에 편집 등을 통하여 포함시킨 경우

03 이러닝 콘텐츠 제작과정에서 발생될 수 있는 저작권 침해의 형태에 대한 상황 예시와 대책

(1) 배경 음악 또는 특수 음원의 사용

■ [상황 예시]

• [예시 1] A 고등학교의 K 선생님은 "이러닝 콘텐츠"를 제작하면서 콘텐츠의 시작부분을 컴퓨터 애니메이션으로 만든 후, 그 시작 부분의 컴퓨터 애니메이션에 모 방송국의 교육프로그램에서 사용한 것과 동일한 배경음악을 편집하여 삽입하였다.
• [예시 2] B 고등학교의 J 선생님은 동영상 편집프로그램을 사용하여 디지털 카메라로 촬영한 디지털 사진들을 이어 붙이는 형태로 동영상을 제작하였다. 그러고 나서 요즈음 인기 끌고 있는 모 가수의 노래를 그 동영상의 배경 음악으로 편집하여 삽입하였다.
• [예시 3] C 영상 프로덕션에서는 교육용 동영상을 컴퓨터 그래픽을 이용하여 애니메이션 형태로 제작하였다. 그리고 이 애니메이션에 등장하는 캐릭터가 어떤 동작을 연출하는 상황마다 그 연출의 효과를 높이기 위해서 인터넷을 통해 수집한 특수 효과음을 사용하였다.

■ [대책 및 해설]

• 이러닝 콘텐츠 제작에 있어서 배경음악이나 삽입곡은 음악을 가르치는 교과에서 그 곡을 직접 가르치는 경우를 제외하고는 수업목적으로 활용된다고 보기 어렵다. 따라서 배경음악을 사용하고자 할 경우에는 음악저작물에 대한 신탁업무를 맡고 있는 (사)한국음악저작권협회와 배경음악에 대한 이용 계약을 맺은 후 사용하여야 한다. 또한 음원을 배경음악이나 특수 효과음 등으로 사용

하고자 할 경우에는 (사)한국음원제작자협회와 협의 통하여 이용 계약을 맺은 후 사용하여야 한다. 그러나, 저작권이 보호기간이 만료된 음악저작물이나 음원저작물은 저작권자의 허락 없이 이용이 가능하며, 아직 저작권 보호기간이 남아 있으나 다른 사람이 무료로 이용할 수 있도록 저작권을 기증한 음악저작물이나 음원저작물은 한국저작권위원회로부터 허락을 받고 이용할 수 있다.

(2) 소재자료의 사용

■ [상황 예시]

- [예시 1] A 중학교에서 미술과목을 담당하고 계시는 L 선생님은 수업 시간에 한국의 현대 미술 작가 작품들을 촬영한 사진을 보여주시면서 설명을 하는 모습을 담아 "이러닝 콘텐츠"로 제작하였다.
- [예시 2] B 중학교에서 과학과목을 담당하고 계시는 M 선생님은 수업 시간에 KBS 방송국에서 제작한 "스폰지 2.0"이란 프로그램을 프로젝션 TV로 보여주면서 설명하는 모습을 담아 "이러닝 콘텐츠"로 제작하였다.
- [예시 3] C 중학교에서 사회과목을 담당하고 계시는 P 선생님은 수업 시간에 모 지도제작 회사에서 제작한 대형 지도를 보여주면서 지역적 특성을 설명하는 모습을 담아 "이러닝 콘텐츠"로 제작하였다.

■ [대책 및 해설]

- 저작권법 제25조 제2항에서 "특별법에 따라 설립되었거나 「유아교육법」, 「초·중등교육법」 또는 「고등교육법」에 따른 학교, 국가나 지방자치단체가 운영하는 교육기관 및 이들 교육기관의 수업을 지원하기 위하여 국가나 지방자치단체에 소속된 교육지원기관은 그 수업 또는 지원 목적상 필요하다고 인정되는 경우에는 공표된 저작물의 일부분을 복제·배포·공연·방송 또는 전송할 수 있다. 다만, 저작물의 성질이나 그 이용의 목적 및 형태 등에 비추어 저작물의 전부를 이용하는 것이 부득이한 경우에는 전부를 이용할 수 있다"라고 규정되어 있다. 하지만 교육기관에서 이루어지는 수업과는 달리 이러닝 콘텐츠는 단지 수업 목적으로만 활용되는 경우로 보기 어렵기 때문에 이러닝 콘텐츠 제작에 사용되는 소재자료가 창작성이 높고 영리를 목적으로 만들어진 상업 저작물인 경우에는 사전에 저작권자의 허락을 받고 사용하여야 한다. 따라서 [예시 1]이

나 [예시 2]의 경우에는 이러닝 콘텐츠를 제작하기에 앞서 소재자료로 이용될 저작물의 저작권자 또는 저작권 신탁기관으로부터 이용허락을 받고 해당 소재자료를 이용하여야 한다. 그러나 [예시 3]의 경우에 지도는 비록 지도에서 사용되는 지명 표시나 기호 표기 방법 등이 저작권의 보호대상이 될 수 있으나 지도는 지형이라는 공통된 소재를 활용하는 자연적인 귀결로 이루어지는 내용을 많이 담고 있는 저작물인 만큼 타 저작물에 비해 창작성이 현저하게 떨어지며, 지도의 일부 내용을 활용하여 수업하는 모습을 동영상으로 촬영한다 할지라도 지도의 판매에 영향을 거의 미치지 않기 때문에 사전에 저작권자의 허락을 받지 않고 사용할 수 있다. 단, 정밀한 지도의 내용을 근접 촬영하여 이러닝 콘텐츠에서 사용하는 경우는 이에 해당된다고 볼 수 없다.

(3) 편집 과정에서 삽입되는 타인의 저작물

■ [상황 예시]

- [예시 1] D 시 · 도교육청과의 계약에 따라 중학교 1학년 영어 과목에 대한 "이러닝 콘텐츠"를 개발하고 있는 J 프로덕션에서는 K 선생님이 S 영어사에서 제작한 중학교 1학년 영어 교과에 대한 CD-ROM 타이틀을 교재로 활용하여 설명한 내용을 동영상으로 제작하였다. 그런데 동영상으로 촬영된 상태로는 CD-ROM 타이틀에서 보여주는 글씨나 음성이 잘 보이지 않았기 때문에 J 프로덕션에서는 S 영어사에서 제작한 CD-ROM 타이틀에서 다이얼로그 장면을 별도로 촬영한 후, 편집과정을 통해서 동영상 안에 포함시켰다.
- [예시 2] D 시 · 도교육청과의 계약에 따라 중학교 1학년 과학과목에 대한 "이러닝 콘텐츠"를 개발하고 있는 J 프로덕션에서는 L 선생님이 M 방송국에서 제작한 "과학 탐구"란 방송의 내용을 수업시간에 TV 화면으로 일부 보여주면서 수업을 진행하는 모습을 동영상으로 제작하였다. 그런데 동영상으로 촬영된 상태로는 TV 화면의 내용이 잘 보이지 않고 TV에서 나오는 소리도 명확하게 전달되지 않는 것 같아 L 선생님으로부터 해당 "과학 탐구"방송 내용이 녹화된 비디오테이프를 전달받아 그 내용을 디지털 영상 인코딩 장비로 인코딩한 후 편집과정을 통해서 이러닝 콘텐츠 안에 포함시켰다.
- [예시 3] D 시 · 도교육청과의 계약에 따라 중학교 2학년 사회과목에 대한 "이러닝 콘텐츠"를 개발하고 있는 J 프로덕션에서는 O 선생님이 모 인터넷 사이

트에서 제공되는 디지털 지도를 컴퓨터 화면으로 보여주면서 수업을 진행하는 모습을 동영상으로 제작하였다. 그런데 동영상으로 촬영된 상태로는 컴퓨터 화면으로 보여지는 지도의 모습이 잘 보이지 않아 나중에 편집과정에서 해당 인터넷 사이트의 디지털 지도 장면을 별도로 캡처한 후 편집하여 이러닝 콘텐츠 안에 삽입시키는 형태로 제작하였다.

■ [대책 및 해설]

• 이러닝 콘텐츠를 제작하는 과정에서 [예시 1, 2, 3]의 경우와 같이 편집을 통해 저작권 보호기간이 만료되지 않은 타인의 저작물을 이러닝 콘텐츠 안에 삽입하고자 하는 경우에는 사전에 이용 허락을 받고 이용하여야 한다. 또한, 이러닝 콘텐츠로 편집하여 삽입하는 과정에서 타인의 저작물을 원형을 수정하거나 변경하여야 하는 경우에는 그 수정이나 변경에 대한 내용까지도 이용허락에 포함시켜 이용허락을 받아야 한다.

(4) 사전에 촬영허락을 받지 않고 촬영된 실연 내용을 이러닝 콘텐츠 안에 포함시키는 경우

■ [상황 예시]

• [예시 1] A 초등학교의 K 선생님은 "마법 동물원"이라는 어린이 연극을 공연장에서 촬영허락을 받지 않고 개인 캠코더로 촬영한 후, 수업시간에 그 촬영 내용을 학생들에게 보여 주면서 학예회 때 발표할 연극을 가르치는 모습을 동영상으로 촬영한 후, 그 동영상을 학교 홈페이지 올렸다.
• [예시 2] C 초등학교의 P 선생님은 민속촌에 갔다가 마침 야외 마당에서 공연되는 "봉산탈춤"을 개인 캠코더로 촬영한 후, 음악 수업 시간에 학생들에게 보여주면서 설명하는 모습을 "이러닝 콘텐츠"로 제작하였다.

■ [대책 및 해설]

• [예시 1]과 같이 실내에서 입장이 허락된 사람들만 볼 수 있도록 실연되는 공연을 허락 없이 촬영하는 것은 저작권자의 허락 없이 공연을 복제하는 것이므로 저작권 침해에 해당된다. 즉, 허락받지 않고 공연을 몰래 촬영하여 이러닝

콘텐츠 제작에 활용하는 것은 저작권 침해가 된다. 그리고 [예시 2]와 같이 누구나 볼 수 있는 오픈된 공간에서 비영리적 목적으로 실연되는 공연의 경우에는 공연 제작자나 실연자의 특별한 제지가 없어 개인적인 촬영이 용이한 경우가 많다. 이런 경우에도 비록 공연 제작자나 실연자가 개인적 촬영 자체를 문제 삼지 않았다 할지라도 촬영한 내용을 사용하여 “이러닝 콘텐츠” 제작에 허락 없이 사용하게 되면 이 역시 저작권 침해가 된다. 따라서 공연을 촬영하여 이러닝 콘텐츠 제작의 소재자료로 활용하고자 할 경우에는 저작권자 및 저작인접권자(실연자)로부터 반드시 사전에 촬영 및 이용허락을 받아야 한다.

(5) 다른 이러닝 콘텐츠와 시나리오가 실질적으로 유사한 경우

■ [상황 예시]

- S 고등학교에서 국어를 가르치시는 K 선생님은 이러닝 콘텐츠 제작을 위해 모 학원에서 인기가 있는 이러닝 콘텐츠를 살펴보고, 그와 유사하게 이러닝 콘텐츠의 강의 시나리오를 만들었다. 나중에 두 강의의 내용을 비교해 보니 강의를 진행하신 선생님과 카메라가 촬영한 각도 등만 제외하고는 강의 중 설명한 내용과 설명 방식이 동일하였다.

■ [대책 및 해설]

- 소설이나 연극, 영화와 같이 스토리를 가지는 저작물의 경우, 먼저 만들어진 작품과 나중에 만들어진 작품 사이에 비록 문장 대 문장으로 대칭되는 유사성은 없어도 나중에 만들어진 작품이 먼저 만들어진 작품 속의 근본적인 본질 또는 구조를 복제함으로써 전체적으로 볼 때 포괄적인 유사성이 있는 경우를 “비문자적 유사성”이라고 하며, 이 역시 저작권을 침해한 행위로 간주한다. 따라서 앞 [상황 예시]의 내용과 같이 모 학원의 이러닝 콘텐츠를 보고 그와 동일하게 설명하는 내용으로 이러닝 콘텐츠를 만들 경우, 비록 강의를 진행하신 선생님과 카메라의 촬영 각도 등이 다르다 할지라도 먼저 만들어진 모 학원 이러닝 콘텐츠의 근본적인 본질 또는 구조를 복제한 것이므로 비문자적 유사성으로 인한 저작권 침해에 해당된다.

(6) 이러닝 콘텐츠의 타이틀이나 자막 제작에 정식으로 라이선스를 구매하지 않은 유료 서체를 편집 · 가공하여 사용하는 경우

■ **[상황 예시]**

• K 고등학교의 김 선생님은 시 · 도교육청의 위탁을 받아 "이러닝 콘텐츠"를 제작하고 있다. 수업 촬영은 완료되었고 이제 남은 것은 이러닝 콘텐츠의 시작부분과 끝부분을 만드는 일이 남았다. 김 선생님은 이러닝 콘텐츠의 시작부분은 제목이 입체적으로 나타나도록 컴퓨터 그래픽으로 만들 계획이다. 또한 이러닝 콘텐츠의 끝부분에는 그 이러닝 콘텐츠 제작에 참여한 출연진의 이름을 비롯하여 이러닝 콘텐츠 제작에 도움을 주신 분들의 이름이 나타나도록 제작할 계획이다. 그래서 김 선생님은 시작부분에 이러닝 콘텐츠의 제목을 컴퓨터 그래픽으로 처리하여 입체적으로 나타내고 끝부분에 출연진 및 제작에 도움을 주신 분들의 이름을 나타내기 위해서 모 P2P 사이트로부터 다운받은 서체를 가공하여 사용하였다.

■ **[대책 및 해설]**

• 이러닝 콘텐츠의 시작 부분과 끝 부분에 다른 사람이 제작하여 유료로 판매하고 있는 서체를 활용하여 타이틀 작업 또는 자막 작업을 하고자 할 때는 그 서체를 제작한 저작권자로부터 정식으로 이용 라이선스를 구매하여 사용하여야 한다.

(7) 이러닝 콘텐츠 제작에 포함된 컴퓨터 그래픽 화면 제작에 정식으로 라이선스를 구매하지 않은 디지털 동영상 소스를 사용하는 경우

■ **[상황 예시]**

• K 고등학교의 김 선생님은 시 · 도교육청의 위탁을 받아 "이러닝 콘텐츠"를 제작하고 있다. 수업 촬영은 완료되었고 이제 남은 것은 이러닝 콘텐츠의 시작부분과 끝부분을 만드는 일이 남았다. 김 선생님은 동영상 촬영과 편집을 맡은 Q 프로덕션에 컴퓨터 그래픽 영상과 촬영한 수업 동영상을 합성하여 멋진 인트로(intro) 화면과 엔딩(ending) 화면을 만들어 달라고 요청하였다. Q 프로덕션에서는 멋진 인트로 화면을 만들기 위해서 애프터 이펙트라는 동영상 제

작 프로그램을 사용하여 디지털 동영상 소스와 촬영한 수업 동영상을 합성하는 작업을 하였다. 그런데 Q 프로덕션에서 영상 합성에 사용한 컴퓨터 그래픽 영상은 정식으로 라이선스를 구매한 것이 아니라 이전에 모 직원이 다른 프로덕션으로부터 개인적으로 복사 받아 두었던 것이었으나 오래전 일이라 Q 프로덕션에서는 그 사실을 아는 사람이 아무도 없었다.

■ [대책 및 해설]

• 방금과 같은 예시 상황은 가상으로 만든 상황이지만 실제로 얼마든지 발생할 수 있는 상황이다. 컴퓨터 그래픽 작업등에 사용되는 디지털 동영상 소스들 가운데는 유료로 판매되는 것들이 많다. 이렇게 유료로 판매되는 디지털 동영상 소스는 정식으로 구매한 사람이나 법인만이 영상 제작에 사용할 수 있도록 라이선스를 한정하는 경우가 대부분이다. 따라서 컴퓨터 그래픽 작업 등을 통하여 다른 디지털 동영상 소스와의 합성 작업 등이 이루어지는 경우에는 영상 합성 작업에 사용된 디지털 동영상 소스가 정식으로 구매되어 사용된 것인지 확인하여야 한다.

(8) 이러닝 콘텐츠 제작에 저작권자의 허락 없이 만화나 게임에 등장하는 캐릭터를 사용하는 경우

■ [상황 예시]

• G 초등학교에서 1학년 담임을 맡고 계신 이 선생님은 1학년 학생들에게 덧셈과 뺄셈의 원리를 가르치는 과정을 촬영하여 이러닝 콘텐츠로 제작하기로 하였다. 이 선생님은 1학년 학생들의 관심을 높이기 위해서 덧셈과 뺄셈의 원리를 가르치는 과정에서 유명 만화 캐릭터 주인공을 사용하여 시각화한 판넬을 사용하였다.

■ [대책 및 해설]

• 상업적으로 이용되는 유명 만화의 캐릭터나 게임에 등장하는 캐릭터는 저작권자의 허락 없이 이러닝 콘텐츠 제작에 사용할 수 없다. 따라서 유명 만화나 게임의 캐릭터를 수업 동영상 제작 과정에 사용하려면 저작권자나 해당 저작

물을 위탁관리하고 있는 위탁관리업체로부터 사전에 이용허락을 받고 이용해야 한다.

(9) 저작권자가 아직 공표하지 않은 저작물을 촬영하여 이러닝 콘텐츠에 포함시킨 경우

■ [상황 예시]

• 미술대학을 졸업하신 D 선생님은 개인적으로 유명 조각가이신 J 선생님과 평소 친분이 두터운 사이이다. D 선생님은 어느 날 J 조각가 선생님의 작업실을 방문할 기회가 있었는데 마침 J 조각가 선생님이 마무리 단계에 있는 작품을 볼 수 있었다. 그 작품이 마음에 들었던 D 선생님은 마침 가지고 있던 디지털 사진기로 J 조각가 선생님의 작품을 촬영하였다. 그리고 며칠 뒤에 이러닝 콘텐츠 제작에 참여하게 된 D 선생님은 며칠 전에 자신의 디지털 사진기로 촬영한 조각 작품 사진을 학생들에게 보여주면서 설명하는 내용으로 미술 수업 동영상을 촬영한 후 이러닝 콘텐츠 안에 포함시켰다.

■ [대책 및 해설]

• 원 저작자가 공개하지 않은 저작물을 촬영하여 이러닝 콘텐츠 안에 사용하는 것은 비록 원 저작자가 저작물의 촬영을 허락하였다 할지라도 저작 인격권에 해당되는 공표권을 침해한 행위가 될 수 있다. 따라서 원 저작자에 의해서 공표되지 않은 저작물을 촬영하여 이러닝 콘텐츠 제작에 사용하고자 하는 경우에는 그 촬영된 내용을 사용하기에 앞서 원저작자로부터 서면으로 허락받을 필요가 있다.

chapter
15 촬영 단계에서 유의할 사항

오늘날 디지털 카메라나 캠코더 등의 발달로 누구나 쉽게 고화질의 사진이나 동영상을 촬영할 수 있게 되었다. 촬영된 사진이나 동영상을 외부 공개 없이 개인적인 목적으로만 소장하고 있는 경우라면 별 문제가 없지만, 여러 사람에게 공개하거나 상업적으로 이용하고자 할 경우에는 저작권 침해나 초상권 침해와 같은 문제를 야기할 수 있다.

따라서 외부 공개나 상업적 이용과 같은 특별한 목적을 가지고 촬영하고자 할 때는 촬영대상에 대한 촬영허락을 받아야 하는 것은 물론 촬영물에 대한 이용허락까지 받아야 한다.

이러닝 콘텐츠 제작에 소재자료로 활용할 목적으로 이루어지는 촬영으로는 [공연에 대한 촬영], [박물관 및 미술관에 대한 촬영], [문화재에 대한 촬영], [인물에 대한 촬영] 등이 있을 수 있다. 이 장에서는 이들 촬영 각각에 대해서 촬영허락 및 이용허락을 받아야 할 내용에 대해서 설명한다.

01 촬영허락 및 촬영물에 대한 이용허락

(1) 공연에 대한 촬영

우리나라 저작권법 제29조 제1항에서는 “영리를 목적으로 하지 아니하고 청중이나 관중 또는 제3자로부터 어떤 명목으로든지 반대급부를 받지 아니하는 경우에는 공표된 저작물을 공연 또는 방송할 수 있다. 다만, 실연자에게 통상의 보수를 지급하는 경우에는 그러하지 아니하다”라고 규정하고 있다. 따라서 이미 공표된 공연이라면 학교에서 비영리 목적으로 실연자인 학생들에게 보수를 지급하지 않는 상황에서는 같은 내용으로 공연하거나 방송할 수 있다. 하지만 공연을 캠코더로 촬영하여 이러닝 콘텐츠 제작이나 온라인 강의 콘텐츠 개발에 소재자료로 사용하고자 할 경우에는 해당 공연을 촬영하기에 앞서 저작권자 및 저작인접권자(실연자)로부터 허락을 받아야 한다.

(2) 박물관 및 미술관에 대한 촬영

전시된 저작물에 대해서 사진이나 동영상을 찍는 것은 저작권법상 '복제'에 해당된다. 따라서 해당 전시물이 보호되는 저작물이라면 이를 촬영하기에 앞서 복제권을 가진 저작권자로부터 허락을 받아야 한다. 하지만 저작권법 제35조 제2항에서 "건물 외벽이나 야외전시장과 같이 개방된 장소에 항시 전시되어 있는 미술저작물 등은 어떠한 방법으로든지 이를 복제하여 이용할 수 있다"라고 규정하고 있으며, 따라서 건물 외벽이나 야외전시장과 같이 개방된 장소에 항시 전시되어 있는 미술저작물 등은 촬영하여 수업 동영상 제작에 사용할 수 있다.

국립박물관이나 국립현대미술관처럼 국가에서 소장하고 있는 유물이나 미술품을 전시하고 있는 경우에는 다른 관람객의 관람을 방해하지 않고 작품에 손상을 끼치지 않는 범위에서 제한적으로 관람객의 촬영을 허가하고 있다. 그렇기 때문에 이러한 경우에는 촬영이 가능하지만, 촬영된 작품이나 미술품을 수업 동영상의 소재자료로 이용하고자 할 경우에는 해당 작품이나 미술품 등에 대한 저작권 침해가 되지 않는지는 확인하여야 한다. 예를 들어 국립박물관에서 촬영이 허락된 신라금관은 오래된 유물이므로 촬영한 사진이나 동영상을 이용하여도 저작권 침해를 일으키지 않지만, 국립현대미술관에서 촬영한 현대미술품의 경우에는 저작권 보호기간이 아직 만료되지 않아 저작권 침해를 일으킬 수 있기 때문이다.

사립미술관이나 예술의 전당, 시립미술관 등에서 기획을 통해 특정기간 동안에만 전시되는 미술품의 경우에는 일반적으로 그 촬영을 불허하고 있다. 이러한 미술품 전시회는 상업적 이윤 추구를 목적으로 하는 것이기 때문에 관람객이 디지털카메라나 캠코더를 가지고서 임의로 촬영할 경우 그 전시회를 기획한 업체의 상업적 이윤 추구에 영향을 미칠 수 있기 때문이다.

(3) 유형문화재에 대한 촬영

국가지정문화재인 경우에는 그 보존에 영향을 미칠 우려가 있는 촬영행위에 대해서 사전에 문화재청장의 허가를 받도록 하고 있다(문화재보호법 제34조 제2호). 국가지정문화재에 대한 촬영을 하고자 하는 경우에는 사전에 문화재전자민원포탈

(https://www.e-minwon.go.kr)의 민원신청 페이지 등을 참조하여 촬영안내, 촬영허가절차, 촬영요금 등을 확인한 후, 촬영허가 신청서를 작성하여 신분증 사본과 함께 문화재청 유형문화재과에 제출하여야 허가를 받을 수 있다.

[그림 15-1] 문화재청의 국가지정문화재(탁본 · 영인 · 촬영)허가 신청 홈페이지

출처 : http://www.cha.go.kr/html/etc/e_minwon_1.html

(4) 인물에 대한 촬영

개인은 자신의 인격을 보호할 목적으로 자신의 초상을 허락 없이 촬영당하지 않도록 하거나 자신의 초상을 허락 없이 사용할 수 없도록 할 수 있다. 따라서 이러닝 콘텐츠 등에 특정인의 모습을 담고자 할 경우에는 사전에 촬영될 사람으로부터 촬영허락을 받고 촬영을 하는 것이 좋다. 일반인의 초상은 단순한 촬영만으로 형사처벌의 대상이 되지 않는다.

초상권은 단순한 침해를 벗어나서 명예훼손, 모욕의 수단으로 타인의 모습이 담긴 사진을 악용하는 경우 등에만 형사처벌의 대상이 된다. 그렇기 때문에 수업 동영상과 같은 학습 콘텐츠를 제작할 때는 그 동영상에 촬영되는 주요 인물에 대해서만 촬영허락을 받고, 기타 주변에 함께 촬영되는 인물의 경우에는 촬영허락을 받지 않아도 된다. 하지만, 촬영된 인물들 가운데 본인의 초상이 나오지 않기를 희망하였거나 촬영된 내용이 특정인의 명예를 훼손할 소지가 있는 경우에는 모자이크 편집이나 삭제 등과 같은 방법으로 해당 인물의 초상이 보이지 않도록 조치하여야 한다.

02 초상권, 퍼블리시티권, 프라이버시권 및 명예훼손

(1) 초상권

■ 초상권의 정의

- 초상은 그 초상을 가진 자를 대표해서 나타낼 수 있는 이미지라고 말할 수 있으며, 넓게는 그 주인의 인격적인 부분까지 포함하고 있다. 이러한 초상이 주인의 허락 없이 촬영되거나 사용되어 유포된다면 그 사람의 인격이 심하게 훼손될 수 있다. 따라서 초상권은 개인의 인격을 보호할 목적으로 만들어진 '자신의 초상을 허락 없이 촬영당하지 않을 권리'이자 '자신의 초상을 허락 없이 사용당하지 않을 권리'이다.

■ 초상의 범위

- 초상은 그 초상을 가진 자를 대표해서 나타낼 수 있는 이미지이기 때문에 특정인임을 식별할 수 있는 신체적 특징을 나타낼 수 있는 부분이면 신체의 어느 부위이든 될 수 있다. 따라서 얼굴은 당연히 포함되며, 실제로 특정인임을 식별할 수 있을 정도로 독특한 특징을 가지고 있다면 신체의 다른 부위도 포함될 수 있다. 예를 들어 축구선수 박지성 씨의 발이나 발레리나 강수진 씨의 발도 초상이 될 수 있다.

■ 초상권 침해의 요건

• 초상권 침해의 요건으로는 얼굴 등 특정인임을 식별할 수 있는 신체적 특징을 초상권자의 허락 없이 취득하거나 공표하는 것이다.

■ 초상권의 특징

• 헌법적으로 보장되는 권리
• 인격적 권리
• 자신의 신체적 특징에 대하여 촬영 당하지 않을 권리이자 자신의 초상에 대한 이용을 거절할 수 있는 권리
• 양도가 되지 않는 일신전속적 권리(인격권)
• 초상권의 침해 시 손해배상 청구가 가능

■ 초상권 침해 사례

[서울중앙지법 2006.11.29. 선고 2006가합36290 판결]【초상권침해금지등】항소

[판결요지]

[1] 언론매체에 대하여 자신의 초상에 관한 방송을 동의한 때에도 당시 예정한 방법과 달리 방송된 경우에는 초상권이 침해된 것이다.

[2] 연주자들이 얼굴을 식별할 수 없도록 촬영할 것을 조건으로 연주장면의 촬영을 승낙하였는데도 방송을 시청한 주위사람들이 쉽게 연주자들을 알아 볼 수 있도록 연주장면을 촬영한 드라마 제작사와 그 연주장면이 삽입된 드라마를 방영한 방송사에게 연주자들의 초상권 침해로 인한 위자료 지급책임이 있다고 한 사례(인정금액 : 각 200만원).

[3] 연주자들이 드라마 제작사와 방송사를 상대로 자신들의 초상권을 침해한 연주장면이 삽입된 드라마의 재방영, 비디오의 제작 · 반포 등의 금지를 청구한 초상권침해금지 청구사건에서, 드라마의 내용전개에 있어 연주장면이 반드시 필요하다고 보이지 아니하고, 인터넷상의 '드라마 다시보기'에서 연주장면이 이미 삭제되었으며, 드라마 수출을 위하여 제작된 수출용 마스터 테이프에도 연주장면이 포함되지 않은 점 등에 비추어 볼 때 연주자들의 초상권 침해의 가능성이 크지 않다는 등의 이유로 그 청구를 받아들이지 않은 사례.

(2) 퍼블리시티권(초상사용권)

■ 퍼블리시티권의 정의

- 퍼블리시티권은 미국에서 발달한 개념으로, 유명인의 초상이나 이름 등을 상업적으로 이용할 수 있도록 하는 권리이다. 이 퍼블리시티권은 통상적으로 "대가를 받고 유명인의 초상이나 이름을 상업적으로 이용할 수 있도록 하는 권리"라고 정의된다.

■ 퍼블리시티권 침해의 요건

① 얼굴, 성명, 음성 및 특정인임을 식별할 수 있는 모든 기표의 허락 없는 공표
② 지명도의 이용

- 일반적으로 특정인의 얼굴이나 성명, 음성 사용은 물론 특정인임을 식별할 수 있는 특이한 외모나 행동 묘사까지도 퍼블리시티권의 범주 안에 포함될 수 있다. 예를 들어, 찰리 채플린이란 배우가 영화에서 맡은 배역을 통해 보여준 모습처럼 특정 배우가 자신만의 독특한 역할이나 배역을 통해서 그 배우만의 독창적인 행동이 일반인에게까지 각인되었을 때라면, 그 역할이나 배역의 묘사 및 모방 등의 행위 역시 퍼블리시티권을 침해한다고 할 수 있다.

■ 퍼블리시티권의 특징

- 일신전속적인 인격권이 아니므로 타인에게 양도하거나 관리를 위탁하는 행위가 가능하다.
- 주로 대중에게 그 초상이 널리 알려진 공인(public figure)에 대해 적용된다.
- 연예인의 초상사진에 대한 사진작가의 사진저작권은 사진저작권자의 동의가 필요하다.

■ 퍼블리시티권의 침해 사례

[서울중앙지방법원 2005.9.27. 선고 2004가단235324 판결] 【손해배상】 확정

[1] 일반적으로 퍼블리시티권이란 사람이 자신의 성명이나 초상 등을 상업적으로 이용하고 통제할 수 있는 배타적 권리를 의미하는 것으로서, 이는 초상 등의 경제적 측면에 관한 권리라는 점에서, 인격권으로서의 성격을 가지는 전통적 의미의 초상권과 구별된다고 할 것인바, 유명 연예인이나 운동선수 등의 경우 자신의 승낙 없이 자신의 성명이나 초상 등이 상업적으로 사용되어지는 경우 정당한 사용계약을 체결하였다면 얻을 수 있었던 경제적 이익의 박탈이라고 하는 재산상 손해를 입게 된다는 점에서 이러한 퍼블리시티권을 별도의 권리로서 인정할 필요가 있다.

[2] 유명 연예인의 승낙 없이 그의 얼굴을 형상화하여 일반인들이 쉽게 알아 볼 수 있는 캐릭터를 제작한 후 이를 상업적으로 이용한 것은 재산적 가치가 있는 자신의 초상과 성명 등을 상업적으로 이용할 수 있는 권리인 유명 연예인의 퍼블리시티권을 침해한 것으로 불법행위에 해당한다고 한 사례.

[3] 퍼블리시티권의 침해로 인한 재산상 손해액은 피해자 본인의 승낙을 받아서 그의 성명이나 초상 등을 정당하게 사용할 경우에 지급하여야 할 대가금액을 기준으로 삼아야 한다.

[4] 유명 연예인의 승낙 없이 그의 얼굴을 형상화하여 일반인들이 쉽게 알아 볼 수 있는 캐릭터를 제작한 후 이를 이동통신회사들이 운영하는 인터넷 모바일 서비스에 콘텐츠로 제공한 것만으로는 유명 연예인의 연예인으로서의 평가 · 명성 · 인상 등이 훼손 또는 저하되었다고 보기 어렵다는 이유로 재산상 손해 외에 정신적 고통으로 인한 위자료의 지급책임을 부정한 사례.

(3) 프라이버시권

■ 프라이버시권의 정의

- 개인의 비밀적인 요소나 정보를 당사자의 허락 없이 취득하거나 공표하지 않는 권리이다.

■ 프라이버시권 침해의 요건

- 개인이 비밀스럽게 다루어오던 정보에 대한 허락 없는 취득 또는 공표

■ 프라이버시권의 침해 유형

- 사적인 사항의 공표(public disclosure of private facts)
- 공중의 오도(false light in the public eye)
- 성명 및 초상의 영리적 사용(appropriation of name or likeness)
- 사적 영역의 침입(intrusion upon solitude or seclusion)

(4) 명예훼손

■ 명예훼손의 정의

명예훼손은 타인이 특정인에 대한 허위/진실을 불특정 다수에게 공표하여 명예를 훼손하는 행위를 말하는 것으로서 우리나라 형법 제307조에서는 명예훼손에 대해서 다음과 같이 처벌함을 규정하고 있다.

형법 제307조(명예훼손)

① 공연히 사실을 적시하여 사람의 명예를 훼손한 자는 2년 이하의 징역이나 금고 또는 500만원 이하의 벌금에 처한다.
② 공연히 허위의 사실을 적시하여 사람의 명예를 훼손한 자는 5년 이하의 징역, 10년 이하의 자격정지 또는 1천만원 이하의 벌금에 처한다.

여기서 중요한 점은 "공연히 사실을 적시하여 명예를 훼손해야 한다"는 점이며, '공연히'라는 것은 '공연성' 즉, 여러 사람이 알아서 퍼질 수 있어야 범죄가 성립된다는 뜻을 가진다. 따라서 비록 개별적으로 한 사람에 대하여 사실을 유포하였다 하더라도 이로부터 불특정인이나 다수인이 알 수 있는 상태가 어느 정도 되느냐에 따라서 명예훼손죄가 성립될 수도 있고, 성립되지 않을 수도 있다. 예를 들어 교사가 다른 선생님의 비리를 평소 친한 다른 선생님에게 알렸지만, 두 사람 간의 친분이 두터운 관계로 전파될 가능성이 낮으면, 문제의 소지가 적다.

■ 명예훼손죄가 성립하기 위한 '공연성'의 요건

첫째, 불특정인이나 다수인이 알 수 있는 상황이 되어야 한다.

둘째, 타인에게의 '전파상 또는 전파가능성'이 있어야 한다.
셋째, 특정인의 인격에 대한 침해이어야 한다.

[대법원 2004. 6. 25. 선고 2003도4934 판결]

명예훼손죄에 있어서 공연성은 불특정 또는 다수인이 인식할 수 있는 상태를 의미하므로, 비록 개별적으로 한 사람에 대하여 사실을 유포하더라도 이로부터 불특정 또는 다수인에게 전파될 가능성이 있다면 공연성의 요건을 충족한다 할 것이지만, 이와 달리 전파될 가능성이 없다면 특정한 한 사람에 대한 사실의 유포는 공연성을 결한다 할 것이다.

- 명예훼손 성립 유무에 대한 최대 관건은 공익성에 있다. 진실된 사실을 주장한다고 해도 공익을 목표로 그 주장을 한 것이 아니라면 문제가 성립되지 않는다. 우리나라에서는 허위의 사실을 유포하거나 사실 내용을 유포하는 것에는 명예훼손을 성립하는 데 차이를 두고 있지 않는다. 즉, 허위의 사실을 유포하든 사실 내용을 유포하든 특정인의 인격에 대한 침해가 발생하면 명예훼손이 성립된다. 하지만, 공인인 경우에는 의도적인 허위사실(허위인지 알면서 공표한 허위사실)이 있어야 명예훼손이 성립된다. 따라서 어떤 사람이 특정인에 대한 허위의 사실을 글이나 출판물 및 기타의 방법으로 유포한다면 처벌을 받을 수 있다. 그러나 이때 허위의 사실을 유포한 사람이 꼭 처벌을 받게 되는 것은 아니며, 반드시 피해자의 처벌 희망 의사가 있어야만 처벌이 가능하다(반의사불벌죄). 그리고, 허위에 의한 명예훼손이 성립되려면 악의적인 부분이 입증되어야 한다. 단, 악의적인 의도로 허위적인 내용을 이용하여 대중에게 풍자하는 내용을 전달할 때, 그 풍자 내용이 현실적인 부분과 너무 동떨어져 있어서 사실이라고 믿기지 않으면 명예훼손이 성립되지 않을 수 있다.

chapter

16 로열티-프리 저작물과 자유이용 저작물

이러닝 콘텐츠를 제작하는 과정에서 가장 손쉽게 이용될 수 있는 타인의 저작물들 중 하나가 로열티-프리 저작물과 자유이용 저작물이다. 특히, 사진이나 일러스트 이미지 같은 경우에는 인터넷을 통해 로열티-프리 라이선스 형태로 판매되고 배포되는 형태가 일반화되었다. 그렇기 때문에 이러닝 콘텐츠에 로열티-프리 사진이나 로열티-프리 이미지가 사용된 것을 종종 발견할 수 있다. 그러나 로열티-프리 저작물은 비록 사용자가 구입한 저작물이라 할지라도 그 저작물의 이용범위를 비상업적인 용도나 개인적인 용도로 제한하는 경우가 많기 때문에 그 사용에 있어서 주의가 필요하다. 이 장에서는 로열티-프리 저작물과 라이트-매네지드 저작물, 그리고 자유이용 저작물의 차이점에서 대해서 먼저 살펴보고 사용자가 로열티-프리 저작물을 이용하기에 앞서서 알아야 할 로열티-프리 저작물의 특징과 로열티-프리 라이선스 내용에 대해서 알아본다.

01 로열티-프리 저작물과 라이트-매네지드 저작물

(1) 로열티-프리 저작물

로열티-프리(Royalty-free)란 그 의미를 "그냥 공짜로 사용해도 된다는" 뜻으로 잘못 이해하고 있는 경우가 많은데, 정확한 뜻은 "로열티(사용료)만 없다는" 뜻을 가진다. 다시 말해 로열티-프리란 의미는 저작물이 무료라는 뜻은 아니며 사용료만 무료라 뜻이다.

일반적으로 로열티-프리 저작물에는 "저작물 자체도 무료이면서 로열티 역시 무료인 형태"와 "한 번 저작물을 구매하면 로열티(사용료) 없이 계속 사용이 가능한 형태"가 있을 수 있다. 전자는 저작물 자체도 무료이기 때문에 인터넷 등을 통해 무료로 다운로드 받은 후 추가적인 로열티 지불도 없이 사용할 수 있는 반면, 후자의 경우에는 "한 번 구매하면 추가 사용료 없이 구매한 사용자가 자신의 창작활동에 자유롭게 사용이 가능한 형태"의 로열티-프리 저작물이기 때문에 사용에 앞서 반드시 한 번 구매를 하여야 한다. 최근에 인터넷을 통해 제공되는 로열티-프리 저작물은 전자보다 후자의 경우가 더 많기 때문에 그냥 '로열티-프리 저작물'이라고 하면 일반적으로 후자의 경우에 해당되는 로열티-프리 저작물로 간주한다. 그렇기 때문에 예를 들어 '로열티-프리 사진(Royalty-free Photo)'이라고 하면 "한 번 그 사진을 구매하면 사용자가 자신이 창작하는 책이나 동영상, 기타 예술 작품에 자유롭게 사용할 수 있는 사진"을 뜻하며, '로열티-프리 음악(Royalty-free Music)'이라고 하면 "한 번 구매하면 사용자가 자신이 창작하는 동영상이나 애니메이션, 컴퓨터 프로그램, 공연작품 등에 자유롭게 사용할 수 있는 음악"을 뜻하게 된다.

로열티-프리 저작물은 그 저작물 자체가 유료이든 무료이든 간에 저작권에 아무런 저촉을 받지 않는 '자유이용 저작물'과 큰 차이가 하나 있다. 그것은 로열티-프리 저작물의 라이선스 권리자(Licensor)와 이 로열티-프리 저작물을 이용하고자 하는 사람(Licensee) 간에 "User License Agreement"와 같은 특별한 계약이 존재한다는 점이며, 그렇기 때문에 로열티-프리 저작물을 이용하고자 하는 사람은 그 계약이 허락하는 범위 내에서 로열티-프리 저작물을 로열티 없이 사용할 수 있다는 점이다.

인터넷을 통해 쉽게 다운로드 받아 사용할 수 있는 로열티-프리 저작물을 이용하고자 할 경우에는 해당 저작물이 유료인지 무료인지도 확인해 보아야 하는 것은 물론 해당 로열티-프리 저작물의 "User License Agreement"나 이와 동등한 성격의 License 관련 가이드라인을 꼼꼼하게 살펴본 후 로열티-프리를 지원하는 범위 내에서 사용하여야 한다.

(2) 라이트-매네지드 저작물

라이트-매네지드(Rights-managed) 라이선스는 라이선스 권리자가 콘텐츠에 대한 저작권을 특별하게 관리할 수 있는 라이선스를 의미한다. 그렇기 때문에 라이트-매네지드 저작물이라고 하면, 라이선스 기간, 지정학적인 지역범위, 독점 사용 여부, 산업 출판되는 크기 등과 같이 구매자가 콘텐츠를 이용할 수 있는 권리를 매우 특정한 방법으로 한정하는 저작물을 가리킨다.

〈표 16-1〉 Rights-Managed 라이선스와 Royalty-Free 라이선스의 차이점

	Rights-Managed 라이선스	Royalty-Free 라이선스
라이선스 기간 및 배포지역	통상 1년, 국가별로 지역제한	제한 없음
사용 범위	1광고주, 1용도, 1매체로 제한	제한 없음(비상업적 용도)
독점 사용	가능	불가
저작물의 품질	높음	중간 또는 낮음
저작물의 희소성	매우 높음	중간 또는 낮음
가격	용도, 매체, 사이즈, 기간, 지역 등 세부사항에 따라 다름	파일 사이즈별로 고정 가격

〈표 16-1〉은 라이트-매네지드 라이선스와 로열티-프리 라이선스의 차이점을 비교해서 나타낸 것이다. 비교 내용을 살펴보면, 로열티-프리 라이선스는 비교적 품질이 높지 않은 저작물을 비상업적인 용도로 제한 없이 사용할 수 있도록 허락하고 있는 반면, 라이트-매네지드 라이선스의 경우에는 고품질의 저작물에 대해서 사용기간, 배표지역, 사용범위 등을 엄격하게 제한하고 있다는 것을 알 수 있다.

(3) 자유이용 저작물

자유이용 저작물은 말 뜻 그대로 "그냥 공짜로 사용해도 되는 저작물"이다. 이러한 자유이용 저작물은 개인적인 용도로 사용할 수 있는 것은 물론 상업적인 용도까지 제한 없이 사용할 수 있다.

02 로열티-프리 저작물의 특징

일반적으로 로열티-프리 저작물은 다음과 같은 특징을 가진다.

① User License Agreement와 같은 일련의 가이드라인 하에 해당 저작물을 추가적인 로열티 지급 없이 영구적으로 사용할 수 있다.

- 로열티-프리 저작물은 사용자가 라이선스 권리자(Licensor)로부터 제공받은 저작물이면 어떠한 형태의 이용이라도 마음대로 자유롭게 이용할 수 있는 저작물을 의미하는 것이 아니며, 단지 라이선스 권리자와 라이선스 사용자 간에 특별할 계약에 따라 허가된 범위 내에서 이용할 경우 로열티를 지급하

지 않아도 되는 저작물이다. 따라서 로열티-프리 저작물은 저자권자에 따라 비상업적 용도나 개인적인 용도로 사용할 경우에만 로열티를 받지 않고, 상업적 용도로 사용할 경우에는 로열티를 받는 것으로 사용자 라이선스의 범위를 한정하는 경우가 대부분이다.

② 로열티-프리 저작물은 통상 라이선스 권리자가 해당 저작물에 대한 이용 이력(a history of usage)을 제공하지 않는다.

• 예를 들어, 어떤 한 이미지를 로열티-프리로 판매할 경우 라이선스 권리자는 일반적으로 사용자에게 그 이미지에 대한 이용이력을 제공하지 않는다. 그 이유는 사용자에게 그 로열티-프리 저작물에 대한 이용이력을 제공할 경우 부정적인 영향을 미칠 수 있기 때문이다. 말하자면 어떤 한 지역에 판매되는 로열티-프리 콘텐츠인 경우에 지정학적 같은 지역의 경쟁자에게 이용되지 않는 콘텐츠임을 보장하기가 어렵다는 것이다.

③ 로열티-프리 콘텐츠에 부과는 저작물 판매 가격은 해당 콘텐츠의 물리적 속성에 따라 차별적으로 책정될 수 있다.

• 예를 들어, 로열티-프리로 판매되는 디지털 이미지의 경우, 이미지가 가지는 화소(pixel) 수가 많아질수록 판매가격이 더 높아진다. 그 이유는 같은 내용의 이미지라도 화소 수가 많은 이미지일수록 더 해상도 좋은 이미지를 얻을 수 있는 장점이 있기 때문이다. 또 이와 유사하게 디지털 음원인 경우에는 음의 샘플링 비율이 높을수록 더욱 고음질의 음을 얻을 수 있기 때문에 가격이 올라가며, 플래시 애니메이션의 경우에는 더욱 복잡하게 구성될수록 보다 정교한 애니메이션을 구현하기 때문에 가격이 올라갈 수 있다.

④ 로열티-프리 저작물의 판매 가격과 이용허락 범위는 이용자의 규모나 이용범위에 따라 다르게 책정될 수 있다.

• 로열티-프리 저작물은 그 저작물의 이용자가 개인이냐 단체냐에 따라 가격이 다르게 책정될 수 있다. 특히, 단체의 경우에는 그 저작물을 이용할 수 있는 사람의 수에 따라 가격을 다르게 책정하기도 한다. 또한 저작권자는 로열티-프리 저작물의 이용범위를 사용자에 따라 다르게 허가할 수 있다. 예를 들어 어떤 사람에게는 이미지가 담긴 티셔츠나 달력과 같이 로열티-프리 콘텐츠가 포함된 상품을 판매할 수 있도록 허락하는 반면 또 다른 사람에게는 별도의 계약을 하지 않는 이상 허락하지 않기도 한다.

03 로열티-프리 라이선스 살펴보기

[그림 16-1]은 로열티-프리 이미지를 판매하고 있는 국내 한 사이트의 라이선스이다. 아래 라이선스의 내용을 살펴보면 우선 이미지 사용 가능범위가 맨 처음에 표시되어 있으며, 이어 이미지 사용 제한범위, 분쟁 및 반품, 금지사항 등이 명시되어 있는 것을 볼 수 있다. 아래의 경우에는 신문, 잡지, 차량 등에 사용할 광고나 판촉물, 사보나 뉴스레터 등의 출판 등에 대해서는 로열티-프리 라이선스로 사용할 수 있도록 하는 반면, 달력이나 포스터, 우편엽서, 소프트웨어 등과 같은 유상 상품에 이용하고자 할 때는 별도의 라이선스 계약을 맺는 것을 알 수 있다. 이와 같이 로열티-프리 이미지는 사용자가 한번 구입한 후 자유롭게 사용할 수 있는 것이 아니라 로열티-프리 이미지의 라이선스 권리자와 사용자 간에 특별할 계약에 따라 허가된 범위 내에서 사용할 수 있는 것을 알 수 있다.

[그림 16-2]는 동영상 제작에 필요한 로열티-프리 이미지나 애니메이션, 비디오 등을 판매하고 있는 해외 인터넷 사이트(ARTBEATS)의 사용자 라이선스 내용이다. 이 라이선스에서 눈여겨 볼 점은 '제한 사항들'인데, 이 '제한 사항들'의 두 번째 절에는 다음과 같은 내용이 명시되어 있다.

"만일 디지털 미디어 파일이 재생산, 판매, 기증, 배포, YouTube와 같은 인터넷 방송 사이트에 업로드 되는 프로젝트에 이용된다면, 비록 디지털 미디어 파일이 다른 그래픽과 계층적으로 결합되거나 그 프로젝트의 기본적인 가치에 영향을 미치지 않는다 할지라도 그 디지털 미디어 파일은 완성된 작품의 길이의 25% 이상 포함될 수 없습니다."

이 내용은 인터넷 방송 사이트에 업로드되는 프로젝트에 이용될 경우에는 완성된 작품 길이의 25% 미만의 길이로 로열티-프리 디지털 미디어가 사용되어야 한다는 뜻이다. 따라서 이와 같은 제한 사항이 있는 경우에는 정상적으로 구입하여 사용하는 로열티-프리 동영상이라 할지라도 수업 동영상과 같이 인터넷을 통해 서비스될 프로젝트에 사용된다면 전체 길이의 25%를 넘지 않게 사용되어야 한다.

* 라이선스 약관

☞ 이미지 사용가능 범위

1. **광고 및 판촉물**
   신문, 잡지, 차량 기차/지하철/버스 등, 카탈로그, 팜플렛/브로슈어/매뉴얼리 포트/DM/사용설명서
   단, 리플렛, 포스터, 캘린더(판매용제외), 와이드칼라, 네코/현수막/기타옥외광고, 간판, 디스플레이 POP, 데코레이션, 배너광고, 기타판촉용, 부채/라벨/스티커
2. **편집 및 출판**
   잡지, 사보, 뉴스레터, 기내지, 기관지, 신문

☞ 이미지 사용제한 범위

(별도 라이선스가 필요합니다. 단 제품마다 약간의 차이가 있을 수도 있으므로 문의요망 0000-0000)

1. **유상 상품화 이용**
   (1) 달력, 판매용 참고 서적
   (2) 포스터
   (3) 우편엽서
   (4) 머그 컵 등의 식기
   (5) 문구 등 : 편지지, 노트, 랩핑, 씰, 수첩, 샤프 펜, 스탬프, 페이퍼 가방, 키홀더, 배지
   (6) 텍스타일 : T셔츠 등의 의류, 커튼 등의 패브릭
   (7) 그 외 제품 : 장식품, 전자제품(판매 시에 제품에 미리 설정된 휴대전화의 대기화면 컴퓨터의 데스크 탑의 바탕화면), 집기, 가방소프트웨어에 콘텐츠를 삽입하여 판매하는 행위 (포토샵 예제사용, 일러스트 예제사용…)
   (8) 봉제인형 등의 입체 제품에 번안 · 복제
   (9) WEB상에서 이미지를 이용한 샘플을 제작하여 소비자들에게 판매를 유도하는 행위 (명함, 전단지, 스티커, 상품권, 달력, 포스터, 버티컬, 현수막…) 판매를 목적으로 이미지를 이용하여 카탈로그 제작 후 판매를 유도하는 행위
   (10) 판매를 목적으로 하는 인쇄물에 이미지가 판매를 위한 중요한 요소가 되어 제작되는 행위
   (11) 지리정보시스템(GIS)등의 소프트웨어 제품에 이용

☞ 분쟁 및 반품
 \- 중략 -

☞ 금지사항

1. 구입한 콘텐츠(CD, 한 컷 데이터)를 제 삼자에게 배포, 양도, 대여, 전송, 판매하는 행위 (인터넷을 이용하여 공유사이트에 무단 배포하는 행위)
2. 구입한 콘텐츠(CD, 한 컷 데이터)를 복제하여 제삼자에게 배포, 양도, 대여, 전송, 판매 하는 행위
3. 콘텐츠(CD, 한 컷 데이터)의 이미지를 도용하여 유사 상품으로 제작하는 행위
4. CI(코퍼레이트 아이덴티티)에서의 이용을 금지합니다.
5. 콘텐츠를 이용하여 외설(포르노),비방…미풍양속에 어긋나는 목적으로 사용하는 경우

[그림 16-1] 국내 로열티-프리 이미지 사이트의 라이선스 사례
출처 : http://www.photopark.com/2006/main/popup/risence.html

User License Agreement (사용자 라이선스 계약)

Definitions (정의)

"Digital Media Files" are any images, animations, films, videos or other audio/visual representations recorded in any format that are owned or controlled by Artbeats.

("디지털 미디어 파일"은 Artbeats가 소유하며 조정할 수 있는 것으로서 어떤 형태의 이미지, 애니메이션, 필름, 비디오 및 기타 어떠한 형식으로 기록된 오디오/비주얼 표현물 등이 될 수 있습니다.)

"Royalty Free" indicates that aside from the purchase price, no further fees or compensation are due regardless of how many times (unlimited, in perpetuity, worldwide) the Digital Media files are used or how many projects they are used for, provided that they may be used by only a single user in accordance with the terms and conditions of this Agreement.

("로열티-프리"는 구입 가격과는 별개로 디지털 미디어 파일들을 얼마나 여러 번 사용했느냐 또는 얼마나 많은 프로젝트에 사용되느냐에 상관없이, 이 계약의 거래 조건에 따라서 단일 사용자에게만 이용될 경우 더 이상의 비용이나 보상금을 지불하지 않아도 된다는 것을 나타냅니다.)

"Restrictions" indicate some of the specific uses for the Digital Media Files that are NOT allowed. Regardless of whether a particular use is listed as a Restriction, any use of Digital Media Files that is not expressly permitted by this Agreement is not allowed. Please note that special licensing to obtain additional rights is available by contacting Artbeats.

("제한사항들"은 디지털 미디어 파일의 사용이 허락되지 않는 일부 특정한 사용을 나타냅니다. 특정 이용이 하나의 제한 사항으로 열거되는 것과는 무관하게, 이 계약에 의해서 명백하게 허용되지 않은 디지털 미디어의 이용은 어떤 이용도 허락되지 않습니다. 추가적인 권리를 얻기 위해서는 Artbeat와의 계약을 통해 특별한 라이선싱을 구해야 한다는 사실에 주목하십시오.)

Grant Of License (라이선스의 승인)

You are granted a limited, nonexclusive, personal and nontransferable Royalty Free license to use and modify the Digital Media Files, subject to the terms and conditions below.

(디지털 미디어 파일을 이용하고 수정하기 위해서 제한적이며, 비독점적이고, 개인적이며, 양도가 불가능한 로열티-프리 라이선스가 아래 계약 조건에 따라 당신에게 승인됩니다.)

Single User License (단일 사용자 라이선스)

The Digital Media Files may only be modified or used on one computer at any one time. You may not rent, lease, lend, sell or sublicense the Digital Media Files to another person, company or other entity. Anything you produce using the Digital Media Files must be for your own use, or for the use of your employer, client or customer, who must be the end-user of your work. This is not a concurrent use license. Please contact ARTBEATS for a multi-seat site license if you need to use the Digital Media Files over a network for multiple users.

(디지털 미디어 파일은 언제나 한 대의 컴퓨터상에서만 수정되고 이용될 수 있습니다. 당신은 다른 사람이나 다른 회사 또는 기타 등등에게 디지털 미디어 파일을 빌리거나 임대하거 팔거나 부분적으로 라이선싱할 수 없습니다. 디지털 미디 파일을 이용하여 당신이 생산하는 것은 무엇이든 간에 당신 자신이 사용하기 위한 것이거나, 또는 당신의 고용인이나 고객이 이용하기 위한 것이 되어야 합니다. 이 라이선스는 동시 사용 라이선스가 아닙니다. 만일 당신이 다수의 사용자들을 위해서 네트워크를 통해 디지털 미디어를 이용하고자 한다면 ARTBEATS와의 연락하여 multi-seat site 라이선스를 맺어야 합니다.)

(계속)

General Use Grant (일반적인 이용허락)
The Digital Media Files may be incorporated into a derivative work such as a film feature, video, broadcast, multimedia work, advertisement, live performance, internet website, presentation or print project.
(디지털 미디어 파일은 극영화, 비디오, 방송 멀티미디어 작품, 광고, 라이브 퍼포먼스, 인터넷 웹사이트, 프리젠테이션이나 프린트 프로젝트와 같은 파생적인 작품들과 결합될 수 있습니다.)

Restrictions (제한사항들)
The Digital Media Files and any derivative work thereof may not, in whole or in part, be used, sold, sublicensed, reproduced, distributed, displayed, incorporated into or otherwise made available as templates, standalone backgrounds, stock elements, effects imagery elements or downloadable files. The Digital Media Files and any derivative work thereof may not, in whole or in part, be included in any other clip media/stock product, library, collection, or set of clips for distribution or resale. These Restrictions apply even if the Digital Media Files have been significantly altered.
(디지털 미디어 파일 및 이것과 결합되어 파생된 작품은 전체이든 일부분이든 템플릿, 단독 배경화면, 스톡 요소, 효과 표현 요소, 다운로드할 수 있는 파일 등으로 만들어 지거나 이용, 판매, 서브라이선스, 재생산, 배포, 표시, 결합될 수 없습니다. 디지털 미디어 파일 및 이것과 결합되어 파생된 작품은 전체이든 일부분이든 어떤 다른 클립 미디어/스톡 상품, 라이브러리, 콜렉션, 배포나 재판매를 목적으로 만들어진 클립 셋트 등에 포함될 수 없습니다. 이러한 제한사항들은 디지털 미디어 파일이 상당부분 수정되었을 때조차도 적용됩니다.)
If Digital Media Files are used in a project that will be reproduced, sold, given away, distributed, or uploaded to internet broadcast sites such as YouTube the Digital Media Files may not comprise more than 25% of the length of the finished work, even if the Digital Media Files are layered with other graphics, nor may the primary value of the project come from the Digital Media Files. The Digital Media Files are strictly prohibited from being used as screen savers. Additionally, you agree to notify Artbeats in writing and take all steps possible to prevent any third party from duplicating or distributing any of the Digital Media Files included in the finished work. All low-resolution versions of the Digital Media Files are not licensed for broadcast. Please note that special licensing to obtain additional rights is available by contacting Artbeats.
(만일 디지털 미디어 파일이 재생산, 판매, 기증, 배포, YouTube와 같은 인터넷 방송 사이트에 업로드 되는 프로젝트에 이용된다면, 비록 디지털 미디어 파일이 다른 그래픽과 계층적으로 결합되거나 그 프로젝트의 기본적인 가치에 영향을 미치지 않는다 할지라도 그 디지털 미디어 파일은 완성된 작품의 길이의 25% 이상 포함될 수 없습니다. 디지털 미디어 파일이 화면 보호기로 이용되는 것은 엄격하게 금지됩니다. 부가적으로, 완성된 작품에 포함된 디지털 미디어 파일의 어떤 부분이라도 제삼자에게 복제되거나 배포될 가능성이 있을 경우에는 Artbeats에 서면으로 그 사실을 알리고 가능한 한 모든 방지 조치를 취해야 합니다. 디지털 미디어 파일의 모든 저해상도 버전은 방송용으로 허가되지 않습니다. 추가적인 권리를 얻기 위해서는 Artbeats와 특별한 라이선스 계약을 맺어야 합니다.)

이하 생략

[그림 16-2] 해외 로열티-프리 이미지 사이트의 라이선스 사례
출처 : http://www.artbeats.com/license

04 로열티-프리 저작물을 구할 수 있는 곳

(1) 로열티-프리 사진 저작물

인터넷 상에서 로열티-프리 사진 저작물을 판매하는 곳을 찾는 것은 어려운 일이 아니다. 그 이유는 그만큼 로열티-프리 사진 저작물을 판매하는 인터넷 사이트가 많기 때문이다. 로열티-프리 사진 저작물을 판매하는 곳들 가운데 국내외적으로 가장 널리 알려진 곳은 fotosearch(http://www.fotosearch.com)이다. 미국의 Publitek, Inc. dba Fotosearch 사에서 운영하는 이곳은 약 250만장에 이르는 스톡 사진, 일러스트, 지도, 비디오 및 오디오 클립을 보유하고 있다.

[그림 16-3] FotoSearch

출처 : http://www.forosearch.com

그리고 AbsolutVision(http://www.absolutvision.com)은 스위스의 전문 그래픽 디자이너와 사진작가들 팀을 구성하여 제작한 로열티-프리 사진 저작물을 제공하는 곳으로서 고품질의 스톡사진을 구할 수 있는 곳으로 유명하다.

[그림 16-4] ABSOLUTVISION

출처 : http://www.absolutvision.com

(2) 로열티-프리 동영상 저작물

로열티-프리 사진 저작물과는 다르게 로열티-프리 동영상 저작물을 판매하는 곳은 전 세계적으로 많지 않다. 로열티-프리 동영상 저작물을 판매하는 곳들 가운데 최근 많이 알려진 곳으로 ARTBEATS(http://www.artbeats.com)가 있다. ARTBEATS에서는 footage라 불리는 자료 영상을 로열티-프리 형식으로 판매한다. 앞 절에서 설명한 바와 같이 이곳에서 구입한 로열티-프리 자료 영상을 사용하여 인터넷으로 서비스될 동영상을 제작할 경우에는 완성된 작품 길이의 25% 미만의 길이로 로열티-프리 디지털 미디어가 사용되어야 한다.

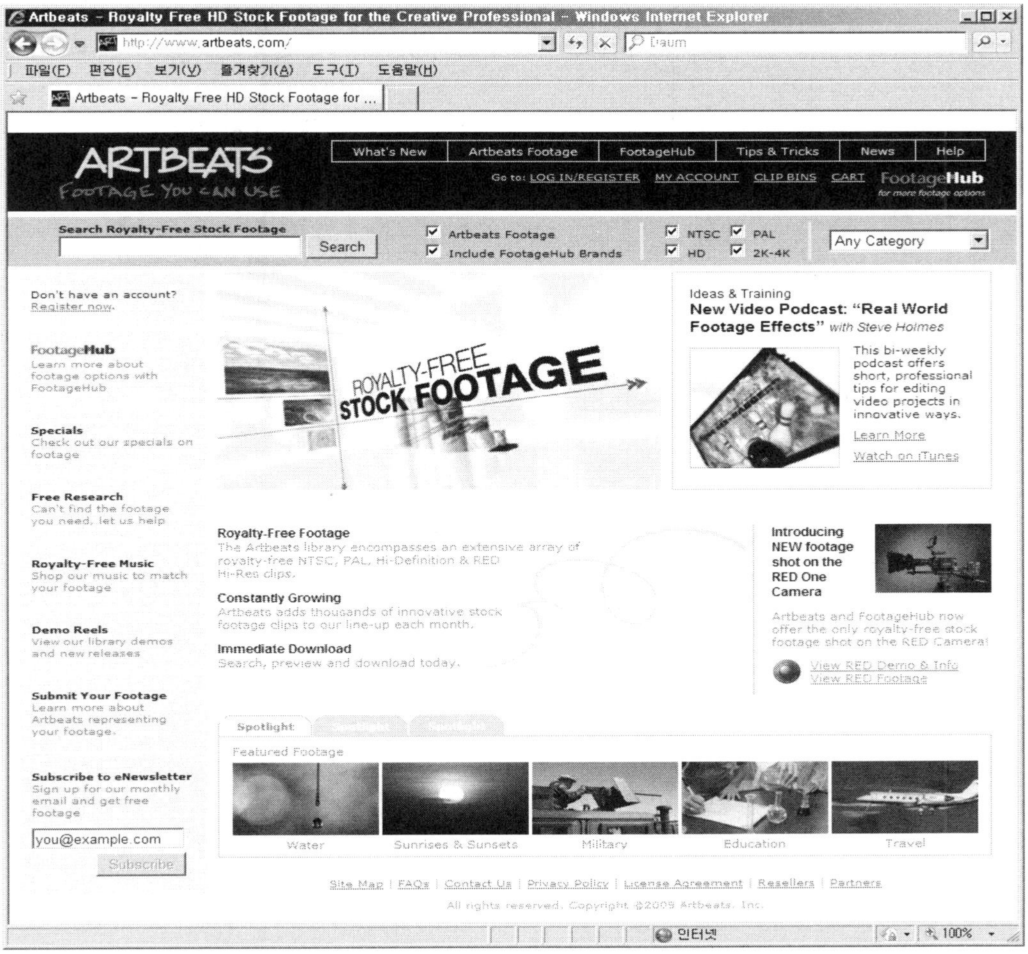

[그림 16-5] ARTBEATS
출처 : http://www.artbeats.com

(3) 로열티-프리 음악저작물

로열티-프리 음악저작물은 곡 단위로 판매되는 형태와 용도에 어울리는 음악을 여러 곡 묶어 라이브러리 형태로 판매되는 형태가 있다. 로열티-프리 음악저작물을 판매하는 사이트로는 Royalty-free.tv와 RoyaltyFreeMusic.com이 대표적이다.

[그림 16-6] Royalty-free.tv
(출처 : http://www.royalty-free.tv)

[그림 16-7] RoyaltyFreeMusic.com

출처 : http://www.royaltyfreemusic.com

최근에는 저작권 걱정 없이 배경음악을 자동으로 만들어 주는 소프트웨어도 등장했다. SmartSound Software사의 Sonicfire Pro나 Sony사의 Cinescore와 같은 제품이 그 대표적인 형태이다. 이러한 로열티-프리 자동 배경음악 생성 소프트웨어들은 패키지 안에 포함된 음원들을 10~60개 형태로 변주하여 자동으로 배경음악을 만들어 준다. 또한 다양한 카테고리, 뮤직스타일, 템포 등으로 구성된 테마를 사용하여 쉽게 비디오 프로젝트에 어울리는 배경음악을 생성할 수 있다.

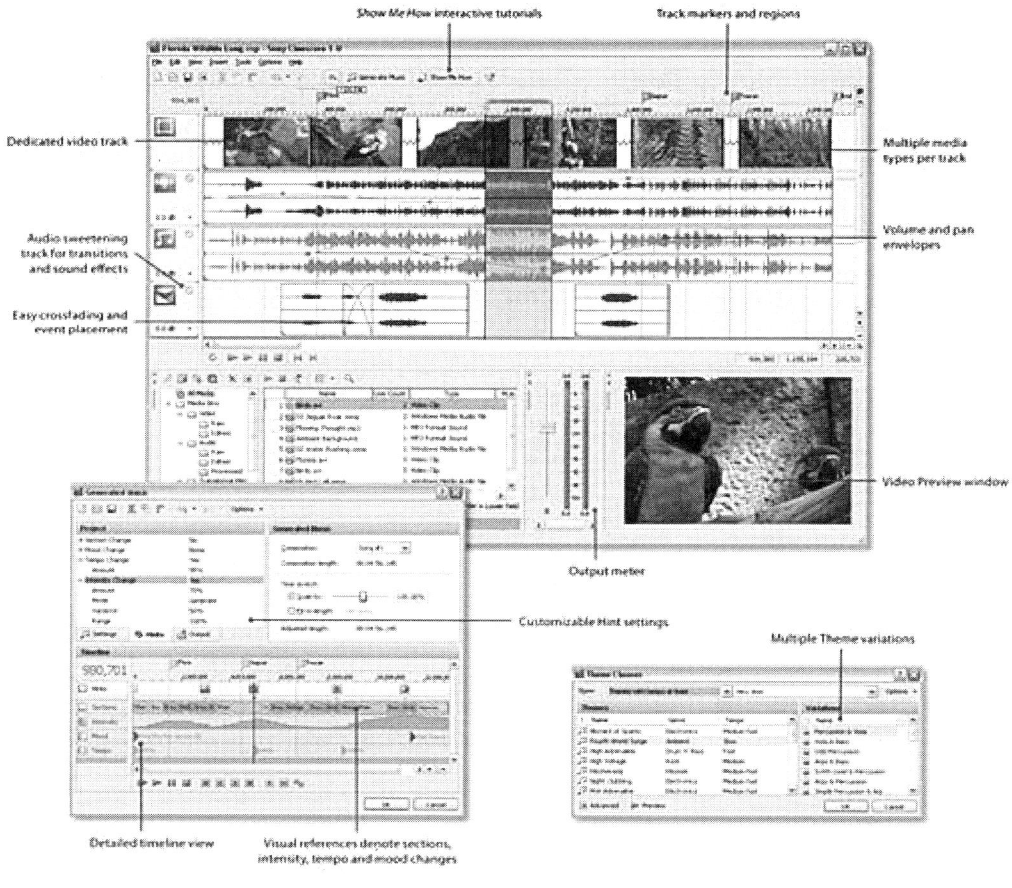

[그림 16-8] Sony사의 로열티-프리 자동 배경음악 생성 소프트웨어, Cinescore

(4) 로열티-프리 서체 저작물

해외의 경우에는 디자인 작업이나 타이포그라피(typography) 등에 활용될 수 있는 서체(font)나 딩뱃 폰트(dingbat font)를 제작하여 로열티-프리 라이선스 형태로 판매하는 곳이 많다.[396] 대표적인 곳으로는 Graphx Edge Imagination(http:/www.graphxedge.com), PhotoSpin(http://www.photospin.com), VanDer Font(http://www.vanderfont.com) 등이 있다.

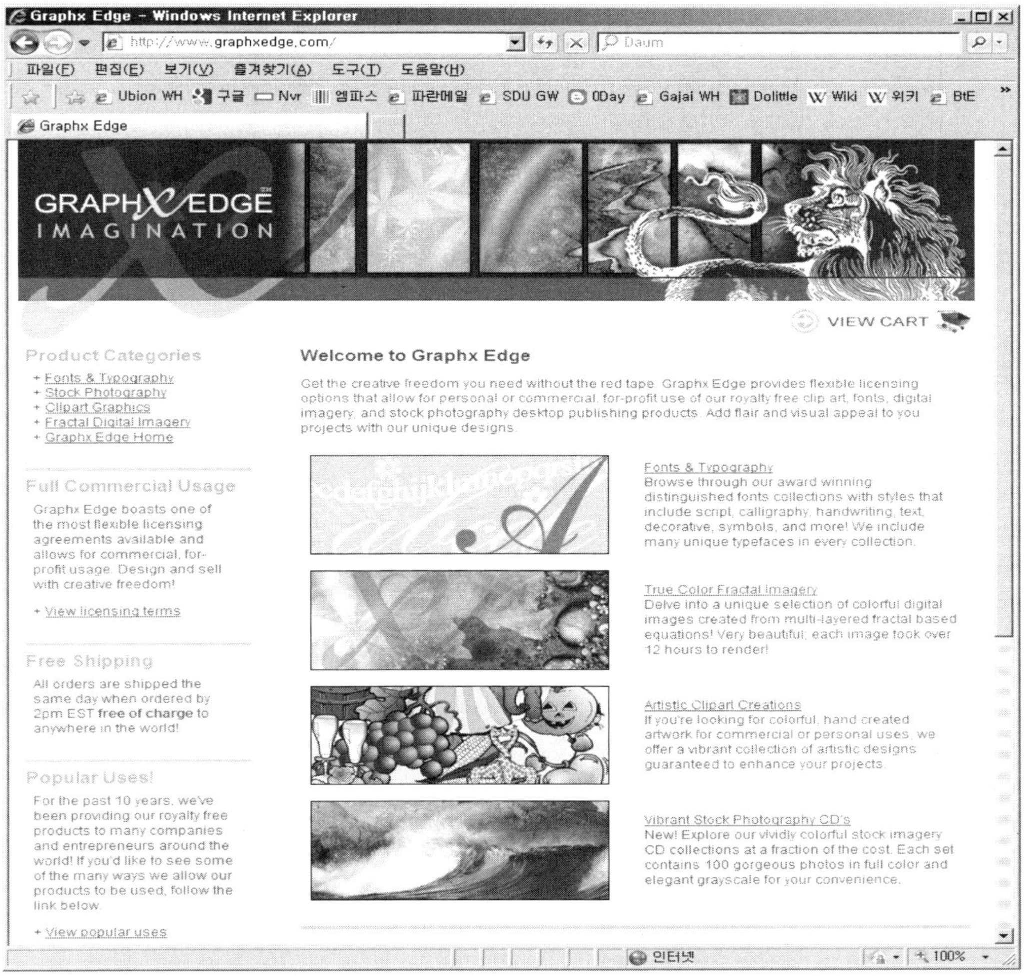

[그림 16-9] Graphx Edge

출처 : http://www.graphxedge.com

396) Dingbat Font : 폰트에 글자체에 대한 정보 대신 그림에 대한 정보를 넣어 둔 것

05 자유이용 저작물을 구할 수 있는 곳

(1) IMAGE*AFTER

온라인으로 사진 자료를 제공하는 웹사이트로서 이곳에서 제공되는 이미지와 텍스처(texture)는 용도와 이용 범위에 상관없이 모두 무료이다. 즉, 사용자 마음대로 다운로드 받은 이미지나 텍스처를 수정할 수 있는 것은 물론, 사용자가 다운로드 받은 이미지나 텍스처를 개인적으로든 상업적으로든 자신의 작품을 만드는 데 사용할 수 있다. 또한 여기서 다운로드 받은 이미지나 텍스처는 사용자의 수정을 통해 재배포되거나 판매될 수 있다. 하지만, 이 웹사이트와 유사한 웹사이트를 통해 다운로드 받은 이미지나 텍스처를 온라인으로 재배포하는 것은 금지하고 있다.

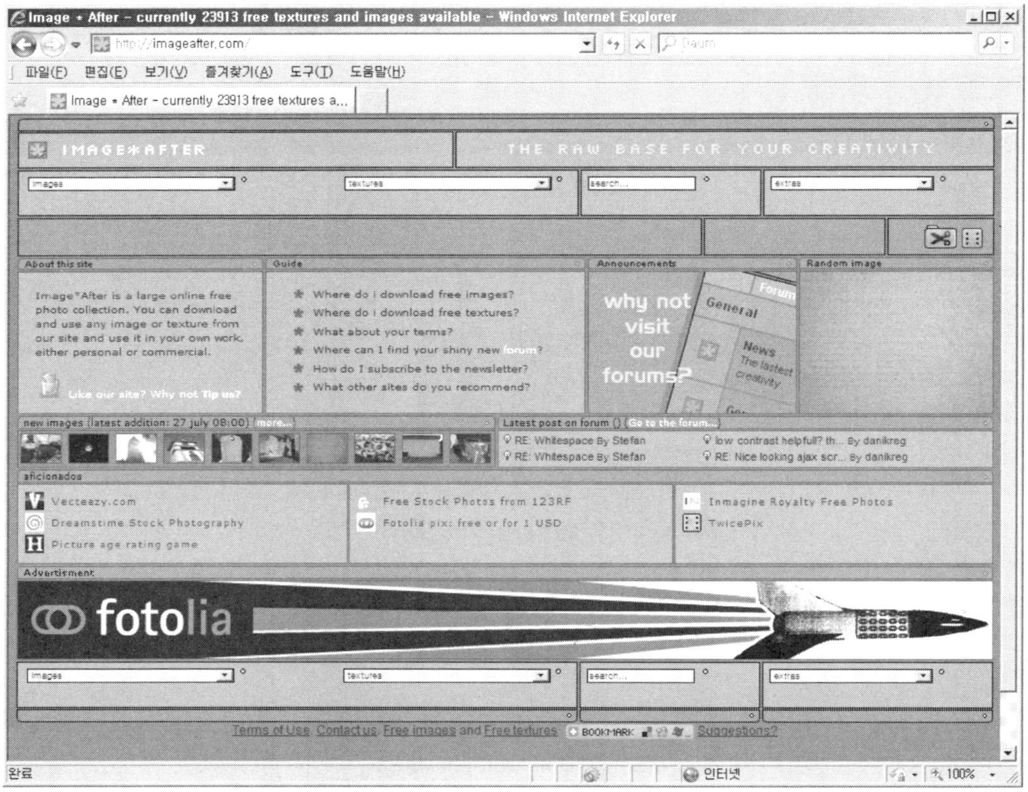

[그림 16-10] image*after

출처 : http://imageafter.com

(2) MOVIETOOLS.info

동영상의 인트로나 엔딩 등에 많이 활용되는 Motion Background Loop나 영상 합성이나 컴퓨터 그래픽 작업에 활용될 수 있는 Motion Object 등을 다운로드받아 무료로 이용할 수 있다. 여기서 다운로드 받은 비디오 클립들은 별도의 DVD 패키지로 만들어 판매하는 것을 제외하고는 개인적으로든 상업적으로든 사용자가 자신의 작품을 만드는 데 사용할 수 있다.

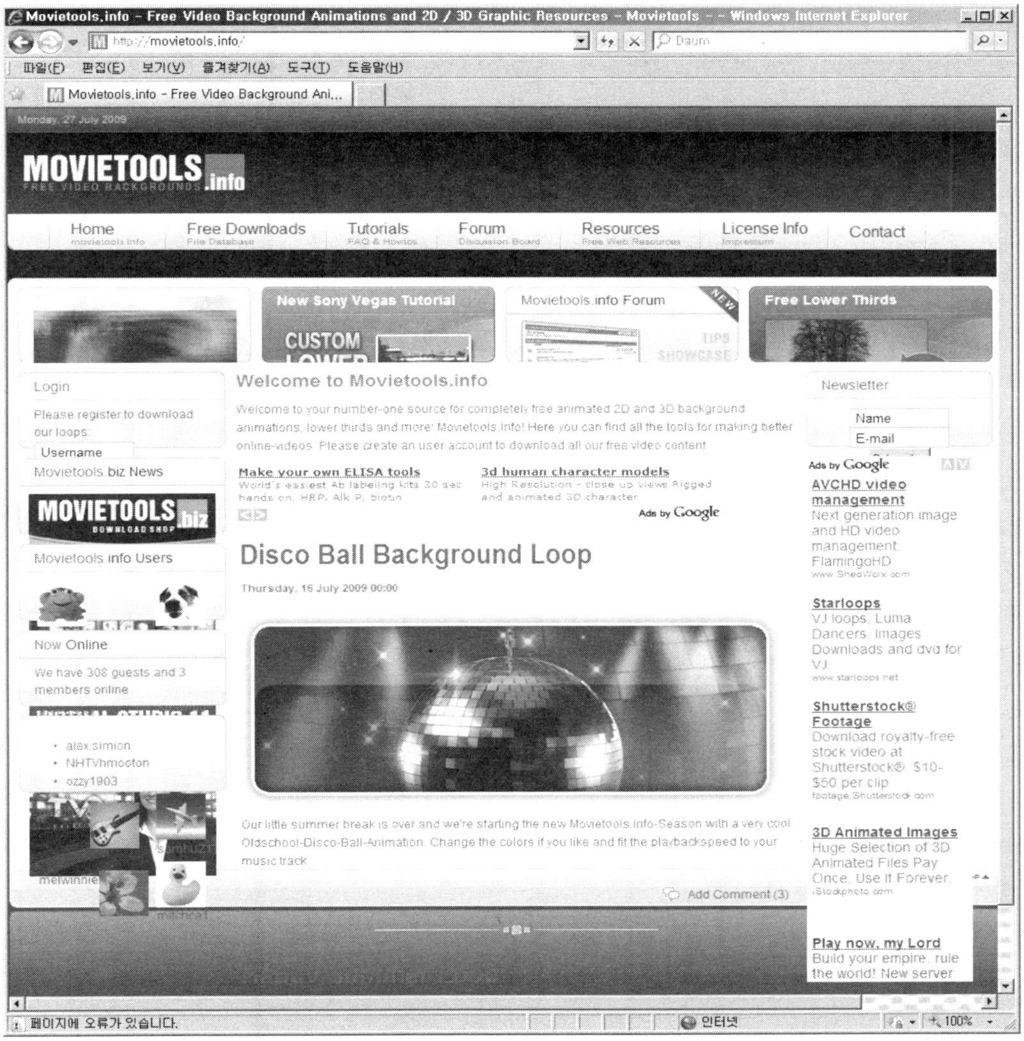

[그림 16-11] MovieTools
출처 : http://movietools.info

(3) The Freesound Project

Creative Commons Sampling Plus 라이선스를 기반으로 만들어진 소리전용 공동 데이터베이스이다. Freesound에는 노래(song)가 포함되지 않으며 단지 소리(sound)만 포함된다. Creative Commons Sampling Plus 1.0 라이선스에 따라 여기에서 제공되는 소리 저작물은 비상업적인 용도는 물론 상업적인 용도로 샘플링, 메쉬-업, 기타 창작적인 변환 작업이 가능하다. 하지만 파일 공유나 웹캐스팅과 같이 사운드 저작물 전체를 복제 · 배포 · 전송하는 것은 비상업적인 용도로만 가능하다.

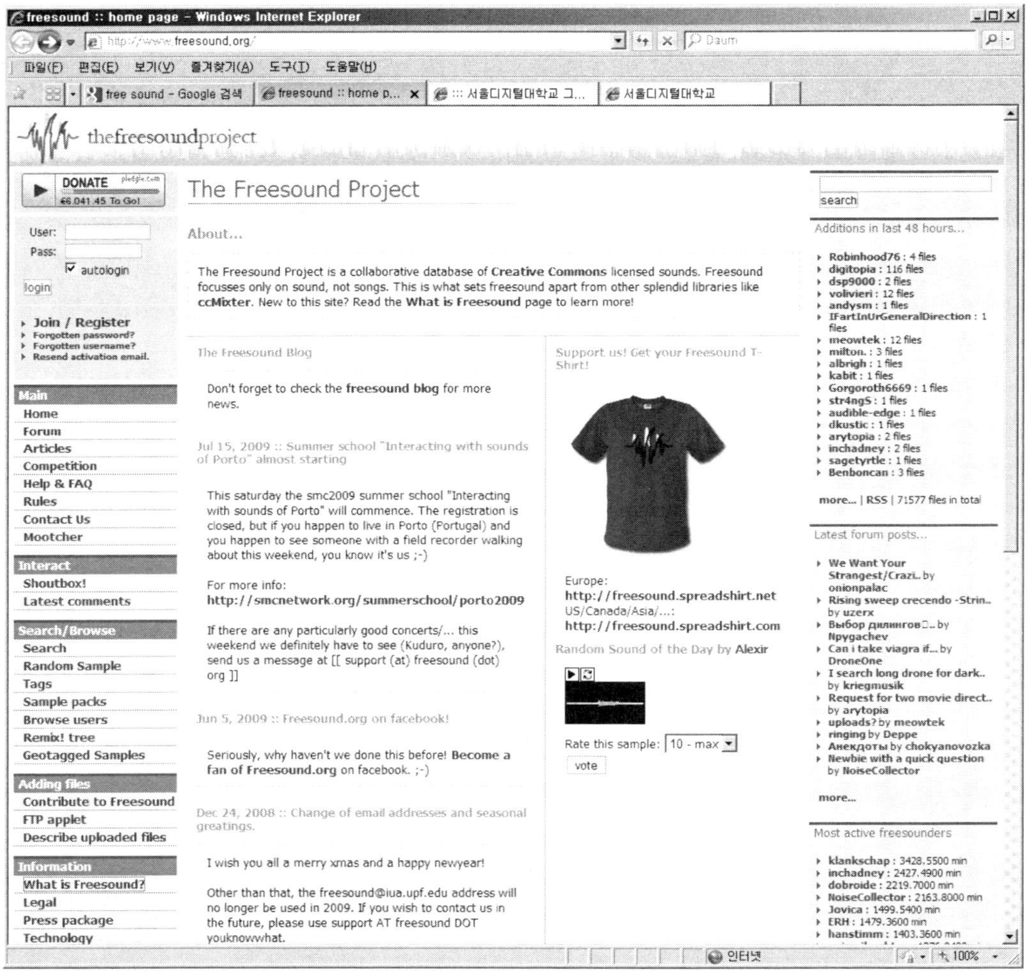

[그림 16-12] The Freesound Project

출처 : http://www.freesound.org

chapter 17

공표된 저작물의 인용 방법

오늘날 저술 저작물을 작성하는 과정에서 가장 흔하게 타인의 저작물을 빌려다 쓰는 형태가 인용(引用)이다. 하지만 우리는 인용을 사용하여 작성된 여러 저작물들 가운데 종종 표절시비에 휘말리는 것을 볼 수 있다. 잘못된 인용은 표절이 될 수 있다. 따라서 이러닝 콘텐츠를 제작하는 입장에서도 올바른 인용 방법에 맞춰 타인의 저작물을 빌려다 사용해야 할 것이다.

이 장에서는 1절에서 인용의 개념과 요건에 대해서 살펴보고 2절에서는 올바른 인용 방법에 대해서 설명한다.

01 인용의 개념과 요건

(1) 인용의 개념

인용(引用)이란 사전적 의미로 볼 때 "남의 말이나 글을 자신의 말이나 글 속에 넣어 설명하는 데 쓰는 것"을 말한다. [자료출처 : 금성 국어 대사전] 이 말의 의미를 다시 새겨보면 "자신의 말이나 글 속에 다른 사람이 작성한 저작물을 빌려다 쓰는 것"이란 뜻으로 해석할 수 있으며, 저작권적인 관점에서는 "남의 저작물을 인용하기 위해서는 반드시 자신의 저작물이 존재하여야 한다"는 의미로 받아들여질 수 있다. 즉, 자신의 저작물이 없는 상태에서 남의 저작물들을 발췌하여 가져다 쓰는 것은 인용이 아니라 무단 이용 행위가 된다.

법적인 관점에서 인용은 그 의미가 보다 구체적이면서 협소하다. 저작권법 제28조에서는 "공표된 저작물은 보도·비평·교육·연구 등을 위해서는 정당한 범위 안에서 공정한 관행에 합치되게 이를 인용할 수 있다"고 규정하고 있다. 따라서 법적인 관점에서는 저작권법 제28조의 요건을 충족할 때만 적법한 인용이 된다.

(2) 인용의 요건

■ **저작물의 인용을 위해서는 일반적으로 다음 네 가지 요건을 충족하여야 한다.**

① 공표된 저작물
② 보도 · 비평 · 교육 · 연구 등을 위한 인용일 것
③ 정당한 범위 내일 것
④ 공정한 관행에 합치될 것

1) 공표된 저작물

피인용저작물은 공표된 것이어야 한다는 뜻이다. 여기서 공표란 "저작물을 공연, 공중송신 또는 전시 그 밖의 방법으로 공중에게 공개하는 경우와 저작물을 발행하는 경우"를 말한다(저작권법 제2조 제25호). 가족이나 친지 또는 친구 몇 사람이 모인 장소에서 저작물을 공개한 것은 공표된 것으로 보지 않는다. 이와 같이 미공표저작물이나 개인적 용도로 인쇄된 저작물은 인용 대상이 아니다. 하지만, 인용될 수 있는 저작물에 대해서는 제한을 두지 않고 있기 때문에 공표된 저작물이라면 어문저작물뿐만 아니라 표, 사진, 회화는 물론 영화, 라디오 및 TV 프로그램 등도 피인용저작물이 될 수 있다.

2) 보도 · 비평 · 교육 · 연구 등을 위한 인용일 것

인용이 사용될 수 있는 경우는 보도 · 비평 · 교육 · 연구 등의 목적으로만 국한된다. 연예 · 오락 · 광고 등의 목적을 위한 인용은 허용되지 않는다. 예를 들어, 모 담배제조회사가 자사제품의 판촉광고물에 원고가 저술한 242면으로 된 학술논문 중에서 3개의 문장을 발췌하여 인용형식으로 사용한 사례가 미국에서 있었고, 이 사건의 경우 법원은 "본건 출판물은 학술논문도 아니고 인류의 지식을 증진시키기 위하여 제작된 저작물도 아니다. 오히려 본건 팜플렛은 자사제품의 판매고를 늘릴 목적으로 한다는 순전히 상업적인 목적으로 저작된 것이다"라는 이유로 공정한 관행에 합치되게 사용된 인용으로 보지 않았다.

3) 정당한 범위 내일 것

인용은 정당한 범위 안에서 이루어져야 한다. 예컨대, 인용저작물이 주(主)이고

피인용저작물이 종(從)인 관계가 유지되어야 한다"는 것이다. 다시 말해, 이 말은 피인용저작물은 보족, 부연, 예증, 참고자료 등으로 쓰여야 한다는 뜻이다. 또한 인용 시 피인용저작물의 분량은 필요한 최소 한도여야 한다. 이 말은 피인용저작물의 분량이 지나치게 많아 원저작물의 시장 수요를 대체해서는 안 된다는 뜻이다. 인용 분량은 모든 사안에 대하여 일률적인 기준을 적용할 수는 없지만 일반적으로 문학 및 역사적인 비평 등을 위해서는 긴 인용(long quotation)이, 신문 기사를 위해서는 그보다 짧은 인용만이 정당화될 수 있다. 그러나 시, 시조, 미술, 사진 등과 같이 그 전체가 짧은 저작물인 경우에는 그 전체를 이용하더라도 정당한 인용의 범주에 속하게 된다.

그리고 피인용 작품은 감상용으로 이용되어서는 안 된다. 우리 법원에서 피인용 작품이 호화 컬러판으로 잡지의 전면이나 상당한 정도 크기 이상으로 이용된 것에 대하여 감상용으로 이용되었다고 판결한 사례가 있다. 또한, 인용은 공정한 관행에 합치되어야 한다. 즉 피인용저작물의 출처를 정확히 밝히고 인용저작물과 명확히 구분되도록 해야 한다는 것을 뜻한다. 피인용저작물을 인용저작물과 구분하기 위해서는 인용 부호를 사용하면 된다. 그러나 반드시 인용 부호가 아니더라도 양자를 명확히 구분할 수 있는 방법이면 무방하다. 예컨대 피인용저작물의 글씨체를 다르게 하거나 밑줄을 긋거나 또는 기타 부호 등을 사용하여 구분하는 것을 생각할 수 있다.

4) 공정한 관행에 합치될 것

인용이 정당한 것으로 인정되기 위해서는 그 방법이 공정한 관행에 합치되어야 한다. 여기서 공정한 관행이란 저작물의 인용행위가 널리 행하여지고 있으며, 그 행위가 신의성실의 원칙에 입각하여 합리적인 방식으로 행하여짐으로써 저작권자의 경제적인 이익이나 인격에 손상을 입히지 않으면서도 문화 발전을 비롯한 공공복리에 기여할 수 있는 경우를 말한다. 따라서 공정한 관행은 저작권자와 이용자가 소속된 학계 · 언론계 · 교육계 · 예술계 등과 같은 집단 내에서 일반적으로 통용되는 합의지침이 있는지를 살펴보고 그러한 것이 없다면 그 집단 내에서 실제로 행하여지고 있는 일반적인 사례들을 검토하여 그 사회적 타당성 여부를 판단하며, 단일 저작권자와 이용자가 서로 다른 집단에 소속되어 공통된 관행이 없을 때에는 양 집단을 포함한 일반 사회의 통념을 기준으로 공정한 관행인지 여부를 판단하게 된다.

02 올바른 인용의 방법

(1) 인용부호의 사용

올바른 인용이 되기 위해서는 1절에서 설명한 네 가지 인용의 요건을 충족해야 하는 동시에 인용되는 글에 대해서 인용부호 등을 사용하여 자신의 글과 인용한 글이 명확하게 구분될 수 있도록 나타내어야 하며, 인용이 사용된 문장의 끝에는 주석이나 괄호 등을 사용하여 출처를 나타내어야 한다.

(2) 출처의 표시

출처표시는 피인용저작물과 가까운 위치에 해야 한다. 예컨대 각주나 후주를 다는 방법을 생각할 수 있다. 참고문헌란에 인용된 저작물을 표시하는 것만으로는 출처 표시를 한 것으로 보지 않는다. 저작자에 대한 출처표시는 인용저작물의 원문에 표시된 대로 해야 한다. 원문의 저작자가 실명이면 실명을, 이명(異名)이면 이명을, 무명(無名)이면 무명으로 표시해야 한다. 출처를 명시하지 않으면 500만원 이하의 벌금에 해당하는 형사처벌을 받게 된다.

한편, 피인용저작물의 출처는 구체적으로 표시하는 것을 원칙으로 한다. 예컨대 저작자, 저작물의 제호, 발행처 및 발행연월일, 쪽 번호 등을 표시해 주어야 한다. 그러나 신문기사나 소설 등과 같이 인용저작물을 구체적으로 표시하기 곤란한 경우에는 괄호를 쳐서 저작자와 저작물의 제호만을 기재하는 것만으로도 출처가 표시된 것으로 볼 수 있다.

(3) 원문의 변경 인용 불가

공표된 저작물을 인용할 때는 원문을 그대로 인용하여야 하며, 수정하거나 변경하여 인용할 수 없다. 만일 원문을 수정 혹은 변경하여 인용하는 경우에는 저작인격권 중 동일성유지권의 침해행위가 된다. 다만 원문 중 불필요한 부분을 생략[…(생략)…]하여 인용하는 것은 가능하다.

(4) 외국저작물의 번역 인용 가능

외국어로 된 저작물은 번역하여 인용할 수 있다. 예컨대 영어나 일본어로 쓴 저작물을 한글이나 다른 외국어로 번역하여 인용할 수 있다. 그리고 외국어로 된 저작물을 번역하여 인용할 때, 해당 저작물을 자신이 직접 번역한 것이면 해당 자료를 자신이 번역한 것임을 밝히고 원서의 출처를 명시하여야 한다.

(5) 인용저작물의 대상

과거에는 발췌(拔萃)인용 또는 절록(節錄)인용만을 인정하고 인용할 수 있는 매체도 신문이나 정기간행물에만 한정한 적이 있었다. 그러나 절록인용은 저작물의 전체를 이용할 수밖에 없는 미술·사진·시 등은 인용 대상에서 제외시켰고, 또 단행본의 집필 시에는 인용할 길을 막았다. 따라서 1987년 저작권법 개정 시 '저작재산권자의 보호와 그의 공공적인 이용측면을 고려하여' 인용의 범위를 확대 및 구체화하였다. 그러나 오늘날 모든 공표된 저작물은 인용의 주체 및 객체가 된다. 방송 프로그램과 같은 영상저작물도 마찬가지이다. 예컨대 드라마나 영화를 제작할 때 다른 영화나 기타 저작물 등을 인용할 수 있고, 비평이나 평론 등을 할 때 드라마나 영화 장면이나 대사 등을 인용할 수 있다.

적법하게 공중에 제공된 저작물을 인용하는 것은 문제가 없는데, 불법으로 공중에 제공된 저작물을 인용할 수 있는가 하는 점에 대하여 논란이 있을 수 있다. 우리나라 저작권법 제28조에서는 공표된 저작물을 인용할 수 있는 것으로 규정하고 있을 뿐 합법적으로 공중에 제공된 저작물만을 인용할 수 있다는 언급은 없다. 하지만, 우리나라가 가입하여 준수할 의무가 있는 「문학 및 예술저작물의 보호를 위한 베른협약」 제10조 제1항에서는 "이미 적법하게 공중에 제공된 저작물을 인용하는 것은 허용된다.(It shall be permissible to make quotations from a work which has already been lawfully made available to the public.)"라고 규정하고 있다. 따라서 인용을 할 때는 불법으로 제작되어 공중에 제공된 것이 아니라 합법적으로 제작되어 공중에 제공된 저작물을 인용해야 한다.

(6) 인용문 안에 또 다른 인용문이 들어갈 경우 출처 표시

인용문 안에 또 다른 인용문이 들어갈 경우에는, 자신이 인용한 피인용물에 대한 출처를 기본적으로 명시하여야 하며, 인용문 내에 있는 인용문에 관한 정보는 각주나 미주를 이용하여 설명하면 된다.

▶ 올바른 인용의 예

1. 한 문장을 처음부터 끝까지 모두 인용할 때는 인용되는 문장의 시작과 끝부분에 인용 부호를 표시하고, 인용되는 문장의 끝에는 각주를 달아 출처를 나타내어야 한다.

   "영화는 '보는 것' 소설은 '읽는 것'이다. 소설원고는 붓으로 쓰는 것이요, '스크린'이란 '캔버스'는 카메라로 그려야 하는 것이다"397)

2. 한 문장의 일부만을 인용할 때는 인용한 부분의 시작과 끝부분에 인용 부호를 표시하고, 해당 문장의 끝에 각주를 달아 출처를 나타내어야 한다.

   "'스크린'이란 '캔버스'는 카메라로 그려야 하는 것"이라고 얘기할 수도 있겠지만, 컴퓨터 그래픽이 사용되는 21세기 영화에서는 이제 그 말은 더 이상 어울리지 않는다.398)

3. 원문에서 필요한 부분만 선택하여 인용할 때에는 각각 나누어 인용 부호를 표시하고, 문장의 끝에는 각주를 달아 출처를 나타내어야 한다.

   과거 "영화는 '보는 것'"이라고 하였지만 오늘날 영화는 '보고 듣는 것'이란 표현이 보다 정확하다. 또한 과거 "소설원고는 붓으로 쓰는 것"이라고 하였지만 오늘날 대부분 원고는 펜이나 컴퓨터 워드프로세서를 사용하여 작성된다.399)

4. 원문을 그대로 인용하지 않고 표현을 바꾸어 인용하는 경우에는 인용 부호를 표시하지 않는다. 하지만, 이 경우에 원문의 표현 형태를 모방하거나 원문이 가진 의미를 훼손해서는 안 된다. 그리고 이때에도 인용하는 문장의 끝에는 각주를 달아 출처를 밝혀야 한다. (다른 사람의 글을 쉽게 풀어 쓸 경우 원문과 유사한 형태로 쓰지 말고 자신만의 언어를 가능한 한 살려 나타내어야 한다.)

   과거 영화는 시각 예술의 한 형태로 언급한 시절이 있었지만 오늘날 영화는 눈으로 보는 동시에 귀로 들으면서 즐기는 종합예술이다.400)

---

397) 심대섭, 문예작품의 영화화 문제, 문예공론, 1929년
398) 심대섭, 문예작품의 영화화 문제, 문예공론, 1929년
399) 심대섭, 문예작품의 영화화 문제, 문예공론, 1929년
400) 심대섭, 문예작품의 영화화 문제, 문예공론, 1929년

▶ 잘못된 인용의 예

1. 한 문장을 처음부터 끝까지 모두 인용했음에도 불구하고, 인용되는 문장의 시작과 끝부분에 인용 부호를 표시하지 않고 출처도 각주로 나타내지 않았으면 표절이 된다.

영화는 '보는 것' 소설은 '읽는 것'이다. 소설원고는 붓으로 쓰는 것이요, '스크린'이란 '캔버스'는 카메라로 그려야 하는 것이다.

2. 한 문장의 일부만을 인용했음에도 불구하고 인용 부호와 각주 표시가 없으면 표절이 된다.

'스크린'이란 '캔버스'는 카메라로 그려야 하는 것이라고 얘기할 수도 있겠지만, 컴퓨터 그래픽이 사용되는 21세기 영화에서는 이제 그 말은 더 이상 어울리지 않는다.

3. 인용부호와 각주를 사용하여 인용문임을 밝혔지만 원문과 동일한 또 다른 부분에는 인용부호를 사용하지 않았으면 표절이 된다.

과거 **"영화는 보는 것"**이라고 하였지만 오늘날 영화는 '보고 듣는 것'이란 표현이 보다 정확하다. 또한 과거 **소설원고는 붓으로 쓰는 것**이라고 하였지만 오늘날 대부분 원고는 펜이나 컴퓨터 워드프로세서를 사용하여 작성된다.[401]

4. 원문을 그대로 인용하지 않고 풀어서 표현했지만 원문의 표현과 크게 다르지 않으면 표절이 된다.

과거 **영화의 스크린은 카메라를 사용하여 그려야 하는 것**으로 언급한 시절이 있었지만 오늘날 영화의 스크린은 카메라뿐만 아니라 컴퓨터 그래픽 프로그램을 사용하여 그려진다.[402]

---

401) 심대섭, 문예작품의 영화화 문제, 문예공론, 1929년
402) 심대섭, 문예작품의 영화화 문제, 문예공론, 1929년

chapter 18 온라인서비스제공자의 책임제한

인터넷을 통한 디지털 저작물의 복제와 유통이 용이해짐에 따라 우리나라에서는 2006년 12월 28일 저작권법을 전부 개정하고 2007년 6월 29일부터 개정된 저작권법을 시행하도록 하였다. 개정된 저작권법에서는 과거 저작권법과는 달리 "온라인서비스제공자의 책임제한" 규정이 신설되었는데, 이는 인터넷 포털 사이트와 같은 온라인서비스제공자가 저작권 침해의 직접적인 주체는 아니지만 이를 유발하거나 가능하게 한다는 점에서 온라인서비스제공자의 책임 강화를 통해 저작권 침해를 효과적으로 방지하거나 중단시킬 수 있도록 한 것이다. 이 장 1절에서는 우선 "온라인서비스제공자의 책임제한"에 대한 의미를 살펴보고 온라인서비스제공자가 의무적으로 제공해야 할 "저작물 복제·전송중단신고 서비스"의 처리 절차에 대해서 알아본다. 그리고 2절에서는 온라인서비스제공자의 온라인서비스를 통해 제공되어야 할 "저작권 신고" 안내 서비스의 표시 방법과 표시될 내용에 대해서 설명한다.

01 '온라인서비스제공자의 책임제한'에 대한 이해

(1) '온라인서비스제공자의 책임제한'의 의미

2007년 6월 29일부터 시행된 '개정 저작권법'에서는 저작권을 침해당한 자가 침해사실을 소명하여 온라인서비스제공자에게 저작물의 복제전송 중단을 요청할 경우, '즉시' 복제전송을 중단하도록 온라인서비스제공자의 책임이 강화되었다. 여기서 온라인서비스제공자라 함은 인터넷과 같은 네트워크에 연결된 서버 시스템을 통해 온라인으로 각종 정보를 제공하는 기관이나 사람을 의미한다. 인터넷 홈페이지를 통해 교육정보를 제공하고는 교육 관련 공공기관이나 인터넷 홈페이지를 운영하고 있는 모든 교육기관은 온라인서비스제공자가 될 수 있다. 따라서 온라인교육정보 서비스를 제공하고 있는 국내 교육 관련 공공기관이나 인터넷 홈페이지를 운영하고 있는 각급 학교에서는 해당 온라인서비스 내에 '저작권 신고' 안내 서비스에 대한 표시를 해야 하는 것은 물론 저작물의 권리주장자가 복제 · 전송 중단 요청이 있을 경우 즉시 그 요청에 대한 처리를 할 수 있도록 해야 한다. 또한 저작물의 권리주장자가 복제전송 중단 요구를 쉽게 할 수 있도록 '**수령인**'을 지정하여 해당 서비스 사이트에 공지해야 한다(저작권법 제103조 제4항).

(2) 저작권 신고 접수 '수령인'의 역할 이해

저작권 신고 접수 '**수령인**'은 권리주장자의 권리를 침해하였다고 판단되는 게시물의 복제 · 전송 중단 요청을 양식화된 문서로 소명자료와 함께 접수받아 이를 검토한 후 해당 저작물의 서비스를 중단하는 역할을 수행하는 사람이다.

온라인 교육정보 서비스를 제공하는 공공기관이나 홈페이지를 만들어 인터넷을 통해 서비스하고 있는 각급 학교는 온라인서비스제공자에 해당된다. 따라서 온라인 교육정보 서비스를 제공하는 공공기관이나 인터넷을 통해 홈페이지를 서비스하고 있는 각급 학교에서는 해당 기관의 온라인 서비스를 통해 게시되고 있는 저작물에 대한 복제 · 전송 중단 요청을 접수받고 이에 대한 검토와 처리를 담당할 수령인을 지정하여 온라인 서비스를 이용하는 사람들이 쉽게 알 수 있도록 공지하여야 한다.

(3) 저작물 복제 · 전송중단신고 서비스 처리 절차

① 자신의 권리가 침해당했다고 주장하는 권리주장자는 해당 온라인서비스제공기관의 수령인에게 직접방문 또는 전자우편 등과 같은 수단을 이용하여 "**복제 · 전송 중단 요청서(별지 제40호 서식)**"와 **소명자료**를 제출한다. 이때 권리주장자가 해당 저작물의 권리자임을 소명할 수 있는 자료로는 '**자신이 그 저작물의 권리자로 표시된 저작권 등의 등록증 사본이나 그에 상당하는 자료**'가 될 수 있고, 그 밖에 '**자신의 성명 등 또는 이명 등으로서 널리 알려진 것이 표시되어 있는 저작물 등의 사본이나 그에 상당하는 자료**'가 될 수 있다.

② 권리 주장자로부터 복제 · 전송 중단 요청을 접수한 수령인은 권리주장자의 복제 · 전송 중단 요청서와 소명자료를 검토하여, 복제 · 전송 중인 해당 저작물이 권리주장자의 저작권을 침해하였다고 판단될 경우에는 해당 저작물의 복제 · 전송을 즉시 중단하도록 조치하고, "**복제 · 전송 중단 통보서(별지 제41호**

와 제42호 서식)"에 권리주장자가 제출한 복제 · 전송 중단 요청서를 첨부하여 해당 저작물을 복제 · 전송한 복제 · 전송자와 권리주장자에게 그 사실을 통보한다. 이때 복제 · 전송 중단 사실의 통보는 복제 · 전송 중단일로부터 3일 이내에 하여야 한다.

③ 권리주장자로부터 복제 · 전송 중단 요청을 접수한 수령인은 권리주장자의 복제 · 전송 중단 요청서와 소명자료를 검토한 결과, 복제 · 전송 중인 해당 저작물이 권리 주장자의 저작권을 침해하지 않았다고 판단될 경우에는 권리주장자에게 해당 저작물이 권리 주장자의 저작권을 침해하지 않았다는 소명자료와 함께 복제 · 전송 중단불가를 통보한다.

④ 복제 · 전송자는 복제 · 전송 중단 통보를 받은 이후, 해당 저작물의 복제 · 전송이 자신의 정당한 권리에 의한 것인 경우에는 온라인서비스제공자의 수령인으로부터 복제 · 전송 중단을 통보받은 날로부터 30일 이내에 "**복제 · 전송 재개 요청서(별지 제43호 서식)**"를 작성하여 수령인에게 직접방문 또는 전자우편 등의 방법으로 소명자료와 함께 제출한다. 이때 복제 · 전송자가 해당 저작물의 권리자임을 소명할 수 있는 자료로는 '**자신이 그 저작물의 권리자로 표시된 저작권 등의 등록증 사본이나 그에 상당하는 자료**', '**자신의 성명 등 또는 이명 등으로서 널리 알려진 것이 표시되어 있는 저작물 등의 사본이나 그에 상당하는 자료**', '**저작권 등을 가지고 있는 자로부터 적법하게 복제 · 전송의 허락을 받은 사실을 증명하는 계약서 사본 또는 그에 상당하는 자료**', '**그 저작물 등의 저작재산권 보호기간이 끝난 경우 그 사실을 확인할 수 있는 자료**'가 될 수 있다.

⑤ 수령인은 복제 · 전송자로부터 복제 · 전송 재개 요청을 받으면 3일 이내에 게시자의 "복제 · 전송 재개 요청서"와 관련 소명자료를 검토하여, 해당 저작물이 권리 주장자의 저작권을 침해하지 않았다고 판단될 경우에는 "**복제 · 전송 재개 통보서(별지 제44호 서식)**"을 작성하여 재개요구사실 및 재개예정일을 권리주장자에게 직접 방문 또는 전자우편 등의 방법으로 통보하고, 그 예정일에 해당 저작물의 복제 · 전송을 재개한다. 이때 재개 예정일은 그 복제 · 전송의 재개를 요구받은 날의 7일 이후부터 14일까지의 기간 중에 속하는 날로 하여야 한다.

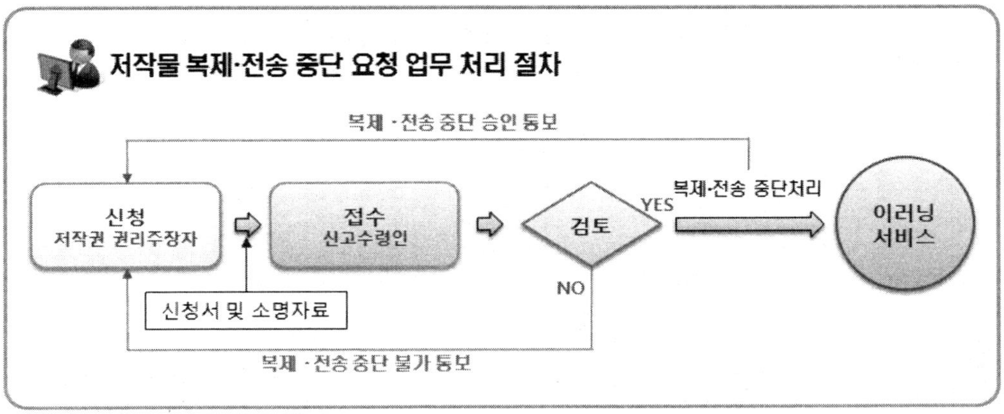

[그림 18-1] 저작물 복제 · 전송 중단 신고에 따른 복제 · 전송 중단 절차

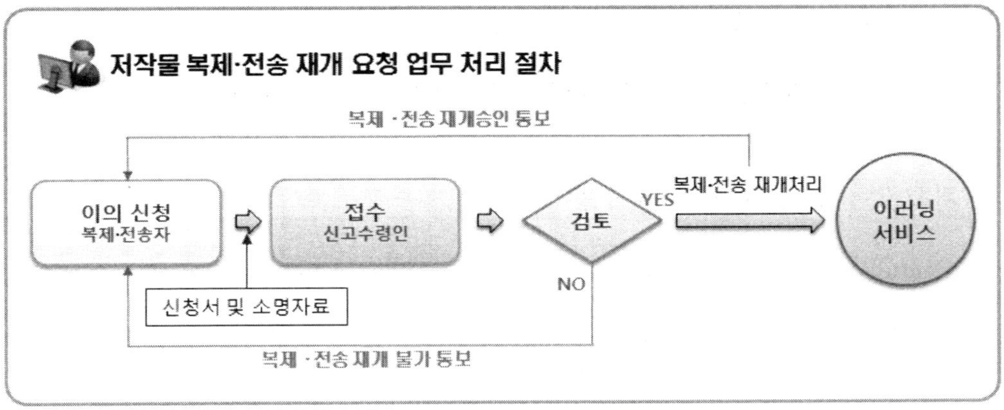

[그림 18-2] 저작물 복제 · 전송 재개 요청에 따른 복제 · 전송 재개 절차

02 저작권 신고 안내 서비스

(1) '저작권 신고' 안내 서비스에 대한 표시

'저작권 신고' 안내 서비스에 대한 표시는 서비스 이용자가 쉽게 알 수 있는 위치에 표시하는 것을 원칙으로 한다. 아래 [그림 18-3]의 예에서는 온라인 교육정보 서비스 메인 화면에 '저작권 신고'라고 표시하였으며, 이 아이콘을 클릭하면 다음 페이지에서 '저작권 신고 서비스' 정보를 표출하도록 구성하였다.

[그림 18-3] '저작권 신고' 안내 서비스에 대한 표시의 예[403]

(2) 저작권 신고 서비스 화면의 구성

저작권 신고 서비스는 [그림 18-4]에 나타낸 것과 같이 '저작권 신고 접수 수령인(담당자)'에 관한 정보와 '복제 · 전송 중단 요청 신청'에 관한 정보, 그리고 '재게 요청 신청'에 관한 정보를 주요 내용으로 한다.

저작권 신고 서비스에서 수령인을 표기할 때는 "성명 및 소속부서명", "전화번호 · 팩시밀리번호 및 전자우편주소", "우편물을 수령할 수 있는 주소"가 명기되어야 한다. 저작권 신고 서비스에서는 권리주장자가 복제 · 전송 중단을 요청하고자 할 때 작성하여야 할 "복제 · 전송 중단 요청서(별지 제40호 서식)"와 복제 · 전송자가 복제 · 전송이 중단된 저작물의 재개를 요청하고자 할 때 작성하여야 할 "복제 · 전송 재개 요청서(별지 제43호 서식)"를 바로 다운로드받을 수 있도록 하는 것이 좋다.

403) 한국교육학술정보원 EDUNET 서비스 (http://www.edunet4u.net)

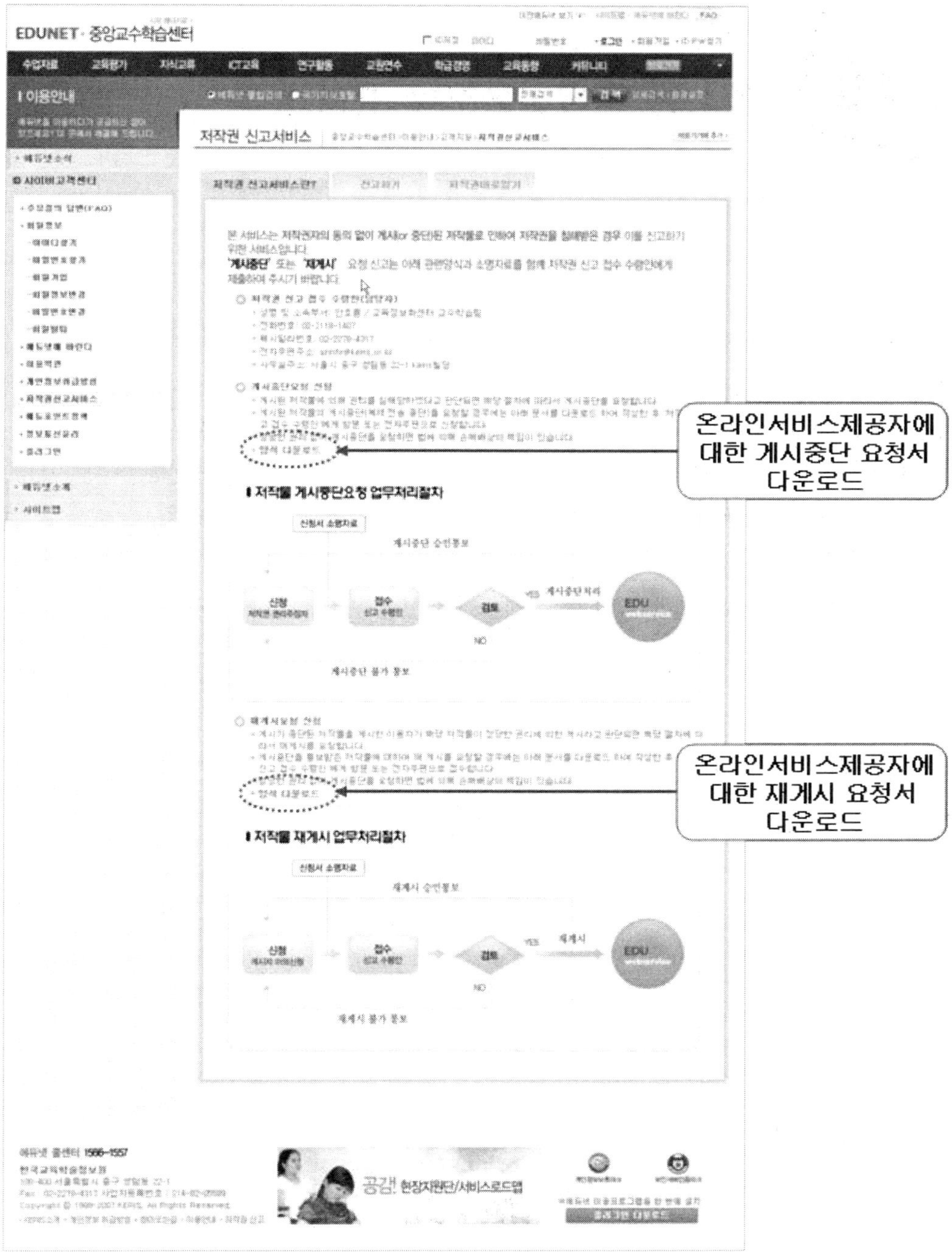

[그림 18-4] 저작권 신고 서비스 페이지의 예[404]

404) 한국교육학술정보원 EDUNET 서비스 (http://www.edunet4u.net)

chapter

19 저작권 자유이용허락 표시제도

저작권법 제46조에서는 "저작재산권자는 다른 사람에게 그 저작물의 이용을 허락할 수 있고, 이용허락을 받은 자는 '허락 받은 이용 방법 및 조건의 범위 안에서' 저작물을 이용할 수 있다"라고 규정하고 있다. 저작물의 이용허락은 당사자 간의 계약을 통해서 이루어지는 것이 일반적이다. 다시 말해서, 계약을 통해 이용허락을 받은 사람을 제외한 다른 사람이 해당 저작물을 이용할 수 없도록 개별적인 계약을 통해 이용을 허락한다. 하지만 저작권 자유이용허락 표시제도(CCL; Creative Commons License)는 이와 달리 원칙적으로 모든 이의 자유이용을 허용하되 몇 가지 이용 방법 및 조건을 부가하는 개방적인 이용허락 방법이다. 이 장에서는 저작권 자유이용허락 표시제도의 정의, 구성요소, 종류, 표시 방법, 부여 방법 등에 대해서 살펴본다.

01 '저작권 자유이용허락 표시제도'란?

영어로는 Creative Commons License라 하며, 줄여서 보통 CCL이라고 부르는 '저작권 자유이용허락 표시제도'는 저작권자가 자신의 저작물에 대한 이용 방법 및 조건을 표시하여 이용자들이 그 방법과 조건 내에서 자유롭게 자신의 저작물을 이용할 수 있도록 하는 방법을 의미한다. 이 CCL을 사용할 경우, 저작권자는 자신의 저작물에 대한 공유의사를 간편하게 나타낼 수 있으며, 이용자는 저작물에 대한 별도의 '이용허락 계약'을 체결하지 않고서도 해당 저작물을 설정된 이용 범위 내에서 자유롭게 사용할 수 있다.

저작권법이 저작자에게 배타적 독점권을 부여하고 저작권자가 일정한 조건과 범위를 정하여 제3자에게 허락하는 구조인 반면, CCL은 원칙적으로 저작물에 대해 자유로운 이용을 허용하되 저작자의 의사에 따라 일정 범위의 권리를 유보하는 방식을 채택하고 있다. 예를 들어, 저작자는 자신의 저작물상에 상업적 이용금지 표시를 붙여 공개함으로써 자신의 저작물에 대한 상업적 이용을 금지하는 범위 내에서 이용자들이 그 저작물을 자유롭게 공유하거나 사용할 수 있게 할 수 있다.

02 CCL의 구성요소

CCL의 구성요소는 저작물의 자유로운 이용을 허락하면서 이용자들에게 부과하는 최소한도의 '이용 방법 내지 조건'이라고 말할 수 있다. CCL의 구성요소는 국가별 저작권 적용상황과 버전에 따라 약간의 차이가 있으며, 한국판 CCL 버전 2.0 같은 경우에는 다음과 같이 4가지 구성요소가 있다.

① 원저작자표시(Attribution) : 해당 저작물을 사용할 때 반드시 원저작자를 표시하여야 한다는 의미이다. 이러한 원저작자 표시는 일본의 경우는 '歸屬'으로, 미국의 경우는 'give credit'로 표현되고 있는데 국내 저작권법 상으로는 저작인격권의 하나로서 "저작자가 저작물의 원본이나 그 복제물에 또는 저작물의 공표 매체에 그의 실명 또는 이명을 표시할 권리"인 성명표시권(right of paternity, 저작권법 제12조 1항)의 행사에 해당된다.

② 비영리(Non-Commercial) : 저작물을 영리적 목적으로 이용하는 것을 금지한다는 의미이다. 이때 이 요소가 나타내는 비영리 조건의 의미는 이용자에 한하는 것이고 저작권자는 이에 구속되지 않는다. 즉 저작권자는 저작물에 비영리 조건을 붙여 공개하였어도 이와 별개로 저작물을 이용한 영리행위를 할 수 있다. 저작권자는 타인의 영리행위를 금지한 상태로 저작물을 공개한 다음 영리목적으로 이용하기를 원하는 이용자와 개별 접촉하여 대가를 받는 이용허락계약을 체결할 수 있다. 따라서 경우에 따라 비영리 조건은 저작권자에게 오히려 영리행위를 할 수 있는 여건을 만들어 주는 역할을 한다고 말할 수 있다.

③ 변경금지(No Derivatives) : 저작물에 대한 개작, 변경 또는 가공을 허용하지 않는다는 의미이다. 여기서 개작, 변경 또는 가공이라 함은 2차적 저작물의 작성을 의미하며, 새로운 저작물의 작성에 못 이르는 내용, 형식 등의 단순한 변경을 금지하는 것으로써 저작인격권 가운데 동일성 유지권의 행사에 해당되는 것이다.

④ 동일조건변경허락(Share Alike) : 변경(derivation)을 허용하되, 작성된 2차적 저작물은 원 저작물과 동일한 내용의 크리에이티브 커먼즈 라이선스가 적용되어야 한다는 의미이다. 모든 크리에이티브 커먼즈 라이선스는 그 복사본에 원래의 라이선스 조항을 붙이도록 요구하고 있는데, 동일조건변경허락 옵션은 이러한 점을 모든 2차적 저작물에 확장 적용하는 셈이라고 말할 수 있다.

03 CCL의 종류

크리에이티브 커먼즈 라이선스는 모든 사람이 아무 조건 없이 저작물을 자유롭게 이용할 수 있도록 허락하는 것으로부터 출발한다. 크리에이티브 커먼즈 라이선스는 저작자가 원하는 바에 따라 앞서 본 4가지 구성요소를 조합하여 여러 가지 종류로 이용허락을 제시할 수 있다. 앞서 설명한 크리에이티브 커먼즈 라이선스의 4가지 구성 요소들 가운데 내용상 변경금지(nonderivation)와 동일조건변경허락(sharealike)은 동시에 부과될 수 없기 때문에 논리적으로 가능한 이용허락의 종류는 모두 11가지가 된다.

그러나 실제로는 국가별 저작권법 적용 상황에 따라 몇 가지 제한이 추가될 수 있다. 한국판 크리에이티브 커먼즈 라이선스의 경우에는 미국이나 일본의 경우와 같이 원저작자표시(attribution) 조건을 필수 요건으로 하고 있어 실제 운용 가능한 라이선스는 아래 그림에 나타낸 것과 같이 모두 6종류가 된다.

[그림 19-1] 실제 운용 가능한 한국판 크리에이티브 커먼즈 라이선스의 종류

한편, 크리에이티브 커먼즈 라이선스는 한 개의 저작물에 한 종류의 이용허락만 가능한 것을 전제로 하지 않는다. 즉 저작자는 2개 이상의 크리에이티브 커먼즈 라이선스를 이용자에게 제시하고 이용자가 그 중 하나를 선택하게 할 수도 있다.

그밖에 표준라이선스가 아닌 특별 라이선스에 해당하는 sampling, sharemusic, founder copyright, developing nations, public domain 등이 시행 또는 연구되고 있으나 국내에는 아직 도입되지 않고 있다. 크리에이티브 커먼즈 라이선스 자체가 유연한 저작권의 관념에서 출발한 만큼 앞으로 새로운 연구와 논의를 거쳐 크리에이티브 커먼즈 라이선스의 종류가 계속 업데이트 될 것이다.

BY NC ND
이 저작물은 크리에이티브 커먼즈 코리아 저작자표시-비영리-변경금지 2.0 대한민국 라이센스에 따라 이용하실 수 있습니다.

[그림 19-2] CCL의 표시 예

04 CCL의 표시 방법 형태

크리에이티브 커먼즈 라이선스의 표시는 표시하는 방법에는 commons deed, legal code, digital code 등의 세 가지 표시 방법이 있다.

① commons deed

간단한 아이콘 등을 이용하여 크리에이티브 커먼즈 라이선스의 내용을 요약해서 나타내는 방법으로 Human Readable 한 형태라고 부르며 인터넷 홈페이지 등에서 CCL을 나타낼 때 주로 선호되는 방법이다. 저작물에 첨부된 CC 아이콘을 클릭하게 되면 제일 먼저 보게 되는 화면으로 이용자는 쉽게 라이선스의 내용을 파악할 수 있다.

② legal code

당사자 사이의 이용허락에 대한 완전한 합의 내용이다. 따라서 법률적 쟁송 시에 준거 계약 내용으로 다루어지기 때문에 Lawyer Readable 형태라고 부르며 계약 해석의 중요한 기준이 된다. 보통 commons deed 화면의 밑 부분에 있는 하이퍼 링크를 클릭하게 되면 다음 화면과 같이 그 내용을 볼 수 있다.

③ digital code

기계어, 검색 및 여러 응용 프로그램에서 이용 가능한 표시 방법으로 Machine Readable 형태라라고 부르며 RDF(Resource Description Framework) 포맷을 이용한다.

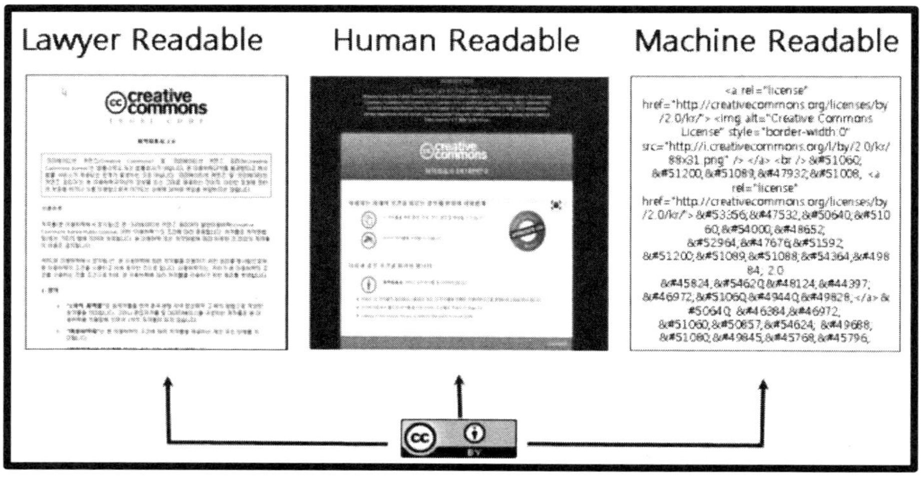

[그림 19-3] CCL의 표시 방법 형태

05 저작물에 대한 CCL 부여 및 이용자의 CCL 확인 방법

크리에이티브 커먼즈 라이선스를 이용하고자 하는 저작권자는 크리에이티브 커먼즈 코리아의 홈페이지(http://www.creativecommons.or.kr)에서 '내 콘텐츠에 CC 라이선스 달기' 링크를 클릭하거나, 크리에이티브 커먼즈의 홈페이지(http://creativecommons.org)에서 'License' 링크를 클릭하여 '라이선스 적용하기' 페이지(http://creativecommons.org/license/)로 들어가게 되면, 안내하는 바에 따라 자신이 원하는 유형의 크리에이티브 커먼즈 라이선스를 자신의 저작물에 부여할 수 있다. 또한, 저작물의 이용자는 저작물에 첨부되어 있는 크리에이티브 커먼즈 아이콘을 클릭하거나 링크된 주소를 클릭하면 바로 저작물에 부가된 크리에이티브 커먼즈 라이선스의 내용을 파악할 수 있다.

[그림 19-4] 크리에이티브 커먼즈에서 운영하는 '라이선스 적용하기' 페이지

(1) 저작물에 대한 크리에이티브 커먼즈 라이선스 부여 절차

크리에이티브 커먼즈의 '라이선스 적용하기' 페이지(http://creativecommons.org/license/)로 들어가면 [그림 19-4]에 나타낸 것과 같이 "영리목적 이용을 허락합니까?"라는 질문과 "저작물의 변경을 허락하시겠습니까?" 라는 질문이 나온다. 이 두 질문에 대해서 저작자 자신의 허락여부나 허락옵션을 선택한 후 라이선스의 재판관할을 선택한다. 다음에 추가 정보로서 '저작물의 종류', '저작물의 제목', '저작자

이름', '저작물의 URL', '원 저작물의 URL', '추가라이선스의 URL'을 기재한 후 [라이선스 선택] 버튼을 클릭하면 저작자가 허락한 라이선스가 어떻게 보이는지를 알려주는 "귀하가 선택한 라이선스입니다"페이지가 [그림 19-5]와 같이 나온다.

[그림 19-5] 저작자가 허락한 라이선스가 어떻게 보이는지를 알려주는 "귀하가 선택한 라이센스입니다" 페이지

이 "귀하가 선택한 라이선스입니다" 페이지에서 "귀하는 크리에이티브 커먼즈 저작자표시 2.0 대한민국 라이선스를 선택하였습니다. 사이트의 방문자에게 라이선스가 어떻게 보이는지 살펴보세요"라는 문구 아래 보여지는 라이선스 심벌 모습들 가운데 어느 하나를 마우스로 클릭하면 [그림 19-6]에 나타낸 것과 같이 Creative Commons 저작자표시 2.0에 따라 이용자에게 허락된 내용을 요약해서 알려주는 페이지(commons deed)가 나타나며, 이 페이지에서 '이용허락규약(Legal Code)'을 마우스로 클릭하면 선택된 크리에이티브 커먼즈 라이선스의 legal code를 확인할 수 있다.

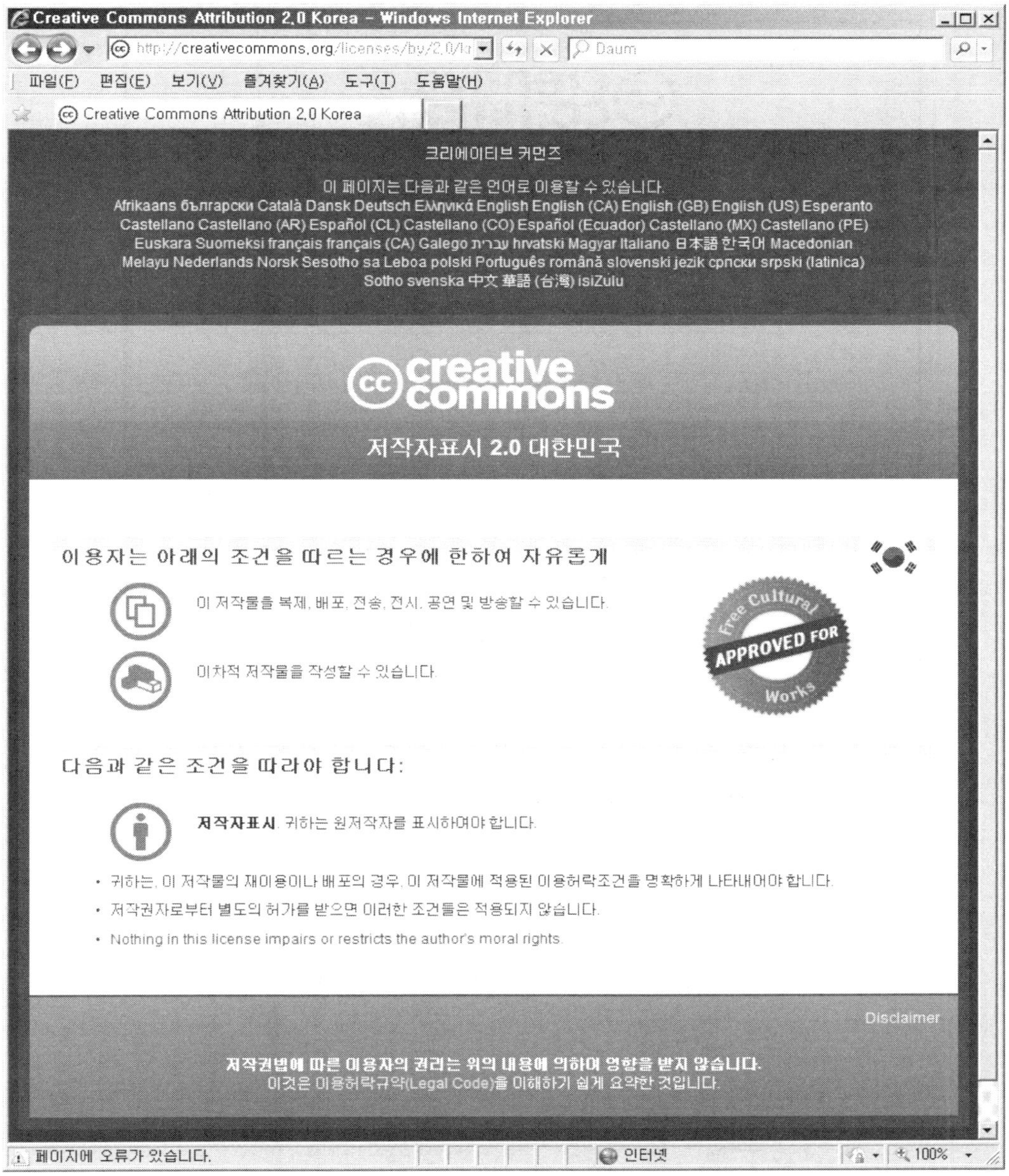

[그림 19-6] CCL의 commons deed를 보여주는 페이지

출처 : http://creativecommons.org/licenses/by/2.0/kr/

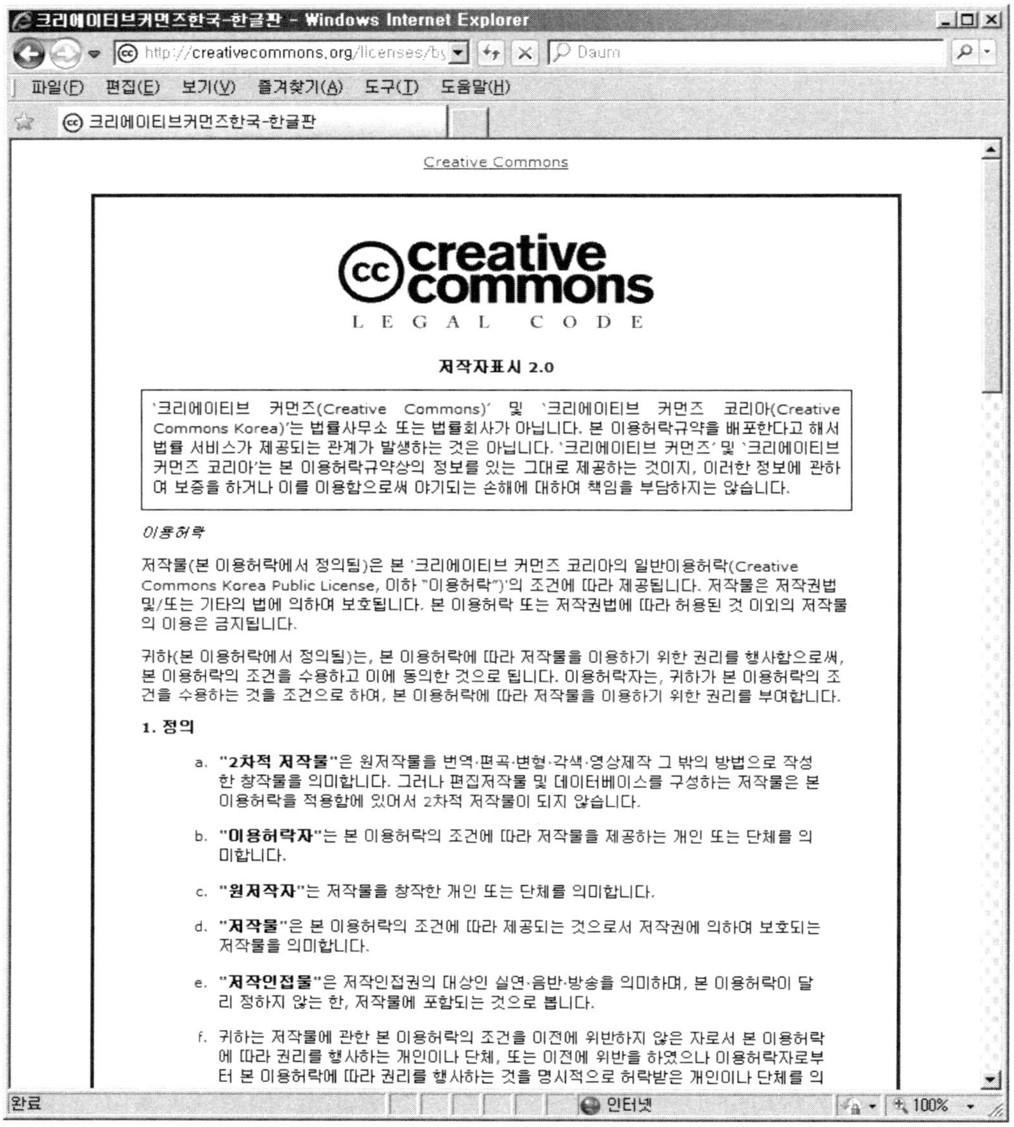

[그림 19-7] CCL의 Legal Code를 보여주는 페이지

출처 : http://creativecommons.org/licenses/by/2.0/kr/legalcode

chapter

20 온라인 서비스 제공을 위한 이용약관

온라인으로 이러닝 서비스를 제공하고 있는 교육기관이나 교육지원지관에서는 "약관의 규제에 관한 법률"에 따라 의무적으로 약관을 작성해 놓고 있으며, 해당 온라인 서비스를 이용하고자 하는 사람들로부터 그 약관에 대한 동의를 얻은 후 이러닝 서비스를 제공하고 있다. 하지만, 온라인 서비스를 제공하고 있는 기관이 사용하고 있는 약관들 가운데는 저작권 관련 사항을 규정하는 데 있어서 공정성을 갖추지 못하여 저작권 관련 분쟁에서 무효가 되는 경우가 종종 있다. 이 장에서는 온라인 교육정보 서비스를 제공하는 입장에서 이용약관 작성 시 주의할 사항 및 저작권 관련 이용약관에 포함되어야 할 내용에 대해서 설명한다.

01 이용약관의 공정성

(1) 온라인 서비스 사업자의 약관 작성과 표시의무

'약관'은 그 명칭이나 형태 또는 범위를 불문하고 계약의 일방 당사자가 다수의 상대방과 계약을 체결하기 위하여 일정한 형식에 의하여 미리 마련한 계약의 내용이 되는 것을 말한다.(약관의 규제에 관한 법률 제2조 제1항)

"약관의 규제에 관한 법률" 제3조에는 "사업자는 고객이 약관의 내용을 쉽게 알 수 있도록 한글 및 표준화·체계화된 용어를 사용하고, 약관의 중요한 내용을 부호·문자·색채 등으로 명확하게 표시하여 약관을 작성하여야 한다"라고 규정하고 있다. 따라서 온라인 교육정보서비스를 제공하고 있는 교육지원기관이나 각급 학교에서도 이용약관을 작성하여야 하며, 해당 교육정보서비스를 이용하고자 하는 사람에게 이용약관을 보여주고 그 이용약관에 대해 동의하는 사람만 해당 교육정보서비스를 이용할 수 있는 회원으로 승인하여야 한다.

(2) 약관의 해석과 공정성

"약관의 규제에 관한 법률" 제5조 제1항에는 "약관은 신의성실의 원칙에 따라 공정하게 해석되어야 하며 고객에 따라 다르게 해석되어서는 아니 된다"라고 규정하고 있으며, 동법률 제5조 제2항에는 "약관의 뜻이 명백하지 아니한 경우에는 고객에게 유리하게 해석되어야 한다"라고 규정하고 있다. 따라서 약관은 그 약관을 작성하여 제시하는 서비스 사업자와 서비스 이용자 간에 신의성실의 원칙에 따라 공정하게 해석되어야 하는 것은 물론이며, 만일 서비스 사업자가 작성해 놓은 약관의 뜻이 명백하지 못하여 각자의 입장에 따라 해석이 가능할 경우에는 서비스 사업자 보다 서비스 이용자에게 유리하게 해석되어야 한다.

또한, "약관의 규제에 관한 법률" 제6조 제1항에는 "신의성실의 원칙에 반하여 공정을 잃은 약관조항은 무효이다"라고 규정하고 있으며, 동법률 제6조 제2항에는 "약관에 다음 각호의 1에 해당되는 내용을 정하고 있는 경우에는 당해 약관조항은 공정을 잃은 것으로 추정된다. 1. 고객에 대하여 부당하게 불리한 조항. 2. 고객이 계약의 거래형태 등 제반사정에 비추어 예상하기 어려운 조항. 3. 계약의 목적을 달성할 수 없을 정도로 계약에 따르는 본질적 권리를 제한하는 조항"이라고 규정하고 있다. 따라서 비록 서비스 사업자가 작성하여 서비스 이용자의 동의를 얻은 약관이라 할지라도 서비스 이용자에게 부당하게 불리한 조항이나 이용자가 계약의 거래형태 등 제반사정에 비추어 예상하기 어려운 조항, 계약의 목적을 달성할 수 없을 정도로 계약에 따르는 본질적인 권리를 제한하는 조항의 경우에는 공정을 잃은 약관조항으로 추정되어 무효가 된다. 그렇기 때문에 서비스 이용자는 약관을 작성하는 데 있어서 서비스 사업자에게만 일방적으로 유리한 조항을 포함시키거나 서비스 이용자가 납득하기 어려운 권리를 제한시키는 불공정한 조항이 포함되지 않도록 하여야 한다.

(3) 약관의 규제에 관한 법률

우리나라에서는 사업자가 그 거래상의 지위를 남용하여 불공정한 내용의 약관을 작성·통용하는 것을 방지하고 불공정한 내용의 약관을 규제하여 건전한 거래질서를 확립함으로써 소비자를 보호하고 국민생활의 균형 있는 향상을 도모함을 목적으로 "약관의 규제에 관한 법률"을 제정해 놓고 있다.(약관의 규제에 관한 법률 제1조)

이러한 약관의 규제에 관한 법률은 여객운송업, 통신업, 전기·가스 및 수도 사업에 대한 약관이 아닌 이상 일반적으로 예상되는 방법으로 명시하고, 고객이 요구할 때 당해 약관의 사본을 고객에게 교부하여 이를 알 수 있도록 하여야 한다.

02 온라인교육정보서비스를 위한 이용약관 작성 시 주의사항

이용약관에 저작권법과 관련된 조항을 작성하는 데 있어서 다음과 같이 네 가지 사항을 주의할 필요가 있다.

① **저작권법 제46조(저작물의 이용허락)에 규정되어 있는 내용을 위반한 표현**이 되지 않도록 주의해야 한다.

② **정보통신망이용촉진 및 정보보호 등에 관한 법률 제44조의7(불법정보의 유통 금지 등)을 위반한 표현**이 되지 않도록 주의해야 한다.

③ 온라인 교육정보 서비스 제공자는 **이용약관에 분쟁의 소지가 있는 저작물에 대한 수령인 지정부분을 포함**시켜야 한다.

④ **약관 규제에 관한 법률 제7조(면책조항의 금지)에 대한 위반의 가능성**을 검토해야 한다.

(1) 저작권법 제46조(저작물의 이용허락)를 위반하지 않는 표현

예를 들어 아래와 같이 작성된 온라인 교육정보 서비스 이용약관의 조항은 저작권법 제46조 제2항에 대하여 위반의 여지가 있다.

▶ 잘못된 이용약관 문구 사례 1

> **제○○조(게재된 자료에 대한 권리)**
> 서비스에 게재된 자료에 대한 권리는 다음 각 호와 같습니다.
> ① 게시물에 대한 권리와 책임은 게시자에게 있으며, ○○○○는 게시자의 동의 없이는 이를 영리적 목적으로 사용할 수 없습니다. 단, 비영리적 목적인 경우 ○○○○는 게시자의 동의 없이도 이를 사용할 수 있으며 서비스 내의 게재권을 갖습니다.

저작권법 제46조(저작물의 이용허락)

① 저작재산권자는 다른 사람에게 그 저작물의 이용을 허락할 수 있다.
② 제1항의 규정에 따라 허락을 받은 자는 허락받은 이용 방법 및 조건의 범위 안에서 그 저작물을 이용할 수 있다.
③ 제1항의 규정에 따른 허락에 의하여 저작물을 이용할 수 있는 권리는 저작재산권자의 동의 없이 제3자에게 이를 양도할 수 없다.

저작권법상 저작물을 사용과 관련하여서는 (i) 저작재산권을 양도받는 경우와 (ii) 저작물 이용허락을 받는 경우가 있는데, 위 경우는 (ii) 저작물 이용허락을 받는 경우로 해석하는 것이 적절하다. 저작권법 제46조 제2항은 저작물의 이용허락에 있어 "허락받은 이용 방법 및 조건의 범위" 안에서만 저작물을 이용하도록 하고 있다.

그러나 위와 같이 작성된 온라인 교육정보 서비스 이용약관은 이용 방법(예를 들어 "전시, 전송, 방송의 방법으로") 및 조건(예 : "이용자가 회원 탈퇴를 하지 않는 한")을 제시하지 않고 목적이 비영리적이기만 하면 무제한적으로 게재(揭載)권을 가진다고 표현하고 있다. 게재권이란 공표권의 한 모습으로 "글이나 그림 따위를 신문이나 잡지 따위에 싣는 것에 대한 권리"이다. 따라서 이러한 권리를 이용하기 위해서는 이에 상응하는 이용자의 권리(보수 지급 또는 의사에 반하는 경우 이에 대한 게재를 중지할 것을 요청할 수 있는 부분 등)도 상대적으로 제시되어야 한다.

저작재산권에 있어서 공표권은(저작권법 제11조 제2항) 매우 중요한 권리임에도 불구하고 이러한 권리를 이용·허락함에 있어 단순히 온라인 교육정보 서비스를 이용할 수 있다는 반대급부를 제공하는 것은 균형에 반한다. 즉, "온라인 교육정보 서비스를 이용하면 공표권을 아무런 대가 없이 빼앗긴다"는 식의 문구는 "약관의 규제에 관한 법률 제6조 제2항 제1호와 제3호"에 따라 고객에게 부당하게 불리한 조항이자 계약의 목적을 달성할 수 없을 정도로 계약에 따르는 본질적 권리를 제한하는 조항에 해당할 수 있어 이러한 조항의 효력은 무효가 될 수 있다.

위와 같이 모호한 온라인 교육정보 서비스 약관은 작성자 입장에서 이용 방법과 조건을 충분히 게시했다고 생각했을 수 있지만 "영리적 목적과 비영리적 목적"의 구분은 온라인 교육정보 서비스 약관 작성자의 의사대로 임의적인 해석이 가능하며, 비영리적 목적에 대해 이용자가 예측할 수 있는 예시 규정 하나 전혀 찾아 볼 수 없다. 즉, 약관의 규제에 관한 법률 제5조 제1항에 따라 약관은 신의성실의 원칙에 따라 공정하게 해석되어야 하는데, 위와 같이 불명확한 용어로 뜻이 명백하지 않으면 고객에게 유리하게 해석할 수밖에 없다(약관의 규제에 관한 법률 제5조 제2항).

해당 문구로 인해 분쟁이 생긴 경우 "작성자에게 불리하게"(in dubio contra stipulatoren) 해석하게 되므로 구체적인 예시가 필요하다. 특히 예시한 조항에서는 게재할 곳을 미리 정하고 있지 않기 때문에 약관의 규제에 관한 법률 제6조 제2항 제2호에 따라 고객이 계약의 거래형태 등 제반사항에 비추어 예상하기 어려운 조항이 되어 무효가 될 수 있다. 다시 말해, 온라인 교육정보 서비스에 가입하기만 하면 자기가 게시하는 저작물의 공표권을 빼앗긴다고 하는 것은 예상하기 어렵기 때문에 무효가 될 수 있다는 뜻이다. 또한 "서비스 내의 게재권"이라는 표현에서 서비스 내의 범위가 애매모호하여 구체적으로 "온라인 교육정보 서비스 내"에서만을 뜻하는 것인지 "온라인 교육정보 서비스의 목적 상 다른 연동되는 학습 서비스 내"를 뜻하는 것인지 알 수 없고, 이용자가 공표권에 대해 원치 않는 의사를 밝힐 경우에 대한 조처는 어디에도 명시되어 있지 않다.

위 사례에 나타난 "…**게시자의 동의 없이도**…"라는 문구는 이용허락을 받아야 하는 대상이 "게시자"가 아니라 "저작권자"임을 간과하고 있는 규정이 된다. 저작권 이용에 대해 이용허락을 해 줄 수 있는 자는 저작자(저작권법 제11조)와 저작재산권자(동법 제46조 제1항)로서 온라인 교육정보 서비스에 저작물을 게시하는 자에게 저작권이 있는 것으로 추정하였고 온라인 교육정보 서비스 제공자 또는 이용자가 게시자에게 이용허락을 받으면 충분한 것처럼 하고 있는 해당 규정은 저작권법에 저촉될 수 있다.

게시자가 (i) 저작자가 아닌 경우, (ii) 저작재산권을 확보하지 않은 경우 등에 있어서 게시자는 이용허락을 해 줄 수 있는 권리 자체가 없으므로 정당한 권리로 게시하지 않는 자도 온라인 교육정보 서비스가 수용한다고 이해할 수 있으며 권리가 없는 자에게 받아두는 이용허락은 아무 의미가 없게 된다. 따라서 "본 서비스 내에서 게재자는 저작자 또는 저작재산권자로 추정할 수 있으며, 해당 게시물에 대한 게재자와 저작자가 다른 경우 저작자를 반드시 표기할 의무를 가집니다" 등 이용허락을 본 서비스가 합리적으로 받을 수 있는 문구를 사용하는 것이 좋다.

(2) 정보통신망이용촉진 및 정보보호 등에 관한 법률 제44조의7(불법정보의 유통금지 등)을 위반하지 않는 표현

예를 들어 아래와 같이 작성된 온라인 교육정보 서비스 이용약관의 조항은 정보통신망이용촉진 및 정보 보호 등에 관한 법률 제44조의 7항을 위반할 여지가 있다.

▶ **잘못된 이용약관 문구 사례 2**

② OOOO는 이용자가 게시하거나 등록하는 서비스 내의 내용물, 게시내용에 대해 제OO조(저작권자) 각호에 해당된다고 판단되는 경우 사전통지 없이 삭제하거나 이동 또는 등록 거부할 수 있습니다.

정보통신망이용촉진 및 정보보호 등에 관한 법률 제44조의7(불법정보의 유통금지 등)

① 누구든지 정보통신망을 통하여 다음 각 호의 어느 하나에 해당하는 정보를 유통하여서는 아니 된다.

1. 음란한 부호 · 문언 · 음향 · 화상 또는 영상을 배포 · 판매 · 임대하거나 공연히 전시하는 내용의 정보
2. 사람을 비방할 목적으로 공연히 사실 또는 허위의 사실을 적시하여 타인의 명예를 훼손하는 내용의 정보
3. 공포심이나 불안감을 유발하는 부호 · 문언 · 음향 · 화상 또는 영상을 반복적으로 상대방에게 도달하게 하는 내용의 정보
4. 정당한 사유 없이 정보통신시스템, 데이터 또는 프로그램 등을 훼손 · 멸실 · 변경 · 위조하거나 그 운용을 방해하는 내용의 정보
5. 「청소년보호법」에 따른 청소년 유해 매체물로서 상대방의 연령확인, 표시의무 등 법령에 따른 의무를 이행하지 아니하고 영리를 목적으로 제공하는 내용의 정보
6. 법령에 따라 금지되는 사행행위에 해당하는 내용의 정보
7. 법령에 따라 분류된 비밀 등 국가기밀을 누설하는 내용의 정보
8. 「국가보안법」에서 금지하는 행위를 수행하는 내용의 정보
9. 그 밖에 범죄를 목적으로 하거나 교사 또는 방조하는 내용의 정보

다음 표에는 온라인교육정보서비스 이용약관에서 흔히 나타날 수 있는 모호한 표현들을 좀 더 명확한 표현으로 정리한 것이다.

모호한 표현	명확한 표현
"이용자가 게시하거나 등록하는"	"이용자가 게재한 내용은"
"사전통지 없이 삭제하거나 이동 또는 등록 거부"	"복제 · 전송을 중단"
"제OO조(저작권자) 각호에 해당된다고 판단되는 경우"	"타인의 저작권 또는 저작인접권을 침해한다고 판단될 경우"

잘못된 이용약관 문구 사례 2에서 사용한 "**사전통지 없이**"라는 표현은 『정보통신망 이용촉진 및 정보보호 등에 관한 법률』 제44조의 7에서 명시하고 있는 불법정보가 아닌 경우에도 소명의 기회 없이 임의로 삭제할 수 있다는 뜻으로 해석된다. 이러한 표현은 온라인서비스제공자의 권한을 지나치게 남용할 수 있는 것처럼 보일 수 있다. 따라서 "사전통지 없이"라는 표현은 사용하지 않는 것이 바람직하다. 저작물은 당사자의 의사가 아무리 명확하다고 할지라도 저작물에 대한 권리침해자와 권리 주장자 간의 의견 없이 게재된 저작물을 임의로 삭제해 버릴 경우 이는 게시물에 대한 자유로운 표현을 사전 검열하는 것이 될 수 있다.

(3) 이용약관에 분쟁의 소지가 있는 저작물에 대한 온라인 교육정보서비스제공자의 수령인 지정

저작권법 제6장은 "온라인서비스제공자의 책임 제한"이라는 제명 아래 온라인서비스제공자의 책임을 더욱 강화하였다. 과거 온라인서비스제공자들이 전송중단을 요청 받은 후 1주일 정도, 심지어는 한 달이 지난 후에 전송 등을 중단하는 사례가 빈발하여, 권리자 단체와 분란을 야기하는 경우가 많았다. 따라서 개정 저작권법에서는 이러한 현실을 직시하여 "복제 · 전송의 중단 요구가 있는 경우에는 즉시 그 저작물 등의 복제 · 전송을 중단시키고"로 개정하여 온라인서비스제공자의 게으름을 방지하도록 하였고, "저작물 등의 복제 · 전송을 중단시키는 일"은 권리주장자와 권리침해자 간에 민감한 사안이므로 양 당사자 모두에게 통보를 강제화하는 방향으로 법을 개정하였다.

한편, 온라인서비스제공자는 저작물 등 복제 · 전송 관련 서비스를 제공하다가 알게 된 저작권 또는 저작권법상 보호되는 권리(저작인접권, 출판권 등) 침해사실에 대해 복제 · 전송을 중단시키면 책임을 감경 또는 면제 받을 수 있으며(『저작권법』 제102조 제1항), 복제 · 전송을 방지하거나 중단시키고자 노력하여도 기술적으로 불가능한 경우는 책임을 면제받는다(『저작권법』 제102조 제2항).

온라인서비스제공자가 책임을 소홀히 한 경우 i) 저작권법 제136조 제1항에 따른 5년 이하의 징역 또는 5천만원 이하의 벌금 및 병과, ii) 저작권법 제142조 제1항에 따른 저작물을 주로 취급하는 특수한 유형의 온라인서비스제공자(제104조)로 분류될 경우 필요한 조치 미비 시 3000만원 이하의 과태료, iii) 민사상 손해배상(권리침해자의 이익이 있는 경우는 그 이익액을 저작재산권자 등이 받은 손해액으로 추정(저작권법 제125조 제1항), 권리침해자의 이익이 없는 경우는 권리의 행사로 통상 받을 수 있는 금액에 상당하는 액을 손해액으로 추정(저작권법 제125조 제2항)한다.

따라서 온라인 교육정보 서비스 제공자는 저작권 보호 책임부서를 명기하고 중단 요청서를 받을 수 있는 경로를 이용자에게 신설하여야 할 의무가 생겼으며, 중단 요청서뿐 아니라 이에 대한 조치를 성실히 한 증거를 확보해 두어야만 법적 책임에서 자유로울 수 있다.

이상과 같은 사유로 온라인 교육정보 서비스 이용약관에는 "이용자의 권리"라는 제명 아래 온라인서비스제공자에게 저작권침해사실을 알게 된 경우 복제·전송 중단요청과 그에 따른 증거를 충분히 확보하여야 할 의무를 명시할 필요가 있다.

▶ 온라인 교육정보 서비스 제공자가 하여야 할 단계적 조치

온라인 교육정보 서비스에 있어서 저작물의 복제, 전송은 불가피한 서비스 내용의 일부이다. 하지만 안전한 저작물의 복제, 전송을 위하여 저작권법 제103조에 근거한 조치 마련이 필요하다.

(1) 저작물을 무조건 삭제하면 안 되며 권리침해주장자가 나타나면 소명을 받고 복제·전송을 중단하여야 한다.

저작권법 제103조는 온라인서비스제공자가 저작물에 대해 자신의 권리가 침해됨을 주장하는 자에게 충분한 소명을 받고 복제·전송을 중단하여야만 한다(제1항).

(2) 복제·전송 중단사실에 대해 관련자에게 정확히 통보하여야 한다.

온라인 교육정보 서비스 제공자는 단순히 중단하는 것에 그치는 것이 아니라 복제·전송과 관련하여 연결되어 있는 모든 시스템 관련자에게 이를 통보하고 권리 주장자에게도 복제·전송이 중단되었음을 통보하여야만 한다(제2항). 이때 권리주장자는 온라인 교육정보 서비스 제공자가 처음에 권리가 있다고 신뢰한 자뿐 아니라 권리 침해를 주장하는 자 양자를 모두 포함한다.

(3) 정당한 권리의 복제 · 전송인 경우에는 복제 · 전송에 대해 재개하여야 한다.

이때 통보를 받은 복제 · 전송자가 자신이 하고 있는 복제 · 전송이 정당한 권리에 의한 것임을 소명하며 재개를 요구하는 경우 온라인서비스제공자는 재개 요구사실 및 재개 예정일을 권리 주장자에게 지체 없이 통보하고 그 예정일에 복제, 전송을 재개시켜야 한다(제3항). 만일 이때 충분한 확신이 없는 경우 전문가의 의견을 첨부해 두거나 저작권심의조정위원회와 같은 유권해석을 할 수 있는 자에게 질의를 하는 것이 바람직하다. 그러나 저작권법시행령 제42조에서 나타낸 소명 자료들 가운데 어느 하나가 구비되었다면 복제 · 전송을 즉시 재개하여야 한다.

(4) 관련자에게 공지하여야 한다.

특히 온라인서비스제공자는 복제 · 전송의 중단 및 재개의 요구를 받을 자를 설비 또는 서비스를 이용하는 자들이 쉽게 알 수 있도록 공지하여야 한다(제4항). 온라인 교육정보 서비스의 경우, 관련 서비스 이용자에게 메일 또는 우편을 통해 충분히 이를 전달하거나 그렇지 못한 경우 공지사항 게시판 또는 팝업 등을 통하여 충분히 이를 공지하여야 한다.

(5) 충분히 법적 조치를 하였다면 책임 감경 및 면제 가능하다.

위와 같은 법적으로 저작물에 대한 복제 · 전송의 방지 및 보호조치의무를 다하였다면 온라인서비스제공자의 책임은 감경 · 면제될 수 있다(제5항 전단). 이는 권리침해를 안 때로부터의 온라인서비스제공자의 최선을 다한 부분을 법적 정의상 가치 있게 평가하는 것이며 권리침해를 알기 이전에 의심의 여지가 있는 저작물을 복제 · 전송을 자율적으로 처리하도록 독려하거나 문제점을 발견하여 해결할 수 있도록 노력할 의지를 남겨두는 것으로서 완전한 면제는 인정하지 않고 있다(제5항 후단).

(6) 권리가 없는 자가 요구한 경우에는 법적 제재조치가 있다.

정당한 권리 없이 복제 · 전송을 중단하거나 재개해 달라고 요구하는 자는 손해배상책임이 있을 뿐만 아니라(제6항) 저작권법 외에도 위계에 의한 공무집행방해죄(형법 제137조, 위계로써 공무원의 직무집행을 방해한 자는 5년 이하의 징역 또는 1천만원 이하의 벌금에 처한다), 이를 통하여 재물의 이익을 편취하려고 하는 경우 사기죄(형법 제347조, 제1항 사람을 기망하여 재물의 교부를 받거나 재산상 이익을 취득한 자는 10년 이하 징역 또는 2천만원 이하의 벌금에 처한다. 제2항 전항의 방법으로 제3자로 하여금 재물의 교부를 받게 하거나 재산상 이익을 취득하게 한 때에도 전항의 형과 같다)에 해당할 여지가 있게 되는 것이다.

(4) 약관 규제에 관한 법률 제7조(면책조항의 금지)에 대한 위반 가능성 검토

예를 들어, 아래와 같이 작성된 온라인 교육정보 서비스 이용약관의 조항은 약관의 규제에 관한 법률 제7조(면책조항의 금지)를 위반할 여지가 있다.

▶ **잘못된 이용약관 문구 사례 3**

> 제OO조 이용자는 온라인 교육정보 서비스 제공자에서 제공하는 서비스 이용 시 발생되는 어떠한 문제에 대해서도 무료 이용 기간 동안은 이의 신청 및 민원을 제기할 수 없습니다.
> 제OO조 이용자는 온라인 교육정보 서비스 제공자에서 제공하는 서비스 이용 시 발생되는 어떠한 문제에 대해서도 무료 이용 기간 동안 온라인 교육정보 서비스 제공자 및 관계 기관에 손해배상 청구를 할 수 없으며 온라인 교육정보 서비스 제공자는 이에 대해 책임을 지지 아니합니다.

약관의 규제에 관한 법률 제7조(면책조항의 금지)는 계약 당사자의 책임에 관하여 정하고 있는 약관 중 1) 사업자, 이행보조자 또는 피용자의 고의 또는 중대한 과실로 인한 법률상 책임을 배제하는 조항(1호), 2) 상당한 이유 없이 사업자의 손해배상범위를 제한하거나 사업자가 부담하여야 할 위험을 고객에게 이전시키는 조항(2호)은 무효로 한다고 규정하고 있다.

위 예에서와 같이 온라인 교육정보 서비스 이용약관에 "어떠한 문제에 대해서도"라는 표현은 문제가 된다. 사업자나 이행보조자의 고의 또는 중과실로 인한 법률상 책임에 대해서 기본적인 책임을 져야 하며, 상당한 이유 없이 손해배상범위를 제한하는 것도 무효이므로 온라인 교육정보 서비스 약관에 위와 같은 조항은 법리적으로 해석할 때 효력을 발휘할 수 없다는 점에 주의해야 한다.

> **약관의 규제에 관한 법률 제7조(면책조항의 금지)**
>
> 제7조(면책조항의 금지) 계약당사자의 책임에 관하여 정하고 있는 약관의 내용 중 다음 각호의 1에 해당하는 내용을 정하고 있는 조항은 이를 무효로 한다.
> 1. 사업자, 이행보조자 또는 피용자의 고의 또는 중대한 과실로 인한 법률상의 책임을 배제하는 조항
> 2. 상당한 이유없이 사업자의 손해배상범위를 제한하거나 사업자가 부담하여야 할 위험을 고객에게 이전시키는 조항
> 3. 상당한 이유없이 사업자의 담보책임을 배제 또는 제한하거나 그 담보책임에 따르는 고객의 권리행사의 요건을 가중하는 조항 또는 계약목적물에 관하여 견본이 제시되거나 품질·성능 등에 관한 표시가 있는 경우 그 보장된 내용에 대한 책임을 배제 또는 제한하는 조항

03 저작권 관련 이용약관에 포함되어야 할 내용

(1) 정보통신망을 통한 불법복제물등에 대한 조치

저작권법 제133조의2 제1항에 따라 정보통신망을 통하여 저작권이나 그 밖에 이 법에 따라 보호되는 권리를 침해하는 불법복제물등이 전송되는 경우에는 문화체육관광부장관이 위원회의 심의를 거쳐 대통령령으로 정하는 바에 따라 온라인서비스제공자에게 "불법복제물등의 복제 · 전송자에 대한 경고" 및 "불법복제물등의 삭제 또는 전송 중단"을 명할 수 있다. 그리고, 저작권법 제133조의2 제1항제1호에 따른 경고를 3회 이상 받은 복제 · 전송자가 불법복제물등을 전송한 경우에는 문화체육관광부장관이 위원회의 심의를 거쳐 대통령령으로 정하는 바에 따라 온라인서비스제공자에게 6개월 이내의 기간을 정하여 해당 복제 · 전송자의 계정을 정지하도록 명할 수 있다 (저작권법 제133조의2 제2항).

또한, 온라인서비스제공자의 정보통신망에 개설된 게시판 중 저작권법 제133조의2 제1항제2호에 따른 명령이 3회 이상 내려진 게시판으로서 해당 게시판의 형태, 게시되는 복제물의 양이나 성격 등에 비추어 해당 게시판이 저작권 등의 이용질서를 심각하게 훼손한다고 판단되는 경우에는 문화체육관광부장관이 위원회의 심의를 거쳐 대통령령으로 정하는 바에 따라 온라인서비스제공자에게 6개월 이내의 기간을 정하여 해당 게시판 서비스의 전부 또는 일부의 정지를 명할 수 있다 (저작권법 제133조의2 제4항).

따라서 저작권법 제133조의2 제1항 및 제2항, 제4항에 따라 불법복제물 및 불법복제물등의 복제 · 전송자에 대해 조치할 내용을 이용약관에 명시함으로써 온라인 교육정보 서비스 이용자가 불법복제물을 게시할 경우 받게 될 제한 조치를 사전에 알리는 것이 필요하다.

▶ 저작권법 제133조의2 규정을 반영한 이용약관 조항

제○○조(불법복제물등을 복제 · 전송한 이용자 및 불법복제물등에 대한 경고와 조치)
① OOOO이 제공하는 서비스의 게시판 등에 저작권이나 그 밖에 이 법에 따라 보호되는 권리를 침해하는 복제물 또는 정보, 기술적 보호조치를 무력하게 하는 프로그램 또는 정보(이하 "불법복제물등"이라 한다)가 이용자에 의해서 복제 · 전송되었을 경우에는 문화체육관광부장관의 명령이나 한국저작권위원회의 시정조치 권고에 따

라 해당 불법복제물등을 복제 · 전송한 이용자에 대한 경고와 해당 불법복제물등에 대한 삭제 또는 전송 중단이 이루어질 수 있습니다.
② 제1항에 따른 경고를 3회 이상 받은 복제 · 전송자가 불법복제물등을 전송한 경우에는 문화체육관광부장관의 명령이나 한국저작권위원회의 시정조치 권고에 따라 6개월 이내의 기간을 정하여 해당 불법복제물등을 복제 · 전송한 이용자의 계정을 정지시킬 수 있습니다.
③ OOOO이 제공하는 서비스 안에 개설된 게시판 중 제2항에 따른 명령이 3회 이상 내려진 게시판으로서 해당 게시판의 형태, 게시되는 복제물의 양이나 성격 등에 비추어 해당 게시판이 저작권 등의 이용질서를 심각하게 훼손한다고 판단되는 경우에는 문화체육관광부장관의 명령이나 한국저작권위원회의 시정조치 권고에 따라 6개월 이내의 기간을 정하여 해당 게시판 서비스의 전부 또는 일부를 정지시킬 수 있습니다.

(2) 저작권 침해 신고 접수 수령인에 관한 정보 표시

저작권법 제103조 제4항에서는 "온라인서비스제공자는 제1항 및 제3항의 규정에 따른 복제 · 전송의 중단 및 그 재개의 요구를 받을 자(이하 이 조에서 "수령인"이라 한다)를 지정하여 자신의 설비 또는 서비스를 이용하는 자들이 쉽게 알 수 있도록 공지하여야 한다"라고 규정하고 있다.

저작권법시행령 제44조에서는 온라인서비스제공자가 수령인에 관한 정보로 1. 성명 및 소속부서명, 2. 전화번호 · 팩시밀리번호 및 전자우편주소, 3. 우편물을 수령할 수 있는 주소를 나타내도록 하고 있다. 따라서 이용약관에도 교육정보서비스 내 저작권 신고 접수 수령인을 표기하는 것이 바람직하다.

APPENDIX

부록

- 부록 1. 저작권법
- 부록 2. 저작권법 시행령
- 부록 3. 복제·전송 중단 요청서 및 복제·전송 재개 요청서

※ 부록 2, 부록 3(395～432쪽)의 내용은 별첨 CD에 수록되어 있습니다.

부록 1 저작권법

[시행 2010.2.1], [법률 제9785호, 2009.7.31, 타법개정]

제1장 총 칙

제1조(목적) 이 법은 저작자의 권리와 이에 인접하는 권리를 보호하고 저작물의 공정한 이용을 도모함으로써 문화 및 관련 산업의 향상발전에 이바지함을 목적으로 한다.〈개정 2009.4.22〉

제2조(정의) 이 법에서 사용하는 용어의 뜻은 다음과 같다.〈개정 2009.4.22〉

1. "저작물"은 인간의 사상 또는 감정을 표현한 창작물을 말한다.
2. "저작자"는 저작물을 창작한 자를 말한다.
3. "공연"은 저작물 또는 실연·음반·방송을 상연·연주·가창·구연·낭독·상영·재생 그 밖의 방법으로 공중에게 공개하는 것을 말하며, 동일인의 점유에 속하는 연결된 장소 안에서 이루어지는 송신(전송을 제외한다)을 포함한다.
4. "실연자"는 저작물을 연기·무용·연주·가창·구연·낭독 그 밖의 예능적 방법으로 표현하거나 저작물이 아닌 것을 이와 유사한 방법으로 표현하는 실연을 하는 자를 말하며, 실연을 지휘, 연출 또는 감독하는 자를 포함한다.
5. "음반"은 음(음성·음향을 말한다. 이하 같다)이 유형물에 고정된 것(음이 영상과 함께 고정된 것을 제외한다)을 말한다.
6. "음반제작자"는 음을 음반에 고정하는데 있어 전체적으로 기획하고 책임을 지는 자를 말한다.
7. "공중송신"은 저작물, 실연·음반·방송 또는 데이터베이스(이하 "저작물등"이라 한다)를 공중이 수신하거나 접근하게 할 목적으로 무선 또는 유선통신의 방법에 의하여 송신하거나 이용에 제공하는 것을 말한다.
8. "방송"은 공중송신 중 공중이 동시에 수신하게 할 목적으로 음·영상 또는 음과 영상 등을 송신하는 것을 말한다.
9. "방송사업자"는 방송을 업으로 하는 자를 말한다.
10. "전송(傳送)"은 공중송신 중 공중의 구성원이 개별적으로 선택한 시간과 장소에서 접근할 수 있도록 저작물등을 이용에 제공하는 것을 말하며, 그에 따라 이루어지는 송신을 포함한다.

11. "디지털음성송신"은 공중송신 중 공중으로 하여금 동시에 수신하게 할 목적으로 공중의 구성원의 요청에 의하여 개시되는 디지털 방식의 음의 송신을 말하며, 전송을 제외한다.
12. "디지털음성송신사업자"는 디지털음성송신을 업으로 하는 자를 말한다.
13. "영상저작물"은 연속적인 영상(음의 수반여부는 가리지 아니한다)이 수록된 창작물로서 그 영상을 기계 또는 전자장치에 의하여 재생하여 볼 수 있거나 보고 들을 수 있는 것을 말한다.
14. "영상제작자"는 영상저작물의 제작에 있어 그 전체를 기획하고 책임을 지는 자를 말한다.
15. "응용미술저작물"은 물품에 동일한 형상으로 복제될 수 있는 미술저작물로서 그 이용된 물품과 구분되어 독자성을 인정할 수 있는 것을 말하며, 디자인 등을 포함한다.
16. "컴퓨터프로그램저작물"은 특정한 결과를 얻기 위하여 컴퓨터 등 정보처리능력을 가진 장치(이하 "컴퓨터"라 한다) 내에서 직접 또는 간접으로 사용되는 일련의 지시·명령으로 표현된 창작물을 말한다.
17. "편집물"은 저작물이나 부호·문자·음·영상 그 밖의 형태의 자료(이하 "소재"라 한다)의 집합물을 말하며, 데이터베이스를 포함한다.
18. "편집저작물"은 편집물로서 그 소재의 선택·배열 또는 구성에 창작성이 있는 것을 말한다.
19. "데이터베이스"는 소재를 체계적으로 배열 또는 구성한 편집물로서 개별적으로 그 소재에 접근하거나 그 소재를 검색할 수 있도록 한 것을 말한다.
20. "데이터베이스제작자"는 데이터베이스의 제작 또는 그 소재의 갱신·검증 또는 보충(이하 "갱신등"이라 한다)에 인적 또는 물적으로 상당한 투자를 한 자를 말한다.
21. "공동저작물"은 2인 이상이 공동으로 창작한 저작물로서 각자의 이바지한 부분을 분리하여 이용할 수 없는 것을 말한다.
22. "복제"는 인쇄·사진촬영·복사·녹음·녹화 그 밖의 방법에 의하여 유형물에 고정하거나 유형물로 다시 제작하는 것을 말하며, 건축물의 경우에는 그 건축을 위한 모형 또는 설계도서에 따라 이를 시공하는 것을 포함한다.
23. "배포"는 저작물등의 원본 또는 그 복제물을 공중에게 대가를 받거나 받지 아니하고 양도 또는 대여하는 것을 말한다.
24. "발행"은 저작물 또는 음반을 공중의 수요를 충족시키기 위하여 복제·배포하는 것을 말한다.
25. "공표"는 저작물을 공연, 공중송신 또는 전시 그 밖의 방법으로 공중에게 공개하는 경우와 저작물을 발행하는 경우를 말한다.
26. "저작권신탁관리업"은 저작재산권자, 출판권자, 저작인접권자 또는 데이터베이스

제작자의 권리를 가진 자를 위하여 그 권리를 신탁받아 이를 지속적으로 관리하는 업을 말하며, 저작물등의 이용과 관련하여 포괄적으로 대리하는 경우를 포함한다.

27. "저작권대리중개업"은 저작재산권자, 출판권자, 저작인접권자 또는 데이터베이스제작자의 권리를 가진 자를 위하여 그 권리의 이용에 관한 대리 또는 중개행위를 하는 업을 말한다.

28. "기술적보호조치"는 저작권 그 밖에 이 법에 따라 보호되는 권리에 대한 침해행위를 효과적으로 방지 또는 억제하기 위하여 그 권리자나 권리자의 동의를 얻은 자가 적용하는 기술적 조치를 말한다.

29. "권리관리정보"는 다음 각 목의 어느 하나에 해당하는 정보나 그 정보를 나타내는 숫자 또는 부호로서 각 정보가 저작물등의 원본이나 그 복제물에 부착되거나 그 공연·실행 또는 공중송신에 수반되는 것을 말한다.
   가. 저작물등을 식별하기 위한 정보
   나. 저작자·저작재산권자·출판권자·프로그램배타적발행권자·저작인접권자 또는 데이터베이스제작자를 식별하기 위한 정보
   다. 저작물등의 이용 방법 및 조건에 관한 정보

30. "온라인서비스제공자"는 다른 사람들이 정보통신망(「정보통신망 이용촉진 및 정보보호 등에 관한 법률」 제2조제1항제1호의 정보통신망을 말한다. 이하 같다)을 통하여 저작물등을 복제 또는 전송할 수 있도록 하는 서비스를 제공하는 자를 말한다.

31. "업무상저작물"은 법인·단체 그 밖의 사용자(이하 "법인등"이라 한다)의 기획하에 법인등의 업무에 종사하는 자가 업무상 작성하는 저작물을 말한다.

32. "공중"은 불특정 다수인(특정 다수인을 포함한다)을 말한다.

33. "인증"은 저작물등의 이용허락 등을 위하여 정당한 권리자임을 증명하는 것을 말한다.

34. "프로그램코드역분석"은 독립적으로 창작된 컴퓨터프로그램저작물과 다른 컴퓨터프로그램과의 호환에 필요한 정보를 얻기 위하여 컴퓨터프로그램저작물코드를 복제 또는 변환하는 것을 말한다.

제2조의2(저작권 보호에 관한 시책 수립 등) ① 문화체육관광부장관은 이 법의 목적을 달성하기 위하여 다음 각 호의 시책을 수립·시행할 수 있다.
   1. 저작권의 보호 및 저작물의 공정한 이용 환경 조성을 위한 기본 정책에 관한 사항
   2. 저작권 인식 확산을 위한 교육 및 홍보에 관한 사항
   3. 저작물등의 권리관리정보 및 기술적보호조치의 정책에 관한 사항

② 제1항에 따른 시책의 수립·시행에 필요한 사항은 대통령령으로 정한다.

[본조신설 2009.4.22]

제3조(외국인의 저작물) ① 외국인의 저작물은 대한민국이 가입 또는 체결한 조약에 따라 보호된다.

② 대한민국 내에 상시 거주하는 외국인(무국적자 및 대한민국 내에 주된 사무소가 있는 외국법인을 포함한다)의 저작물과 맨 처음 대한민국 내에서 공표된 외국인의 저작물(외국에서 공표된 날로부터 30일 이내에 대한민국 내에서 공표된 저작물을 포함한다)은 이 법에 따라 보호된다.

③ 제1항 및 제2항의 규정에 따라 보호되는 외국인(대한민국 내에 상시 거주하는 외국인 및 무국적자를 제외한다)의 저작물이라도 그 외국에서 대한민국 국민의 저작물을 보호하지 아니하는 경우에는 그에 상응하게 조약 및 이 법에 따른 보호를 제한할 수 있다.

제2장 저작권

제1절 저작물

제4조(저작물의 예시 등) ① 이 법에서 말하는 저작물을 예시하면 다음과 같다.

1. 소설 · 시 · 논문 · 강연 · 연설 · 각본 그 밖의 어문저작물
2. 음악저작물
3. 연극 및 무용 · 무언극 그 밖의 연극저작물
4. 회화 · 서예 · 조각 · 판화 · 공예 · 응용미술저작물 그 밖의 미술저작물
5. 건축물 · 건축을 위한 모형 및 설계도서 그 밖의 건축저작물
6. 사진저작물(이와 유사한 방법으로 제작된 것을 포함한다)
7. 영상저작물
8. 지도 · 도표 · 설계도 · 약도 · 모형 그 밖의 도형저작물
9. 컴퓨터프로그램저작물

② 삭제 〈2009.4.22〉

제5조(2차적저작물) ① 원저작물을 번역 · 편곡 · 변형 · 각색 · 영상제작 그 밖의 방법으로 작성한 창작물(이하 "2차적저작물"이라 한다)은 독자적인 저작물로서 보호된다.

② 2차적저작물의 보호는 그 원저작물의 저작자의 권리에 영향을 미치지 아니한다.

제6조(편집저작물) ① 편집저작물은 독자적인 저작물로서 보호된다.

② 편집저작물의 보호는 그 편집저작물의 구성부분이 되는 소재의 저작권 그 밖에 이 법에 따라 보호되는 권리에 영향을 미치지 아니한다.

제7조(보호받지 못하는 저작물) 다음 각 호의 어느 하나에 해당하는 것은 이 법에 의한 보호를 받지 못한다.

1. 헌법 · 법률 · 조약 · 명령 · 조례 및 규칙
2. 국가 또는 지방자치단체의 고시 · 공고 · 훈령 그 밖에 이와 유사한 것

3. 법원의 판결·결정·명령 및 심판이나 행정심판절차 그 밖에 이와 유사한 절차에 의한 의결·결정 등
4. 국가 또는 지방자치단체가 작성한 것으로서 제1호 내지 제3호에 규정된 것의 편집물 또는 번역물
5. 사실의 전달에 불과한 시사보도

제2절 저작자

제8조(저작자 등의 추정) ① 다음 각 호의 어느 하나에 해당하는 자는 저작자로 추정한다.

1. 저작물의 원본이나 그 복제물에 저작자로서의 실명 또는 이명(예명·아호·약칭 등을 말한다. 이하 같다)으로서 널리 알려진 것이 일반적인 방법으로 표시된 자
2. 저작물을 공연 또는 공중송신하는 경우에 저작자로서의 실명 또는 저작자의 널리 알려진 이명으로서 표시된 자

② 제1항 각 호의 어느 하나에 해당하는 저작자의 표시가 없는 저작물의 경우에는 발행자·공연자 또는 공표자로 표시된 자가 저작권을 가지는 것으로 추정한다.〈개정 2009.4.22〉

제9조(업무상저작물의 저작자) 법인등의 명의로 공표되는 업무상저작물의 저작자는 계약 또는 근무규칙 등에 다른 정함이 없는 때에는 그 법인등이 된다. 다만, 컴퓨터프로그램저작물(이하 "프로그램"이라 한다)의 경우 공표될 것을 요하지 아니한다.〈개정 2009.4.22〉

제10조(저작권) ① 저작자는 제11조 내지 제13조의 규정에 따른 권리(이하 "저작인격권"이라 한다)와 제16조 내지 제22조의 규정에 따른 권리(이하 "저작재산권"이라 한다)를 가진다.

② 저작권은 저작물을 창작한 때부터 발생하며 어떠한 절차나 형식의 이행을 필요로 하지 아니한다.

제3절 저작인격권

제11조(공표권) ① 저작자는 그의 저작물을 공표하거나 공표하지 아니할 것을 결정할 권리를 가진다.

② 저작자가 공표되지 아니한 저작물의 저작재산권을 제45조에 따른 양도, 제46조에 따른 이용허락, 제57조에 따른 출판권의 설정 또는 제101조의6에 따른 프로그램배타적발행권의 설정을 한 경우에는 그 상대방에게 저작물의 공표를 동의한 것으로 추정한다.〈개정 2009.4.22〉

③ 저작자가 공표되지 아니한 미술저작물·건축저작물 또는 사진저작물(이하 "미술

저작물등"이라 한다)의 원본을 양도한 경우에는 그 상대방에게 저작물의 원본의 전시방식에 의한 공표를 동의한 것으로 추정한다.

④ 원저작자의 동의를 얻어 작성된 2차적저작물 또는 편집저작물이 공표된 경우에는 그 원저작물도 공표된 것으로 본다.

제12조(성명표시권) ① 저작자는 저작물의 원본이나 그 복제물에 또는 저작물의 공표 매체에 그의 실명 또는 이명을 표시할 권리를 가진다.

② 저작물을 이용하는 자는 그 저작자의 특별한 의사표시가 없는 때에는 저작자가 그의 실명 또는 이명을 표시한 바에 따라 이를 표시하여야 한다. 다만, 저작물의 성질이나 그 이용의 목적 및 형태 등에 비추어 부득이하다고 인정되는 경우에는 그러하지 아니하다.

제13조(동일성유지권) ① 저작자는 그의 저작물의 내용·형식 및 제호의 동일성을 유지할 권리를 가진다.

② 저작자는 다음 각 호의 어느 하나에 해당하는 변경에 대하여는 이의(異議)할 수 없다. 다만, 본질적인 내용의 변경은 그러하지 아니하다.〈개정 2009.4.22〉

1. 제25조의 규정에 따라 저작물을 이용하는 경우에 학교교육 목적상 부득이하다고 인정되는 범위 안에서의 표현의 변경
2. 건축물의 증축·개축 그 밖의 변형
3. 특정한 컴퓨터 외에는 이용할 수 없는 프로그램을 다른 컴퓨터에 이용할 수 있도록 하기 위하여 필요한 범위에서의 변경
4. 프로그램을 특정한 컴퓨터에 보다 효과적으로 이용할 수 있도록 하기 위하여 필요한 범위에서의 변경
5. 그 밖에 저작물의 성질이나 그 이용의 목적 및 형태 등에 비추어 부득이하다고 인정되는 범위 안에서의 변경

제14조(저작인격권의 일신전속성) ① 저작인격권은 저작자 일신에 전속한다.

② 저작자의 사망 후에 그의 저작물을 이용하는 자는 저작자가 생존하였더라면 그 저작인격권의 침해가 될 행위를 하여서는 아니 된다. 다만, 그 행위의 성질 및 정도에 비추어 사회통념상 그 저작자의 명예를 훼손하는 것이 아니라고 인정되는 경우에는 그러하지 아니하다.

제15조(공동저작물의 저작인격권) ① 공동저작물의 저작인격권은 저작자 전원의 합의에 의하지 아니하고는 이를 행사할 수 없다. 이 경우 각 저작자는 신의에 반하여 합의의 성립을 방해할 수 없다.

② 공동저작물의 저작자는 그들 중에서 저작인격권을 대표하여 행사할 수 있는 자를 정할 수 있다.

③ 제2항의 규정에 따라 권리를 대표하여 행사하는 자의 대표권에 가하여진 제한이 있을 때에 그 제한은 선의의 제3자에게 대항할 수 없다.

제4절 저작재산권

제1관 저작재산권의 종류

제16조(복제권) 저작자는 그의 저작물을 복제할 권리를 가진다.

제17조(공연권) 저작자는 그의 저작물을 공연할 권리를 가진다.

제18조(공중송신권) 저작자는 그의 저작물을 공중송신할 권리를 가진다.

제19조(전시권) 저작자는 미술저작물등의 원본이나 그 복제물을 전시할 권리를 가진다.

제20조(배포권) 저작자는 저작물의 원본이나 그 복제물을 배포할 권리를 가진다. 다만, 저작물의 원본이나 그 복제물이 해당 저작재산권자의 허락을 받아 판매 등의 방법으로 거래에 제공된 경우에는 그러하지 아니하다.〈개정 2009.4.22〉

제21조(대여권) 제20조 단서에도 불구하고 저작자는 판매용 음반이나 판매용 프로그램을 영리를 목적으로 대여할 권리를 가진다.〈개정 2009.4.22〉

제22조(2차적저작물작성권) 저작자는 그의 저작물을 원저작물로 하는 2차적저작물을 작성하여 이용할 권리를 가진다.

제2관 저작재산권의 제한

제23조(재판절차 등에서의 복제) 재판절차를 위하여 필요한 경우이거나 입법·행정의 목적을 위한 내부자료로서 필요한 경우에는 그 한도 안에서 저작물을 복제할 수 있다. 다만, 그 저작물의 종류와 복제의 부수 및 형태 등에 비추어 당해 저작재산권자의 이익을 부당하게 침해하는 경우에는 그러하지 아니하다.

제24조(정치적 연설 등의 이용) 공개적으로 행한 정치적 연설 및 법정·국회 또는 지방의회에서 공개적으로 행한 진술은 어떠한 방법으로도 이용할 수 있다. 다만, 동일한 저작자의 연설이나 진술을 편집하여 이용하는 경우에는 그러하지 아니하다.

제25조(학교교육 목적 등에의 이용) ① 고등학교 및 이에 준하는 학교 이하의 학교의 교육 목적상 필요한 교과용도서에는 공표된 저작물을 게재할 수 있다.

② 특별법에 따라 설립되었거나 「유아교육법」, 「초·중등교육법」 또는 「고등교육법」에 따른 학교, 국가나 지방자치단체가 운영하는 교육기관 및 이들 교육기관의 수업을 지원하기 위하여 국가나 지방자치단체에 소속된 교육지원기관은 그 수업 또는 지원 목적상 필요하다고 인정되는 경우에는 공표된 저작물의 일부분을 복제·배포·공연·방송 또는 전송할 수 있다. 다만, 저작물의 성질이나 그 이용의 목적 및 형태 등에 비추어 저작물의 전부를 이용하는 것이 부득이한 경우에는 전부를 이용할 수 있다.〈개정 2009.4.22〉

③ 제2항의 규정에 따른 교육기관에서 교육을 받는 자는 수업목적상 필요하다고 인정되는 경우에는 제2항의 범위 내에서 공표된 저작물을 복제하거나 전송할 수 있다.

④ 제1항 및 제2항에 따라 저작물을 이용하려는 자는 문화체육관광부장관이 정하여 고시하는 기준에 따른 보상금을 해당 저작재산권자에게 지급하여야 한다. 다만, 고등학교 및 이에 준하는 학교 이하의 학교에서 제2항에 따른 복제·배포·공연·방송 또는 전송을 하는 경우에는 보상금을 지급하지 아니한다.〈개정 2008.2.29, 2009.4.22〉

⑤ 제4항의 규정에 따른 보상을 받을 권리는 다음 각 호의 요건을 갖춘 단체로서 문화체육관광부장관이 지정하는 단체를 통하여 행사되어야 한다. 문화체육관광부장관이 그 단체를 지정할 때에는 미리 그 단체의 동의를 얻어야 한다.〈개정 2008.2.29〉

1. 대한민국 내에서 보상을 받을 권리를 가진 자(이하 "보상권리자"라 한다)로 구성된 단체
2. 영리를 목적으로 하지 아니할 것
3. 보상금의 징수 및 분배 등의 업무를 수행하기에 충분한 능력이 있을 것

⑥ 제5항의 규정에 따른 단체는 그 구성원이 아니라도 보상권리자로부터 신청이 있을 때에는 그 자를 위하여 그 권리행사를 거부할 수 없다. 이 경우 그 단체는 자기의 명의로 그 권리에 관한 재판상 또는 재판 외의 행위를 할 권한을 가진다.

⑦ 문화체육관광부장관은 제5항의 규정에 따른 단체가 다음 각 호의 어느 하나에 해당하는 경우에는 그 지정을 취소할 수 있다.〈개정 2008.2.29〉

1. 제5항의 규정에 따른 요건을 갖추지 못한 때
2. 보상관계 업무규정을 위배한 때
3. 보상관계 업무를 상당한 기간 휴지하여 보상권리자의 이익을 해할 우려가 있을 때

⑧ 제5항의 규정에 따른 단체는 보상금 분배 공고를 한 날부터 3년이 경과한 미분배 보상금에 대하여 문화체육관광부장관의 승인을 얻어 공익목적을 위하여 사용할 수 있다.〈개정 2008.2.29〉

⑨ 제5항·제7항 및 제8항의 규정에 따른 단체의 지정과 취소 및 업무규정, 보상금 분배 공고, 미분배 보상금의 공익목적 사용 승인 등에 관하여 필요한 사항은 대통령령으로 정한다.

⑩ 제2항의 규정에 따라 교육기관이 전송을 하는 경우에는 저작권 그 밖에 이 법에 의하여 보호되는 권리의 침해를 방지하기 위하여 복제방지조치 등 대통령령이 정하는 필요한 조치를 하여야 한다.

제26조(시사보도를 위한 이용) 방송·신문 그 밖의 방법에 의하여 시사보도를 하는 경우에 그 과정에서 보이거나 들리는 저작물은 보도를 위한 정당한 범위 안에서 복제·배포·공연 또는 공중송신할 수 있다.

제27조(시사적인 기사 및 논설의 복제 등) 정치·경제·사회·문화·종교에 관하여 「신

문 등의 진흥에 관한 법률」 제2조의 규정에 따른 신문 및 인터넷신문 또는 「뉴스통신진흥에 관한 법률」 제2조의 규정에 따른 뉴스통신에 게재된 시사적인 기사나 논설은 다른 언론기관이 복제·배포 또는 방송할 수 있다. 다만, 이용을 금지하는 표시가 있는 경우에는 그러하지 아니하다.〈개정 2009.7.31〉

第28조(공표된 저작물의 인용) 공표된 저작물은 보도·비평·교육·연구 등을 위하여는 정당한 범위 안에서 공정한 관행에 합치되게 이를 인용할 수 있다.

第29조(영리를 목적으로 하지 아니하는 공연·방송) ① 영리를 목적으로 하지 아니하고 청중이나 관중 또는 제3자로부터 어떤 명목으로든지 반대급부를 받지 아니하는 경우에는 공표된 저작물을 공연 또는 방송할 수 있다. 다만, 실연자에게 통상의 보수를 지급하는 경우에는 그러하지 아니하다.

② 청중이나 관중으로부터 당해 공연에 대한 반대급부를 받지 아니하는 경우에는 판매용 음반 또는 판매용 영상저작물을 재생하여 공중에게 공연할 수 있다. 다만, 대통령령이 정하는 경우에는 그러하지 아니하다.

第30조(사적이용을 위한 복제) 공표된 저작물을 영리를 목적으로 하지 아니하고 개인적으로 이용하거나 가정 및 이에 준하는 한정된 범위 안에서 이용하는 경우에는 그 이용자는 이를 복제할 수 있다. 다만, 공중의 사용에 제공하기 위하여 설치된 복사기기에 의한 복제는 그러하지 아니하다.

第31조(도서관등에서의 복제 등) ① 「도서관법」에 따른 도서관과 도서·문서·기록 그 밖의 자료(이하 "도서등"이라 한다)를 공중의 이용에 제공하는 시설 중 대통령령이 정하는 시설(당해시설의 장을 포함한다. 이하 "도서관등"이라 한다)은 다음 각 호의 어느 하나에 해당하는 경우에는 그 도서관등에 보관된 도서등(제1호의 경우에는 제3항의 규정에 따라 당해 도서관등이 복제·전송받은 도서등을 포함한다)을 사용하여 저작물을 복제할 수 있다. 다만, 제1호 및 제3호의 경우에는 디지털 형태로 복제할 수 없다.

1. 조사·연구를 목적으로 하는 이용자의 요구에 따라 공표된 도서등의 일부분의 복제물을 1인 1부에 한하여 제공하는 경우
2. 도서등의 자체보존을 위하여 필요한 경우
3. 다른 도서관등의 요구에 따라 절판 그 밖에 이에 준하는 사유로 구하기 어려운 도서등의 복제물을 보존용으로 제공하는 경우

② 도서관등은 컴퓨터를 이용하여 이용자가 그 도서관등의 안에서 열람할 수 있도록 보관된 도서등을 복제하거나 전송할 수 있다. 이 경우 동시에 열람할 수 있는 이용자의 수는 그 도서관등에서 보관하고 있거나 저작권 그 밖에 이 법에 따라 보호되는 권리를 가진 자로부터 이용허락을 받은 그 도서등의 부수를 초과할 수 없다.〈개정 2009.4.22〉

③ 도서관등은 컴퓨터를 이용하여 이용자가 다른 도서관등의 안에서 열람할 수 있

도록 보관된 도서등을 복제하거나 전송할 수 있다. 다만, 그 전부 또는 일부가 판매용으로 발행된 도서등은 그 발행일로부터 5년이 경과하지 아니한 경우에는 그러하지 아니하다.〈개정 2009.4.22〉

④ 도서관등은 제1항제2호의 규정에 따른 도서등의 복제 및 제2항과 제3항의 규정에 따른 도서등의 복제의 경우에 그 도서등이 디지털 형태로 판매되고 있는 때에는 그 도서등을 디지털 형태로 복제할 수 없다.

⑤ 도서관등은 제1항제1호의 규정에 따라 디지털 형태의 도서등을 복제하는 경우 및 제3항의 규정에 따라 도서등을 다른 도서관등의 안에서 열람할 수 있도록 복제하거나 전송하는 경우에는 문화체육관광부장관이 정하여 고시하는 기준에 의한 보상금을 당해저작재산권자에게 지급하여야 한다. 다만, 국가, 지방자치단체 또는 「고등교육법」 제2조의 규정에 따른 학교를 저작재산권자로 하는 도서등(그 전부 또는 일부가 판매용으로 발행된 도서등을 제외한다)의 경우에는 그러하지 아니하다.〈개정 2008.2.29〉

⑥ 제25조제5항 내지 제9항의 규정은 제5항의 보상금의 지급 등에 관하여 준용한다.

⑦ 제1항 내지 제3항의 규정에 따라 도서등을 디지털 형태로 복제하거나 전송하는 경우에 도서관등은 저작권 그 밖에 이 법에 따라 보호되는 권리의 침해를 방지하기 위하여 복제방지조치 등 대통령령이 정하는 필요한 조치를 하여야 한다.

⑧ 「도서관법」 제20조의2에 따라 국립중앙도서관이 온라인 자료의 보존을 위하여 수집하는 경우에는 해당 자료를 복제할 수 있다.〈신설 2009.3.25〉

제32조(시험문제로서의 복제) 학교의 입학시험 그 밖에 학식 및 기능에 관한 시험 또는 검정을 위하여 필요한 경우에는 그 목적을 위하여 정당한 범위에서 공표된 저작물을 복제·배포할 수 있다. 다만, 영리를 목적으로 하는 경우에는 그러하지 아니하다.〈개정 2009.4.22〉

제33조(시각장애인 등을 위한 복제 등) ① 공표된 저작물은 시각장애인 등을 위하여 점자로 복제·배포할 수 있다.

② 시각장애인 등의 복리증진을 목적으로 하는 시설 중 대통령령이 정하는 시설(당해 시설의 장을 포함한다)은 영리를 목적으로 하지 아니하고 시각장애인 등의 이용에 제공하기 위하여 공표된 어문저작물을 녹음하거나 대통령령으로 정하는 시각장애인 등을 위한 전용 기록방식으로 복제·배포 또는 전송할 수 있다.〈개정 2009.3.25〉

③ 제1항 및 제2항의 규정에 따른 시각장애인 등의 범위는 대통령령으로 정한다.

제34조(방송사업자의 일시적 녹음·녹화) ① 저작물을 방송할 권한을 가지는 방송사업자는 자신의 방송을 위하여 자체의 수단으로 저작물을 일시적으로 녹음하거나 녹화할 수 있다.

② 제1항의 규정에 따라 만들어진 녹음물 또는 녹화물은 녹음일 또는 녹화일로부터

1년을 초과하여 보존할 수 없다. 다만, 그 녹음물 또는 녹화물이 기록의 자료로서 대통령령이 정하는 장소에 보존되는 경우에는 그러하지 아니하다.

第35조(미술저작물등의 전시 또는 복제) ① 미술저작물등의 원본의 소유자나 그의 동의를 얻은 자는 그 저작물을 원본에 의하여 전시할 수 있다. 다만, 가로·공원·건축물의 외벽 그 밖에 공중에게 개방된 장소에 항시 전시하는 경우에는 그러하지 아니하다.

② 제1항 단서의 규정에 따른 개방된 장소에 항시 전시되어 있는 미술저작물등은 어떠한 방법으로든지 이를 복제하여 이용할 수 있다. 다만, 다음 각 호의 어느 하나에 해당하는 경우에는 그러하지 아니하다.

1. 건축물을 건축물로 복제하는 경우
2. 조각 또는 회화를 조각 또는 회화로 복제하는 경우
3. 제1항 단서의 규정에 따른 개방된 장소 등에 항시 전시하기 위하여 복제하는 경우
4. 판매의 목적으로 복제하는 경우

③ 제1항의 규정에 따라 전시를 하는 자 또는 미술저작물등의 원본을 판매하고자 하는 자는 그 저작물의 해설이나 소개를 목적으로 하는 목록 형태의 책자에 이를 복제하여 배포할 수 있다.

④ 위탁에 의한 초상화 또는 이와 유사한 사진저작물의 경우에는 위탁자의 동의가 없는 때에는 이를 이용할 수 없다

第36조(번역 등에 의한 이용) ① 제25조·제29조 또는 제30조의 규정에 따라 저작물을 이용하는 경우에는 그 저작물을 번역·편곡 또는 개작하여 이용할 수 있다.

② 제23조·제24조·제26조·제27조·제28조·제32조 또는 제33조의 규정에 따라 저작물을 이용하는 경우에는 그 저작물을 번역하여 이용할 수 있다.

第37조(출처의 명시) ① 이 관의 규정에 따라 저작물을 이용하는 자는 그 출처를 명시하여야 한다. 다만, 제26조·제29조 내지 제32조 및 제34조의 경우에는 그러하지 아니하다.

② 출처의 명시는 저작물의 이용 상황에 따라 합리적이라고 인정되는 방법으로 하여야 하며, 저작자의 실명 또는 이명이 표시된 저작물인 경우에는 그 실명 또는 이명을 명시하여야 한다.

第37조의2 (적용 제외) 프로그램에 대하여는 제23조·제25조·제30조 및 제32조를 적용하지 아니한다.

[본조신설 2009.4.22]

第38조(저작인격권과의 관계) 이 관 각 조의 규정은 저작인격권에 영향을 미치는 것으로 해석되어서는 아니 된다.

제3관 저작재산권의 보호기간

제39조(보호기간의 원칙) ① 저작재산권은 이 관에 특별한 규정이 있는 경우를 제외하고는 저작자의 생존하는 동안과 사망 후 50년간 존속한다. 다만, 저작자가 사망 후 40년이 경과하고 50년이 되기 전에 공표된 저작물의 저작재산권은 공표된 때부터 10년간 존속한다.

② 공동저작물의 저작재산권은 맨 마지막으로 사망한 저작자의 사망 후 50년간 존속한다.

제40조(무명 또는 이명 저작물의 보호기간) ① 무명 또는 널리 알려지지 아니한 이명이 표시된 저작물의 저작재산권은 공표된 때부터 50년간 존속한다. 다만, 이 기간 내에 저작자가 사망한지 50년이 경과하였다고 인정할만한 정당한 사유가 발생한 경우에는 그 저작재산권은 저작자 사망 후 50년이 경과하였다고 인정되는 때에 소멸한 것으로 본다.

② 다음 각 호의 어느 하나에 해당하는 경우에는 제1항의 규정은 이를 적용하지 아니한다.

1. 제1항의 기간 이내에 저작자의 실명 또는 널리 알려진 이명이 밝혀진 경우
2. 제1항의 기간 이내에 제53조제1항의 규정에 따른 저작자의 실명등록이 있는 경우

제41조(업무상저작물의 보호기간) 업무상저작물의 저작재산권은 공표한 때부터 50년간 존속한다. 다만, 창작한 때부터 50년 이내에 공표되지 아니한 경우에는 창작한 때부터 50년간 존속한다.

제42조(영상저작물 및 프로그램의 보호기간 〈개정 2009.4.22〉) 영상저작물 및 프로그램의 저작재산권은 제39조 및 제40조에도 불구하고 공표한 때부터 50년간 존속한다. 다만, 창작한 때부터 50년 이내에 공표되지 아니한 경우에는 창작한 때부터 50년간 존속한다.〈개정 2009.4.22〉

제43조(계속적간행물 등의 공표시기) ① 제39조제1항 단서·제40조제1항 또는 제41조의 규정에 따른 공표시기는 책·호 또는 회 등으로 공표하는 저작물의 경우에는 매책·매호 또는 매회 등의 공표 시로 하고, 일부분씩 순차적으로 공표하여 완성하는 저작물의 경우에는 최종부분의 공표 시로 한다.

② 일부분씩 순차적으로 공표하여 전부를 완성하는 저작물의 계속되어야 할 부분이 최근의 공표시기부터 3년이 경과되어도 공표되지 아니하는 경우에는 이미 공표된 맨 뒤의 부분을 제1항의 규정에 따른 최종부분으로 본다.

제44조(보호기간의 기산) 이 관에 규정된 저작재산권의 보호기간을 계산하는 경우에는 저작자가 사망하거나 저작물을 창작 또는 공표한 다음 해부터 기산한다.

제4관 저작재산권의 양도 · 행사 · 소멸

제45조(저작재산권의 양도) ① 저작재산권은 전부 또는 일부를 양도할 수 있다.

② 저작재산권의 전부를 양도하는 경우에 특약이 없는 때에는 제22조에 따른 2차적저작물을 작성하여 이용할 권리는 포함되지 아니한 것으로 추정한다. 다만, 프로그램의 경우 특약이 없는 한 2차적저작물작성권도 함께 양도된 것으로 추정한다. 〈개정 2009.4.22〉

제46조(저작물의 이용허락) ① 저작재산권자는 다른 사람에게 그 저작물의 이용을 허락할 수 있다.

② 제1항의 규정에 따라 허락을 받은 자는 허락받은 이용 방법 및 조건의 범위 안에서 그 저작물을 이용할 수 있다.

③ 제1항의 규정에 따른 허락에 의하여 저작물을 이용할 수 있는 권리는 저작재산권자의 동의 없이 제3자에게 이를 양도할 수 없다.

제47조(저작재산권을 목적으로 하는 질권의 행사 등 〈개정 2009.4.22〉) ① 저작재산권을 목적으로 하는 질권은 그 저작재산권의 양도 또는 그 저작물의 이용에 따라 저작재산권자가 받을 금전 그 밖의 물건(출판권 및 프로그램배타적발행권 설정의 대가를 포함한다)에 대하여도 행사할 수 있다. 다만, 이들의 지급 또는 인도 전에 이를 압류하여야 한다. 〈개정 2009.4.22〉

② 질권의 목적으로 된 저작재산권은 설정행위에 특약이 없는 한 저작재산권자가 이를 행사한다. 〈신설 2009.4.22〉

제48조(공동저작물의 저작재산권의 행사) ① 공동저작물의 저작재산권은 그 저작재산권자 전원의 합의에 의하지 아니하고는 이를 행사할 수 없으며, 다른 저작재산권자의 동의가 없으면 그 지분을 양도하거나 질권의 목적으로 할 수 없다. 이 경우 각 저작재산권자는 신의에 반하여 합의의 성립을 방해하거나 동의를 거부할 수 없다.

② 공동저작물의 이용에 따른 이익은 공동저작자 간에 특약이 없는 때에는 그 저작물의 창작에 이바지한 정도에 따라 각자에게 배분된다. 이 경우 각자의 이바지한 정도가 명확하지 아니한 때에는 균등한 것으로 추정한다.

③ 공동저작물의 저작재산권자는 그 공동저작물에 대한 자신의 지분을 포기할 수 있으며, 포기하거나 상속인 없이 사망한 경우에 그 지분은 다른 저작재산권자에게 그 지분의 비율에 따라 배분된다.

④ 제15조제2항 및 제3항의 규정은 공동저작물의 저작재산권의 행사에 관하여 준용한다.

제49조(저작재산권의 소멸) 저작재산권이 다음 각 호의 어느 하나에 해당하는 경우에는 소멸한다.

1. 저작재산권자가 상속인 없이 사망한 경우에 그 권리가 「민법」 그 밖의 법률의 규

정에 따라 국가에 귀속되는 경우

2. 저작재산권자인 법인 또는 단체가 해산되어 그 권리가 「민법」 그 밖의 법률의 규정에 따라 국가에 귀속되는 경우

제5절 저작물 이용의 법정허락

제50조(저작재산권자 불명인 저작물의 이용) ① 누구든지 대통령령이 정하는 기준에 해당하는 상당한 노력을 기울였어도 공표된 저작물(외국인의 저작물을 제외한다)의 저작재산권자나 그의 거소를 알 수 없어 그 저작물의 이용허락을 받을 수 없는 경우에는 대통령령이 정하는 바에 따라 문화체육관광부장관의 승인을 얻은 후 문화체육관광부장관이 정하는 기준에 의한 보상금을 공탁하고 이를 이용할 수 있다.〈개정 2008.2.29〉

② 제1항의 규정에 따라 저작물을 이용하는 자는 그 뜻과 승인연월일을 표시하여야 한다.

③ 제1항의 규정에 따라 법정허락된 저작물이 다시 법정허락의 대상이 되는 때에는 제1항의 규정에 따른 대통령령이 정하는 기준에 해당하는 상당한 노력의 절차를 생략할 수 있다. 다만, 그 저작물에 대한 법정허락의 승인 이전에 저작재산권자가 대통령령이 정하는 절차에 따라 이의를 제기하는 때에는 그러하지 아니하다.

④ 문화체육관광부장관은 대통령령이 정하는 바에 따라 법정허락 내용을 정보통신망에 게시하여야 한다.〈개정 2008.2.29〉

제51조(공표된 저작물의 방송) 공표된 저작물을 공익상 필요에 의하여 방송하고자 하는 방송사업자가 그 저작재산권자와 협의하였으나 협의가 성립되지 아니하는 경우에는 대통령령이 정하는 바에 따라 문화체육관광부장관의 승인을 얻은 후 문화체육관광부장관이 정하는 기준에 의한 보상금을 당해 저작재산권자에게 지급하거나 공탁하고 이를 방송할 수 있다.〈개정 2008.2.29〉

제52조(판매용 음반의 제작) 판매용 음반이 우리나라에서 처음으로 판매되어 3년이 경과한 경우 그 음반에 녹음된 저작물을 녹음하여 다른 판매용 음반을 제작하고자 하는 자가 그 저작재산권자와 협의하였으나 협의가 성립되지 아니하는 때에는 대통령령이 정하는 바에 따라 문화체육관광부장관의 승인을 얻은 후 문화체육관광부장관이 정하는 기준에 의한 보상금을 당해저작재산권자에게 지급하거나 공탁하고 다른 판매용 음반을 제작할 수 있다.〈개정 2008.2.29〉

제6절 등록 및 인증

제53조(저작권의 등록) ① 저작자는 다음 각 호의 사항을 등록할 수 있다.

1. 저작자의 실명 · 이명(공표 당시에 이명을 사용한 경우에 한한다) · 국적 · 주소 또는 거소
2. 저작물의 제호 · 종류 · 창작연월일
3. 공표의 여부 및 맨 처음 공표된 국가 · 공표연월일
4. 그 밖에 대통령령으로 정하는 사항

② 저작자가 사망한 경우 저작자의 특별한 의사표시가 없는 때에는 그의 유언으로 지정한 자 또는 상속인이 제1항 각 호의 규정에 따른 등록을 할 수 있다.

③ 제1항 및 제2항에 따라 저작자로 실명이 등록된 자는 그 등록저작물의 저작자로, 창작연월일 또는 맨 처음의 공표연월일이 등록된 저작물은 등록된 연월일에 창작 또는 맨 처음 공표된 것으로 추정한다. 다만, 저작물을 창작한 때부터 1년이 경과한 후에 창작연월일을 등록한 경우에는 등록된 연월일에 창작된 것으로 추정하지 아니한다. 〈개정 2009.4.22〉

第54조(권리변동 등의 등록 · 효력) 다음 각 호의 사항은 이를 등록할 수 있으며, 등록하지 아니하면 제3자에게 대항할 수 없다.

1. 저작재산권의 양도(상속 그 밖의 일반승계의 경우를 제외한다) 또는 처분제한
2. 저작재산권을 목적으로 하는 질권의 설정 · 이전 · 변경 · 소멸 또는 처분제한

第55조(등록의 절차 등) ① 제53조 및 제54조에 따른 등록은 문화체육관광부장관이 저작권등록부(프로그램의 경우에는 프로그램등록부를 말한다. 이하 이 조에서 같다)에 기재하여 행한다. 〈개정 2008.2.29, 2009.4.22〉

② 문화체육관광부장관은 다음 각 호의 어느 하나에 해당하는 경우에는 신청을 반려할 수 있다. 다만, 신청의 흠결이 보정될 수 있는 경우에 신청인이 당일 이를 보정하였을 때에는 그러하지 아니하다. 〈개정 2008.2.29〉

1. 등록 신청한 사항이 등록할 것이 아닌 때
2. 등록 신청이 문화체육관광부령으로 정한 서식에 적합하지 아니하거나 그 밖의 필요한 자료 또는 서류를 첨부하지 아니한 때

③ 문화체육관광부장관은 제1항의 규정에 따라 저작권등록부에 기재한 등록에 대하여 등록공보를 발행하거나 정보통신망에 게시하여야 하며, 신청한 자가 있는 경우에는 저작권등록부를 열람하게 하거나 그 사본을 교부하여야 한다. 〈개정 2008.2.29〉

④ 제1항 내지 제3항의 규정에 따른 등록, 등록신청의 반려, 등록공보의 발행 또는 게시, 저작권등록부의 열람 및 사본의 교부 등에 관하여 필요한 사항은 대통령령으로 정한다.

第55조의2 (비밀유지의무) 제53조부터 제55조까지의 규정에 따른 등록 업무를 수행하는 자 및 그 직에 있었던 자는 직무상 알게 된 비밀을 다른 사람에게 누설하여서는 아니 된다.

[본조신설 2009.4.22]

제56조(권리자 등의 인증) ① 문화체육관광부장관은 저작물등의 거래의 안전과 신뢰보호를 위하여 인증기관을 지정할 수 있다.〈개정 2008.2.29〉

② 제1항에 따른 인증기관의 지정과 지정취소 및 인증절차 등에 관하여 필요한 사항은 대통령령으로 정한다.〈개정 2009.4.22〉

③ 제1항의 규정에 따른 인증기관은 인증과 관련한 수수료를 받을 수 있으며 그 금액은 문화체육관광부장관이 정한다.〈개정 2008.2.29〉

제7절 출판권

제57조(출판권의 설정) ① 저작물을 복제·배포할 권리를 가진 자(이하 "복제권자"라 한다)는 그 저작물을 인쇄 그 밖에 이와 유사한 방법으로 문서 또는 도화로 발행하고자 하는 자에 대하여 이를 출판할 권리(이하 "출판권"이라 한다)를 설정할 수 있다.

② 제1항의 규정에 따라 출판권을 설정받은 자(이하 "출판권자"라 한다)는 그 설정행위에서 정하는 바에 따라 그 출판권의 목적인 저작물을 원작 그대로 출판할 권리를 가진다.

③ 복제권자는 그 저작물의 복제권을 목적으로 하는 질권이 설정되어 있는 경우에는 그 질권자의 허락이 있어야 출판권을 설정할 수 있다.

제58조(출판권자의 의무) ① 출판권자는 그 설정행위에 특약이 없는 때에는 출판권의 목적인 저작물을 복제하기 위하여 필요한 원고 또는 이에 상당하는 물건을 받은 날부터 9월 이내에 이를 출판하여야 한다.

② 출판권자는 그 설정행위에 특약이 없는 때에는 관행에 따라 그 저작물을 계속하여 출판하여야 한다.

③ 출판권자는 특약이 없는 때에는 각 출판물에 대통령령이 정하는 바에 따라 복제권자의 표지를 하여야 한다.

제59조(저작물의 수정증감) ① 출판권자가 출판권의 목적인 저작물을 다시 출판하는 경우에 저작자는 정당한 범위 안에서 그 저작물의 내용을 수정하거나 증감할 수 있다.

② 출판권자는 출판권의 목적인 저작물을 다시 출판하고자 하는 경우에 특약이 없는 때에는 그때마다 미리 저작자에게 그 사실을 알려야 한다.

제60조(출판권의 존속기간 등) ① 출판권은 그 설정행위에 특약이 없는 때에는 맨 처음 출판한 날로부터 3년간 존속한다.

② 복제권자는 출판권 존속기간 중 그 출판권의 목적인 저작물의 저작자가 사망한 때에는 제1항의 규정에 불구하고 저작자를 위하여 저작물을 전집 그 밖의 편집물

에 수록하거나 전집 그 밖의 편집물의 일부인 저작물을 분리하여 이를 따로 출판할 수 있다.

제61조(출판권의 소멸통고) ① 복제권자는 출판권자가 제58조제1항 또는 제2항의 규정을 위반한 경우에는 6월 이상의 기간을 정하여 그 이행을 최고하고 그 기간 내에 이행하지 아니하는 때에는 출판권의 소멸을 통고할 수 있다.

② 복제권자는 출판권자가 출판이 불가능하거나 출판할 의사가 없음이 명백한 경우에는 제1항의 규정에 불구하고 즉시 출판권의 소멸을 통고할 수 있다.

③ 제1항 또는 제2항의 규정에 따라 출판권의 소멸을 통고한 경우에는 출판권자가 통고를 받은 때에 출판권이 소멸한 것으로 본다.

④ 제3항의 경우에 복제권자는 출판권자에 대하여 언제든지 원상회복을 청구하거나 출판을 중지함으로 인한 손해의 배상을 청구할 수 있다.

제62조(출판권 소멸 후의 출판물의 배포) 출판권이 그 존속기간의 만료 그 밖의 사유로 소멸된 경우에는 그 출판권을 가지고 있던 자는 다음 각 호의 어느 하나에 해당하는 경우를 제외하고는 그 출판권의 존속기간 중 만들어진 출판물을 배포할 수 없다.

1. 출판권 설정행위에 특약이 있는 경우
2. 출판권의 존속기간 중 복제권자에게 그 저작물의 출판에 따른 대가를 지급하고 그 대가에 상응하는 부수의 출판물을 배포하는 경우

제63조(출판권의 양도·제한 등) ① 출판권은 복제권자의 동의 없이 이를 양도 또는 질권의 목적으로 할 수 없다.

② 제23조·제25조제1항 내지 제3항·제26조 내지 제28조·제30조 내지 제33조와 제35조제2항 및 제3항의 규정은 출판권의 목적으로 되어 있는 저작물의 복제에 관하여 준용한다.

③ 제54조, 제55조 및 제55조의2의 규정은 출판권의 등록(출판권설정등록을 포함한다)에 관하여 준용한다. 이 경우 제55조 중 "저작권등록부"는 "출판권등록부"로 본다.〈개정 2009.4.22〉

제3장 저작인접권

제1절 통칙

제64조(보호받는 실연·음반·방송) 다음 각 호 각 목의 어느 하나에 해당하는 실연·음반 및 방송은 이 법에 의한 보호를 받는다.

1. 실연
   가. 대한민국 국민(대한민국 법률에 따라 설립된 법인 및 대한민국 내에 주된 사무소가 있는 외국법인을 포함한다. 이하 같다)이 행하는 실연

나. 대한민국이 가입 또는 체결한 조약에 따라 보호되는 실연

다. 제2호 각 목의 음반에 고정된 실연

라. 제3호 각 목의 방송에 의하여 송신되는 실연(송신 전에 녹음 또는 녹화되어 있는 실연을 제외한다)

2. 음반

가. 대한민국 국민을 음반제작자로 하는 음반

나. 음이 맨 처음 대한민국 내에서 고정된 음반

다. 대한민국이 가입 또는 체결한 조약에 따라 보호되는 음반으로서 체약국 내에서 최초로 고정된 음반

라. 대한민국이 가입 또는 체결한 조약에 따라 보호되는 음반으로서 체약국의 국민(당해 체약국의 법률에 따라 설립된 법인 및 당해 체약국 내에 주된 사무소가 있는 법인을 포함한다)을 음반제작자로 하는 음반

3. 방송

가. 대한민국 국민인 방송사업자의 방송

나. 대한민국 내에 있는 방송설비로부터 행하여지는 방송

다. 대한민국이 가입 또는 체결한 조약에 따라 보호되는 방송으로서 체약국의 국민인 방송사업자가 당해 체약국 내에 있는 방송설비로부터 행하는 방송

第65조(저작권과의 관계) 이 장 각 조의 규정은 저작권에 영향을 미치는 것으로 해석되어서는 아니 된다.

제 2 절 실연자의 권리

第66조(성명표시권) ① 실연자는 그의 실연 또는 실연의 복제물에 그의 실명 또는 이명을 표시할 권리를 가진다.

② 실연을 이용하는 자는 그 실연자의 특별한 의사표시가 없는 때에는 실연자가 그의 실명 또는 이명을 표시한 바에 따라 이를 표시하여야 한다. 다만, 실연의 성질이나 그 이용의 목적 및 형태 등에 비추어 부득이하다고 인정되는 경우에는 그러하지 아니하다.

第67조(동일성유지권) 실연자는 그의 실연의 내용과 형식의 동일성을 유지할 권리를 가진다. 다만, 실연의 성질이나 그 이용의 목적 및 형태 등에 비추어 부득이하다고 인정되는 경우에는 그러하지 아니한다.

第68조(실연자의 인격권의 일신전속성) 제66조 및 제67조에 규정된 권리(이하 "실연자의 인격권"이라 한다)는 실연자 일신에 전속한다.

第69조(복제권) 실연자는 그의 실연을 복제할 권리를 가진다.

第70조(배포권) 실연자는 그의 실연의 복제물을 배포할 권리를 가진다. 다만, 실연의

복제물이 실연자의 허락을 받아 판매 등의 방법으로 거래에 제공된 경우에는 그러하지 아니하다.

제71조(대여권) 실연자는 제70조의 단서의 규정에 불구하고 그의 실연이 녹음된 판매용 음반을 영리를 목적으로 대여할 권리를 가진다.

제72조(공연권) 실연자는 그의 고정되지 아니한 실연을 공연할 권리를 가진다. 다만, 그 실연이 방송되는 실연인 경우에는 그러하지 아니하다.

제73조(방송권) 실연자는 그의 실연을 방송할 권리를 가진다. 다만, 실연자의 허락을 받아 녹음된 실연에 대하여는 그러하지 아니하다.

제74조(전송권) 실연자는 그의 실연을 전송할 권리를 가진다.

제75조(방송사업자의 실연자에 대한 보상) ① 방송사업자가 실연이 녹음된 판매용 음반을 사용하여 방송하는 경우에는 상당한 보상금을 그 실연자에게 지급하여야 한다. 다만, 실연자가 외국인인 경우에 그 외국에서 대한민국 국민인 실연자에게 이 항의 규정에 따른 보상금을 인정하지 아니하는 때에는 그러하지 아니하다.

② 제25조제5항 내지 제9항의 규정은 제1항의 규정에 따른 보상금의 지급 등에 관하여 준용한다.

③ 제2항의 규정에 따른 단체가 보상권리자를 위하여 청구할 수 있는 보상금의 금액은 매년 그 단체와 방송사업자가 협의하여 정한다.

④ 제3항에 따른 협의가 성립되지 아니하는 경우에 그 단체 또는 방송사업자는 대통령령으로 정하는 바에 따라 제112조에 따른 한국저작권위원회에 조정을 신청할 수 있다.〈개정 2009.4.22〉

제76조(디지털음성송신사업자의 실연자에 대한 보상) ① 디지털음성송신사업자가 실연이 녹음된 음반을 사용하여 송신하는 경우에는 상당한 보상금을 그 실연자에게 지급하여야 한다.

② 제25조제5항 내지 제9항의 규정은 제1항의 규정에 따른 보상금의 지급 등에 관하여 준용한다.

③ 제2항의 규정에 따른 단체가 보상권리자를 위하여 청구할 수 있는 보상금의 금액은 매년 그 단체와 디지털음성송신사업자가 대통령령이 정하는 기간 내에 협의하여 정한다.

④ 제3항의 규정에 따른 협의가 성립되지 아니한 경우에는 문화체육관광부장관이 정하여 고시하는 금액을 지급한다.〈개정 2008.2.29〉

제76조의2 (판매용 음반을 사용하여 공연하는 자의 실연자에 대한 보상) ① 실연이 녹음된 판매용 음반을 사용하여 공연을 하는 자는 상당한 보상금을 해당 실연자에게 지급하여야 한다. 다만, 실연자가 외국인인 경우에 그 외국에서 대한민국 국민인 실연자에게 이 항의 규정에 따른 보상금을 인정하지 아니하는 때에는 그러하지 아니하다.

② 제25조제5항부터 제9항까지 및 제76조제3항·제4항은 제1항에 따른 보상금의 지급 및 금액 등에 관하여 준용한다.

[본조신설 2009.3.25]

제77조(공동실연자) ① 2인 이상이 공동으로 합창·합주 또는 연극등을 실연하는 경우에 이 절에 규정된 실연자의 권리(실연자의 인격권은 제외한다)는 공동으로 실연하는 자가 선출하는 대표자가 이를 행사한다. 다만, 대표자의 선출이 없는 경우에는 지휘자 또는 연출자 등이 이를 행사한다.

② 제1항의 규정에 따라 실연자의 권리를 행사하는 경우에 독창 또는 독주가 함께 실연된 때에는 독창자 또는 독주자의 동의를 얻어야 한다.

③ 제15조의 규정은 공동실연자의 인격권 행사에 관하여 준용한다.

제 3 절 음반제작자의 권리

제78조(복제권) 음반제작자는 그의 음반을 복제할 권리를 가진다.

제79조(배포권) 음반제작자는 그의 음반을 배포할 권리를 가진다. 다만, 음반의 복제물이 음반제작자의 허락을 받아 판매 등의 방법으로 거래에 제공된 경우에는 그러하지 아니하다.

제80조(대여권) 음반제작자는 제79조의 단서의 규정에 불구하고 판매용 음반을 영리를 목적으로 대여할 권리를 가진다.

제81조(전송권) 음반제작자는 그의 음반을 전송할 권리를 가진다.

제82조(방송사업자의 음반제작자에 대한 보상) ① 방송사업자가 판매용 음반을 사용하여 방송하는 경우에는 상당한 보상금을 그 음반제작자에게 지급하여야 한다. 다만, 음반제작자가 외국인인 경우에 그 외국에서 대한민국 국민인 음반제작자에게 이 항의 규정에 따른 보상금을 인정하지 아니하는 때에는 그러하지 아니하다.

② 제25조제5항 내지 제9항 및 제75조제3항·제4항의 규정은 제1항의 규정에 따른 보상금의 지급 및 금액 등에 관하여 준용한다.

제83조(디지털음성송신사업자의 음반제작자에 대한 보상) ① 디지털음성송신사업자가 음반을 사용하여 송신하는 경우에는 상당한 보상금을 그 음반제작자에게 지급하여야 한다.

② 제25조제5항 내지 제9항 및 제76조제3항·제4항의 규정은 제1항의 규정에 따른 보상금의 지급 및 금액 등에 관하여 준용한다.

제83조의2 (판매용 음반을 사용하여 공연하는 자의 음반제작자에 대한 보상) ① 판매용 음반을 사용하여 공연을 하는 자는 상당한 보상금을 해당 음반제작자에게 지급하여야 한다. 다만, 음반제작자가 외국인인 경우에 그 외국에서 대한민국 국민인 음반제작자에게 이 항의 규정에 따른 보상금을 인정하지 아니하는 때에는 그러하지 아니하다.

② 제25조제5항부터 제9항까지 및 제76조제3항 · 제4항은 제1항에 따른 보상금의 지급 및 금액 등에 관하여 준용한다.
[본조신설 2009.3.25]

제 4 절 방송사업자의 권리

第84조(복제권) 방송사업자는 그의 방송을 복제할 권리를 가진다.
第85조(동시중계방송권) 방송사업자는 그의 방송을 동시중계방송할 권리를 가진다.

제 5 절 저작인접권의 보호기간

第86조(보호기간) ① 저작인접권(실연자의 인격권을 제외한다. 이하 같다)은 다음 각 호의 어느 하나에 해당하는 때부터 발생한다.
1. 실연의 경우에는 그 실연을 한 때
2. 음반의 경우에는 그 음을 맨 처음 음반에 고정한 때
3. 방송의 경우에는 그 방송을 한 때

② 저작인접권은 다음 각 호의 어느 하나에 해당하는 때의 다음 해부터 기산하여 50년간 존속한다.
1. 실연의 경우에는 그 실연을 한 때
2. 음반의 경우에는 그 음반을 발행한 때. 다만, 음을 음반에 맨 처음 고정한 때의 다음 해부터 기산하여 50년이 경과한 때까지 음반을 발행하지 아니한 경우에는 음을 음반에 맨 처음 고정한 때
3. 방송의 경우에는 그 방송을 한 때

제 6 절 저작인접권의 제한 · 양도 · 행사 등

第87조(저작인접권의 제한) ① 제23조 · 제24조 · 제25조제1항 내지 제3항 · 제26조 내지 제32조 · 제33조제2항 · 제34조 · 제36조 및 제37조의 규정은 저작인접권의 목적이 된 실연 · 음반 또는 방송의 이용에 관하여 준용한다. 〈개정 2009.4.22〉

② 디지털음성송신사업자는 제76조제1항 및 제83조제1항에 따라 실연이 녹음된 음반을 사용하여 송신하는 경우에는 자체의 수단으로 실연이 녹음된 음반을 일시적으로 복제할 수 있다. 이 경우 복제물의 보존기간에 관하여는 제34조제2항을 준용한다. 〈신설 2009.4.22〉

第88조(저작인접권의 양도 · 행사 등) 제45조제1항의 규정은 저작인접권의 양도에, 제46조의 규정은 실연 · 음반 또는 방송의 이용허락에, 제47조의 규정은 저작인접권을 목적으로 하는 질권의 행사에, 제49조의 규정은 저작인접권의 소멸에 관하여 각각 준

용한다.

第89조(실연 · 음반 및 방송이용의 법정허락) 제50조 내지 제52조의 규정은 실연 · 음반 및 방송의 이용에 관하여 준용한다.

第90조(저작인접권의 등록) 제53조부터 제55조까지 및 제55조의2의 규정은 저작인접권의 등록에 관하여 준용한다. 이 경우 제55조 중 "저작권등록부"는 "저작인접권등록부"로 본다.〈개정 2009.4.22〉

제4장 데이터베이스제작자의 보호

第91조(보호받는 데이터베이스) ① 다음 각 호의 어느 하나에 해당하는 자의 데이터베이스는 이 법에 따른 보호를 받는다.

1. 대한민국 국민
2. 데이터베이스의 보호와 관련하여 대한민국이 가입 또는 체결한 조약에 따라 보호되는 외국인

②제1항의 규정에 따라 보호되는 외국인의 데이터베이스라도 그 외국에서 대한민국 국민의 데이터베이스를 보호하지 아니하는 경우에는 그에 상응하게 조약 및 이 법에 따른 보호를 제한할 수 있다.

第92조(적용 제외) 다음 각 호의 어느 하나에 해당하는 데이터베이스에 대하여는 이 장의 규정을 적용하지 아니한다.

1. 데이터베이스의 제작 · 갱신등 또는 운영에 이용되는 컴퓨터프로그램
2. 무선 또는 유선통신을 기술적으로 가능하게 하기 위하여 제작되거나 갱신등이 되는 데이터베이스

第93조(데이터베이스제작자의 권리) ① 데이터베이스제작자는 그의 데이터베이스의 전부 또는 상당한 부분을 복제 · 배포 · 방송 또는 전송(이하 이 조에서 "복제등"이라 한다)할 권리를 가진다.

② 데이터베이스의 개별 소재는 제1항의 규정에 따른 당해 데이터베이스의 상당한 부분으로 간주되지 아니한다. 다만, 데이터베이스의 개별 소재 또는 그 상당한 부분에 이르지 못하는 부분의 복제등이라 하더라도 반복적이거나 특정한 목적을 위하여 체계적으로 함으로써 당해 데이터베이스의 통상적인 이용과 충돌하거나 데이터베이스제작자의 이익을 부당하게 해치는 경우에는 당해 데이터베이스의 상당한 부분의 복제등으로 본다.

③ 이 장에 따른 보호는 데이터베이스의 구성부분이 되는 소재의 저작권 그 밖에 이 법에 따라 보호되는 권리에 영향을 미치지 아니한다.

④ 이 장에 따른 보호는 데이터베이스의 구성부분이 되는 소재 그 자체에는 미치지 아니한다.

제94조(데이터베이스제작자의 권리제한) ① 제23조·제28조 내지 제34조·제36조 및 제37조의 규정은 데이터베이스제작자의 권리의 목적이 되는 데이터베이스의 이용에 관하여 준용한다.

② 다음 각 호의 어느 하나에 해당하는 경우에는 누구든지 데이터베이스의 전부 또는 그 상당한 부분을 복제·배포·방송 또는 전송할 수 있다. 다만, 당해 데이터베이스의 통상적인 이용과 저촉되는 경우에는 그러하지 아니하다.

1. 교육·학술 또는 연구를 위하여 이용하는 경우. 다만, 영리를 목적으로 하는 경우에는 그러하지 아니하다.
2. 시사보도를 위하여 이용하는 경우

제95조(보호기간) ① 데이터베이스제작자의 권리는 데이터베이스의 제작을 완료한 때부터 발생하며, 그 다음 해부터 기산하여 5년간 존속한다.

② 데이터베이스의 갱신등을 위하여 인적 또는 물적으로 상당한 투자가 이루어진 경우에 당해 부분에 대한 데이터베이스제작자의 권리는 그 갱신등을 한 때부터 발생하며, 그 다음 해부터 기산하여 5년간 존속한다.

제96조(데이터베이스제작자의 권리의 양도·행사 등) 제20조 단서의 규정은 데이터베이스의 거래제공에, 제45조제1항의 규정은 데이터베이스제작자의 권리의 양도에, 제46조의 규정은 데이터베이스의 이용허락에, 제47조의 규정은 데이터베이스제작자의 권리를 목적으로 하는 질권의 행사에, 제48조의 규정은 공동데이터베이스의 데이터베이스제작자의 권리행사에, 제49조의 규정은 데이터베이스제작자의 권리의 소멸에 관하여 각각 준용한다.

제97조(데이터베이스 이용의 법정허락) 제50조 및 제51조의 규정은 데이터베이스의 이용에 관하여 준용한다.

제98조(데이터베이스제작자의 권리의 등록) 제53조부터 제55조까지 및 제55조의2의 규정은 데이터베이스제작자의 권리의 등록에 관하여 준용한다. 이 경우 제55조 중 "저작권등록부"는 "데이터베이스제작자권리등록부"로 본다. 〈개정 2009.4.22〉

제5장 영상저작물에 관한 특례

제99조(저작물의 영상화) ① 저작재산권자가 저작물의 영상화를 다른 사람에게 허락한 경우에 특약이 없는 때에는 다음 각 호의 권리를 포함하여 허락한 것으로 추정한다.

1. 영상저작물을 제작하기 위하여 저작물을 각색하는 것
2. 공개상영을 목적으로 한 영상저작물을 공개상영하는 것
3. 방송을 목적으로 한 영상저작물을 방송하는 것
4. 전송을 목적으로 한 영상저작물을 전송하는 것
5. 영상저작물을 그 본래의 목적으로 복제·배포하는 것

6. 영상저작물의 번역물을 그 영상저작물과 같은 방법으로 이용하는 것

② 저작재산권자는 그 저작물의 영상화를 허락한 경우에 특약이 없는 때에는 허락한 날부터 5년이 경과한 때에 그 저작물을 다른 영상저작물로 영상화하는 것을 허락할 수 있다.

제100조(영상저작물에 대한 권리) ① 영상제작자와 영상저작물의 제작에 협력할 것을 약정한 자가 그 영상저작물에 대하여 저작권을 취득한 경우 특약이 없는 한 그 영상저작물의 이용을 위하여 필요한 권리는 영상제작자가 이를 양도 받은 것으로 추정한다.

② 영상저작물의 제작에 사용되는 소설 · 각본 · 미술저작물 또는 음악저작물 등의 저작재산권은 제1항의 규정으로 인하여 영향을 받지 아니한다.

③ 영상제작자와 영상저작물의 제작에 협력할 것을 약정한 실연자의 그 영상저작물의 이용에 관한 제69조의 규정에 따른 복제권, 제70조의 규정에 따른 배포권, 제73조의 규정에 따른 방송권 및 제74조의 규정에 따른 전송권은 특약이 없는 한 영상제작자가 이를 양도 받은 것으로 추정한다.

제101조(영상제작자의 권리) ① 영상제작물의 제작에 협력할 것을 약정한 자로부터 영상제작자가 양도 받는 영상저작물의 이용을 위하여 필요한 권리는 영상저작물을 복제 · 배포 · 공개상영 · 방송 · 전송 그 밖의 방법으로 이용할 권리로 하며, 이를 양도하거나 질권의 목적으로 할 수 있다.

② 실연자로부터 영상제작자가 양도 받는 권리는 그 영상저작물을 복제 · 배포 · 방송 또는 전송할 권리로 하며, 이를 양도하거나 질권의 목적으로 할 수 있다.

제5장의2 프로그램에 관한 특례〈신설 2009.4.22〉

제101조의2 (보호의 대상) 프로그램을 작성하기 위하여 사용하는 다음 각 호의 사항에는 이 법을 적용하지 아니한다.

1. 프로그램 언어: 프로그램을 표현하는 수단으로서 문자 · 기호 및 그 체계
2. 규약: 특정한 프로그램에서 프로그램 언어의 용법에 관한 특별한 약속
3. 해법: 프로그램에서 지시 · 명령의 조합방법

[본조신설 2009.4.22]

제101조의3 (프로그램의 저작재산권의 제한) ① 다음 각 호의 어느 하나에 해당하는 경우에는 그 목적상 필요한 범위에서 공표된 프로그램을 복제 또는 배포할 수 있다. 다만, 프로그램의 종류 · 용도, 프로그램에서 복제된 부분이 차지하는 비중 및 복제의 부수 등에 비추어 프로그램의 저작재산권자의 이익을 부당하게 해치는 경우에는 그러하지 아니하다.

1. 재판 또는 수사를 위하여 복제하는 경우

2. 「유아교육법」, 「초 · 중등교육법」, 「고등교육법」에 따른 학교 및 다른 법률에 따라 설립된 교육기관(상급학교 입학을 위한 학력이 인정되거나 학위를 수여하는 교육기관에 한한다)에서 교육을 담당하는 자가 수업과정에 제공할 목적으로 복제 또는 배포하는 경우
3. 「초 · 중등교육법」에 따른 학교 및 이에 준하는 학교의 교육목적을 위한 교과용 도서에 게재하기 위하여 복제하는 경우
4. 가정과 같은 한정된 장소에서 개인적인 목적(영리를 목적으로 하는 경우를 제외한다)으로 복제하는 경우
5. 「초 · 중등교육법」, 「고등교육법」에 따른 학교 및 이에 준하는 학교의 입학시험이나 그 밖의 학식 및 기능에 관한 시험 또는 검정을 목적(영리를 목적으로 하는 경우를 제외한다)으로 복제 또는 배포하는 경우
6. 프로그램의 기초를 이루는 아이디어 및 원리를 확인하기 위하여 프로그램의 기능을 조사 · 연구 · 시험할 목적으로 복제하는 경우(정당한 권한에 의하여 프로그램을 이용하는 자가 해당 프로그램을 이용 중인 때에 한한다)

② 제1항제3호에 따라 프로그램을 교과용 도서에 게재하려는 자는 문화체육관광부장관이 정하여 고시하는 기준에 따른 보상금을 해당 저작재산권자에게 지급하여야 한다. 보상금 지급에 대하여는 제25조제5항부터 제9항까지의 규정을 준용한다.

[본조신설 2009.4.22]

제101조의4 (프로그램코드역분석) ① 정당한 권한에 의하여 프로그램을 이용하는 자 또는 그의 허락을 받은 자는 호환에 필요한 정보를 쉽게 얻을 수 없고 그 획득이 불가피한 경우에는 해당 프로그램의 호환에 필요한 부분에 한하여 프로그램의 저작재산권자의 허락을 받지 아니하고 프로그램코드역분석을 할 수 있다.

② 제1항에 따른 프로그램코드역분석을 통하여 얻은 정보는 다음 각 호의 어느 하나에 해당하는 경우에는 이를 이용할 수 없다.

1. 호환 목적 외의 다른 목적을 위하여 이용하거나 제3자에게 제공하는 경우
2. 프로그램코드역분석의 대상이 되는 프로그램과 표현이 실질적으로 유사한 프로그램을 개발 · 제작 · 판매하거나 그 밖에 프로그램의 저작권을 침해하는 행위에 이용하는 경우

[본조신설 2009.4.22]

제101조의5 (정당한 이용자에 의한 보존을 위한 복제 등) ① 프로그램의 복제물을 정당한 권한에 의하여 소지 · 이용하는 자는 그 복제물의 멸실 · 훼손 또는 변질 등에 대비하기 위하여 필요한 범위에서 해당 복제물을 복제할 수 있다.

② 프로그램의 복제물을 소지 · 이용하는 자는 해당 프로그램의 복제물을 소지 · 이용할 권리를 상실한 때에는 그 프로그램의 저작재산권자의 특별한 의사표시가 없는 한 제1항에 따라 복제한 것을 폐기하여야 한다. 다만, 프로그램의 복제물을 소지 ·

이용할 권리가 해당 복제물이 멸실됨으로 인하여 상실된 경우에는 그러하지 아니하다.

[본조신설 2009.4.22]

제101조의6 (프로그램배타적발행권) ① 프로그램의 저작재산권자는 다른 사람에게 그 저작물에 대하여 독점적으로 복제하여 배포 또는 전송할 수 있도록 하는 배타적 권리(이하 "프로그램배타적발행권"이라 한다)를 설정할 수 있다.

② 제1항에 따라 프로그램배타적발행권의 설정을 받은 자(이하 "프로그램배타적발행권자"라 한다)는 그 설정행위로 인한 범위에서 프로그램배타적발행권을 행사할 권리를 가진다.

③ 프로그램의 저작재산권자는 그 프로그램의 복제권을 목적으로 하는 질권이 설정되어 있는 경우에는 그 질권자의 동의가 있어야 프로그램배타적발행권을 설정할 수 있다.

④ 프로그램배타적발행권자는 프로그램의 저작재산권자의 동의 없이 프로그램배타적발행권을 목적으로 하는 질권을 설정하거나 제3자에게 프로그램배타적발행권을 양도할 수 없다.

⑤ 프로그램배타적발행권은 그 설정행위에 특약이 없는 때에는 설정행위를 한 날부터 3년간 존속한다.

⑥ 프로그램배타적발행권의 등록에 관하여는 제54조, 제55조 및 제55조의2를 준용한다.

[본조신설 2009.4.22]

제101조의7 (프로그램의 임치) ① 프로그램의 저작재산권자와 프로그램의 이용허락을 받은 자는 대통령령으로 정하는 자(이하 이 조에서 "수치인"이라 한다)와 서로 합의하여 프로그램의 원시코드 및 기술정보 등을 수치인에게 임치할 수 있다.

② 프로그램의 이용허락을 받은 자는 제1항에 따른 합의에서 정한 사유가 발생한 때에 수치인에게 프로그램의 원시코드 및 기술정보 등의 제공을 요구할 수 있다.

[본조신설 2009.4.22]

제6장 온라인서비스제공자의 책임 제한

제102조(온라인서비스제공자의 책임 제한) ① 온라인서비스제공자가 저작물등의 복제·전송과 관련된 서비스를 제공하는 것과 관련하여 다른 사람에 의한 저작물등의 복제·전송으로 인하여 그 저작권 그 밖에 이 법에 따라 보호되는 권리가 침해된다는 사실을 알고 당해 복제·전송을 방지하거나 중단시킨 경우에는 다른 사람에 의한 저작권 그 밖에 이 법에 따라 보호되는 권리의 침해에 관한 온라인서비스제공자의 책임을 감경 또는 면제할 수 있다.

② 온라인서비스제공자가 저작물등의 복제·전송과 관련된 서비스를 제공하는 것과

관련하여 다른 사람에 의한 저작물등의 복제·전송으로 인하여 그 저작권 그 밖에 이 법에 따라 보호되는 권리가 침해된다는 사실을 알고 당해 복제·전송을 방지하거나 중단시키고자 하였으나 기술적으로 불가능한 경우에는 그 다른 사람에 의한 저작권 그 밖에 이 법에 따라 보호되는 권리의 침해에 관한 온라인서비스제공자의 책임은 면제된다.

제103조(복제·전송의 중단) ① 온라인서비스제공자의 서비스를 이용한 저작물등의 복제·전송에 따라 저작권 그 밖에 이 법에 따라 보호되는 자신의 권리가 침해됨을 주장하는 자(이하 이 조에서 "권리주장자"라 한다)는 그 사실을 소명하여 온라인서비스제공자에게 그 저작물등의 복제·전송을 중단시킬 것을 요구할 수 있다.

② 온라인서비스제공자는 제1항의 규정에 따른 복제·전송의 중단요구가 있는 경우에는 즉시 그 저작물등의 복제·전송을 중단시키고 당해 저작물등을 복제·전송하는 자(이하 "복제·전송자"라 한다) 및 권리주장자에게 그 사실을 통보하여야 한다.

③ 제2항의 규정에 따른 통보를 받은 복제·전송자가 자신의 복제·전송이 정당한 권리에 의한 것임을 소명하여 그 복제·전송의 재개를 요구하는 경우 온라인서비스제공자는 재개요구사실 및 재개예정일을 권리주장자에게 지체 없이 통보하고 그 예정일에 복제·전송을 재개시켜야 한다.

④ 온라인서비스제공자는 제1항 및 제3항의 규정에 따른 복제·전송의 중단 및 그 재개의 요구를 받을 자(이하 이 조에서 "수령인"이라 한다)를 지정하여 자신의 설비 또는 서비스를 이용하는 자들이 쉽게 알 수 있도록 공지하여야 한다.

⑤ 온라인서비스제공자가 제4항의 규정에 따른 공지를 하고 제2항 및 제3항의 규정에 따라 그 저작물등의 복제·전송을 중단시키거나 재개시킨 경우에는 다른 사람에 의한 저작권 그 밖에 이 법에 따라 보호되는 권리의 침해에 대한 온라인서비스제공자의 책임 및 복제·전송자에게 발생하는 손해에 대한 온라인서비스제공자의 책임을 감경 또는 면제할 수 있다. 다만, 이 항의 규정은 온라인서비스제공자가 다른 사람에 의한 저작물등의 복제·전송으로 인하여 그 저작권 그 밖에 이 법에 따라 보호되는 권리가 침해된다는 사실을 안 때부터 제1항의 규정에 따른 중단을 요구받기 전까지 발생한 책임에는 적용하지 아니한다.

⑥ 정당한 권리 없이 제1항 및 제3항의 규정에 따른 그 저작물등의 복제·전송의 중단이나 재개를 요구하는 자는 그로 인하여 발생하는 손해를 배상하여야 한다.

⑦ 제1항 내지 제4항의 규정에 따른 소명, 중단, 통보, 복제·전송의 재개, 수령인의 지정 및 공지 등에 관하여 필요한 사항은 대통령령으로 정한다. 이 경우 문화체육관광부장관은 관계중앙행정기관의 장과 미리 협의하여야 한다. 〈개정 2008.2.29〉

제104조(특수한 유형의 온라인 서비스제공자의 의무 등) ① 다른 사람들 상호 간에 컴퓨터를 이용하여 저작물등을 전송하도록 하는 것을 주된 목적으로 하는 온라인서비스제공자(이하 "특수한 유형의 온라인서비스제공자"라 한다)는 권리자의 요청이 있는

경우 해당 저작물등의 불법적인 전송을 차단하는 기술적인 조치 등 필요한 조치를 하여야 한다. 이 경우 권리자의 요청 및 필요한 조치에 관한 사항은 대통령령으로 정한다.〈개정 2009.4.22〉

② 문화체육관광부장관은 제1항의 규정에 따른 특수한 유형의 온라인서비스제공자의 범위를 정하여 고시할 수 있다.〈개정 2008.2.29〉

제7장 저작권위탁관리업

제105조(저작권위탁관리업의 허가 등) ① 저작권신탁관리업을 하고자 하는 자는 대통령령이 정하는 바에 따라 문화체육관광부장관의 허가를 받아야 하며, 저작권대리중개업을 하고자 하는 자는 대통령령이 정하는 바에 따라 문화체육관광부장관에게 신고하여야 한다.〈개정 2008.2.29〉

② 제1항의 규정에 따라 저작권신탁관리업을 하고자 하는 자는 다음 각 호의 요건을 갖추어야 하며, 대통령령으로 정하는 바에 따라 저작권신탁관리업무규정을 작성하여 이를 저작권신탁관리허가신청서와 함께 문화체육관광부장관에게 제출하여야 한다.〈개정 2008.2.29〉

1. 저작물등에 관한 권리자로 구성된 단체일 것
2. 영리를 목적으로 하지 아니할 것
3. 사용료의 징수 및 분배 등의 업무를 수행하기에 충분한 능력이 있을 것

③ 다음 각 호의 어느 하나에 해당하는 자는 제1항의 규정에 따른 저작권신탁관리업 또는 저작권대리중개업(이하 "저작권위탁관리업"이라 한다)의 허가를 받거나 신고를 할 수 없다.

1. 금치산자·한정치산자
2. 파산선고를 받고 복권되지 아니한 자
3. 이 법을 위반하여 벌금 이상의 형의 선고를 받고 그 집행이 종료되거나 집행을 받지 아니하기로 확정된 후 1년이 경과되지 아니한 자 또는 형의 집행유예의 선고를 받고 그 집행유예기간 중에 있는 자
4. 대한민국 내에 주소를 두지 아니한 자
5. 제1호 내지 제4호의 어느 하나에 해당하는 자가 대표자 또는 임원으로 되어 있는 법인 또는 단체

④ 제1항의 규정에 따라 저작권위탁관리업의 허가를 받거나 신고를 한 자(이하 "저작권위탁관리업자"라 한다)는 그 업무에 관하여 저작재산권자 그 밖의 관계자로부터 수수료를 받을 수 있다.

⑤ 제4항의 규정에 따른 수수료의 요율 또는 금액 및 저작권위탁관리업자가 이용자로부터 받는 사용료의 요율 또는 금액은 저작권위탁관리업자가 문화체육관광부장

관의 승인을 얻어 이를 정한다. 다만, 저작권대리중개업의 신고를 한 자의 경우에는 그러하지 아니하다.〈개정 2008.2.29〉

⑥ 문화체육관광부장관은 제5항에 따른 승인의 경우에 제112조에 따른 한국저작권위원회의 심의를 거쳐야 하며 필요한 경우에는 기간을 정하거나 신청된 내용을 수정하여 승인할 수 있다.〈개정 2008.2.29, 2009.4.22〉

⑦ 문화체육관광부장관은 제5항의 규정에 따른 사용료의 요율 또는 금액에 관한 승인 신청이 있는 경우 및 승인을 한 경우에는 대통령령이 정하는 바에 따라 그 내용을 공고하여야 한다.〈개정 2008.2.29〉

⑧ 문화체육관광부장관은 저작재산권자 그 밖의 관계자의 권익보호 또는 저작물등의 이용 편의를 도모하기 위하여 필요한 경우에는 제5항의 규정에 따른 승인 내용을 변경할 수 있다.〈개정 2008.2.29〉

제106조(저작권신탁관리업자의 의무) ① 저작권신탁관리업자는 그가 관리하는 저작물등의 목록을 대통령령이 정하는 바에 따라 분기별로 도서 또는 전자적 형태로 작성하여 누구든지 적어도 영업시간 내에는 목록을 열람할 수 있도록 하여야 한다.

② 저작권신탁관리업자는 이용자가 서면으로 요청하는 경우에는 정당한 사유가 없는 한 관리하는 저작물등의 이용계약을 체결하기 위하여 필요한 정보로서 대통령령으로 정하는 정보를 상당한 기간 이내에 서면으로 제공하여야 한다.

제107조(서류열람의 청구) 저작권신탁관리업자는 그가 신탁관리하는 저작물등을 영리목적으로 이용하는 자에 대하여 당해 저작물등의 사용료 산정에 필요한 서류의 열람을 청구할 수 있다. 이 경우 이용자는 정당한 사유가 없는 한 이에 응하여야 한다.

제108조(감독) ① 문화체육관광부장관은 저작권위탁관리업자에게 저작권위탁관리업의 업무에 관하여 필요한 보고를 하게 할 수 있다.〈개정 2008.2.29〉

② 문화체육관광부장관은 저작자의 권익보호와 저작물의 이용편의를 도모하기 위하여 저작권위탁관리업자의 업무에 대하여 필요한 명령을 할 수 있다.〈개정 2008.2.29〉

제109조(허가의 취소 등) ① 문화체육관광부장관은 저작권위탁관리업자가 다음 각 호의 어느 하나에 해당하는 경우에는 6월 이내의 기간을 정하여 업무의 정지를 명할 수 있다.〈개정 2008.2.29〉

1. 제105조제5항의 규정에 따라 승인된 수수료를 초과하여 받은 경우
2. 제105조제5항의 규정에 따라 승인된 사용료 이외의 사용료를 받은 경우
3. 제108조제1항의 규정에 따른 보고를 정당한 사유 없이 하지 아니하거나 허위로 한 경우
4. 제108조제2항의 규정에 따른 명령을 받고 정당한 사유 없이 이를 이행하지 아니한 경우

② 문화체육관광부장관은 저작권위탁관리업자가 다음 각 호의 어느 하나에 해당하

는 경우에는 저작권위탁관리업의 허가를 취소하거나 영업의 폐쇄명령을 할 수 있다.〈개정 2008.2.29〉

1. 거짓 그 밖의 부정한 방법으로 허가를 받거나 신고를 한 경우
2. 제1항의 규정에 따른 업무의 정지명령을 받고 그 업무를 계속한 경우

第110조(청문) 문화체육관광부장관은 제109조제2항의 규정에 따라 저작권위탁관리업의 허가를 취소하거나 영업의 폐쇄를 명하고자 하는 경우에는 청문을 실시하여야 한다.〈개정 2008.2.29〉

第111조(과징금 처분) ① 문화체육관광부장관은 저작권위탁관리업자가 제109조제1항 각 호의 어느 하나에 해당하여 업무의 정지처분을 하여야 할 때에는 그 업무정지처분에 갈음하여 5천만원 이하의 과징금을 부과·징수할 수 있다.〈개정 2008.2.29〉

② 문화체육관광부장관은 제1항의 규정에 따라 과징금 부과처분을 받은 자가 과징금을 기한 이내에 납부하지 아니하는 때에는 국세체납처분의 예에 의하여 이를 징수한다.〈개정 2008.2.29〉

③ 제1항 및 제2항의 규정에 따라 징수한 과징금은 징수주체가 건전한 저작물 이용질서의 확립을 위하여 사용할 수 있다.

④ 제1항의 규정에 따라 과징금을 부과하는 위반행위의 종별·정도 등에 따른 과징금의 금액 및 제3항의 규정에 따른 과징금의 사용절차 등에 관하여 필요한 사항은 대통령령으로 정한다.

제8장 한국저작권위원회〈개정 2009.4.22〉

第112조(한국저작권위원회의 설립) ① 저작권과 그 밖에 이 법에 따라 보호되는 권리(이하 이 장에서 "저작권"이라 한다)에 관한 사항을 심의하고 저작권에 관한 분쟁(이하 "분쟁"이라 한다)을 알선·조정하며, 저작권의 보호 및 공정한 이용에 필요한 사업을 수행하기 위하여 한국저작권위원회(이하 "위원회"라 한다)를 둔다.

② 위원회는 법인으로 한다.

③ 위원회에 관하여 이 법에서 정하지 아니한 사항에 대하여는 「민법」의 재단법인에 관한 규정을 준용한다. 이 경우 위원회의 위원은 이사로 본다.

④ 위원회가 아닌 자는 한국저작권위원회의 명칭을 사용하지 못한다.

[전문개정 2009.4.22]

第112조의2 (위원회의 구성) ① 위원회는 위원장 1명, 부위원장 2명을 포함한 20명 이상 25명 이내의 위원으로 구성한다.

② 위원은 다음 각 호의 사람 중에서 문화체육관광부장관이 위촉하며, 위원장과 부위원장은 위원 중에서 호선한다. 이 경우 문화체육관광부장관은 이 법에 따라 보호되는 권리의 보유자와 그 이용자의 이해를 반영하는 위원의 수가 균형을 이루도

록 하여야 하며, 분야별 권리자 단체 또는 이용자 단체 등에 위원의 추천을 요청할 수 있다.

1. 대학이나 공인된 연구기관에서 부교수 이상 또는 이에 상당하는 직위에 있거나 있었던 자로서 저작권 관련 분야를 전공한 자
2. 판사 또는 검사의 직에 있는 자 및 변호사의 자격이 있는 자
3. 4급 이상의 공무원 또는 이에 상당하는 공공기관의 직에 있거나 있었던 자로서 저작권 또는 문화산업 분야에 실무경험이 있는 자
4. 저작권 또는 문화산업 관련 단체의 임원의 직에 있거나 있었던 자
5. 그 밖에 저작권 또는 문화산업 관련 업무에 관한 학식과 경험이 풍부한 자

③ 위원의 임기는 3년으로 하되, 연임할 수 있다. 다만, 직위를 지정하여 위촉하는 위원의 임기는 해당 직위에 재임하는 기간으로 한다.

④ 위원에 결원이 생겼을 때에는 제2항에 따라 보궐위원을 위촉하여야 하며, 그 보궐위원의 임기는 전임자 임기의 나머지 기간으로 한다. 다만, 위원의 수가 20명 이상인 경우에는 보궐위원을 위촉하지 아니할 수 있다.

⑤ 위원회의 업무를 효율적으로 수행하기 위하여 분야별로 분과위원회를 둘 수 있다. 분과위원회가 위원회로부터 위임받은 사항에 관하여 의결한 때에는 위원회가 의결한 것으로 본다.

[본조신설 2009.4.22]

제113조(업무) 위원회는 다음 각 호의 업무를 행한다.〈개정 2008.2.29, 2009.4.22〉

1. 분쟁의 알선·조정
2. 제105조제6항의 규정에 따른 저작권위탁관리업자의 수수료 및 사용료의 요율 또는 금액에 관한 사항 및 문화체육관광부장관 또는 위원 3인 이상이 공동으로 부의하는 사항의 심의
3. 저작물등의 이용질서 확립 및 저작물의 공정한 이용 도모를 위한 사업
4. 저작권 보호를 위한 국제협력
5. 저작권 연구·교육 및 홍보
6. 저작권 정책의 수립 지원
7. 기술적보호조치 및 권리관리정보에 관한 정책 수립 지원
8. 저작권 정보 제공을 위한 정보관리 시스템 구축 및 운영
9. 저작권의 침해 등에 관한 감정
10. 제133조의3에 따른 온라인서비스제공자에 대한 시정권고 및 문화체육관광부장관에 대한 시정명령 요청
11. 법령에 따라 위원회의 업무로 정하거나 위탁하는 업무
12. 그 밖에 문화체육관광부장관이 위탁하는 업무

제113조의2 (알선) ① 분쟁에 관한 알선을 받으려는 자는 알선신청서를 위원회에 제출

하여 알선을 신청할 수 있다.

② 위원회가 제1항에 따라 알선의 신청을 받은 때에는 위원장이 위원 중에서 알선위원을 지명하여 알선을 하게 하여야 한다.

③ 알선위원은 알선으로는 분쟁해결의 가능성이 없다고 인정되는 경우에 알선을 중단할 수 있다.

④ 알선 중인 분쟁에 대하여 이 법에 따른 조정의 신청이 있는 때에는 해당 알선은 중단된 것으로 본다.

⑤ 알선이 성립한 때에 알선위원은 알선서를 작성하여 관계 당사자와 함께 기명날인하여야 한다.

⑥ 알선의 신청 및 절차에 관하여 필요한 사항은 대통령령으로 정한다.

[본조신설 2009.4.22]

제114조(조정부) ① 위원회의 분쟁조정업무를 효율적으로 수행하기 위하여 위원회에 1인 또는 3인 이상의 위원으로 구성된 조정부를 두되, 그 중 1인은 변호사의 자격이 있는 자이어야 한다.

② 제1항의 규정에 따른 조정부의 구성 및 운영 등에 관하여 필요한 사항은 대통령령으로 정한다.

제114조의2 (조정의 신청 등) ① 분쟁의 조정을 받으려는 자는 신청취지와 원인을 기재한 조정신청서를 위원회에 제출하여 그 분쟁의 조정을 신청할 수 있다.

② 제1항에 따른 분쟁의 조정은 제114조에 따른 조정부가 행한다.

[본조신설 2009.4.22]

제115조(비공개) 조정절차는 비공개를 원칙으로 한다. 다만, 조정부장은 당사자의 동의를 얻어 적당하다고 인정하는 자에게 방청을 허가할 수 있다.

제116조(진술의 원용 제한) 조정절차에서 당사자 또는 이해관계인이 한 진술은 소송 또는 중재절차에서 원용하지 못한다.

제117조(조정의 성립) ① 조정은 당사자 간에 합의된 사항을 조서에 기재함으로써 성립된다.

② 제1항의 규정에 따른 조서는 재판상의 화해와 동일한 효력이 있다. 다만, 당사자가 임의로 처분할 수 없는 사항에 관한 것은 그러하지 아니하다.

제118조(조정비용 등 〈개정 2009.4.22〉) ① 조정비용은 신청인이 부담한다. 다만, 조정이 성립된 경우로서 특약이 없는 때에는 당사자 각자가 균등하게 부담한다.

② 조정의 신청 및 절차, 조정비용의 납부방법에 관하여 필요한 사항은 대통령령으로 정한다. 〈신설 2009.4.22〉

③ 제1항의 조정비용의 금액은 위원회가 정한다. 〈개정 2009.4.22〉

제119조(감정) ① 위원회는 다음 각 호의 어느 하나에 해당하는 경우에는 감정을 실시할 수 있다. 〈개정 2009.4.22〉

1. 법원 또는 수사기관 등으로부터 재판 또는 수사를 위하여 저작권의 침해 등에 관한 감정을 요청받은 경우
2. 제114조의2에 따른 분쟁조정을 위하여 분쟁조정의 양 당사자로부터 프로그램 및 프로그램과 관련된 전자적 정보 등에 관한 감정을 요청받은 경우

② 제1항의 규정에 따른 감정절차 및 방법 등에 관하여 필요한 사항은 대통령령으로 정한다.

③ 위원회는 제1항의 규정에 따른 감정을 실시한 때에는 감정 수수료를 받을 수 있으며, 그 금액은 위원회가 정한다.

제120조(저작권정보센터) ① 제113조제7호 및 제8호의 업무를 효율적으로 수행하기 위하여 위원회 내에 저작권정보센터를 둔다.〈개정 2009.4.22〉

② 저작권정보센터의 운영에 필요한 사항은 대통령령으로 정한다.〈신설 2009.4.22〉

제121조 삭제 〈2009.4.22〉

제122조(경비보조 등) ① 국가는 예산의 범위에서 위원회의 운영에 필요한 경비를 출연하거나 보조할 수 있다.〈개정 2009.4.22〉

② 개인·법인 또는 단체는 제113조제3호·제5호 및 제8호의 규정에 따른 업무 수행을 지원하기 위하여 위원회에 금전 그 밖의 재산을 기부할 수 있다.

③ 제2항의 규정에 따른 기부금은 별도의 계정으로 관리하여야 하며, 그 사용에 관하여는 문화체육관광부장관의 승인을 얻어야 한다.〈개정 2008.2.29〉

제9장 권리의 침해에 대한 구제

제123조(침해의 정지 등 청구) ① 저작권 그 밖에 이 법에 따라 보호되는 권리(제25조·제31조·제75조·제76조·제76조의2·제82조·제83조 및 제83조의2의 규정에 따른 보상을 받을 권리를 제외한다. 이하 이 조에서 같다)를 가진 자는 그 권리를 침해하는 자에 대하여 침해의 정지를 청구할 수 있으며, 그 권리를 침해할 우려가 있는 자에 대하여 침해의 예방 또는 손해배상의 담보를 청구할 수 있다.〈개정 2009.3.25〉

② 저작권 그 밖에 이 법에 따라 보호되는 권리를 가진 자는 제1항의 규정에 따른 청구를 하는 경우에 침해행위에 의하여 만들어진 물건의 폐기나 그 밖의 필요한 조치를 청구할 수 있다.

③ 제1항 및 제2항의 경우 또는 이 법에 따른 형사의 기소가 있는 때에는 법원은 원고 또는 고소인의 신청에 따라 담보를 제공하거나 제공하지 아니하게 하고, 임시로 침해행위의 정지 또는 침해행위로 말미암아 만들어진 물건의 압류 그 밖의 필요한 조치를 명할 수 있다.

④ 제3항의 경우에 저작권 그 밖에 이 법에 따라 보호되는 권리의 침해가 없다는

뜻의 판결이 확정된 때에는 신청자는 그 신청으로 인하여 발생한 손해를 배상하여야 한다.

第124조(침해로 보는 행위) ① 다음 각 호의 어느 하나에 해당하는 행위는 저작권 그 밖에 이 법에 따라 보호되는 권리의 침해로 본다.〈개정 2009.4.22〉

1. 수입 시에 대한민국 내에서 만들어졌더라면 저작권 그 밖에 이 법에 따라 보호되는 권리의 침해로 될 물건을 대한민국 내에서 배포할 목적으로 수입하는 행위
2. 저작권 그 밖에 이 법에 따라 보호되는 권리를 침해하는 행위에 의하여 만들어진 물건(제1호의 수입물건을 포함한다)을 그 사실을 알고 배포할 목적으로 소지하는 행위
3. 프로그램의 저작권을 침해하여 만들어진 프로그램의 복제물(제1호에 따른 수입물건을 포함한다)을 그 사실을 알면서 취득한 자가 이를 업무상 이용하는 행위

② 정당한 권리 없이 저작권 그 밖에 이 법에 따라 보호되는 권리의 기술적 보호조치를 제거·변경·우회하는 등 무력화하는 것을 주된 목적으로 하는 기술·서비스·제품·장치 또는 그 주요 부품을 제공·제조·수입·양도·대여 또는 전송하는 행위는 저작권 그 밖에 이 법에 따라 보호되는 권리의 침해로 본다.

③ 저작권 그 밖에 이 법에 따라 보호되는 권리의 침해를 유발 또는 은닉한다는 사실을 알거나 과실로 알지 못하고 정당한 권리 없이 하는 행위로서 다음 각 호의 어느 하나에 해당하는 경우에는 저작권 그 밖에 이 법에 따라 보호되는 권리의 침해로 본다. 다만, 기술적으로 불가피하거나 저작물등의 성질이나 그 이용의 목적 및 형태등에 비추어 부득이하다고 인정되는 경우에는 그러하지 아니하다.

1. 전자적 형태의 권리관리정보를 고의로 제거·변경 또는 허위 부가하는 행위
2. 전자적 형태의 권리관리정보가 제거·변경되거나 또는 허위로 부가된 사실을 알고 당해 저작물등의 원본이나 그 복제물을 배포·공연 또는 공중송신하거나 배포의 목적으로 수입하는 행위

④ 저작자의 명예를 훼손하는 방법으로 그 저작물을 이용하는 행위는 저작인격권의 침해로 본다.

第125조(손해배상의 청구) ① 저작재산권 그 밖에 이 법에 따라 보호되는 권리(저작인격권 및 실연자의 인격권을 제외한다)를 가진 자(이하 "저작재산권자등"이라 한다)가 고의 또는 과실로 권리를 침해한 자에 대하여 그 침해행위에 의하여 자기가 받은 손해의 배상을 청구하는 경우에 그 권리를 침해한 자가 그 침해행위에 의하여 이익을 받은 때에는 그 이익의 액을 저작재산권자등이 받은 손해의 액으로 추정한다.

② 저작재산권자등이 고의 또는 과실로 그 권리를 침해한 자에 대하여 그 침해행위에 의하여 자기가 받은 손해의 배상을 청구하는 경우에 그 권리의 행사로 통상 받을 수 있는 금액에 상당하는 액을 저작재산권자등이 받은 손해의 액으로 하여 그 손해배상을 청구할 수 있다.

③ 제2항의 규정에 불구하고 저작재산권자등이 받은 손해의 액이 제2항의 규정에 따른 금액을 초과하는 경우에는 그 초과액에 대하여도 손해배상을 청구할 수 있다.

④ 등록되어 있는 저작권·출판권·프로그램배타적발행권·저작인접권 또는 데이터베이스제작자의 권리를 침해한 자는 그 침해행위에 과실이 있는 것으로 추정한다.〈개정 2009.4.22〉

제126조(손해액의 인정) 법원은 손해가 발생한 사실은 인정되나 제125조의 규정에 따른 손해액을 산정하기 어려운 때에는 변론의 취지 및 증거조사의 결과를 참작하여 상당한 손해액을 인정할 수 있다

제127조(명예회복 등의 청구) 저작자 또는 실연자는 고의 또는 과실로 저작인격권 또는 실연자의 인격권을 침해한 자에 대하여 손해배상에 갈음하거나 손해배상과 함께 명예회복을 위하여 필요한 조치를 청구할 수 있다.

제128조(저작자의 사망 후 인격적 이익의 보호) 저작자가 사망한 후에 그 유족(사망한 저작자의 배우자·자·부모·손·조부모 또는 형제자매를 말한다)이나 유언집행자는 당해 저작물에 대하여 제14조제2항의 규정을 위반하거나 위반할 우려가 있는 자에 대하여는 제123조의 규정에 따른 청구를 할 수 있으며, 고의 또는 과실로 저작인격권을 침해하거나 제14조제2항의 규정을 위반한 자에 대하여는 제127조의 규정에 따른 명예회복 등의 청구를 할 수 있다.

제129조(공동저작물의 권리침해) 공동저작물의 각 저작자 또는 각 저작재산권자는 다른 저작자 또는 다른 저작재산권자의 동의 없이 제123조의 규정에 따른 청구를 할 수 있으며 그 저작재산권의 침해에 관하여 자신의 지분에 관한 제125조의 규정에 따른 손해배상의 청구를 할 수 있다.

제10장 보 칙

제130조(권한의 위임 및 위탁) 문화체육관광부장관은 대통령령으로 정하는 바에 따라 이 법에 따른 권한의 일부를 특별시장·광역시장·도지사·특별자치도지사에게 위임하거나 위원회 또는 저작권 관련 단체에 위탁할 수 있다.〈개정 2008.2.29, 2009.4.22〉

제131조(벌칙 적용에서의 공무원 의제) 위원회의 위원 및 직원은 「형법」 제129조 내지 제132조의 규정을 적용하는 경우에는 이를 공무원으로 본다.

제132조(수수료) 이 법에 따라 다음 각 호의 어느 하나에 해당하는 사항의 신청 등을 하는 자는 문화체육관광부령으로 정하는 바에 따라 수수료를 납부하여야 한다.〈개정 2008.2.29, 2009.4.22〉

1. 제50조 내지 제52조의 규정에 따른 법정허락 승인(제89조 및 제97조의 규정에 따라 준용되는 경우를 포함한다)을 신청하는 자
2. 제53조부터 제55조까지의 규정에 따른 등록(제63조제3항·제90조·제98조 및 제

101조의6제6항에 따라 준용되는 경우를 포함한다) · 등록 사항의 변경 · 등록부 열람 및 사본의 교부를 신청하는 자

3. 제105조의 규정에 따라 저작권위탁관리업의 허가를 신청하거나 신고하는 자

제133조(불법 복제물의 수거 · 폐기 및 삭제) ① 문화체육관광부장관, 특별시장 · 광역시장 · 도지사 · 특별자치도지사 또는 시장 · 군수 · 구청장(자치구의 구청장을 말한다)은 저작권 그 밖에 이 법에 따라 보호되는 권리를 침해하는 복제물(정보통신망을 통하여 전송되는 복제물은 제외한다) 또는 저작물등의 기술적 보호조치를 무력하게 하기 위하여 제작된 기기 · 장치 · 정보 및 프로그램을 발견한 때에는 대통령령으로 정한 절차 및 방법에 따라 관계공무원으로 하여금 이를 수거 · 폐기 또는 삭제하게 할 수 있다.〈개정 2008.2.29, 2009.4.22〉

② 문화체육관광부장관은 제1항의 규정에 따른 업무를 대통령령이 정한 단체에 위탁할 수 있다. 이 경우 이에 종사하는 자는 공무원으로 본다.〈개정 2008.2.29〉

③ 문화체육관광부장관은 제1항 및 제2항에 따라 관계 공무원 등이 수거 · 폐기 또는 삭제를 하는 경우 필요한 때에는 관련 단체에 협조를 요청할 수 있다.〈개정 2008.2.29, 2009.4.22〉

④ 삭제 〈2009.4.22〉

⑤ 문화체육관광부장관은 제1항에 따른 업무를 위하여 필요한 기구를 설치 · 운영할 수 있다.〈개정 2008.2.29, 2009.4.22〉

⑥ 제1항부터 제3항까지의 규정이 다른 법률의 규정과 경합하는 경우에는 이 법을 우선하여 적용한다.〈개정 2009.4.22〉

제133조의2 (정보통신망을 통한 불법복제물등의 삭제명령 등) ① 문화체육관광부장관은 정보통신망을 통하여 저작권이나 그 밖에 이 법에 따라 보호되는 권리를 침해하는 복제물 또는 정보, 기술적 보호조치를 무력하게 하는 프로그램 또는 정보(이하 "불법복제물등"이라 한다)가 전송되는 경우에 위원회의 심의를 거쳐 대통령령으로 정하는 바에 따라 온라인서비스제공자에게 다음 각 호의 조치를 할 것을 명할 수 있다.

1. 불법복제물등의 복제 · 전송자에 대한 경고
2. 불법복제물등의 삭제 또는 전송 중단

② 문화체육관광부장관은 제1항제1호에 따른 경고를 3회 이상 받은 복제 · 전송자가 불법복제물등을 전송한 경우에 위원회의 심의를 거쳐 대통령령으로 정하는 바에 따라 온라인서비스제공자에게 6개월 이내의 기간을 정하여 해당 복제 · 전송자의 계정[온라인서비스제공자가 이용자를 식별 · 관리하기 위하여 사용하는 이용권한 계좌(이메일 전용계정은 제외한다)를 말하며, 해당 온라인서비스제공자가 부여한 다른 계정을 포함한다]을 정지할 것을 명할 수 있다.

③ 제2항에 따른 명령을 받은 온라인서비스제공자는 해당 복제 · 전송자의 계정을 정지하기 7일 전에 대통령령으로 정하는 바에 따라 해당 계정이 정지된다는 사실을

해당 복제 · 전송자에게 통지하여야 한다.

④ 문화체육관광부장관은 온라인서비스제공자의 정보통신망에 개설된 게시판(「정보통신망 이용촉진 및 정보보호 등에 관한 법률」 제2조제1항제9호의 게시판 중 상업적 이익 또는 이용 편의를 제공하는 게시판을 말한다. 이하 같다) 중 제1항제2호에 따른 명령이 3회 이상 내려진 게시판으로서 해당 게시판의 형태, 게시되는 복제물의 양이나 성격 등에 비추어 해당 게시판이 저작권 등의 이용질서를 심각하게 훼손한다고 판단되는 경우에는 위원회의 심의를 거쳐 대통령령으로 정하는 바에 따라 온라인서비스제공자에게 6개월 이내의 기간을 정하여 해당 게시판 서비스의 전부 또는 일부의 정지를 명할 수 있다.

⑤ 제4항에 따른 명령을 받은 온라인서비스제공자는 해당 게시판의 서비스를 정지하기 10일 전부터 대통령령으로 정하는 바에 따라 해당 게시판의 서비스가 정지된다는 사실을 해당 온라인서비스제공자의 인터넷 홈페이지 및 해당 게시판에 게시하여야 한다.

⑥ 온라인서비스제공자는 제1항에 따른 명령을 받은 경우에는 명령을 받은 날부터 5일 이내에, 제2항에 따른 명령을 받은 경우에는 명령을 받은 날부터 10일 이내에, 제4항에 따른 명령을 받은 경우에는 명령을 받은 날부터 15일 이내에 그 조치결과를 대통령령으로 정하는 바에 따라 문화체육관광부장관에게 통보하여야 한다.

⑦ 문화체육관광부장관은 제1항, 제2항 및 제4항의 명령의 대상이 되는 온라인서비스제공자와 제2항에 따른 명령과 직접적인 이해관계가 있는 복제 · 전송자 및 제4항에 따른 게시판의 운영자에게 사전에 의견제출의 기회를 주어야 한다. 이 경우 「행정절차법」 제22조제4항부터 제6항까지 및 제27조를 의견제출에 관하여 준용한다.

⑧ 문화체육관광부장관은 제1항, 제2항 및 제4항에 따른 업무를 수행하기 위하여 필요한 기구를 설치 · 운영할 수 있다.

[본조신설 2009.4.22]

제133조의3 (시정권고 등) ① 위원회는 온라인서비스제공자의 정보통신망을 조사하여 불법복제물등이 전송된 사실을 발견한 경우에는 이를 심의하여 온라인서비스제공자에 대하여 다음 각 호에 해당하는 시정 조치를 권고할 수 있다.

1. 불법복제물등의 복제 · 전송자에 대한 경고
2. 불법복제물등의 삭제 또는 전송 중단
3. 반복적으로 불법복제물등을 전송한 복제 · 전송자의 계정 정지

② 온라인서비스제공자는 제1항제1호 및 제2호에 따른 권고를 받은 경우에는 권고를 받은 날부터 5일 이내에, 제1항제3호의 권고를 받은 경우에는 권고를 받은 날부터 10일 이내에 그 조치결과를 위원회에 통보하여야 한다.

③ 위원회는 온라인서비스제공자가 제1항에 따른 권고에 따르지 아니하는 경우에는 문화체육관광부장관에게 제133조의2제1항 및 제2항에 따른 명령을 하여 줄 것을

요청할 수 있다.

④ 제3항에 따라 문화체육관광부장관이 제133조의2제1항 및 제2항에 따른 명령을 하는 경우에는 위원회의 심의를 요하지 아니한다.

[본조신설 2009.4.22]

제134조(건전한 저작물 이용 환경 조성 사업 〈개정 2009.4.22〉) ① 문화체육관광부장관은 저작권이 소멸된 저작물등에 대한 정보 제공 등 저작물의 공정한 이용을 도모하기 위하여 필요한 사업을 할 수 있다.〈개정 2009.4.22〉

② 제1항에 따른 사업에 관하여 필요한 사항은 대통령령으로 정한다.〈개정 2009.4.22〉

③ 삭제 〈2009.4.22〉

제135조(저작재산권 등의 기증) ① 저작재산권자등은 자신의 권리를 문화체육관광부장관에게 기증할 수 있다.〈개정 2008.2.29〉

② 문화체육관광부장관은 저작재산권자등으로부터 기증된 저작물등의 권리를 공정하게 관리할 수 있는 단체를 지정할 수 있다.〈개정 2008.2.29〉

③ 제2항의 규정에 따라 지정된 단체는 영리를 목적으로 또는 당해저작재산권자등의 의사에 반하여 저작물등을 이용할 수 없다.

④ 제1항과 제2항의 규정에 따른 기증 절차와 단체의 지정 등에 관하여 필요한 사항은 대통령령으로 정한다.

제11장 벌 칙

제136조(권리의 침해죄) ① 저작재산권 그 밖에 이 법에 따라 보호되는 재산적 권리(제93조의 규정에 따른 권리를 제외한다)를 복제·공연·공중송신·전시·배포·대여·2차적저작물 작성의 방법으로 침해한 자는 5년 이하의 징역 또는 5천만원 이하의 벌금에 처하거나 이를 병과할 수 있다.

② 다음 각 호의 어느 하나에 해당하는 자는 3년 이하의 징역 또는 3천만원 이하의 벌금에 처하거나 이를 병과할 수 있다.〈개정 2009.4.22〉

1. 저작인격권 또는 실연자의 인격권을 침해하여 저작자 또는 실연자의 명예를 훼손한 자
2. 제53조 및 제54조(제63조제3항, 제90조, 제98조 및 제101조의6제6항에 따라 준용되는 경우를 포함한다)에 따른 등록을 거짓으로 한 자
3. 제93조의 규정에 따라 보호되는 데이터베이스제작자의 권리를 복제·배포·방송 또는 전송의 방법으로 침해한 자
4. 제124조제1항의 규정에 따른 침해행위로 보는 행위를 한 자
5. 업으로 또는 영리를 목적으로 제124조제2항의 규정에 따라 침해행위로 보는 행위를 한 자

6. 업으로 또는 영리를 목적으로 제124조제3항의 규정에 따라 침해행위로 보는 행위를 한 자. 다만, 과실로 저작권 또는 이 법에 따라 보호되는 권리 침해를 유발 또는 은닉한다는 사실을 알지 못한 자를 제외한다.

제137조(부정발행등의 죄) 다음 각 호의 어느 하나에 해당하는 자는 1년 이하의 징역 또는 1천만원 이하의 벌금에 처한다.〈개정 2009.4.22〉

1. 저작자 아닌 자를 저작자로 하여 실명·이명을 표시하여 저작물을 공표한 자
2. 실연자 아닌 자를 실연자로 하여 실명·이명을 표시하여 실연을 공연 또는 공중송신하거나 복제물을 배포한 자
3. 제14조제2항의 규정을 위반한 자
4. 제105조제1항의 규정에 따른 허가를 받지 아니하고 저작권신탁관리업을 한 자
5. 제124조제4항의 규정에 따라 침해행위로 보는 행위를 한 자
6. 자신에게 정당한 권리가 없음을 알면서 고의로 제103조제1항 또는 제3항의 규정에 따른 복제·전송의 중단 또는 재개요구를 하여 온라인서비스제공자의 업무를 방해한 자
7. 제55조의2(제63조제3항, 제90조, 제98조 및 제101조의6제6항에 따라 준용되는 경우를 포함한다)를 위반한 자

제138조(출처명시위반 등의 죄 〈개정 2009.4.22〉) 다음 각 호의 어느 하나에 해당하는 자는 500만원 이하의 벌금에 처한다.

1. 제35조제4항의 규정을 위반한 자
2. 제37조(제87조 및 제94조의 규정에 따라 준용되는 경우를 포함한다)의 규정을 위반하여 출처를 명시하지 아니한 자
3. 제58조제3항의 규정을 위반하여 복제권자의 표지를 하지 아니한 자
4. 제59조제2항의 규정을 위반한 자
5. 제105조제1항의 규정에 따른 신고를 하지 아니하고 저작권대리중개업을 하거나, 제109조제2항의 규정에 따른 영업의 폐쇄명령을 받고 계속 그 영업을 한 자

제139조(몰수) 저작권 그 밖에 이 법에 따라 보호되는 권리를 침해하여 만들어진 복제물로서 그 침해자·인쇄자·배포자 또는 공연자의 소유에 속하는 것은 이를 몰수한다.

제140조(고소) 이 장의 죄에 대한 공소는 고소가 있어야 한다. 다만, 다음 각 호의 어느 하나에 해당하는 경우에는 그러하지 아니하다.〈개정 2009.4.22〉

1. 영리를 위하여 상습적으로 제136조제1항 및 제136조제2항제3호에 해당하는 행위를 한 경우
2. 제136조제2항제2호·제5호 및 제6호, 제137조제1호 내지 제4호, 제6호 및 제7호와 제138조제5호의 경우
3. 영리를 목적으로 제136조제2항제4호의 행위를 한 경우(제124조제1항제3호의 경우에는 피해자의 명시적 의사에 반하여 처벌하지 못한다)

제141조(양벌규정) 법인의 대표자나 법인 또는 개인의 대리인 · 사용인 그 밖의 종업원이 그 법인 또는 개인의 업무에 관하여 이 장의 죄를 범한 때에는 행위자를 벌하는 외에 그 법인 또는 개인에 대하여도 각 해당조의 벌금형을 과한다. 다만, 법인 또는 개인이 그 위반행위를 방지하기 위하여 해당 업무에 관하여 상당한 주의와 감독을 게을리하지 아니한 경우에는 그러하지 아니하다.〈개정 2009.4.22〉

제142조(과태료) ① 제104조제1항에 따른 필요한 조치를 하지 아니한 자에게는 3천만원 이하의 과태료를 부과한다.〈개정 2009.4.22〉

② 다음 각 호의 어느 하나에 해당하는 자에게는 1천만원 이하의 과태료를 부과한다.〈개정 2009.4.22〉

1. 제106조에 따른 의무를 이행하지 아니한 자
2. 제112조제4항을 위반하여 한국저작권위원회의 명칭을 사용한 자
3. 제133조의2제1항 · 제2항 및 제4항에 따른 문화체육관광부장관의 명령을 이행하지 아니한 자
4. 제133조의2제3항에 따른 통지, 같은 조 제5항에 따른 게시, 같은 조 제6항에 따른 통보를 하지 아니한 자

③ 제1항 및 제2항에 따른 과태료는 대통령령으로 정하는 바에 따라 문화체육관광부장관이 부과 · 징수한다.〈개정 2009.4.22〉

④ 삭제 〈2009.4.22〉

⑤ 삭제

부칙 〈제8101호, 2006.12.28〉

제1조(시행일) 이 법은 공포 후 6개월이 경과한 날부터 시행한다. 다만, 제133조제1항 및 제3항의 규정은 이 법을 공포한 날부터 시행한다.

제2조(적용 범위에 관한 경과조치) ① 이 법 시행 전에 종전의 규정에 따라 저작권의 전부 또는 일부가 소멸하였거나 보호를 받지 못한 저작물등에 대하여는 그 부분에 대하여 이 법을 적용하지 아니한다.

② 이 법 시행 전에 행한 저작물등의 이용은 종전의 규정에 따른다.

③ 종전의 부칙 규정은 이 법의 시행 후에도 계속하여 적용한다.

제3조(음반제작자에 대한 경과조치) 종전의 규정에 따른 음반제작자는 이 법에 따른 음반제작자로 본다.

제4조(단체명의저작물의 저작자에 대한 경과조치) 이 법 시행 전에 종전의 제9조의 규정에 따라 작성된 저작물의 저작자에 관하여는 종전의 규정에 따른다.

제5조(단체 지정에 관한 경과조치) 이 법 시행 전에 종전의 규정에 따라 보상금을 받을 수 있도록 지정한 단체는 이 법에 따라 지정한 단체로 본다.

제6조(법정허락에 관한 경과조치) 이 법 시행당시 종전의 규정에 따른 법정허락은 이 법에 따른 법정허락으로 본다.

제7조(등록에 관한 경과조치) 이 법 시행당시 종전의 규정에 따른 등록은 이 법에 따른 등록으로 본다. 다만, 종전의 제51조의 규정에 따라 이루어진 저작재산권자의 성명 등의 등록은 종전의 규정에 따른다.

제8조(음반의 보호기간의 기산에 관한 경과조치) 이 법 시행 전에 고정되었으나 아직 발행되지 아니한 음반의 보호기간의 기산은 이 법에 따른다.

제9조(미분배 보상금에 관한 경과조치) 이 법 제25조제8항(제31조제6항 · 제75조제2항 및 제82조제2항의 규정에 따라 준용되는 경우를 포함한다)의 규정은 이 법 시행 전에 종전의 제23조제3항 · 제28조제5항 · 제65조 및 제68조의 규정에 따라 수령한 보상금에 대하여도 적용한다. 이 경우 각 보상금별 분배 공고일은 보상금지급단체로부터 권리자가 당해 보상금을 처음으로 지급받을 수 있는 날의 연도 말일로 본다.

제10조(실연자의 인격권에 관한 경과조치) 이 법 시행 전에 행한 실연에 관하여는 이 법 제66조 및 제67조의 규정을 적용하지 아니한다.

제11조(저작권위탁관리업자에 대한 경과조치) 이 법 시행당시 종전의 규정에 따라 저작권위탁관리업의 허가를 받은 자는 저작권신탁관리업의 허가를 받은 자로, 저작권위탁관리업의 신고를 한 자는 저작권대리중개업의 신고를 한 자로 본다.

제12조(저작권신탁관리업자의 수수료 및 사용료에 관한 경과조치) 종전의 규정에 따라 승인한 저작권신탁관리업자의 수수료 및 사용료의 요율 또는 금액은 이 법에 따라 승인한 것으로 본다.

제13조(저작권위원회 등에 관한 경과조치) 종전의 규정에 따른 저작권심의조정위원회 및 그 심의조정위원은 이 법 제8장의 규정에 따른 저작권위원회 및 그 위원으로 본다.

제14조(벌칙 적용에 관한 경과조치) 이 법 시행 전의 행위에 대한 벌칙의 적용에서는 종전의 규정에 따른다.

제15조(다른 법률의 개정) ①지방세법 일부를 다음과 같이 개정한다.

제143조제2호 중 "「저작권법」 제52조 · 제60조제3항 · 제73조 및 제73조의9"를 "「저작권법」 제54조 · 제63조제3항 · 제90조 및 제98조"로 한다.

② 방송법 일부를 다음과 같이 개정한다.

제78조제3항 중 "저작권법 제69조"를 "「저작권법」 제85조"로 한다.

제16조(다른 법령과의 관계) 이 법 시행당시 다른 법령에서 종전의 규정을 인용하고 있는 경우에는 이 법의 해당조항을 인용한 것으로 본다.

부칙 〈제8852호, 2008.2.29〉 (정부조직법)

제1조(시행일) 이 법은 공포한 날부터 시행한다. ……〈생략〉……, 부칙 제6조에 따라

개정되는 법률 중 이 법의 시행 전에 공포되었으나 시행일이 도래하지 아니한 법률을 개정한 부분은 각각 해당 법률의 시행일부터 시행한다.

제2조부터 제5조까지 생략

제6조(다른 법률의 개정) ①부터 〈267〉까지 생략

〈268〉 저작권법 일부를 다음과 같이 개정한다.

제25조제4항 본문 · 제5항 각 호 외의 부분 전단 · 같은 항 각 호 외의 부분 후단 · 제7항 각 호 외의 부분 · 제8항, 제31조제5항 본문, 제50조제1항 · 제4항, 제51조, 제52조, 제55조제1항 · 제2항 각 호 외의 부분 본문 · 제3항, 제56조제1항 · 제3항, 제76조제4항, 제103조제7항 후단, 제104조제2항, 제105조제1항 · 제2항 각 호 외의 부분 · 제5항 본문 · 제6항부터 제8항까지, 제108조제1항 · 제2항, 제109조제1항 각 호 외의 부분 · 제2항 각 호 외의 부분, 제110조, 제111조제1항 · 제2항, 제112조제3항 각 호 외의 부분, 제113조제2호 · 제11호, 제122조제3항, 제130조, 제133조제1항부터 제5항까지, 제134조제1항 · 제2항, 제135조제1항 · 제2항 및 제142조제1항부터 제4항까지 중 "문화관광부장관"을 각각 "문화체육관광부장관"으로 한다.

제55조제2항제2호 및 제132조 각 호 외의 부분 중 "문화관광부령"을 각각 "문화체육관광부령"으로 한다.

〈269〉부터 〈760〉까지 생략

제7조 생략

부칙 〈제9529호, 2009.3.25〉

이 법은 공포 후 6개월이 경과한 날부터 시행한다.

부칙 〈제9625호, 2009.4.22〉

제1조(시행일) 이 법은 공포 후 3개월이 경과한 날부터 시행한다.

제2조(「컴퓨터프로그램 보호법」의 폐지) 컴퓨터프로그램 보호법은 폐지한다.

제3조(위원회의 설립준비) ① 이 법에 따라 위원회를 설립하기 위하여 행하는 준비행위는 이 법 시행 전에 할 수 있다.

② 문화체육관광부장관은 위원회의 설립에 관한 사무를 관장하게 하기 위하여 설립위원회를 구성한다.

③ 설립위원회는 문화체육관광부장관이 위촉하는 5명 이내의 설립위원으로 구성하되, 설립위원회의 위원장은 종전의 「저작권법」 제112조에 따른 저작권위원회의 위원장이 된다.

④ 설립위원회는 이 법 시행 전까지 정관을 작성하여 문화체육관광부장관의 인가를

받아야 한다.

⑤ 설립위원회는 제4항에 따른 인가를 받은 때에는 위원회의 설립등기를 하여야 한다.

⑥ 위원회의 설립에 관하여 필요한 경비는 국가가 부담한다.

⑦ 설립위원회는 제5항에 따른 위원회의 설립등기를 한 후에 지체 없이 위원회의 위원장에게 사무를 인계하여야 하며, 사무인계가 끝난 때에는 설립위원은 해촉된 것으로 본다.

제4조(저작권위원회 및 컴퓨터프로그램보호위원회의 소관사무, 권리·의무 및 고용관계 등에 관한 경과조치) ① 이 법 시행 당시 종전의 「저작권법」 제112조부터 제122조까지 및 종전의 「컴퓨터프로그램 보호법」 제35조부터 제43조까지의 규정에 따른 저작권위원회와 컴퓨터프로그램보호위원회의 소관사무, 권리·의무와 재산 및 직원의 고용관계는 한국저작권위원회가 승계한다.

② 이 법 시행 당시 종전의 「저작권법」 제112조에 따른 저작권위원회의 위원장 및 위원은 한국저작권위원회의 위원장 및 위원으로 보고, 그 임기는 종전의 저작권위원회의 위원장 및 위원의 임기가 개시된 때부터 기산한다.

제5조(적용 범위에 관한 경과조치) ① 이 법 시행 전에 종전의 「저작권법」 및 「컴퓨터프로그램 보호법」에 따라 보호되는 권리의 전부 또는 일부가 소멸하였거나 보호를 받지 못한 저작물등에 대하여는 그 부분에 대하여 이 법을 적용하지 아니한다.

② 이 법 시행 전에 행한 프로그램의 이용은 종전의 「컴퓨터프로그램 보호법」에 따른다.

제6조(법정허락 등에 관한 경과조치) 이 법 시행 전에 종전의 「컴퓨터프로그램 보호법」에 따른 다음 각 호의 행위는 이 법에 따른 것으로 본다.

1. 법정허락
2. 프로그램저작권 위탁관리기관 지정
3. 프로그램의 임치 및 수치인의 지정
4. 프로그램의 등록
5. 프로그램저작권의 이전등록
6. 부정복제물의 수거조치
7. 부정복제물 등에 대한 시정명령 및 시정권고
8. 분쟁의 알선·조정
9. 프로그램의 감정

제7조(벌칙 적용에 관한 경과조치) 이 법 시행 전의 행위에 대한 종전의 「컴퓨터프로그램 보호법」에 따른 벌칙의 적용에 있어서는 종전의 「컴퓨터프로그램 보호법」에 따른다.

제8조(다른 법률의 개정) ① 지방세법 일부를 다음과 같이 개정한다.

제143조제2호 중 "「저작권법」 제54조·제63조제3항·제90조 및 제98조의 규정에 의한

등록중 상속외의 등록"을 "「저작권법」 제54조 · 제63조제3항 · 제90조 및 제98조에 따른 등록 중 상속 외의 등록(프로그램 등록은 제외한다)"으로 하고, 같은 조 제2호의2 중 "「컴퓨터프로그램 보호법」 제26조의 규정에 의한 등록중 상속외의 등록"을 "「저작권법」 제54조에 따른 프로그램 등록과 제101조의6제6항에 따른 등록 중 상속 외의 등록"으로 한다.

제150조의3제2항 중 "「저작권법」 또는 「컴퓨터프로그램 보호법」의 규정에 의한"을 "「저작권법」에 따른"으로 한다.

② 온라인 디지털콘텐츠산업 발전법 일부를 다음과 같이 개정한다.

제21조 중 "저작권법 또는 컴퓨터프로그램보호법의 보호를 받는 경우에는 저작권법 또는 컴퓨터프로그램보호법이"를 "「저작권법」의 보호를 받는 경우에는 「저작권법」이"로 한다.

③ 관세법 일부를 다음과 같이 개정한다.

제235조제1항 중 "「저작권법」에 따른 저작권과 저작인접권 또는 「컴퓨터프로그램 보호법」에 따른 프로그램저작권(이하 이 조에서 "저작권등"이라 한다)"을 "「저작권법」에 따른 저작권과 저작인접권(이하 이 조에서 "저작권등"이라 한다)"으로 하고, 같은 조 제2항 중 "「저작권법」 및 「컴퓨터프로그램 보호법」"을 "「저작권법」"으로 한다.

④ 사법경찰관리의 직무를 수행할 자와 그 직무범위에 관한 법률 일부를 다음과 같이 개정한다.

제5조제23호의2 및 제6조제20호의2를 각각 삭제한다.

⑤ 자본시장과 금융투자업에 관한 법률 일부를 다음과 같이 개정한다.

제7조제5항 중 "「저작권법」에 따른 저작권신탁관리업 및 「컴퓨터프로그램 보호법」에 따른 프로그램저작권 위탁관리업무"를 "「저작권법」에 따른 저작권신탁관리업"으로 한다.

제9조(다른 법령과의 관계) 이 법 시행 당시 다른 법령에서 종전의 「컴퓨터프로그램 보호법」 또는 그 규정을 인용하고 있는 경우에는 이 법 또는 이 법의 해당 규정을 인용한 것으로 본다.

부칙 〈제9785호, 2009.7.31〉 (신문 등의 진흥에 관한 법률)

제1조(시행일) 이 법은 공포 후 6개월이 경과한 날부터 시행한다.

참고문헌

1. 웹사이트

대검찰청 www.spo.go.kr
대법원 www.scourt.go.kr
문화체육관광부 www.mcst.go.kr
법제처 www.moleg.go.kr
외교통상부 www.mofat.go.kr
크리에이티브 커먼즈 코리아 www.creativecommons.or.kr
특허청 www.kipo.go.kr
한국문예학술저작권협회 www.copyrightkorea.or.kr
한국방송실연자협회 www.kbpa.co.kr
한국방송작가협회 www.ktrwa.or.kr
한국복사전송권관리센터 www.copycle.or.kr
한국시나리오작가협회 www.scenario.or.kr
한국영상산업협회 www.kmva.or.kr
한국영화제작가협회 www.kfpa.net
한국음악실연자연합회 www.fkmp.kr
한국음악저작권협회 www.komca.or.kr
한국음원제작자협회 www.kapp.or.kr
한국저작권위원회 www.copyrightkorea.or.kr

2. 문 헌

권영준, 《저작권 침해판단론》, 박영사, 2007.
김기태, 《매스 미디어와 저작권》, 도서출판 이채, 2005.
김춘식, "방송콘텐츠 활성화를 위한 편성고시 개선방안", 뉴라이트방송통신정책센터 제8차 정책토론회 토론집, 2008.10.
박정호 · 윤태영, 《고등교육 이러닝 콘텐츠 공동활용을 위한 저작권》, 한국교육학술정보원, 2008.
손승우 · 박정호, 《교육정보 활용을 위한 저작권》, 한국교육학술정보원, 2007.
송영식 · 이상정, 《저작권법개설》, 세창출판사, 2009.

심동섭, "개정 저작권법 해설", 계간저작권(제76호), 2006.12.
오승종, 《저작권법》, 박영사, 2007.
윤선희, 《지적재산권법》, 세창출판사, 2008.
임원선, 《교사를 위한 저작권》, 저작권심의조정위원회, 2003.
장주영, 《미국저작권판례》, 육법사, 2003.
저작권심의조정위원회, 《한국저작권 판례집 10》, 2006.
저작권심의조정위원회, 《한국저작권 판례집 11》, 2007.
Robert A. Gorman · Jane C. Ginsburg, 《Copyright》, Foundation Press, 2002.

3. 법령 및 조약

〈국내법령〉

공연법
대한민국헌법
디자인보호법
민법
반도체 집적회로의 배치설계에 관한 법률
발명진흥법
방송법
부정경쟁방지 및 영업비밀보호에 관한 법률
상표법
소프트웨어산업진흥법
신문 등의 자유와 기능보장에 관한 법률
약관의 규제에 관한 법률
온라인 디지털콘텐츠산업 발전법
잡지 등 정기간행물의 진흥에 관한 법률
저작권법
저작권법시행령
특허법

〈외국법령〉

미국연방저작권법
미국연방헌법
영국앤여왕법

〈국제조약〉

무역관련 지적재산권 협정
문학·예술적 저작물의 보호를 위한 베른협약
세계저작권협약

세계지적재산권기구 실연 · 음반조약
세계지적재산권기구 저작권조약
실연자 · 음반제작자 및 방송사업자의 보호에 관한 국제협약
음반의 무단 복제로부터 음반제작자를 보호하기 위한 협약
한국에서의 발명 · 의장 · 상표 및 저작권의 보호에 관한 일미조약

〈지침 및 기타〉

데이터베이스의 법적 보호에 관한 유럽공동체 지침
서적 및 간행물 관련 비영리 교육기관의 수업 목적 복사 지침
의장법 중 개정 법률안 심사보고서, 국회 산업자원위원회, 2004.12
한미 FTA 합의문
H.R. Rep. No. 1476, 94th Cong., 2d Sess 55 (1976)

4. 기사

BBC뉴스 1998.12.16.
뉴시스 2009.11.17.
로이슈 2007.7.25.
마이데일리 2008.10.23.
시사저널 2005.4.21.
아츠뉴스 2008.10.15.
연합뉴스 2002.9.2.
연합뉴스 2008.7.3.
위클리 경향 2009.9.29.
인터넷법률신문 2009.10.23.
조선일보 2007.9.3.
조선일보 2008.5.30.
중앙일보 2007.3.3.
한국경제 2006.10.12

5. 국내 판례

〈대법원판례〉

대법원 1977.7.12. 선고 77다90 판결
대법원 1990.10.23. 선고 90다카8845 판결
대법원 1992.9.22. 선고 91다39092 판결
대법원 1993.1.21. 자 92마1081 결정
대법원 1994.12.9. 선고 93다50321 판결
대법원 1995.9.26 선고 95다3381 판결

대법원 1996.2.23. 선고 94도3266 판결
대법원 1996.3.22. 선고 95도1288 판결
대법원 1996.6.14 선고 96다6264 판결
대법원 1996.7.30. 선고 94도2708 판결
대법원 1996.7.30. 선고 95다29130 판결
대법원 1996.8.23. 선고 94누5632 판결
대법원 1996.12.6 선고 96도2440 판결
대법원 1997.11.25. 선고 97도2227 판결
대법원 2000.10.24. 선고 99다10813 판결
대법원 2001.5.8. 선고 98다43366 판결
대법원 2001.5.15. 선고 98도732 판결
대법원 2002.6.28. 선고 2001도2900 판결
대법원 2002.9.24. 선고 2001다60682 판결
대법원 2003.10.9 선고 2001다50586 판결
대법원 2003.10.23. 선고 2002도446 판결
대법원 2003.11.28. 선고 2001다9359 판결
대법원 2004.7.8. 선고 2004다18736 판결
대법원 2004.7.22. 선고 2003도7572 판결
대법원 2004.8.16 선고 2002다47792 판결
대법원 2005.1.27. 선고 2002도965 판결
대법원 2005.4.29. 선고 2005도70 판결
대법원 2005.8.25. 선고 2005다22770 판결
대법원 2005.9.9. 선고 2003다47782 판결
대법원 2006.2.10. 선고 2003다41555 판결
대법원 2006.2.24. 선고 2004도2743 판결
대법원 2006.9.14. 선고 2004도5350 판결
대법원 2006.12.22. 선고 2006다21002 판결
대법원 2007.1.25. 선고 2005다11626 판결
대법원 2007.8.24. 선고 2007도4848 판결
대법원 2008.4.24. 선고 2006다55593 판결
대법원 2009.1.30. 선고 2008도29 판결

〈고등법원판례〉

서울고등법원 1989.4.11. 선고 89라28 결정
서울고등법원 1991.9.5. 선고 91라79 결정
서울고등법원 1995.12.5. 선고 94나9186 판결
서울고등법원 1996.6.18. 선고 96나282 판결
서울고등법원 1998.10.13. 선고 97나43323 판결

서울고등법원 2002.4.16 선고 2000나42061 판결
서울고등법원 2003.6.24. 선고 2002나46562 판결
서울고등법원 2004.3.16. 선고 2002나61547 판결
서울고등법원 2005.1.12. 선고 2003나21140 판결
서울고등법원 2006.11.14. 선고 2006라503 결정
서울고등법원 2007.5.22. 선고 2006나47785 판결

〈지방법원판례〉

서울지방법원 1990.9.20. 선고 89가합62247 판결
서울지방법원 1994.6.1. 선고 94카합3724 판결
서울지방법원 1995.1.18. 선고 94카합9052 결정
서울지방법원 1995.6.23. 선고 94카합9230 판결
서울지방법원 1995.8.18. 선고 95가합52463 판결
서울지방법원 1997.2.21. 선고 96가합42432 판결
서울지방법원 2001.11.1. 선고 2001카합1837 결정
광주지방법원 2002.1.10. 선고 99노2415 판결
서울남부지방법원 2003.3.27. 선고 2002가합84 판결
서울지방법원 2003.5.28. 선고 2002가단123427 판결
서울지방법원 2003.9.30. 선고 2003카합2114 결정
서울지방법원 2003.11.19. 선고 2003노7459 판결
서울남부지방법원 2004.3.18. 선고 2002가합4017 판결
서울동부지방법원 2004.9.30. 선고 2004가합4292 판결
서울지방법원 2005.2.4. 선고 2004노2851 판결
서울남부지방법원 2005.3.18. 선고 2004가단31955 판결
서울서부지방법원 2006.3.17. 선고 2004가합4676 판결
서울중앙지방법원 2006.5.10. 선고 2004가합67627 판결
서울중앙지방법원 2006.7.20. 선고 2005가합76758 판결
서울동부지방법원 2006.12.21. 선고 2006가합6780 판결
수원지방법원 2006.10.20. 선고 2006가합8583 판결
서울서부지방법원 2007.1.4. 선고 2006카합2151 결정
서울중앙지방법원 2007.1.17. 선고 2005가합65093 판결
서울중앙지방법원 2007.5.17. 선고 2006가합104292 판결
서울중앙지방법원 2007.7.6. 선고 2006가합22413 판결
서울중앙지방법원 2007.7.13. 선고 2006나16757 판결
서울중앙지방법원 2008.10.17. 선고 2008가합21261 판결
서울북부지방법원 2008.12.30. 선고 2007가합5940 판결

〈헌법판례〉

헌법재판소 1991.4.1. 선고 89헌마160 결정

6. 해외 판례

Anderson v. Stallone, 11 U.S.P.Q. 2d 1161 (C.D. Cal. 1989)

Basic Books, Inc. v. Kinko's Graphics Corp., 758 F. Supp. 1522 (S.D.N.Y. 1991)

Burrow-Giles Lithographic Co. v Sarony, 111 U.S. 53 (1884)

Campbell v. Acuff-Rose Music, Inc., 510 U.S. 569 (1994)

Carol Barnhart, Inc. v. Economy Cover Corp., 773 F.2d 411 (2d Cir. 1985)

Carson v. Here's Johnny Portable Toilets, Inc., 698 F.2d 831 (6th Cir. 1983)

Community for Creative Non-Violence V. Reid, 490 U.S. 730 (1989)

Computer Associates Intern., Inc. v. Altai, Inc., 982 F.2d 693(2d Cir. 1992)

Feist Publications, Inc. v. Rural Telephone Service, 499 U.S. 340 (1991)

Harper & Row Publishers, Inc. v. Nation Enterprises, 471 U.S. 539 (1985)

Kieselstein-Cord v. Accessories by Pearl, Inc., 632 F.2d 989 (2d Cir. 1980)

L.Batlin & Son, Inc. v. Snyder, 536 F.2d 486 (2d Cir. 1976)

Lotus Development Corp. v. Borland Intern., Inc., 49 F.3d 807 (1st Cir. 1995)

Mazer v. Stein, 347 U.S. 201 (1954)

Nichols v. Universal Pictures Corp., 45 F.2d 119 (2d Cir. 1930)

Norris Industries, Inc. v. Int'l Tel. & Tel. Corp., 696 F.2d 918 (11th Cir. 1983)

Princeton Univ. Press v. Michigan Document Services, Inc., 99 F.3d 138 (6th Cir. 1996)

Production v. Air Pirates, 581 F.2d 751 (9th Cir. 1978)

Religious Technology Center v. Netcom On-line Communication Services, Inc., 907 F.Supp. 1361 (N.D. California, 1995)

Repp v. Webber, 132 F.3d 882 (2d Cir. 1997)

Selle v. Gibb, 741 F.2d 896 (7th Cir. 1984)

Shaw v. Lindheim, 919 F.2d 1353 (9th Cir. 1990)

Sid & Marty Krofft TV Production, Inc. v. McDonald's Corp, 562 F.2d 1157 (9th Cir. 1977)

Stewart v. Abend, 485 U.S. 207 (1990)

Walt Disney Production v. Air Pirates, 581 F.2d 751 (9th Cir. 1978)

Warner Bros., Inc. v. Columbia Broadcasting System, 348 U.S. 971 (1955)

Zacchini v. Scripps-Howard Broadcasting Co., 433 U.S. 562 (1977)

Zambito v Paramount Pictures Corp., 613 F.Supp. 1107 (2d Cir. 1985) Walt Disney

∥∥ 저자약력 ∥∥

■ **최 은 희**

- 서울대학교 신문학과
- 서강대학교 언론대학원 방송학석사
- Franklin Pierce Law Center 법학박사(J.D.)
- 미국 일리노이주 변호사
- 전) KBS PD
- 전) 프로그램심의조정위원회 책임연구원
- 현) 법무법인로투스 미국변호사
- 현) 서울디지털대학교 엔터테인먼트경영학부 교수

■ **박 정 호**

- 성균관대학교 전자공학과
- 성균관대학교 대학원 공학석사
- 성균관대학교 대학원 공학박사
- 전) 삼성종합기술원 전자기기연구소 주임연구원
- 전) (주)두루넷/(주)코리아닷컴 커뮤니케이션즈 시스템팀 팀장
- 현) 서울디지털대학교 컴퓨터공학부 교수
- 현) 한국교육학술정보원 국가이러닝 품질관리센터 품질관리단 이러닝 콘텐츠 평가위원
- 주요저서
  - 교육정보 활용을 위한 저작권(2007)
  - 고등교육 이러닝 콘텐츠 공동활용을 위한 저작권(2008)

이러닝 콘텐츠 제작과 저작권

2판 1쇄 발행 2010년 9월 30일

저 자 최은희 · 박정호
발행인 남 승 우

발행처 **남두도서**
서울특별시 동작구 사당3동 220-43
TEL : (02)595-1692~4
FAX : (02)595-1394
E-mail : namdoo6@unitel.co.kr
신고 : 5-76호 (1998. 11. 4)

정가 27,000 원

ISBN 978-89-5780-131-4 13300